Zu diesem Buch

Das wachsende Bedürfnis der Menschen nach Zusammengehörigkeit trifft auf den Widerstand eines in den gesellschaftlichen Strukturen und auch in den anerzogenen Denkmustern verankerten Egozentrismus und Rivalitätsstrebens. Wie neuerdings mit dem Begriff Solidarität umgegangen wird, ist symptomatisch für diesen Widerstand. Im Grunde bezeichnet Solidarität das Leitbild einer übergreifenden menschlichen Gemeinschaft, damit eines Abbaus von sozialen Gegensätzen, von Bevormundung und Unterdrückung. Aber immer schamloser wird der von positiven Gefühlen besetzte Begriff Solidarität, in dem sich eine der tiefsten menschlichen Hoffnungen meldet, von Demagogen und Meinungsmachern gezielt mißverstanden und zu Zwecken ausgebeutet, die seiner eigentlichen Absicht widersprechen. «Ich verlange eure Solidarität!» sagen viele Mächtige, die nichts anderes als ein autoritäres Bevormundungssystem stabilisieren wollen. Und nicht selten bedienen sich militante Konfliktstrategen des zugkräftigen Lockbegriffs, um zu einträchtigem Haß gegen Außenfeinde aufzuputschen. So wird «Solidarität» am Ende groteskerweise zu einem Instrument der Unterdrückung und der Scharfmacherei.

Dieses Buch analysiert hingegen die Chancen und Schwierigkeiten, Solidarität im eigentlichen Sinne eines unteilbaren Prinzips für ein menschliches Zusammenleben zu verwirklichen.

Prof. Dr. med. Dr. phil. Horst Eberhard Richter wurde 1923 in Berlin geboren; nach Studien in Medizin, Philosophie und Psychologie Ausbildung zum Psychiater und Psychoanalytiker in Berlin; 1955 bis 1962 Tätigkeit an der Psychiatrischen und Neurologischen Klinik der Freien Universität Berlin; 1952 bis 1962 leitender Arzt der «Beratungs- und Forschungsstelle für seelische Störungen im Kindesalter» am Kinderkrankenhaus Berlin-Wedding; 1959 bis 1962 Leiter des Berliner Psychoanalytischen Instituts; seit 1962 Inhaber des Lehrstuhls für Psychosomatik, seit 1973 Geschäftsführender Direktor des Zentrums für Psychosomatische Medizin am Klinikum der Justus Liebig-Universität Gießen.

Lieferbare Titel bei Rowohlt: «Der Gotteskomplex» (1979), «Flüchten oder Standhalten» (1976), «Patient Familie» (1970; auch rororo sachbuch 6772), «Eltern, Kind und Neurose» (rororo sachbuch 6082), «Die Gruppe» (rororo sachbuch 7173); Richter/Strotzka/Willi (Hg.), «Familie und seelische Krankheit» (1976).

Horst E. Richter
Lernziel Solidarität

Rowohlt

Umschlagentwurf Werner Rebhuhn

Veröffentlicht im Rowohlt Taschenbuch Verlag GmbH,
Reinbek bei Hamburg, Mai 1979
Copyright © 1974 by Rowohlt Verlag GmbH,
Reinbek bei Hamburg
Gesamtherstellung Clausen & Bosse, Leck
Printed in Germany
680-ISBN 3 499 17251 8

Inhalt

Das Ende der Expansion fordert neue Leitbilder 9
Die Wendung nach innen. Symptome eines Bedürfniswandels: Protestbewegung, Politisierung des Bewußtseins, moderne soziale Initiativen, chiffrierte Hinweise psychosozialer Störungen. Vordringen antiexpansionistischer Wunschziele: Kommunikation, Solidarität

1. Hauptteil: Hemmfaktoren solidarischen Verhaltens 21

Die Ausgangslage: Isolation und Flucht in Pseudokontakte 23
Die Unfähigkeit zum Dialog. Entfremdungsprozesse bis in die Familie hinein. Schnellhilfe durch Psychotrainings – oder klärende Analyse der Hintergrund-Konflikte?

Die Deformierung des Verhältnisses der Geschlechter 28
Das Leiden der Frau 28
Modellbeispiel. Die objektive Behinderung der Frau in der Gesellschaft. Ihr negatives Bild im Test und in der Statistik psychovegetativer Symptome. Der Emanzipations-Protest

Die Krankheit des Mannes, der nicht leiden darf 39
Seine geringere Lebenserwartung. Die enge Beziehung zwischen Männlichkeits-Ideal und Herzinfarkt-Profil. Arbeitsorganisation, Erziehung und falsche Leitbilder der Medizin als Verstärker der männlichen Fehlentwicklung

Die Notwendigkeit, sich miteinander zu emanzipieren 50
Das Leiden als Vorsprung der Frau. Ihre Führungsaufgabe auf dem Weg zur gemeinsamen Veränderung. Beispiel

Ausblick: Wiederentdeckung der Bisexualität 58
Vervollständigung der einseitigen Rollenbilder von Mann und Frau. Ansätze zu einer progressiven Annäherung, illustriert an einer Ehepaartherapie. Die Gruppe als Stütze

Der Individualismus 69
Egozentrische Größenideen und Bedürfnisse nach Solidarität in undurchschautem Widerspruch. Der Neo-Individualismus Marcuses und seiner Anhänger

Das Selbstwertproblem 78
Vorbemerkungen 78
Gruppenmißtrauen aus Schuldgefühlen 79
Überfordernde Erziehung hinterläßt Dauerlabilität des Selbstwertgefühls. Scham- und Schuldgefühle hemmen das Gruppenvertrauen

Lösungsversuch 1: Solidarität als Vorschrift 84
Beispiel: Gruppenvertrauen läßt sich nicht erzwingen

Lösungsversuch 2: Vermeidungsstrategie 88
Versteckspiel und Enthüllung. Flucht schützt nicht vor «Strafe». Beispiele

Das Schwarze-Peter-Spiel 97
Kampf aller gegen alle ums moralische Überleben. Statt Solidarisierung Inquisition. Beispiel. Flucht in die Heile-Welt-Gruppe. Wie kann man lernen, mit Kritik konstruktiv umzugehen?

Der Außenseiter als moralisches Gruppenproblem 106
Episode: Eine Gruppe versucht, ihre Schuldgefühle an Hand eines Außenseiterproblems zu klären

Soziokultureller Moralismus als Aufgabe der Umerziehung 115
Die Mehrdeutigkeit antimoralistischer Bewegungen. Die sexuelle Pseudo-Revolution. Der neue Moralismus linker Gruppen. Die Tradierung von irrationalen Selbstwertkonflikten in der bürgerlichen Erziehung. Die Gefahr kollektiver Über-Ich-Externalisierung. Pseudosolidarität durch Selbstentmündigung

Größe, Macht, Rivalität und Ressentiment 123
Bedingungen der Ressentimentbildung 123
Die gesellschaftliche Gleichung: klein = ohnmächtig = unterdrückt. Sadomasochistische Fixierung und Egozentrismus als psychologische Wurzeln des Ressentiments. Definition des Ressentiments

Zur Phänomenologie des Ressentiments 128
Ressentimenthafte Rivalitäten in diversen Gruppensystemen: Familie, Ausbildungsinstitutionen, politische Gremien. Ressentiment als verleugneter und unkontrollierter politischer Risikofaktor

Irrationales Rivalisieren in Selbsterfahrungsgruppen 141
Dissoziation der Gruppe in «Starke» und «Schwache». Beispiel. Aufgabe: Bearbeitung der beiderseitigen Projektionen. Warnung vor Gruppentrainings, die gesellschaftliche Ausschließungsprozesse in Mikroformat reproduzieren. Zwei Richtungen der Gruppendynamik

2. Hauptteil: Versuche gemeinsamer Umerziehung in spontanen Gruppen 159
Orientierungspunkte für Selbsterfahrungsarbeit 161
Kriterien für die Zusammenstellung der spontanen Gruppe: Erwartungsvorstellungen, soziale Merkmale, politische Anschauungen der Bewerber. Prinzipien des Umganges miteinander: Offenheit, Symmetrie der Gesprächsführung, Vermeidung «wilder» Analyse, Toleranz für gegensätzliche Reaktionsmuster und für Subgruppen, Öffnung der Gruppe nach außen

Ein Beispiel: Eine Eltern-Kinder-Gruppe beurteilt
das Resultat ihrer Selbsterfahrungsarbeit 179
Vorbemerkung über die Gruppe. Diskussionsprotokoll zu folgenden Themen: Harmonie in der Gruppe, Aggression und Toleranz in der Gruppe, die individuellen Probleme, Emanzipation der Frauen, Probleme der Kindererziehung, Resümee

Nachbemerkung: Unterschied zwischen spontanen
Gruppen und kommerzialisierter Gruppendynamik 212
Eigenverantwortlichkeit und unmittelbare Verknüpfung mit der Lebenspraxis als Charakteristika der Selbsterfahrungsarbeit spontaner Gruppen. Gruppenvergnügungsindustrie – Ouvertüre einer neuen Mittelstands-Partykultur?

3. Hauptteil: Versuche der Solidarisierung nach unten – Arbeit mit Randgruppen 215
Randgruppen – eine Almosengesellschaft 217
Das «Anderssein» der Randgruppen. Ein Niemandsland für Politik und Gesellschaftswissenschaften. Der Zugang des Psychoanalytikers

Psychologische Aspekte des Randgruppenproblems 222
Die Angst der Angepaßten als Motor, Abweichende auszuschließen. Die Stabilisatorfunktion der Randgruppen-Kontrastwelt. Ein psychoanalytisches Fallbeispiel illustriert die Mechanismen. Soziale und individuelle Bedingungen, welche die typischen Randgruppen-Vorurteile fördern

Beweggründe der neuen Randgruppen-Initiativen 233
Soziale Merkmale der Randgruppen-Arbeitskreise. Schuldgefühle als Motiv? Randgruppen-Engagement als Modewelle? These: Randgruppen-Initiativen als Ausdruck neuer antiexpansionistischer Bedürfnisse, sich selbst in der Kehrseite der Gesellschaft wiederzufinden

Flügelbildungen in sozialen Berufen 237
Soziale Psychiatrie gegen Establishment-Psychiatrie. Ähnliche Spaltungsprozesse innerhalb anderer sozialer Berufe. Klassenartige Gegensätze zwischen verschiedenen sozialen Berufen. Gefahr der Isolierung und der Entpolitisierung progressiver Modelle

Methodische Verknüpfung von Praxis, Psychoanalyse
und gesellschaftlichem Lernen:
das «introspektive Konzept» 251
Über Mißbrauch des gesellschaftlichen Argumentes, um selbstverschuldetes Versagen in der Praxis zu verschleiern. Die Versuchung für Randgruppen-Arbeitskreise, eigene Vorurteile zu verleugnen. Analyse der Vorurteile als Indizien für Schichtenbarrieren. Dadurch Revision des eigenen Standortes. Illustrierendes Beispiel

Folgerungen für den Weg der Solidarisierung
mit Randgruppen 262
Risiken von Symbiose-Versuchen. Die Aufgabe, sich durch die sozialen Differenzen hindurch aneinander heranzuarbeiten. Das «introspektive Konzept» als Hilfe zum Abbau von Ängsten, zur besseren Einstellung auf die Bedürfnisse der Betroffenen und zur Vermeidung von Bevormundung

Solidarisierung mit anderen Arbeitskreisen –
Chancen und Probleme 268

Beispiel 1: Modell theoretischer Kooperation
unter verschiedenen Randgruppenarbeitskreisen 268

Beispiel 2: Modell einer Zusammenarbeit von Arbeitskreisen
mit Studenten, die sich engagieren wollen 273

Beispiel 3: Modell einer Kooperation zweier Initiativgruppen
in politischer Öffentlichkeitsarbeit 281

Beispiel 4: Modell eines gescheiterten
Solidarisierungsversuches. Die Wechselbeziehungen zwischen
Abkapselung und Rivalitätskonflikten 285

Die Auseinandersetzung mit dem Apparat 290
Theoretische und taktische Vorüberlegungen 290
Die Administration – Vollstrecker, aber nicht Erfinder der Ausgliederung der Unangepaßten. Die widersprüchliche Doppelfunktion von Randgruppen-Arbeitskreisen: Lückenbüßer für und Opponent gegen den Apparat. Gründe, diesen Widerspruch auszuhalten. Möglichkeiten, die eigene Stoßkraft zu erhöhen

Analytische Aspekte der Interaktion zwischen Arbeitskreis
und Ämtern 297
Analyse irrationaler Autoritätskonflikte als politische Entscheidungshilfe. Gefahr: Sündenbockstrategie «nach oben». «Therapie» auf den Ämtern. Entlarvung bürokratischer Entscheidungskriterien: Randgruppenarbeit – ein Geschäft?

Umgang mit der Öffentlichkeit 307
Modellbeispiel: Diskussion mit Theaterpublikum über Obdachlosigkeit – im Anschluß an Hochhuths «Hebamme». Öffentlichkeitsarbeit auf der Straße und mit Hilfe der Medien. Ziele und Methoden der Öffentlichkeitsarbeit

Schlußbemerkung: Versuch einer psychoanalytischen Beziehung zwischen Autor und Leser 314

Das Ende der Expansion fordert neue Leitbilder

Die Wendung nach innen. Symptome eines Bedürfniswandels: Protestbewegung, Politisierung des Bewußtseins, moderne soziale Initiativen, chiffrierte Hinweise psychosozialer Störungen. Vordringen antiexpansionistischer Wunschziele: Kommunikation, Solidarität

Die großen Industrienationen können ihre Probleme nicht mehr expansionistisch lösen, durch Erweiterung politischer Macht mittels imperialistischer «Siege», durch bedenkenlose technische Ausbeutung der Hilfsquellen der Erde, durch permanentes wirtschaftliches Wachstum. Die Organisation der Völker in großen Machtblöcken hat zu einer nahezu definitiven Verteilung von Einflußzonen geführt. Nur an den Rändern kann sich noch etwas verschieben. Aber niemand kann sich mehr nennenswert ausdehnen, ohne die nukleare Selbstzerstörung auszulösen. Der Rüstungswettbewerb muß sich an seinem inneren Widerspruch totlaufen, da alle ein Ungleichgewicht fürchten müssen. Die technische Eroberung unseres Planeten ist an eine entscheidende Grenze gestoßen. Die seit der Renaissance erstrebte komplette Beherrschung der Natur droht sich in der makabren Form einer Naturzerstörung zu verwirklichen, die das Überleben gefährdet. Nicht wie man die Ausplünderung der Natur im Dienst der Technik weiter steigern kann ist noch die Frage, sondern wie man die Technik zur Erhaltung bzw. Wiederherstellung der Natur zähmen bzw. umpolen kann. Wie lebensbedrohlich eine kritiklose Fortsetzung der Wachstumswirtschaft ist, haben uns die Futurologen mit beängstigender Präzision vorgerechnet.

Davon, daß die klassischen imperialistischen und expansionistischen Ziele der Weltpolitik, der Technik, der Wirtschaft teils unerreichbar, teils sinnlos geworden sind, wird das individuelle Bewußtsein unmittelbar betroffen. Auch das Lebensgefühl und die Leitbilder des Individuums waren ja bislang maßgeblich durch diesen Expansionismus geprägt. Die Ausrichtung an dem Traumziel eines gottähnlich großen und omnipotenten Ichs verbirgt sich noch immer in gewissen Prinzipien der bürgerlichen Erziehung, in dem traditionellen Rollenstereotyp von

«Männlichkeit» und findet sich sogar noch in modernen metapsychologischen Utopien. Diese expansionistische Perspektive leistet noch heute fatale Beiträge zur Verteidigung unserer übersteigerten Rivalitäts-Ideologie, zur parasitären Deformierung des Geschlechter-Verhältnisses und zur Diskriminierung der Armen, Kranken und Schwachen als den angsterregenden Gegentypen des expansionistischen Größenwahns.

In dem Maße aber nun, in dem imperialistische Machtpolitik, technische Naturzerstörung und Wirtschaftswachstum um jeden Preis ihre selbstzerstörerische Funktion immer deutlicher erkennbar werden lassen, werden zugleich jene alten Leitbilder in ihrer Untauglichkeit deutlich. Und es wird zur brennenden Frage, welche neuen Werte und Ziele an die Stelle der unhaltbaren alten treten können. So machen sich zur Zeit Ansätze zu einer Umorientierung bemerkbar. Wenn der expansionistische Drang *nach außen* nicht weiterkommt, ist ein Umschlag *nach innen* eine automatische Konsequenz. In den kapitalistischen, aber auch in den staatssozialistischen (wenn hier auch noch verdeckter) Ländern regen sich verstärkte Bestrebungen, den eigenen inneren Zustand kritisch zu überprüfen. Und dabei ergibt sich die bestürzende Wahrnehmung, daß alle vorliegenden Gesellschaftsformen der Industrienationen praktisch unter dem Druck des bislang betriebenen Expansionismus eine Daueranspannung der Menschen erzwungen haben, die einer Art von Dauermobilmachung gleicht. Merkmale dieser Dauermobilmachung sind eine einseitige Dressur zu Hyperaktivität und maximaler Leistung, ausgerichtet auf expansionistische Ziele, wachgehalten durch hohen Konkurrenzdruck, und dazu eine antrainierte Vorurteils- und Kampfbereitschaft gegen systemspezifisch ausgesuchte Außenfeinde und innere Minderheiten. Die Instrumente dieser Dressur sind offenkundig in den kapitalistischen Ländern andere als in den staatssozialistischen. Das Kapital manipuliert aus schwer angreifbaren anonymen Machtzentralen heraus, während die staatssozialistischen Parteiapparate ihre Herrschaft sehr viel plumper ausüben. Aber hier wie dort ist letztlich der Druck der gleiche, der jeweils die Unangepaßten bzw. Andersdenkenden mit Ohnmacht oder gesellschaftlicher Randständigkeit bedroht. Und hier wie dort besteht ein hohes faktisches Machtgefälle zwischen einer kleinen Führungsgruppe, repräsentiert durch das Kapital bzw. durch die Zentrale der Staatspartei einerseits und die Massen der Abhängigen andererseits.

Die Unfreiheit und die einseitige Überanspannung der Menschen, die sich nun nicht mehr durch die alten expansionistischen Zielvorstellungen rechtfertigen lassen, bieten sich natürlicherweise als Hauptansatzpunkte für eine fundamentale Wertkritik an. Die Futurologen KAHN und WIENER erwarten für die amerikanische Gesellschaft einen langsamen Abbau der arbeits-, leistungs- und aufstiegsorientierten Einstellung (in der Mittelklasse), ferner einen Anstieg sensualistischer, humanistischer und möglicherweise auch «verweichlichender» Grundsätze. H. MARCUSE glaubt, daß eine Stufe erreicht werde, «auf der die Befriedigung der Bedürfnisse Bedürfnisse schafft, welche die staatskapitalistische und die staatssozialistische Gesellschaft transzendieren». Diese «transzendierenden Bedürfnisse» sieht er bereits jetzt in Anfängen entstehen: «Es gibt in ideologischer Form bereits Ansätze zu dieser Veränderung, nämlich die Gegenbilder und Gegenwerte, mit denen die Neue Linke dem kapitalistischen Universum widerspricht. Die Bekundung eines nicht an Konkurrenz orientierten Verhaltens, die Ablehnung grobschlächtiger ‹Virilität›, das Entlarven der kapitalistischen Arbeitsproduktivität, die Bejahung der Sensibilität und Sinnlichkeit des Körpers, der ökologische Protest, die Verachtung des falschen Heldentums der Weltraumeroberungen und Kolonialkriege, die Emanzipationsbewegung der Frauen (soweit sie unter einer befreiten Frau nicht nur eine versteht, die an den repressiven Zügen männlicher Vorrechte teilhat), die Ablehnung des antierotischen, puritanischen Kults steriler Schönheit und Gepflegtheit – alle diese Tendenzen tragen zum Abbau des Leistungsprinzips bei.» MARCUSE setzt auf diese «transzendierenden Bedürfnisse» besondere Hoffnungen. Er sieht sie als die radikalen neuen Impulse eines Prozesses an, der im Verlauf mehrerer Generationen zu einer neuen Moral, einer neuen Rationalität und einer neuen Sinnlichkeit führen könne. Das setze voraus, daß die neuen Bedürfnisse einem langfristigen und systematischen Erziehungsprozeß unterworfen würden.

Es deutet manches darauf hin, daß die von MARCUSE 1971 genannten Tendenzen sich allmählich verdeutlichen und verstärken. Dem widerspricht keineswegs, daß die enthusiastische Protestbewegung der Studenten inzwischen komplett abgeklungen ist. Immerhin hat diese Bewegung allenthalben Zweifel an manchen der überkommenen Leitbilder hinterlassen. Und dazu war es offenbar sinnvoll, den alten Werten zunächst die totale Negation entgegenzusetzen, nämlich dem Autoritätsprinzip das pure Anti-Autoritätsprinzip, dem verabsolutierten Leistungsideal das reine Anti-Leistungsprinzip, den verlogenen Sexualtabus das konsequente Anti-Tabu. Diese totale Negation hat offensichtlich dazu verholfen, zunächst einmal Distanz zu schaffen, Raum für neue Einfälle und Experimente. Damit hat die antiautoritäre Bewegung mit ihren Einseitigkeiten und Übertreibungen durchaus einen nützlichen Zweck erfüllt. Dies verkennt, wer sie in manchen Parolen allzu ernst genommen und die Ausuferungen ödipaler Vaterproteste, die Diffamierung von Leistung schlechthin und die Glorifizierung totaler Sexualenthemmung als das letzte Wort dieser neuen Strömung verstanden hatte.

Gewiß kann man in der Abspaltung bestimmter apolitischer und nostalgisch entglittener Jugendkulturen schon wieder Zeichen von Resignation wahrnehmen. Aber es haben sich auch andere Kräfte gesammelt, die ihre Gegenimpulse heute in einer differenzierteren und politisch effizienteren Weise erkennen lassen. Das sind vor allem solche Gruppen auf der Seite der Linken, die nicht in eine neue Orthodoxie eingeschwenkt sind, sondern sich viel von der kritischen Eigenständigkeit jener Protestperiode bewahrt haben. In der BRD sieht man zum Beispiel, wie Teile der kritischen Jugend sich in der Organisation der Jungsozialisten zusammengefunden und das Establishment der führenden sozialistischen Partei zu einer bedeutungsvollen theoretischen Grundsatzdiskussion herausgefordert haben. Sie haben, wie HABERMAS ihnen bescheinigt, «eine taktisch erfolgreiche Opposition geschaffen, die zum erstenmal in der deutschen Nachkriegsgeschichte eine politisch folgenreiche Auseinandersetzung mit sozialistischen Gesellschaftsanalysen erzwungen hat». Und er nennt die Doppelstrategie der Jungsozialisten: «Erfolge innerhalb der bestehenden Institutionen werden nur dann bürokratisch nicht versickern, wenn eine gleichzeitige Politisierung des Bewußtseins großer Bevölkerungsteile jene neuen Bedürfnisse schafft, die veränderte gesellschaftliche Prioritäten allein rechtfertigen, durchsetzen und tragen können.» Wichtig ist hierbei, daß der Begriff des Politischen hinübergezogen wird in die persönliche Lebenspraxis und in das individuelle Bewußtsein. Dadurch bleibt gewissermaßen die von den Antiautoritären geschaffene Brücke erhalten zwischen den Aufgaben einer Veränderung der gesellschaftlichen Ordnung einerseits und einer Veränderung der Menschen und ihrer persönlichen Beziehungen andererseits.

Direkt auf der Basis dieses Konzeptes oder zumindest in dessen

Nähe operieren spontane Experimentiergruppen, deren Zahl sich in der BRD in den letzten Jahren vervielfacht hat. Wohngemeinschaften, Kinderläden und ähnliche Initiativkreise haben sich innerhalb weniger Jahre auf breiter Basis durchgesetzt. Neben solchen Wohngemeinschaften und Eltern-Kinder-Gruppen, die außer privaten Zielen der Kontaktförderung und der wechselseitigen Entlastung der einzelnen und der Familien keine nennenswerten weiteren Ansprüche verfolgen, haben sich viele spontane Gruppen konstelliert, die beharrlich um echt neue Formen der Kommunikation, der Geschlechter-Emanzipation, der Kindererziehung und der Verbindung von persönlicher Änderung und gesellschaftsbezogener Aktivität ringen. Viele dieser Initiativkreise demonstrieren deutlich das Fortwirken bzw. die weitere Entwicklung von Bedürfnissen, die in der Protestbewegung durchgebrochen waren. Jetzt geht es ihnen aber darum, diese Impulse ernsthaft auf eine konkrete Probe zu stellen und die Möglichkeit einer geduldigen Umerziehung in ihren Gruppen beharrlich zu verfolgen. Obwohl die Gruppen sich meist nicht mehr ausdrücklich auf MARCUSE beziehen, den sie auf dem Altar der antiautoritären Bewegung geopfert haben, stehen doch viele dieser Experimentierkreise nach wie vor stillschweigend im Einklang mit manchen seiner Grundthesen: «Freilich ist keine qualitative gesellschaftliche Veränderung, kein Sozialismus ohne die Entwicklung einer neuen Rationalität und Sinnlichkeit bei den Individuen selbst möglich: Kein radikaler gesellschaftlicher Wandel ohne radikalen Wandel der Individuen, die seine Träger sind.» Und: «... die individuelle Befreiung (Weigerung) muß im besonderen Protest die allgemeine Befreiung vorwegnehmen, und die Bilder und Werte einer künftigen freien Gesellschaft müssen in den persönlichen Beziehungen innerhalb der unfreien Gesellschaft bereits auftreten.» In diesem Zusammenhang verweist er ausdrücklich auf das Beispiel der Wohnkommunen, die zwar von Gleichschaltung bedroht, nichtsdestoweniger potentielle Kerne und Laboratorien für die Erprobung autonomer und nicht entfremdeter Beziehungen seien.

Neben den Gruppen, deren Mitglieder sich vornehmlich selbst bzw. in ihren Beziehungen zueinander umerziehen wollen, entwickelt sich, von Amerika herkommend, eine breite Welle von Initiativen, denen es primär um eine soziale Hilfe für Benachteiligte geht. Auch dies ist ein zentral wichtiger Ausläufer jener Protestbewegung. Wie jene entspringt der Strom neuer sozialer Aktivitäten vornehmlich in den Universitäten und Schulen. Man schätzt, daß in den USA die freiwilligen sozialen Einsätze von Studenten seit 1963 um das Achtzigfache angestiegen sind. Man rechnet dort, daß zur Zeit mindestens 400000 Studenten an 1800 verschiedenen sozialen Hilfsprojekten mitwirken und etwa im Werte von 80 Millionen Dollar unbezahlte Arbeitszeit investieren (*U.S. News & World Report*, 3. September 1973). Aber auch Berufstätige, vornehmlich aus sozialen Berufen, Hausfrauen und andere bekunden zunehmend Interesse für solche freiwilligen sozialen Initiativen, die sich überwiegend auf benachteiligte Gruppen beziehen, auf Behinderte, auf die Bewohnerschaft von Slums, auf rassische und fremdsprachliche Minderheiten. Gemeinwesenarbeit, Beratungsdienste, medizinische, psychologische und erzieherische Hilfen, Sprachunterricht und manche andere Formen von Unterstützung werden angeboten. Auch Mitteleuropa ist inzwischen von dieser Welle erfaßt worden. Hier schwillt die Zahl spontaner Initiativen von Studenten, Schülern und anderen Laienhelfern ebenfalls rasch an. Man kümmert sich um benachteiligte Randgruppen der verschiedensten Arten, um Obdachlose, chronisch psychisch Kranke, Delinquente, Gastarbeiterfamilien, alte Leute usw.

Diese mächtige und unerwartete Bewegung, die sowohl in Amerika wie hier noch immer weiter anwächst, zeigt auf das allerdeutlichste eine Gegentendenz zu den überkommenen Leitbildern des Expansionismus an. Man könnte sogar sagen: Hier ist die Expansion direkt nach innen zurückgeschlagen. Gerade die amerikanische Jugend, noch in imperialistischer Mentalität erzogen und darauf vorbereitet, mit amerikanischem Geld, amerikanischer Technik, amerikanischem Way of Life, schließlich auch mit amerikanischen Bomben die Welt zu überziehen und zu vereinnahmen, ist nun statt zu einer weiteren Expansion nach außen zu einer solchen nach innen aufgebrochen. Und hier hat sie gewissermaßen ein neues Eroberungsfeld gefunden. Da geht es nicht mehr um die Entdeckung und Kolonialisierung fremder Länder und Völker. Sondern nunmehr um die Erkundung vergessener Subkulturen und Gruppen im eigenen Land. Im Gegensatz zur expansiven imperialistischen Ausbeutung fremder Populationen besinnt man sich auf die Aufgabe, die Kolonien der Slums und Gettos auf dem eigenen Boden zu erschließen und zu befreien. In dem Moment also, in dem die Welle der Außenexpansion stagniert und der Blick sich auf die eigene innere Verfassung richtet, entdeckt die sensibilisierte Jugend als erste die bislang raffiniert ausgenützte Ablenkungs- und Vertuschungsfunktion der scheinheiligen

Welterlösungskreuzzüge Amerikas. Die Unterdrückung und Gettoisierung der eigenen Minderheiten enthüllt dieser wachsam gewordenen Jugend die radikale Unglaubwürdigkeit der überkommenen Rolle als Missionar der armen und zurückgebliebenen Völker. Tiefer Ekel und Scham haben weite Teile dieser amerikanischen Jugend erfaßt, die gewissermaßen hinter dem Rücken der von den konservativen Kräften weiter betriebenen nationalistischen Selbstbeweihräucherung still an die Arbeit geht, um die verdrängte nationale Kehrseite der eklatanten sozialen Ungerechtigkeiten zu verändern. – Entsprechende Strömungen in der Jugend anderer hochzivilisierter westlicher Nationen haben einen ähnlichen Hintergrund. Amerika liefert nur das extremste und spektakulärste Beispiel für diese wichtigen Prozesse, die speziell in solchen Ländern besonders bemerkbar sind, in denen nationale Niederlagen eine kritische Revision expansionistischer Größenideen erleichtern.

Vieles spricht jedenfalls dafür, daß den diversen zitierten neuen Bewegungen ein gewisser repräsentativer Wert zukommt, auch wenn sie bislang noch nicht wesentlich über gewisse umschriebene soziale Gruppen der Mittelschicht, vor allem der kritischen Jugend, hinaus gediehen sind. In diesen Kreisen ist vermutlich die Sensibilisierung nur schon besonders weit fortgeschritten und die Fähigkeit gewissermaßen vorverlegt, wegweisende neue Bedürfnisse und Leitbilder deutlich auszudrükken und aktiv zu gestalten. An sich sind Ansätze solcher neuen Bedürfnisse bereits sehr viel mehr verbreitet, wenn auch oft sehr viel schwerer erkennbar als bei den mannigfachen Experimentiergruppen und sozialen Initiativen, die ihre Zielvorstellungen mehr oder minder klar nennen können.

Ein völlig anderes Feld, in dem die Krise der überkommenen Leitbilder und der ihnen angemessenen sozialen Strukturen ebenfalls ihre Spuren zeigt, ist die psychosomatische Medizin. Die Häufung bestimmter psychisch bedingter Krisen und Symptome weist vielfach mittelbar auf sozioökonomische und selbst politische Einflüsse hin, die psychisch überlastend wirken, weil sie den Bedürfnissen der Menschen widersprechen. Die in allen Statistiken registrierte Häufung der Neurosen erklärt sich gewiß nicht durch eine nur zufällige Ballung individueller Schicksalsbelastungen. Vielmehr muß man sie zumindest zu einem großen Teil als Zeichen vermehrten Leidens an einer Ordnung und an Lebensvorschriften verstehen, die den sich verändernden Bedürfnissen der Menschen unangemessen sind. Diese Neurosen sind die chiffrierten Signale der Unfähigkeit einer wachsenden Zahl von Individuen, mit den Zumutungen schädlicher sozialer Bedingungen fertig zu werden. Der Psychoanalytiker vermag sich darin zu üben, die Signale in diesem Sinne zu dechiffrieren und zu überprüfen, jeweils welche Bedürfnisse mit welchen Schädlichkeiten sozialer Rollenvorschriften oder bestimmter materieller Lebensbedingungen kollidieren. Und da zeigt sich eben, daß diese einzwängenden Bedingungen neuerdings vielfach auf solche Bedürfnisse stoßen, wie sie sich in den Bestrebungen der kritischen Jugend artikulieren. Auch viele andere Menschen sehnen sich nach einer Selbstbefreiung in einer solchen Richtung, können es aber nicht, weil ihnen dazu die relativ große Freizügigkeit von Studenten, Schülern und anderen sozial begünstigten Gruppen fehlt. Sie möchten auch mehr partnerschaftlich kommunizieren, sich in Gruppen verwirklichen und irgendwelche sinnvollen sozialen Aktivitäten unternehmen. Dann könnten sie innere Kräfte entfalten, die jetzt nur angestaut verkümmern in aufgezwungener Isolation, in entfremdeter Arbeit und in der Einschnürung durch den Zwang hierarchisch gegliederter Rollenvorschriften. Vielfach sind neurotische Symptombildungen in der mittleren und älteren Generation in der Tat nichts anderes als neurotisch maskierte Äquivalente derjenigen Tendenzen, die in den neuen Bewegungen der Jugend zur aktiven Gestaltung kommen.

Natürlich wäre es übertrieben, diesen Aspekt neurotischer Störungen generalisieren zu wollen. Aber er verdient eine sehr viel größere Beachtung, als man früher erkannte. Und so ergibt sich schließlich hier dem Psychoanalytiker eine außerordentlich wichtige Quelle der Information über den Wandel menschlicher Bedürfnisse und Leitbilder. Dies ist nachdrücklich gegen die überkommenen Vorurteile festzustellen, nach denen Neurotiker als untauglich für die repräsentative Bekundung sozialer Sachverhalte disqualifiziert worden waren. Immer wieder hieß es, der Neurotiker könne als «Kranker» und «Versager» die soziale Wirklichkeit nur verzerrt reflektieren, da er sie ja immer nur ressentimenthaft am Kriterium seines Gescheitertseins messen könne.

Dieses Vorurteil sollte doch noch einen Augenblick lang Aufmerksamkeit beanspruchen. Es enthüllt nämlich schlagend die Repressivität einer bestimmten Version des traditionellen Begriffs von seelischer Gesundheit bzw. Krankheit. Von vornherein wurde lange Zeit als bloße individuelle Niederlage, als ressentimentträchtiges persönliches Versagen erklärt, was ja statt dessen häufig genug als besonders feine seismographische Reaktion auf änderungsbedürftige soziale Verhältnisse verstanden werden kann. Es ist deutlich, daß die traditionelle vorurteilshafte Fassung des Gesundheitsbegriffes noch einseitig an den Werten der expansionistischen Periode festhaftet. Und so bietet auch ein kurzer Seitenblick auf die Wandlungen der Norm von psychischer Gesundheit einen bemerkenswerten Hinweis auf wichtige Veränderungen unserer Leitbilder binnen weniger Jahrzehnte. Dies sei am Beispiel einer bestimmten Theorie der Psychotherapie kurz erläutert, die noch unlängst im deutschen Sprachbereich einen erheblichen Einfluß auszuüben imstande war. Gemeint ist die Theorie des «Gehemmten Menschen» von H. SCHULTZ-HENCKE, dem Schöpfer einer Schule der Neo-Psychoanalyse.

Dieser entwarf vor 35 Jahren in der Einführung zu seinem Hauptwerk die folgende Zukunftsperspektive für den Menschen, der seine Hemmungen zu durchschauen lerne: Wenn wir erst die Werkzeuge unserer Seele besser erkennen können, so lehrte er in etwa, werden wir in unserer Expansivität weniger Niederlagen erleiden: *«Das Leben und Erleben geht dann weiter seinen Gang, der erobernd ist gegenüber der Welt, durch Siege und Niederlagen hindurch. Aber es wird auch hin und wieder ein Blick jenen seelischen Mitteln gelten, mit denen wir erobern, mit denen wir siegen und deren Mangelhaftigkeit wir zum Teil unsere Niederlagen verdanken.»*

Siegen und Erobern «gegenüber der Welt», diese Perspektive eines – durchaus antinazistisch gesonnenen – Schöpfers einer eigenen psychotherapeutischen Schule macht deutlich, wie sehr sich das Selbstverständnis der Menschen seither von jenem expansionistischen Egozentrismus entfernt hat, dem dieser Psychotherapeut eben noch regelmäßig im Lebensgefühl seiner damaligen Klientel begegnete. Fragwürdig geworden, wenn auch gewiß noch nicht verschwunden, sind diese traditionellen Leitvorstellungen von Siegenmüssen und Erobernmüssen – Inbegriff einer langen Denktradition, verdichtet im *«Faust»* und in Nietzsches *«Übermenschen»*. Sie halten sich zählebig als Residuen der expansionistischen Wertwelt in Form eines bestimmten Rollenbildes, das nachfolgend noch einer näheren Analyse zu unterziehen sein wird. Und zwar ist dies das einseitige Rollenklischee von «Männlichkeit», das noch immer zur dissoziativen Fehlerziehung der Geschlechter in den Familien und Erziehungsinstitutionen maßgeblich beiträgt. Freilich wird sich zeigen, daß gerade dieses Rollenstereotyp von expansionistischer sieghafter Männlichkeit am allerwenigsten zur Beschreibung dessen taugt, was wir heute unter psychosomatischer Gesundheit verstehen würden. Denn gerade eine solche andressierte Lebenshaltung enthält, wie wir nunmehr wissen, ein besonderes psychosomatisches Risiko (vgl. S. 39 ff). Darüber hinaus fixiert dieses Leitbild ein bestimmtes parasitär kompensatorisches Verhältnis von Mann und Frau. Es präformiert eine Partnerbeziehung, bei der der eine Teil klein und schwach sein muß, damit der andere der große Sieger und Eroberer sein kann. – Gerade solche anerzogenen Rollenpolarisierungen indessen gehören für viele heute gerade zu den Quellen von psychischem Leiden, die sie überwinden wollen. Und so erweist sich, was noch vor relativ kurzer Zeit als psychotherapeutisches Heilungsziel erschien, neuerdings eher als dessen Gegenteil, nämlich als eine Variante von psychischer Verkümmerung, zugleich als ein psychosomatischer Risikofaktor ersten Ranges.

Was man als Psychoanalytiker neuerdings an den Hintergrundkonflikten vieler «seismographischer» Neurotiker ebenso ablesen kann wie an den zitierten neuartigen Aktivitäten der sensibilisierten Jugend ist dies: *Man sucht wieder einen Weg nach innen. Man sucht nach Befreiung vom Zwang zu hektischer Leistungsaktivität, zu permanenter Gefühlsunterdrückung, zu expansiver Rivalität als Prinzip. Man sehnt sich umgekehrt danach, seine verdrängten Gefühle wiederzuerwecken und in eine möglichst breite Kommunikation mit anderen einzubringen. Integration in Gruppen und Solidarität sind wesentliche neue Ziele. Man will Isolation überwinden, wo immer man dieser ausgesetzt ist: am Arbeitsplatz, innerhalb der Familie, aber zugleich zusammen mit der Arbeitsgruppe und der Familie gegenüber der übrigen Gesellschaft. Man sucht nach Selbstverwirklichung in kleinen Gruppen, aber man will diese kleinen Gruppen wiederum nach außen geöffnet sehen. Und man will sich speziell mit denen solidarisieren, gegen die man sich unnatürlicherweise polarisiert fühlt, also mit dem anderen Geschlecht, mit abgegrenzten Minderheiten und Randgruppen. Statt immer nur expansiv konkurrierend vorwärts blickt man zurück und sucht an diejenigen wieder Anschluß zu finden, die von der Konkurrenzgesellschaft abgehängt sind: die Unterprivilegierten, die Armen, die Kranken, die Alten, die Schwachen.*

Viele dieser neuartigen Wünsche brechen sich an der Rigidität unserer anachronistischen gesellschaftlichen Strukturen. Deren repressive Mechanismen werden denen am deutlichsten fühlbar, bei denen der Prozeß der Transformation der Bedürfnisse bereits weiter fortgeschritten ist. Aber vieles von diesen Mechanismen ist auch verinnerlicht und blokkiert als eigener innerer Widerstand die Impulse der Selbstbefreiung oft bereits vor deren Zusammenprall mit den äußeren Zwängen. Man will sich solidarisieren und muß doch aus unbewußtem Drang rivalisieren. Man will sich den anderen Menschen öffnen – und kann es nicht. Man will auf die anderen zugehen und ertappt sich dabei, daß man diese statt dessen mißtrauisch belauert. Man wartet auf die Annäherung der anderen und stößt diese doch wieder aus einem Übermaß egozentrischer Kränkbarkeit heraus zurück.

Dies sind nun spezielle Schwierigkeiten, zu deren Aufschlüsselung der Psychoanalytiker sich als Partner anbieten kann. Und nicht nur als solcher, der bei der Klärung innerer Konflikte in der rein psychologischen Dimension Unterstützung zu liefern vermag. Die Psychoanalyse ermöglicht unter Umständen auch zu sehen und anderen sehen zu lernen, wie sich in innerseelischen Prozessen unmittelbar gewisse gesellschaftliche Tatbestände niederschlagen. Es gibt ein soziales Lernen, ein Aneignen von gesellschaftsbezogenen Erkenntnissen durch innerseelische Wahrnehmung. Überall da, wo in sozialen Situationen, die sich im psychischen Bereich abbilden, ein Moment der gesellschaftlichen Repräsentativität steckt, können seelische Prozesse als Schlüssel für gesellschaftsbezogene Erkenntnisse benutzt werden. In solchen Situationen können emotionelle Konflikte entstehen, die sich als direkter Ausdruck änderungsbedürftiger sozialer Bedingungen analysieren lassen, so daß die theoretische Interpretation wie die therapeutische Perspektive zu einer Überschreitung der innerseelischen Kategorien auffordert. Solche über die Selbstwahrnehmung von Affekten und emotionellen Konflikten erworbenen sozialen Erkenntnisse und Handlungsperspektiven können offensichtlich Menschen zur Klärung ihres Standpunktes in einer Phase helfen, die eine kritische Umorientierung notwendig macht. Auf die Überzeugung von der Chance der Psychoanalyse zur Unterstützung gesellschaftsbezogener Lernvorgänge stützen sich die nachfolgenden Untersuchungen.

1. Hauptteil:
Hemmfaktoren solidarischen Verhaltens

Die Ausgangslage: Isolation und Flucht in Pseudokontakte

Die Unfähigkeit zum Dialog. Entfremdungsprozesse bis in die Familie hinein. Schnellhilfe durch Psychotrainings – oder klärende Analyse der Hintergrund-Konflikte?

In einer Universitätsstadt hat man für 500 Studenten ein modernes großes Wohnheim gebaut. Das Heim hat eine freundliche Stadtrandlage. Die Zimmer sind zweckmäßig eingerichtet. Aufenthaltsräume können kleinere und größere Gruppen aufnehmen. Aber als das Haus bezogen wird, stellen die Studenten fest, daß sie sich darin nicht einleben können. Obwohl sie Tür an Tür miteinander wohnen, können sie nur schwer Kontakte anknüpfen. Sie fühlen sich unfähig, ihr Zusammenleben zu gestalten. Sie empfinden sich als isolierte Partikel einer Masse. Vertreter der Studenten schreiben einen verzweifelten Brief an eine Beratungsstelle: *«Bei uns sind viele depressiv. Wir können einfach nicht miteinander sprechen. Es muß etwas geschehen, um unsere Situation zu ändern. Wir brauchen Hilfe, um unsere Hemmungen zu überwinden. Wir möchten beraten werden, denn wir wissen nicht, wie wir unsere verfahrene Lage ändern können.»*

Ähnliche Ängste häufen sich in vielen der neuen supermodernen Wohnzentren der Großstädte, in denen sich oft ein Klima entsetzlicher Fremdheit und Öde ausbreitet. Die Menschen fühlen sich isoliert, obwohl sie ganz dicht beieinanderleben und alle Gelegenheit hätten, Bekanntschaften zu knüpfen und aneinander Anteil zu nehmen. Überall wird die Frage laut, was können wir nur unternehmen, um miteinander in Fühlung zu kommen? Was müssen wir ändern, um unsere deprimierende Einsamkeit zu überwinden? Was in solchen Neubauten bzw. Wohnzentren besonders augenfällig wird, ist im Grunde eine allgemeine Erscheinung. Verfehlte Stadtplanungen und mangelhafte Architektenkonzepte liefern nur zusätzliche Teilursachen dafür, daß die Menschen nicht so miteinander umgehen können, wie sie sich das sehnlichst wünschen. Und dies ist nun die Frage: Wie ist es möglich, daß Menschen selbst im privaten Wohnbereich, wo die Abhängigkeitsprobleme und der Konkurrenzdruck der hierarchischen Arbeitswelt zu entfallen scheinen, nicht miteinander reden können? Was hindert sie, ihrem großen Bedürfnis nach Kommunikation nachzugehen?

In der Verfolgung dieser Frage kann man sehr verschiedene Wege einschlagen. Ein Weg ist der, daß man das Gesichtsfeld zunächst immer weiter einengt und gewissermaßen mikroskopisch nach dem Punkt sucht, wo diese Unfähigkeit einsetzt. Vielleicht beginnt die Schwierigkeit erst jenseits der «eigenen vier Wände»? Können Menschen, die als Paar oder als Familie leben, wenigstens innerhalb dieser intimen Zone befriedigend miteinander umgehen? Beginnt also die Kommunikationsschwierigkeit erst da, wo man nicht mehr auf kleinem Raum zusammen ißt, schläft und spielt?

Aber es zeigt sich, daß selbst das Paar und die Familie betroffen sind. Mann, Frau und Kind, obwohl durch die vielfältigsten Funktionen aufeinander bezogen, sind einander partiell fremd geworden. Der Psychotherapeut, der als Spezialist für Familientherapie oft Paare und ganze Familien sieht, registriert immer häufiger, daß selbst die Primärgruppe Familie wie eine Ansammlung einander fremder Menschen erscheint. Obwohl alle einander fortgesetzt berühren und miteinander funktionieren, versteht kaum einer den anderen ganz, und niemand spricht sich den Partnern gegenüber voll aus. Niemand weiß, wer der andere wirklich ist. Jeder resigniert in dem Bemühen, sich selbst ganz zu erkennen zu geben. Entscheidende Vorbehalte und Wünsche in der Beziehung zueinander bleiben viele Jahre ungesagt. Man hat gelernt, in irgendeiner funktionellen Zuordnung aufeinander routinemäßig zu reagieren. Alles läuft, wenn es leidlich geht, in eingespielten Zeremoniellen ab. Aber warum riskiert man es nicht, einander die wesentlichsten und dringenden Fragen zu stellen? Und warum antwortet man lieber nur oberflächlich? Obwohl man doch eigentlich vor Spannung brennt, sich mitzuteilen? Und obwohl man im Grunde sehnlichst wünscht, von dem anderen mehr zu erfahren?

Offenbar glaubt man, mit dem nicht fertig werden zu können, was das offene Aussprechen zutage fördern würde. So ist es tiefe Angst, die jeden warnt, die schützende Ebene oberflächlicher Unverbindlichkeiten zu verlassen. Aber warum muß man denn so stark befürchten, den anderen entsetzlich zu erschrecken oder zu enttäuschen, wenn man sich tiefer offenbart? Und warum erwartet man umgekehrt vom Partner dasselbe? Obwohl man einander doch dringend in jenen tieferen Dimensionen zu spüren bekommen möchte, in denen so viele angestaute Gefühle und Sehnsüchte auf ihre Entfaltung warten?

Das Problem, einander wirklich nahe zu kommen, einander tiefer zu berühren, miteinander über das Wesentliche zu sprechen, stellt sich den Einzelnen, den Partnern im System der Familie, aber selbst auch den Teilnehmern jener experimentierenden Gruppen und Wohngemeinschaften, die alles Erdenkliche versuchen, um eben diese quälenden Kommunikationsstörungen zu überwinden. Da hängen junge Leute in ihrer Wohngemeinschaft extra die Türen aus, um sich zu zwingen, sich ja nicht voreinander zu verstecken. Aber oft ist die Angst stärker und erfindet genügend Auswege, um am Ende doch wieder alle aneinander vorbeilaufen zu lassen.

Wenn die Verzweiflung über das Verfehlen von erfüllender Kommunikation und von gelungener Solidarität in letzter Zeit deutlich anwächst, so könnte das zwei Ursachen haben. Es könnte so sein, daß die Menschen etwas verlernt hätten, was sie vordem besser gekonnt haben. Es könnte aber auch sein, daß lediglich die Unzufriedenheit über ein Verhalten anwächst, das sich als solches gar nicht so sehr verändert hat. In der Tat ist die Distanzierung der Menschen voneinander bis hin in die Primärgruppe Familie offenbar gar kein ganz neues Phänomen. Bereits vor zwei Jahrzehnten hat SCHELSKY z. B. die «familiäre Funktionalisierung», die Versachlichung der Partnerbeziehungen gegenüber dem «gegenseitigen personalen Intimverhältnis» als typischen Befund für die deutsche bürgerliche Familie hervorgehoben. Was sich jetzt vor allem zu ändern scheint, ist die Bewertung dieses Zustandes. Offensichtlich sind die Bedürfnisse nach engem emotionalen Austausch und nach echter Gemeinschaft inzwischen wieder erheblich angewachsen. Oder, noch genauer: diese Bedürfnisse können schlechter als früher verdrängt werden. Und dies dürfte eben unter anderem wesentlich mit jener allmählichen untergründigen Modifikation der Leitbilder zusammenhängen, von der zuvor die Rede war. Auch das Paar, die Familie, die Hausgemeinschaft ertrug die Verarmung der interpersonellen Beziehungen leichter unter der Vorherrschaft der herkömmlichen expansionistischen Lebensziele. Die Außenbezogenheit in der Selbstverwirklichung ließ das Verkümmern der gemeinsamen emotionellen Innenwelt leichter verschmerzen, ja machte dieses sogar teilweise wünschenswert. Die Kultivierung der Sphäre des Gemütes, die «Gemütlichkeit» wurde zur Energieverschwendung beim Vorrang der reinen Leistungsorientiertheit. Aber nun, bei der immer manifester werdenden Fragwürdigkeit jener alten Leitbilder brechen die unterdrückten Wünsche nach

Wiederauffüllung der entleerten Innenwelt stark hervor. Und das Elend, diese Bedürfnisse nicht hinreichend gestalten und befriedigen zu können, drängt zu allen möglichen Auswegen.

Man sucht Zuflucht bei gedruckten oder persönlich vermittelten Rezepten autosuggestiver Übungen. Zum Beispiel bei dem *«Autogenen Training»* und manchen Spielarten von *Vulgär-Yoga* – das heißt bei wiederauferstandenen Verfahren, die in den zwanziger Jahren schon einmal im Zuge einer antiexpansionistischen Strömung im Westen große Mode waren. Die relativ neue *Verhaltenstherapie* zieht ebenfalls viele Erwartungen auf sich. Auch mit dieser hofft man, sich eine Erleichterung der Beziehungen zu anderen Menschen antrainieren zu können. Die eigentliche Tagessensation sind schließlich die *gruppendynamischen Trainings, Spiele, «Marathons»* der verschiedensten Art. Wie Pilze schießen seit ein paar Jahren immer neue Varianten der gruppendynamischen Bewegung hervor. Viele dieser Verfahren, am direktesten die sogenannten *encounter-groups*, wollen die gefühlssperrenden Abwehrmechanismen zerbrechen und intensive emotionelle Austauschprozesse in den Gruppen in Gang setzen. Die meisten der neuen Suggestions-, Konditionierungs- und Gruppentraining-Methoden tragen der Gespanntheit und der Ungeduld breiter Kreise insofern Rechnung, als sie in möglichst kurzer Zeit die inneren Schwierigkeiten und die Kommunikationsprobleme der Menschen in aktiver Form zu lösen versprechen. Auch die *Psychoanalyse*, einzeln und in Gruppen, bietet neuerdings neben der klassischen Langzeit-Analyse eine Reihe von sogenannten Kurzzeit-Verfahren an. Indessen glaubt die Psychoanalyse nach wie vor, daß man hinter allen Hoffnungen auf schnell wirkende pragmatische oder suggestive Umgewöhnung die Bedürfnisse der Menschen nicht unterschätzen dürfe, zuerst einmal die tieferen Beweggründe der Kommunikationsstörungen zu verstehen, die das Leiden verursachen. Wenn man der Angst der Menschen, diese Hintergründe auszuleuchten, vorschnell folge – so meint die Psychoanalyse –, hindere man sie an dem, was ihnen zu einer nachhaltigen Bewältigung der eigentlichen Schwierigkeiten nottue und was sie im tiefsten Grunde selbst erstrebten. Insofern erscheinen die mehr oder weniger gewaltsamen Formen von modernen psychischen Fitness-Trainings eher als ein Versuch, in vordergründiger Weise vor den Ängsten zu kapitulieren, mit denen man sich doch eher eingehend auseinandersetzen sollte.

In diesem Sinne sei im folgenden versucht, einzelne Hindernisse näher zu studieren, die sich dem wachsenden Drang nach Kommunikation und Solidarität entgegenstellen. Ein erster Aspekt, der näher in Augenschein genommen werden soll, betrifft das Verhältnis der Geschlechter zueinander.

Die Deformierung des Verhältnisses der Geschlechter

Das Leiden der Frau

Modellbeispiel. Die objektive Behinderung der Frau in der Gesellschaft. Ihr negatives Bild im Test und in der Statistik psychovegetativer Symptome. Der Emanzipations-Protest

Abgesehen von der Mutter-Kind-Beziehung erscheint keine gesellschaftliche Mikrostruktur von Natur aus so sehr dazu bestimmt, Menschen eine Selbstverwirklichung in partnerschaftlicher Zusammengehörigkeit zu ermöglichen wie die Mann-Frau-Beziehung. Aber gerade hier zeigt sich nun, in welchem Ausmaß die Fähigkeit zu solidarischem Verhalten Schaden gelitten hat. An der Mann-Frau-Beziehung läßt sich zugleich die Doppelperspektive modellhaft verfolgen, welche die nachfolgenden Untersuchungen leitet: Man kann studieren, welche falschen gesellschaftlichen Leitbilder in welchem Grade verinnerlicht worden sind. Und man kann sich überlegen, auf welche Weise und mit welchen Aussichten ein Umlernen stattfinden könnte, um solidaritätshemmende Faktoren auf einem Weg von innen nach außen zu beeinflussen.

Mir ist klar, daß speziell diese Untersuchung im Augenblick nur ein zwiespältiges Interesse finden mag. Nicht deshalb, weil man etwa gerade die Mann-Frau-Beziehung für aktuell unproblematisch hielte. Eher im Gegenteil: die Hochflut der Darstellungen zu diesem Thema in den letzten Jahren signalisiert zur Genüge die allgemeine tiefe Beunruhigung über die Sache. Aber was davon verhältnismäßig oberflächlich als Unterhaltungs-«Stoff» dramatisiert und abgespielt werden konnte, ist über die Medien gelaufen. Es ist der Fluch der Medien, daß sie mit aufbrechenden neuen Fragestellungen und Impulsen, die tiefe Bereiche der persönlichen Lebensorientierung berühren, ähnlich verfahren wie mit sensationellen äußeren Ereignissen: Sie wetteifern darin, das Thema so vereinfachend, so bildreich und so suggestiv wie nur möglich aufzubereiten. Sie folgen damit der Ungeduld eines autoritätsergebenen Publikums, das für seine inneren Beunruhigungen sofort möglichst einfache äußere Gründe und klare Handlungsanweisungen bekommen möchte. In dieser Weise ist der Stoff in der Tat bald erschöpft.

Gewisse oberflächliche Beschwichtigungen sind schnell vermittelt. Aber dann kommt eine Grenze, jenseits derer eine tiefer dringende Diskussion des Problems zunächst eher vermehrte Angst und Unsicherheit provozieren würde. Und speziell diese Angst, maskiert meist als Erschöpfung oder Langeweile, verlangt eines Tages nach einem Themenwechsel. Am Ende sind es die am meisten Geängstigten, die Ursache und Wirkung verkehren und fordern: Man solle doch endlich aufhören, z. B. die Ehe und das Geschlechterverhältnis zu problematisieren. Denn eigentlich sei hier doch alles im Lot, und nur unheilbare radikale Gesellschaftsverbesserer wollten künstlich die traditionell bewährten Grundlagen der Mann-Frau-Beziehung zerreden und kaputtmachen. – Dies ist zur Zeit die Situation, daß weite Teile der Öffentlichkeit eher fürchten, sich das Ausmaß der Frustration ihrer Bedürfnisse und der Sehnsucht nach besseren Erfüllungsmöglichkeiten innerhalb des Geschlechterverhältnisses einzugestehen. Viele Frauen und Männer leiden offenbar noch lieber daran, daß sie mit ihren herkömmlichen Geschlechtsrollen nicht mehr zurechtkommen, als daß sie die Irritation und Ratlosigkeit in Kauf nehmen möchten, die ihnen ein Verlust dieser anachronistisch gewordenen Leitbilder einbrächte. Dennoch – nur eine kritische Revision der traditionellen Rollenstereotypen kann Mann und Frau als Paar ermöglichen, ihre weitgehend entleerte und parasitär deformierte Beziehung in einer für beide Teile sinnvollen Weise umzugestalten.

Wenn Mann und Frau es schwer haben, sich miteinander zu verständigen, so kann man dies als ein gemeinsames Problem beider Seiten ansehen. Es scheint aber wichtig, die Ausgangslage eines jeden der beiden Geschlechter für sich zu studieren. Denn bereits auf den ersten Blick läßt sich erkennen, daß die Unzufriedenheit über das Geschlechterverhältnis auf beiden Seiten eine verschiedene zu sein pflegt. Oberflächlich scheinen die Männer – im Durchschnitt – die bestehende Entfernung zur Frau eher ertragen zu können als umgekehrt die Frau ihre relative Isolation gegenüber dem Mann. Haben also die Frauen ein stärkeres Bedürfnis nach Nähe, nach seelischem Austausch? Oder ist die Bedürfnisspannung bei den Männern gleich oder sogar noch größer, aber durch stärkere unbewußte Gegenmechanismen blockiert? Man könnte meinen, dieser Unterschied sei belanglos. Es sei im Endeffekt doch unerheblich, ob das Bedürfnis primär schwächer oder sekundär durch irgendwelche Hemmungen blockiert sei. Tatsächlich ist es aber, wie sich noch zeigen wird, sehr wichtig, dieses Problem genauer zu klären.

Denn für das Gelingen des Vorhabens, miteinander auf einer wesentlich verbreiterten Basis zu kommunizieren, müssen beide Geschlechter wechselseitig ihre Ausgangssituation besser zu durchschauen lernen. Sonst verfehlen sie die wichtigen Hilfen, die sie miteinander austauschen müssen, um jeweils die Ängste und Verteidigungsmechanismen auf der anderen Seite abzubauen. Gerade in den experimentierenden Spontangruppen sieht man neuerdings häufig, daß die Geschlechter einander in der Absicht, das Näherrücken zu erleichtern, zunächst nur erhöhte Angst und verstärktes Mißtrauen bereiten, eben weil jede Seite von der anderen falsche Vorstellungen hat. Und im Verlauf unserer Untersuchungen wird sich ergeben, daß die Parolen der Emanzipationsbewegung der Frauen und die darüber geführten Auseinandersetzungen nicht wenig dazu beitrugen, solche Mißverständnisse zu fördern.

Bei der gemeinsamen psychotherapeutischen Behandlung von Ehepaaren – eine immer häufiger geübte Methode – ereignet sich relativ oft eine typisch zu nennende Entwicklung: Die Frau drängt sehr stark in die Behandlung wegen der Verständigungsschwierigkeiten in der Ehe, die sich ungünstig auf ihre gesundheitliche Verfassung auswirken. Der Mann zögert erst. Er muß sich offensichtlich überwinden, ehe er die Notwendigkeit einsieht, sich mitbehandeln zu lassen. Denn er fühle sich, so sagt er zunächst, keineswegs leidend. Die Schwierigkeiten in der Ehe seien zwar lästig, aber er könne damit fertig werden. Jedoch um seiner Frau willen, die aus den Eheproblemen heraus offensichtlich krank geworden ist, kommt er schließlich mit. Auf den Fragebögen, auf denen beide Ehepartner ihre Beschwerden ankreuzen, gibt sie viel mehr Symptome an als er. – Dann, nach einigen Behandlungssitzungen, wandelt sich das Bild. Je mehr die therapeutischen Gespräche in den Kern der Eheprobleme vorstoßen, was dem Mann steigendes Mißbehagen bereitet, wird er unruhiger und unsicherer. Die Frau zeigt bei diesen Gesprächen sehr offen, wie sie unter den Spannungen leidet. Aber es entlastet sie zugleich, daß alles einmal klar und deutlich besprochen wird. Er, der anfangs so viel Gleichmut und Sicherheit demonstriert hatte, verliert plötzlich die Fassung und ist dicht am Zusammenbrechen. Jetzt wird offenbar, daß sein innerer Zustand eher schlimmer als derjenige seiner Frau ist. Er ist nur geübt, im Alltag sein geheimes Elend zu verdecken. Nun aber bricht auf einmal seine ganze Verzweiflung hervor, als er sich in der Behandlung stellen muß. Auf einmal sieht man, daß die Frau bei allem Leiden eigentlich tragfähiger ist als er. Sie hat immerhin gelernt, ihr Leiden auszudrücken, und sie kann irgendwie damit umgehen. Er verfällt dagegen in Panik, als er merkt, wie schwach und unglücklich er im Grunde ist. Er hatte sich selbst und der Umgebung stets vorgespielt, daß er mit Willen und Selbstbeherrschung unendlich viel einstecken und verdauen könne. Jetzt erfährt er, wie wenig er mit seiner bislang immer unterdrückten Depressivität und seiner passiven Hilfsbedürftigkeit umzugehen vermag. Er kann sich zunächst auch mit seiner Frau gar nicht mehr zurechtfinden, der gegenüber er ja immer den Überlegenen dargestellt hatte und die ihn nun unerwartet in seiner sonst immer überdeckten Weichheit und Abhängigkeit erlebt. Er gerät ihr gegenüber in eine sehr große Rollenunsicherheit. Er fühlt sich unerträglich kläglich und blamiert und kämpft darum, möglichst schnell wieder obenauf zu sein. Aber nun kann es geschehen, daß die Frau hilfreich eingreift. Sie ist froh, daß sich der Mann endlich einmal so geöffnet hat. Und nun hat sie es plötzlich leichter, ihm entgegenzukommen und ihn zu bestätigen. Sie beweist ihm damit, daß er viel mehr von ihr bekommen kann, wenn er sich weniger verbirgt. Und er stellt möglicherweise zu seiner Verwunderung fest, daß er sich ein Stück weit entspannter und freier fühlt, wenn er sich auch mit seiner Schwäche und mit seinen passiven Bedürfnissen an seine Frau wendet. Sein illusionäres Selbstbild von überlegener Stärke nimmt dadurch zwar Schaden. Und diese Kränkung seines Stolzes nimmt ihn mit. Aber dafür kann er, wenn er die Chance nutzt, sein inneres Gleichgewicht festigen, indem er in Zukunft eher und offener zeigt, wie ihm zumute ist. Denn dann kann auch seine Frau auf seine ihr bislang vorgehaltenen Gefühle eingehen, und die Kommunikation zwischen beiden kann sich ausweiten.

Dieses schematisch gezeichnete Muster einer Ehepaartherapie scheint mir geeignet, einige Gesichtspunkte besser verständlich zu machen, die für die Situation der Geschlechter und ihr Verhältnis zueinander kennzeichnend sind.

Auf den ersten Blick sieht es so aus, als stecke in den Frauen ein sehr viel größeres Potential von Bedürfnissen, das Geschlechterverhältnis zu ändern. Die Frauen sprechen mehr über dieses Thema. Und um die gestörte Kommunikation zu verbessern, ergreifen sie eher die Initiative zu irgendwelchen Maßnahmen. Veranlaßt werden sie dazu, weil sie im Durchschnitt mehr leiden als die Männer. Sie verspüren mehr Unzufriedenheit mit ihrer Rolle. Männer erwecken dagegen oberflächlich den Anschein, als könnten sie in ihrer Lage ganz gut so weiterleben. Und als seien sie allenfalls aus moralischen Gründen bereit, den Frauen zuliebe irgendeine Modifikation des Geschlechterverhältnisses auf sich zu nehmen. Dieses asymmetrische Bild der Ausgangslage wird durch den Hauptteil der Emanzipationsliteratur in einer eher unkritischen Weise bestätigt. Diese beklagt bekanntlich ganz überwiegend die bevorzugte Lage der Männer, denen ihre Privilegien streitig gemacht werden sollen. Die Männer, so hat es danach den Anschein, müßten eher Abstriche an ihrem Wohlbefinden hinnehmen, wenn sie den Emanzipationsbedürfnissen der Frauen folgten. So geraten sie in die Rolle von Angeklagten, denen man gegen ihren Wunsch und ihren Vorteil Änderungen aufzwingen müsse, um das einseitige Leiden der Frauen zu mindern.

Die Argumente, die für eine solche Betrachtungsweise sprechen, scheinen zunächst ganz stichhaltig zu sein. Vier Belege lassen sich anführen:

1. Die Frauen erleben – vor allem in den kapitalistischen Ländern – zahlreiche objektive Benachteiligungen in Bildung, Ausbildung, Berufschancen, Verdienst, Erschwerungen in der Erfüllung der Doppelaufgabe in Haushalt, Kinderpflege und Beruf.

2. Repräsentative Erhebungen mit Fragebogentests zeigen, daß sich Frauen im Durchschnitt unglücklicher fühlen als Männer. Sie schildern vergleichsweise ihren gesamten seelischen Zustand ungünstiger.

3. Dem entsprechen statistische Untersuchungen über die Verbreitung nervöser Beschwerden. Frauen leiden deutlich häufiger an seelisch bedingten körperlichen Symptomen. Sie sind also in ihrem gesamten seelisch-körperlichen Wohlbefinden den Männern gegenüber benachteiligt – jedenfalls nach diesen Fragebogenbefunden.

4. Die stärkere Unzufriedenheit der Frauen mit ihrer Geschlechtsrolle scheint schließlich untrüglich durch die Emanzipationsbewegung selbst belegt zu werden. Es ist inzwischen für jedermann sichtbar, daß sich diese Bewegung weder als eine flüchtige Modeströmung noch als Wichtigtuerei einer unbedeutenden Minderheit abtun läßt. Die Flut und die Verkaufszahlen der Emanzipationsliteratur sprechen für sich. Ihre Argumente wirken. Das allgemeine Bewußtsein ist davon beeinflußt. Es gibt keine analoge Bewegung bei den Männern.

Es scheint nützlich, einige dieser Befunde noch etwas gründlicher zu würdigen, zugleich aber auch kritisch zu interpretieren.

Zu 1. Unstrittig ist zunächst die objektive Behinderung der Frauen in diversen sozialen Bereichen. Das Mädchen erfährt, es dürfe nicht nur, es solle sogar seine Begabungen bestmöglich für einen künftigen Beruf entfalten, da spätere Heirat einen Beruf nicht mehr entbehrlich mache. Man kann das Mädchen darauf verweisen, daß die Zahl der erwerbstätigen Frauen laufend ansteigt (RÖHR). Aber bald bekommt das Mädchen eine Ahnung davon, daß die oft verhießene und sogar gesetzlich proklamierte Gleichstellung der Frau in Bildung, Ausbildung und Beruf nicht existiert. Für die Bundesrepublik, deren Verhältnisse hier geschildert werden, hat H. PROSS entsprechende beweiskräftige Statistiken zusammengestellt. Bei Lehrlingen, Anlernlingen, Abiturientinnen, Studienanfängern sind Mädchen ausnahmslos unterrepräsentiert, auch wenn ihr relativer Anteil gestiegen ist. Mädchen brechen häufiger vorzeitig Schule und Universität ab, wobei Frühheirat meist nicht der vorrangige Grund zu sein scheint (PROSS). Mit absinkendem Sozialstatus der Eltern verringern sich die Chancen der Mädchen obendrein erheblich. So sagt PROSS mit Recht: «Käme der in der Trivialliteratur so beliebte Mann von einem fremden Stern nach Westdeutschland, und er würde von den Verhältnissen in den Instituten der höheren Bildung auf die Sozialstruktur des Landes insgesamt schließen, er müßte glauben, die Familien von Arbeitern brächten nur Söhne zur Welt.» Ganze 2,5 Prozent der ledigen Töchter von Arbeitern im Alter von 18–25 Jahren besuchten nach der Volks- und Berufszählung 1961 eine allgemeinbildende oder berufsbildende Schule oder Hochschule.

Zu Unrecht wird den Mädchen hierzulande das Vorurteil anerzogen, die Frau sei nicht für theoretische, naturwissenschaftliche, technische oder gar politische Tätigkeit geschaffen. Sie sei nur für reproduktive, nicht aber für schöpferische Arbeit begabt. Ihr seien stumpfsinnig monotone Verrichtungen nicht nur zuzumuten, vielmehr von Natur aus nahezu angemessen. So wird die Ausbildung und Berufswahl vieler Mädchen, vor allem aus den unteren sozialen Schichten, einseitig auf unselbständige, passiv dienende Tätigkeiten, allenfalls auf pflegerische und fürsorgerische Aufgaben hingelenkt. Nur selten wird Frauen eine eigentliche berufliche Karriere ermöglicht. Nur 1,9 Prozent der leitenden Angestellten und nur 3 Prozent der höheren Beamten in der BRD sind Frauen. Ein bezeichnendes Beispiel: Über 5700 Männer, indessen lediglich 30 Frauen erhalten als Bundesbeamte ein Monatsgehalt von mehr als 2500 DM. Eher noch erschreckender erscheint die Tatsache, daß Frauen selbst in gleicher Position und bei gleicher Leistung vielfach weniger verdienen als Männer. Die Durchschnittsmonatsverdienste in der Industrie staffelten sich laut *Statistischem Jahrbuch* 1971 wie folgt:

Tabelle   Durchschnittsbruttomonatsverdienst in der Industrie

	Frauen	Männer
Leistungsgruppe II	1 566 DM	1 967 DM
Leistungsgruppe III	1 197 DM	1 457 DM
Leistungsgruppe IV	889 DM	1 087 DM
Leistungsgruppe V	707 DM	890 DM

1970 verdienten bei den kaufmännischen Angestellten die Männer im Durchschnitt 1432 DM, die Frauen nur 992 DM. Der absolute Einkommensunterschied zwischen Männern und Frauen ist seit 1962 auf 484 DM im Jahre 1972 angestiegen (GRÄTZ).

Bemerkenswert ist, daß der öffentliche Dienst bei der relativen Unterbezahlung der Frauen die private Wirtschaft teilweise noch übertrifft. Ein bezeichnendes Beispiel ist die skandalöse Unterbewertung weiblicher Arbeit in den vielfältigen Sekretariats- und Verwaltungsfunktionen in öffentlichen Betrieben.

Ein weiterer Punkt ist die familienpolitische Benachteiligung der Mütter, die in Ausbildung oder im Beruf stehen. Der Mutterschutz ist wie in vielen anderen Ländern in der BRD ganz unzulänglich. Schließlich müßten viel mehr Kinderhorte, Kindergärten und Vorschulen geschaffen werden. Daß man nicht einmal innerhalb der kommenden zehn Jahre diese Zahl der sozialpädagogischen Einrichtungen im Vorschulalter dem Bedarf werde anpassen können, hat soeben der Bundeskanzler für die BRD zugegeben. Wegen dieser eklatanten Rückstände und Mißstände in der Familienpolitik werden viele Frauen zumal durch frühe Schwangerschaften in Schwierigkeiten gebracht. Jedenfalls werden sehr viele Frauen durch ihre diversen Aufgaben in Kinderpflege, Haushalt, Ausbildung bzw. Beruf oft unerträglich überfordert. Und so schließen bei uns Ehe mit Kindern und Emanzipation der Frau einander in der Regel aus, so folgert E. RUNGE mit Recht.

Zu 2. Aus repräsentativen psychologischen Testuntersuchungen läßt sich herauslesen, daß Frauen ihre seelische Verfassung negativer einschätzen als Männer. D. BECKMANN und ich haben einen aus 40 Items bestehenden Fragebogentest, den GIESSEN-TEST, für die Bundesrepublik und West-Berlin standardisiert. Dieser Test fordert die Befragten dazu auf, ihren seelischen Zustand und ihr Verhältnis zur Umwelt zu beschreiben. Gefragt wird, wie man sich befinde, wie man sich gegenüber anderen Menschen verhalte und wie man auf andere Menschen zu wirken glaube. Bei einer repräsentativen Stichprobe an 18-60jährigen Westdeutschen und Westberlinern fanden wir, daß Frauen von Männern in elf der 40 Items gesichert abweichen. Die Items sind bipolar angeordnet. Innerhalb eines Paars gegensätzlicher Aussagen erfolgen die Ankreuzungen auf einer Sieben-Punkte-Skala. Um den Geschlechtsunterschied zu verdeutlichen, seien im folgenden diejenigen elf polaren Aussagen zusammengestellt, welche die Richtung bezeichnen, in der die Frauen von den Männern abweichen:

Ich glaube, ich lege sehr viel Wert darauf, schön auszusehen.

Ich halte mich für besonders ängstlich.

Ich glaube, ich mache mir verhältnismäßig oft große Sorgen um andere Menschen.

Ich schätze, ich lege es eher darauf an, von anderen gelenkt zu werden.

Ich habe den Eindruck, ich bin kaum daran interessiert, andere zu übertreffen.

Ich glaube, daß man mich im allgemeinen eher als schwach einschätzt.

Ich glaube, ich bin im Vergleich zu anderen in der Liebe wenig erlebnisfähig.

Ich habe den Eindruck, ich bin eher überordentlich.

Ich habe den Eindruck, es fällt mir eher schwer, mit anderen eng zusammenzuarbeiten.

Ich halte mich oft für sehr bedrückt.

Ich habe den Eindruck, ich schaffe mir im Leben eher viel Mühe.

Im Mittel erleben sich also die Frauen ängstlicher, erotisch gehemmter und stimmungsmäßig gedrückter als die Männer. Sie sehen es als schwieriger an, zu enger Zusammenarbeit zu finden. Dabei glauben sie, daß sie sich besonders viel Mühe im Leben schaffen, und sie beschreiben sich auch als ordentlicher und als fürsorglicher als die Männer. Im Gegensatz zu den Männern erleben sie sich eher als ehrgeizarm, als uninteressiert daran, andere zu übertreffen. Sie meinen, daß sie dazu neigen, sich unterzuordnen und daß man sie im ganzen eher als schwach einschätze.

Es bilden sich in diesem Test also ziemlich genau die bekannten Rollenklischees der Geschlechter ab. Demnach gehören hierzulande zum Manne: Angstunterdrückung, Demonstration von erotischer Sicherheit, emotionelle Stabilität, Stärke im allgemeinen, Dominieren, Ehrgeiz – andererseits Egozentrizität, Unordentlichkeit und Bequemlichkeit. Dazu passen dann die kontrastierenden weiblichen Merkmale von offen eingestandener Ängstlichkeit, Triebunsicherheit, Depressivität, Schwäche, Lenksamkeit und Konkurrenzverzicht. Nach einer fragwürdigen Entschädigung sieht es aus, wenn es Frauen zugebilligt wird, daß sie altruistischer, ordentlicher und anstrengungswilliger als die Männer sein dürfen.

Es fällt nicht schwer, aus diesen errechneten Testresultaten abzulesen, daß die Frauen viel von der psychischen Belastung zu erkennen geben, von der in der modernen Emanzipationsliteratur so oft die Rede ist. Die Frauen können sich offenbar mit ihren Wünschen nur mangelhaft sozial entfalten. Und deshalb findet sich eben auf ihrer Seite ein Übergewicht von Gehemmtheitsgefühlen und eine Neigung zu gedrückter Stimmung.

Augenscheinlich wird es für die Frauen mit dem Älterwerden noch schwerer, ihre seelische Balance leidlich aufrechtzuerhalten. Die Frauen zwischen 31 und 60 Jahren empfinden sich nach diesem Test deutlich depressiver als ihre männlichen Altersgenossen und auch als ihre Geschlechtsgenossinnen zwischen 18 und 30 Jahren. Im Vergleich zu den gleichaltrigen Männern betonen die älteren Frauen besonders ihre Schwäche- und Minderwertigkeitsgefühle. Dazu gehören ihre vermehrte soziale Gehemmtheit, Gefügigkeit und Unzufriedenheit mit sich selbst. Abweichend von den jüngeren Frauen bewerten sich die älteren Frauen in der Richtung von vermehrter Abhängigkeit, Einsamkeit, Unattraktivität, Neigung zu Selbstvorwürfen.

Diese Testbefunde gelten natürlich nicht für den Einzelfall. Sie besagen nicht, daß alle Frauen sich durchweg so sehen, aber daß sie sich im Mittel in dieser Weise beschreiben, verglichen mit den Männern in dieser repräsentativen Stichprobe.

Es wird später noch genauer zu analysieren sein, was die hier mitgeteilten Befunde eigentlich bedeuten. Auf den ersten Blick nimmt sich das Bild der Männer nur beneidenswert, das der Frauen im wesentlichen bedauernswert aus. Man ist gewöhnt, solche Fragebogen-Antworten direkt als die letzte Wahrheit hinzunehmen. Man meint, wie jemand sich beschreibe, so sei er auch. Vor diesem voreiligen Schluß sei hier ausdrücklich gewarnt. Wie man sich in einem Fragebogentest darstellt, hängt auch und sehr wesentlich davon ab, welche Merkmale als erwünscht oder als unerwünscht gelten. Wie die Eigenschaften zu der Rolle passen, die man z. B. als Mann oder als Frau erfüllen soll. Mädchen werden bekanntlich eher dazu erzogen, sich offen mit ihren Gefühlen und vor allem auch mit ihren Schwächen darzustellen. Das gilt als besonders weiblich und liebenswert. Jungen werden in dieser Hinsicht viel mehr auf ein defensives Verhalten trainiert. Für sie gilt es eher als unmännlich, ihre Gefühle stark hervorzukehren und ihre innere Labilität sichtbar zu machen. Das bewirkt, daß beide Geschlechter durch den Erziehungsprozeß unterschiedlich darin geprägt werden, was sie von sich zeigen und was sie eher verbergen sollen. Die gegensätzlichen Erziehungsmaßstäbe werden allmählich verinnerlicht. Das heißt, man kann mit der Zeit bestimmte unerwünschte Merkmale, die man fortwährend unterdrückt, gar nicht mehr bei sich sehen. Und so kann man sie in einem Test, der danach fragt, auch nicht mehr zugeben. Die direkten Testantworten enthalten also noch eine gewisse Mehrdeutigkeit. Dies sei hier bereits vorausbemerkt, um Mißverständnissen vorzubeugen. Die später zu liefernde abschließende Analyse wird nämlich auf die Testresultate ein überraschendes neues Licht werfen.

Unmißverständlich und eindeutig bleibt auf jeden Fall, daß die Frauen sich im Testbild als mehr leidend, als mehr unzufrieden als die Männer darstellen und daß dieser Unterschied im mittleren und höheren Alter zunimmt.

Zu 3. Dieser psychologische Testbefund stimmt mit den Ergebnissen von Untersuchungen über seelisch bedingte funktionelle körperliche Beschwerden überein. Mit absinkendem psychischen Wohlbefinden mehrt sich eine Reihe körperlicher Funktionsstörungen, wie wir wissen. Wenn man also Untersuchungen über Häufigkeit und Verteilung solcher Funktionsstörungen anstellt, dann kann man daraus unmittelbar auf die seelische Situation zurückschließen, die mit den vorgefundenen körperlichen Merkmalen in Zusammenhang stehen muß. D. BECKMANN und ich haben bei der Standardisierung unseres GIESSEN-TESTS Frauen und Männer zugleich hinsichtlich sechs körperlicher Beschwerdekomplexe verglichen. Es handelt sich dabei um typische vegetative Beschwerden, die in der Regel ursächlich von der seelischen Verfassung abhängen. Fünf Beschwerden werden von Frauen gesichert häufiger geäußert, nämlich:

Kreislaufstörungen, Darmträgheit, Abgespanntheit, Nervosität, Schlafstörungen.

Bei Magenbeschwerden sind zunächst die Männer führend, allerdings haben wir in einer Zusatzuntersuchung ermittelt, daß die Frauen die Männer ab Mitte 40 auch hinsichtlich Magenbeschwerden allmählich überholen.

Interessant erscheint in diesem Punkt ein Vergleich mit Befunden aus der DDR. Hier hat H. BEHRENDT eine gründliche Reihenuntersuchung an arbeitsfähigen 16–60jährigen in zwei verschiedenen Städten angestellt. Auch hier geben die Frauen im Mittel eindeutig häufiger Beschwerden als die Männer an, und zwar unter anderem Ängste, Schlafstörungen, Schwitzen, Herzbeschwerden, Verstopfung, Durchfälle, Schwindel, Nervenzusammenbrüche. Diese Befunde stammen, wie gesagt, nicht von krankgeschriebenen, sondern von arbeitsfähigen Personen. BEHRENDT hat nun noch ein übriges getan und sich nach speziellen seelischen und sozialen Belastungsmomenten erkundigt. Sie hat ihre Untersuchungsgruppen über Merkmale der genossenen Erziehung, der Ehe der Eltern und der eigenen Ehe befragt. Sie bekam heraus, was zu erwarten war: zwischen den erfragten körperlichen Beschwerden und den psychosozialen Belastungsfaktoren stellte sich ein signifikanter bis hochsignifikanter Zusammenhang heraus. Vegetative Symptome fanden sich gehäuft verbunden mit Angaben über schlechte Kindheit und Erziehung, getrennte oder schlechte Ehe der Eltern und Schwierigkeiten in der eigenen Ehe. Dabei muß man allerdings wieder den Umstand einkalkulieren, daß Männer und Frauen nicht unbedingt die gleichen Bewertungsmaßstäbe haben müssen, wenn sie z. B. die Qualität ihrer Erziehung, der Elternehe oder ihrer eigenen Ehe beurteilen. Auch hier kann sich auswirken, daß Männer oft feinere seelische Disharmonien eher bagatellisieren, die Frauen wesentlich ernster nehmen. Schließlich: ob man Merkmale wie Nervenzusammenbrüche, Nervosität, Abgespanntheit, Kreislaufstörungen, Schwindel ankreuzt oder nicht ankreuzt, ist nicht unabhängig davon, für wie «fit» man sich halten muß, um sich der anerzogenen Rollenvorschrift gemäß und damit wertvoll zu fühlen. Wir wissen, daß Männer und Frauen in ihrem Gesundheits- und Krankheitsverhalten darin abweichen, daß Männer häufiger Beschwerden verleugnen zu müssen glauben, die Frauen leichter zugeben.

Dies ist allerdings eindeutig: Sowohl an repräsentativen Bevölkerungsquerschnitten als an Stichproben von arbeitsfähigen Gesunden zeigt sich, daß Frauen mehr psychovegetative Beschwerden angeben. Ganz ähnliche Zahlenverhältnisse findet man bei vergleichenden Reihenuntersuchungen in Medizinischen Polikliniken. Das wird belegt durch Erhebungen, die PFLANZ und DRECHSEL in Gießen, FRANKE, SCHRÖDER und GEUDER in Würzburg durchgeführt haben. Es läßt sich zusammenfassen: In ihrer seelischen wie in ihrer vegetativen körperlichen Verfassung stellen sich Frauen negativer dar als Männer. Sie leiden mehr, die Männer leiden weniger.

Aber es war ja bereits als kritische Frage angedeutet worden, daß das Maß an zugestandenem Leiden in Fragebögen noch nicht endgültig klärt, wie gut oder wie schlecht es Menschen wirklich geht. Es bleibt also zunächst offen: sind Männer wirklich seelisch bzw. psychosomatisch gesünder als Frauen? Oder handelt es sich nur um eine unechte, um eine Scheingesundheit? Sind Männer etwa im Durchschnitt sogar kränker, und unterdrücken sie nur ihr Leiden?

Die Krankheit des Mannes, der nicht leiden darf

Seine geringere Lebenserwartung. Die enge Beziehung zwischen Männlichkeits-Ideal und Herzinfarkt-Profil. Arbeitsorganisation, Erziehung und falsche Leitbilder der Medizin als Verstärker der männlichen Fehlentwicklung

Dafür, daß es den Männern nur scheinbar besser geht, sprechen nun in der Tat sehr gewichtige Hinweise. Männer haben eine gesichert geringere Lebenserwartung. Sie sterben also im Durchschnitt früher als Frauen. Und dieser Unterschied vergrößert sich zur Zeit noch in vielen Ländern, in denen die weibliche Lebenserwartung rascher zunimmt als die männliche. Durch den frühen Tod der Männer verschiebt sich das Geschlechterverhältnis gegen das Alter zu. Während in der Gesamtbevölkerung der Bundesrepublik auf 100 Männer 113 Frauen kommen, beträgt das Verhältnis bei den 65jährigen bereits 100 zu 138 (ROSENMAYR). Männer sind erheblich stärker durch chronische Verschleißkrankheiten gefährdet. Herzkranzaderleiden und somit tödliche Herzinfarkte treten bei Männern erheblich früher auf als bei Frauen. Hier ist die Krankheits- und Sterberate der Männer rund um zehn Jahre gegenüber den Frauen vorverlegt. Es erscheint aufschlußreich, speziell die Verhältnisse beim Koronarleiden und beim Herzinfarkt genauer zu analysieren. Diese Krankheit wird nicht unwesentlich von seelischen Faktoren mitbestimmt. Sie nimmt mit erschreckender Geschwindigkeit zu (nach einer Mitteilung der Barmer Ersatzkasse hat sich die Zahl der tödlich verlaufenden Herzinfarkte von 1968 bis 1970 verfünffacht. Und sie wird allgemein als typische «Zivilisationskrankheit» bewertet. Das heißt, sie ist in hohem Maße von den sozialen Bedingungen der Industriegesellschaft abhängig. Sie tritt häufiger in der Stadt als auf dem Land auf, besonders in bestimmten Altersgruppen, und wird allem Anschein nach durch die Leitbilder und Arbeitsbedingungen der industriellen Leistungsgesellschaft unmittelbar gefördert.

Aus psychosomatischen Untersuchungen wissen wir heute definitiv, daß zu den wichtigsten «Risikofaktoren» bei der Herzkranzadererkrankung bestimmte seelische Merkmale gehören. Zu den aufschlußreichsten Forschungen auf diesem Gebiet zählen die prospektiven Langzeitstudien von ROSENMAN und Mitarbeitern. ROSENMAN hat eine große Gruppe von gesunden Personen nach zwei Typen von Verhaltensmustern unterschieden und später das Auftreten von Herzinfarkten in beiden Teilgruppen verglichen. Das eine Verhaltensmuster nennt er Typ A, das diesem Typ A entgegengesetzte Verhaltensmuster rubriziert er als Typ B. Schon nach einer Beobachtungszeit von drei Jahren ließ sich für Typ A ein 2,21mal höheres Risiko als für Typ B feststellen.

So sehen Vertreter des Typs A aus, die besonders zum Herzinfarkt disponiert sind: sie zeigen ein besonders intensives und andauerndes Erfolgsstreben. Sie halten hartnäckig an selbstgewählten Zielen fest, sind besonders ehrgeizig, hungrig nach Erfolg und sozialer Bestätigung. Sie stehen unter fortgesetztem Aktivitätsdruck, sind daher ungeduldig und immer bemüht, in der Zeiteinheit ein großes Pensum zu schaffen.

Dieses Verhaltensmuster A, welches also das Risiko für Herzinfarkt entscheidend erhöht, entspricht in etwa den Persönlichkeitsmerkmalen, die andere Herzinfarktforscher als spezifisch krankheitsgefährdend beschrieben haben. CHRISTIAN hat die seelischen Eigenschaften der «Risikopersönlichkeit» des Herzinfarktes, die vier Wissenschaftler ermittelt haben, auf einer Tabelle zum Vergleich notiert:

Merkmale der «Risikopersönlichkeit» des Herzinfarktes nach den Befunden von vier Untersuchern, zusammengestellt von BRÄUTIGAM und CHRISTIAN:

Sheldon (Somatotonie)	Eysenck (Extraversion)	Cattell (Faktoren A+, H+, F−)	Rosenman (Typ A)
aktiv	aktiv	unternehmungslustig	geistige und physische Beweglichkeit
tatkräftig expansiv	Reizhunger	gerät gern in den Lebensstrom	hastige Lebensweise
abenteuerlustig, Vorliebe für Risiken	leicht erregbar impulsiv risikofreudig	impulsiv, emotional expressiv	ungeduldig – impulsiv
energisch strebsam	soziabel	gesellig	Streben nach Erfolg und sozialer Billigung
kühne, offene Lebensart	instabil, unkontrolliertes Temperament	häufiger Stimmungswechsel, argwöhnisch besorgt	gespannt, zwanghaft

Studiert man das Merkmalsbild der «Herzinfarkt-Persönlichkeit» genauer, so fällt auf, daß es eigentlich ziemlich exakt mit dem Idealbild des supermännlichen Mannes der Leistungsgesellschaft übereinstimmt. Es ist nahezu identisch mit dem Inbegriff derjenigen Eigenschaften, die Aufstieg und maximales männliches Prestige verheißen und fortwährend in der Erziehung des Jungen verherrlicht werden. So sieht der energiegeladene, ehrgeizbesessene Tatmensch aus, der sich durchsetzt und sich nirgends kleinkriegen läßt. Es ist der männliche Held, der keine Halbheiten liebt, der superaktiv und expansiv in einem Schwunge nach vorn stürmt und dabei dennoch die abgesteckten Bahnen einhält, die ihm eine positive soziale Resonanz sichern. Kein Wunder, daß ein solcher Ausbund an Tatkraft und Ehrgeiz schließlich auch in Spannung gerät, daß ihm die Selbstkontrolle bei diesem Temperament schwerfällt. Um so achtenswerter scheint es zu sein, daß sein Anpassungswille dennoch über seine Impulsivität siegt. Daß er unbeirrbar an den Zielen festhält, die ihm Erfolg und Anerkennung bringen. Eine gewisse Instabilität seiner emotionellen Verfassung ist der Preis, den er um aller anderen Vorteile willen leicht zu zahlen bereit sein sollte. Es ist der kleine Schatten, der auf das sonst scheinbar nur strahlende Bild des dynamischen Supermannes fällt.

Die «Risikopersönlichkeit» des Herzinfarktes erscheint als eine Steigerungsform einiger Hauptzüge aus dem Selbstbild der Männer, das sich bei der Standardisierung unseres GIESSEN-TESTS ergab. Es setzt sich die Linie fort: Angstfreiheit, Ehrgeiz, Stärke, Dominanz. Es nimmt somit nicht wunder, daß die männlichen Herzkranzgefäße im Durchschnitt zehn Jahre eher als die weiblichen erkranken, wenn man an die engen Beziehungen zwischen dem Herzinfarkt-Profil und dem männlichen Standardprofil bei unserer repräsentativen Erhebung denkt.

Bemerkenswert ist aber nun obendrein zu erfahren, daß Kranke mit Herzkranzgefäßleiden im Durchschnitt eindeutig zu den Menschen gehören, die ihre Beschwerden herunterzuspielen neigen und den Besuch beim Arzt eher scheuen. Nach den Untersuchungen von BRÄUTIGAM und CHRISTIAN «kommt der koronargefährdete Patient entweder gar nicht oder nicht rechtzeitig zum Arzt, er verdrängt seine Mißempfindung, bagatellisiert sie bisweilen». Selbst die gefährlichen Vorbotensymptome des Infarktes werden vielfach überhaupt nicht beachtet. Vegetative Beschwerden werden nur selten angegeben. Der Herzinfarkt-Typ hat eindeutig die Tendenz, sich stets als gesund, fit und stark darzustellen. Bezeichnend ist es, daß Koronarkranke, die bereits einen Infarkt erlitten haben, sich immer noch als nahezu angstfrei schildern und auf Fragebögen überwiegend die Furcht verneinen, daß sie einmal an einem Infarkt sterben könnten (obwohl diese Gefahr tatsächlich beachtlich ist). Objektiv gefährdete Herzinfarktpatienten fürchten einen Infarkttod wesentlich seltener als Patienten mit nervösen Herzbeschwerden (Herzneurotiker) (BOCKEL), die erwiesenermaßen kein erhöhtes Infarktrisiko tragen (WHEELER, WHITE, REED, COHEN).

Auch mit dieser Neigung, Beschwerden zu unterdrücken, zu verleugnen und um den Arzt einen Bogen zu machen, bildet die «Risikopersönlichkeit» des Herzinfarktes so etwas wie eine Extremvariante von männlichem Rollenverhalten. So gehört es ja zum männlichen Rollenstereotyp, nicht klagsam und wehleidig zu sein. Unter diesem Gesichtspunkt ist sicher auch die verringerte Angabe nervöser Beschwerden im

Vergleich zu Frauen bei den zitierten Fragebogenuntersuchungen zu lesen. Einzugestehen, daß man Beschwerden hat, daß man von diesen Beschwerden sogar geängstigt sein könnte, bringt den Mann leicht in Konflikt mit seiner Rolle. Dieser Faktor muß sicherlich auch mit in Betracht gezogen werden, wenn man zum Beispiel die Tatsache erklären will, daß Männer die neuerdings in der BRD kostenlos angebotenen Vorsorgeuntersuchungen zur Früherkennung von Krebs viel seltener nutzen als Frauen.* Der supermännliche Typ mit dem Infarktprofil ist jedenfalls erwartungsgemäß – so wie er sich erlebt und nach außen darstellt – zugleich der «supergesunde» Mann. BRÄUTIGAM und CHRISTIAN: *«Man findet unter Koronarkranken keine Neurotiker, keine gehemmten, emotional-labilen, selbstunsicheren Menschen, die ein seelisches Krankheitsbewußtsein haben.»* Diese Feststellung von BRÄUTIGAM und CHRISTIAN beschreibt den Infarkttyp besonders prägnant.

Der Mann also, der das Rollenbild «Männlichkeit» in extremer Weise erfüllt, leidet nicht bewußt. Aber er ist, wie diese Forschungen beweisen, keineswegs gesund. Denn gerade ihn trifft eben bevorzugt die lebensbedrohliche Zivilisationskrankheit, die sich zur Zeit so rapide wie keine andere vermehrt. Und es ist zweifellos unmittelbar sein «supermännliches» Verhalten, mit dem er seinen Herzkranzarterien die chronischen Schäden zufügt, die den Infarkt vorbereiten. In den Jahrzehnten vor seinem Infarkt, in denen er den Arzt meidet und auf Fragebögen seine fabelhafte Fitness und Beschwerdefreiheit bezeugt, zermürbt er sich in einem unsichtbaren, chronischen Prozeß. Er hat sich oft längst schon irreparabel gesundheitlich ruiniert, wenn er immer noch, auf Grund seines Benehmens, als Inbegriff körperlicher Stabilität bewundert wird, bis er dann eines Tages scheinbar aus «heiterem Himmel» mit seinem Infarkt zusammenbricht.

Was ist das aber nun für eine Krankheit, die kein Leiden ist? Was geht in diesen Männern vor sich, die immer besonders obenauf sind, wäh-

---

* Der Verband der Angestellten-Krankenkassen teilt mit, daß 1971 1,8 Mill. weibliche und nur 298 000 männliche Versicherte der Angestellten-Ersatzkassen zur Krebsvorsorgeuntersuchung erschienen sind. Das bedeutet, daß jede zweite anspruchsberechtigte Frau und nur jeder fünfte anspruchsberechtigte Mann die Untersuchungsmöglichkeit genutzt haben. Im Bereich der Arbeiter-Ersatzkasse rechnet man mit einer Beteiligungsquote von 44 Prozent bei den Frauen und rund 21 Prozent bei den Männern.

rend sie sich insgeheim kaputt machen? Wie kann man die Struktur dieser Männer genauer verstehen?

Obwohl diese scheinbar reinsten und echtesten Männer kein eigentliches seelisches Krankheitsbewußtsein haben, stehen sie zweifellos unter besonderer innerer Spannung. *«Sie sind»* – so BRÄUTIGAM und CHRISTIAN – *«... jedoch sicher nicht seelisch ausgeglichen, ‹normal›, wenn auch ihr Verhalten in einer auf Arbeit und Leistung ausgerichteten Welt vielleicht überangepaßt ist. Sie verfallen mehr als andere dem Sog der modernen Industriegesellschaft, die einseitig auf Leistung, Konkurrenz, Wettbewerb ausgerichtet ist. Das suchtartig dekompensierende Arbeitsverhalten, die zwanghafte Tendenz zur Aktivität, eine unbedingte Neigung, andere zu führen und zu dominieren, sich selbst nicht passiv führen zu lassen, wird bei vielen deutlich.»* *«Sie haben eine zwanghafte innere Tendenz zum Dominieren und wehren ihre weiblichen Gefühlsanteile so weit wie möglich ab.»*

Aber warum soll das, was der Infarkt-Typ in sich unterdrückt, der «weibliche» Gefühlsanteil sein? Man sieht, auch die psychosomatische Terminologie setzt bereits eine bestimmte Art zu fühlen, mit «Weiblichkeit» gleich. Sie unterstützt damit unabsichtlich eine Tendenz, die sie an sich kritisch analysieren möchte. Denn wenn es heißt, ein bestimmter seelischer Anteil sei «weiblich», so wäre es ja nur logisch, wenn die Männer diesen abwehren und unterdrücken würden. Die Wortwahl reproduziert das Konzept der herkömmlichen scharfen Trennung der Rollenvorschriften. Es zeigt sich das Dilemma für den Mann: je weniger er «unmännlich» sein möchte und je konsequenter er sich allein mit dem Rollenstereotyp seines Geschlechtes identifiziert, um so eher erfüllt er psychologisch die Bedingungen der Risikopersönlichkeit des Herzinfarktes. Die Verdrängung der sogenannten weiblichen Gefühle schädigt ihn auf die Dauer und macht ihn krank. Dies wird von Psychoanalytikern damit erklärt, daß die Infarktpersönlichkeit sich ständig Gewalt antut, indem sie bestimmte Bedürfnisse, die in ihr stecken, nicht auslebt. Der Infarkttyp ist nicht von Natur aus mit einem Überschuß expansiver Extravertiertheit ausgestattet. Sondern die einseitige Überbetonung dieses Verhaltens ist ihm durch Erziehung gewissermaßen angequält worden. BRÄUTIGAM und CHRISTIAN: *«Es scheint sich häufig um in der Kindheit frustrierte, streng erzogene Personen zu handeln.»* Durch ihre Erziehung lernen diese Menschen, allmählich ihre passiven Bedürfnisse nach Hingabe und nach Anlehnung vor sich selbst und anderen zu verbergen. Sie gewöhnen sich an, sich ihrer weichen Gefühle wegen zu schämen und dafür zu hassen. Scham und Selbsthaß mobilisieren Mechanismen der Verdrängung. Die Psychoanalyse nennt dies einen Abwehrvorgang. Solche Abwehrvorgänge kosten viel Energie und erzeugen eine innere Dauerspannung. Denn die abgewehrten Impulse verschwinden nicht, sondern sie müssen mit einem konstanten Aufwand niedergehalten werden. Das Funktionieren dieser inneren Abwehrvorgänge täuscht darüber hinweg, daß sich auch der Infarkttyp nach seiner ursprünglichen Veranlagung oft gern schwach und hilfesuchend zeigen würde, wenn ihm gerade so zumute wäre. Er würde nur zu gern signalisieren, wenn er sich nach anderen Menschen passiv sehnt und Liebe braucht. Er würde auch gern wehklagen, wenn er Schmerzen hat. Es würde ihn erleichtern, könnte er seine Ängste gestehen. Denn all diese Sehnsüchte, Schmerzen und Ängste hat er auch. Aber diesen ganzen Bereich verdrängt er. Er hat so lange dagegen angekämpft, bis die entsprechenden Regungen gar nicht mehr in sein Bewußtsein vordringen. Mit der Verdrängung Hand in Hand wirkt der Mechanismus der Überkompensation. Überkompensation besagt, daß eine psychische Einstellung dadurch fortwährend niedergehalten wird, daß die genau dazu passende Gegeneinstellung krampfhaft aufrechterhalten wird. Korrekt psychoanalytisch spricht man hier auch von einer sogenannten Reaktionsbildung. Das wesentliche daran ist das Zwanghafte des Vorganges. Der Betreffende muß das genaue Gegenstück der Regungen fortwährend forciert demonstrieren, die er insgeheim abwehrt. Er muß sich also pausenlos abhetzen und in unsinniger Expansivität erschöpfen, weil jede Unterbrechung dieser Haltung die Gefahr erhöht, daß die verdrängten Wünsche nach Ruhe, Passivität, Hingabe durchbrechen. Seine Überaktivität entspringt also aus nichts weniger als innerer Freiheit. Es ist nicht ein echter Überschuß an Kraft und Unternehmungsfreude, der sich hier lustvoll Ausdruck verschafft. Sondern ganz im Gegenteil: dieser Typ steht unter der Folter eines fortwährenden Müssens. Er ist es nicht, der aus freier Selbstbestimmung nach Erfolg jagt. Sondern er ist selbst der Gejagte. Als Folge der von ihm unter großen Mühen ausgebildeten Abwehrstruktur ist er gezwungen, sich in übertriebene Daueraktivität zu flüchten, um die passiven Gegenbedürfnisse in Schach halten zu können.

Aber warum, so kann man fragen, durchbricht er denn diesen Teufelskreis nicht, der ihm doch offenbar auf die Dauer viel mehr Spannung und Kraftverschleiß als Freude bringt? Zunächst ist es eine bestimmte Form von Ehrgeizerziehung, die in bürgerlichen Schichten, aber auch in Teilen der Arbeiterklasse einseitige Leitbilder erzeugt hat. Schon früh verlernt dadurch ein Großteil der Jungen, bestimmte ursprüngliche Bedürfnisse überhaupt noch als Bedürfnisse zu erkennen. Die realen Forderungen des Bildungs- und Ausbildungsbetriebs und der Arbeitswelt passen genau zu den ideologisch vermittelten Ehrgeizidealen. Rivalitätszwänge der endlosen Kette von Prüfungssituationen in den Unterrichtsinstituten und in den Betrieben schüren in einem fort die früh geweckten Ängste, sich passiv gehen zu lassen und den Aktivitätsdruck zu vermindern. Belastend in dieser Hinsicht – und demzufolge auch besonders infarktgefährdend – wirken vor allem Aufstiegsberufe von hohem Konkurrenzgrad (BRÄUTIGAM und CHRISTIAN). Die sozial geschürten Versagensängste in der Arbeitswelt unterstützen jedenfalls im Sinne eines fortwährenden Verstärkereffektes die Prinzipien der erfahrenen Kindheitserziehung: Man darf nicht erschlaffen, nicht auf Hilfe von außen warten, keine Schwächen zeigen. Die unterdrückte Passivität verwandelt sich am Ende in eine innere Gefahr. Man fürchtet sich panisch davor, sich als Bedürfnis einzugestehen, was zum Untergang in der vital notwendigen Konkurrenz führen könnte. Obendrein sorgt die fortgesetzt weiterwirkende Männlichkeits-Ideologie dafür, daß mit einem Erschlaffen zugleich eine Zerstörung der Geschlechtsidentität, eine Vernichtung des männlichen Selbstwertgefühls erwartet wird. So eskalieren äußere und innere Bedingungen zu einem einander potenzierenden System von Einflüssen, das die Verdrängung und Überkompensation automatisiert und stabilisiert. Am Ende funktioniert das Bewußtsein paradox: was die Rettung des Mannes sein könnte, macht ihm nur noch Angst. Er flüchtet vor der Chance, die ihn gesund machen könnte, und bemerkt nicht, daß er sich wie das Fahrzeug mit den mahlenden Rädern mit seiner Hektik vollends selbstzerstörerisch festfährt.

Der äußerliche Scheinerfolg, das Männlichkeitsprestige und die Prämien der Überanpassung in der Arbeitswelt entlarven sich als die blendende Fassade eines faktischen Scheiterns, das freilich lange verborgen bleibt. Es ist die illusionäre Kompensation für einen vorzeitigen Alterungs- und Verschleißprozeß am Kreislaufsystem. Dieser Typ, der so fabelhaft wie kein anderer in der Konkurrenzgesellschaft funktioniert und obendrein als Inbegriff sexueller Attraktivität propagiert wird, ist wahrscheinlich der kränkste überhaupt. Denn kein anderer – abgesehen von den Drogenabhängigen – betreibt den Ruin des eigenen Körpers mit der gleichen fatalen Zielstrebigkeit wie er. Er ist im Grunde der personifizierte Widerspruch zu einer Medizin, die im Kampf gegen Bakterien, Viren und unbelebte äußere wie körpereigene Noxen das Leben immer mehr zu verlängern trachtet, während er es aus sich selbst heraus mit unbeirrbarer Planmäßigkeit verkürzt.

Nach ihren eigenen bevorzugten pathologisch-anatomischen und pathophysiologischen Maßstäben müßte die Medizin übrigens diesen schleichenden, im verborgenen ablaufenden Alterungsprozeß an den Herzkranzgefäßen als Krankheit beschreiben. Denn hier geschieht im Zeitraffertempo, was normalerweise sehr viel langsamer ablaufen würde. Aber es ist sehr bezeichnend, daß diese gesicherten psychosomatischen Erkenntnisse die Medizin noch nicht besonders tangiert haben. Die vergleichsweise peripheren Risikofaktoren des Herzinfarktes wie Fettkonsum, Auswahl der Nahrungsfette und körperliche Bewegung werden dagegen einseitig akzentuiert. Hier läuft eine große Welle der «Gesundheitsaufklärung» mit der aufwendigsten Reklame. Warum dieses Mißverhältnis? Hinsichtlich der Ernährungs- und Bewegungsempfehlungen muß die Präventivmedizin noch keine allzu eingreifenden Ansprüche stellen. Sie kann sich, was die Zumutung an die Nahrungsmittelindustrie anbetrifft, an den ohnehin laufenden Trend der Schlankheitswelle anhängen. Es wird nur mit medizinischen Argumenten unterstützt, was ohnehin schöner macht. Mit dem Gebot der Fetteinschränkung schafft sich die Medizin also keine fundamentalen Konflikte, ebensowenig mit ihrer Unterstützung der «Trimm-Dich-Parolen» und des Sportstättenbaus, zumal diese Initiativen ja durchaus mit den Leitbildern der expansionistischen Leistungs-Ideologie zusammenfallen. Dagegen würde die Hervorhebung des psychischen Risikofaktors zu einer fundamentalen kritischen Auseinandersetzung mit den Organisationsprinzipien unserer Arbeitswelt und mit den dazu passenden anerzogenen expansionistischen Verhaltensvorschriften auffordern. Hier müßte die Medizin sich zum Beispiel mit aller Entschiedenheit einer Erziehung zu falscher «Männlichkeit» widersetzen. Sie müßte die Verabsolutierung der Werte von Überaktivität, Expansivität und Rivalitätsehrgeiz schlechthin als gesundheitsgefährdend entlarven, und sie müßte sich den Prinzipien einer Fortschritts- und Wachstumsgesellschaft entgegenstellen, die ohnehin umzulernen hat und von der Medizin entsprechende Orientierungshilfen vorgesetzt bekommen müßte.

Aber da zeigt sich nun, daß die konservative Medizin unfähig ist, aus ihren eigenen Befunden die notwendigen Konsequenzen zu ziehen oder, genauer, daß sie sich scheut, diese Konsequenzen bekanntzumachen. Zumindest in den westlichen Ländern ist die Medizin selbst ganz einseitig im Sinne jener Männlichkeits-Ideologie geprägt, die es kritisch zu revidieren gelten würde. Sie orientiert sich immer noch an einem Gesundheits- und Krankheitsverhalten, das weitgehend den fatalen Merkmalen des Infarktprofils folgt. Die Medizin fördert, ohne es bewußt zu wollen, genau die Verhaltensweisen, die in psychosomatischem Sinne besonders bedenklich sind. Die Masse der Organmediziner entwertet bislang die «Wehleidigkeit» und «Zimperlichkeit» derjenigen, die schon auf feinere vegetative Störungen besonders sensibel reagieren und Hilfe suchen. Sie schätzt diejenigen mehr, die «sich zusammennehmen», die «mit zusammengebissenen Zähnen» weiterkämpfen und weiterarbeiten, solange sie nicht «wirklich krank» sind. Und «wirkliche Krankheit» bedeutet in der Regel ein echt organisch bedingtes Nicht-mehr-Können. Allein die Geschichte der medizinischen Terminologie ist eine Fundgrube für Belege, welche die traditionelle Diskriminierung derjenigen bekunden, die sich anscheinend zu schnell «gehenlassen», die bereits psychisch leiden, noch bevor sie oder ohne daß sie vielleicht überhaupt «etwas haben», das heißt, einen unmittelbar Symptome hervorrufenden körperlichen Defekt. Das waren und sind seit je die «Nervenschwächlinge», die «Neurastheniker», die «Labilen», die «Psychopathen», die «Hysteriker», die «abnormen Persönlichkeiten» usw. Als Psychotherapeut hat man laufend damit zu tun, Patienten mit seelisch bedingten Beschwerden erst von den Minderwertigkeitsgefühlen zu befreien, die ihnen Organmediziner beigebracht haben, von denen sie sich wegen ihrer organisch «grundlosen» Beschwerden abgewiesen fühlen.

Deshalb also ist der supermännliche Infarkt-Typ eigentlich der Musterfall des ärztlich erwünschten Benehmens. Er ist der Gegentyp des Labilen, des Zimperlichen, des Wehleidigen. Er wird den Arzt nie wegen einer Bagatelle behelligen. Er wird sich nie zu den Patienten gesellen, die mit immer neuen Beschwerden und Wünschen an ihm kleben, die vor allem am liebsten ihre Lebensschwierigkeiten vor ihm ausbreiten. Beim Infarkt-Typ kommt der Arzt auch kaum je in Verlegenheit, ihn zum Psychotherapeuten abschieben zu müssen. Es ist bezeichnend, daß in der medizinischen Weltliteratur nicht ein einziger Fall einer psychoanalytischen Behandlung eines Herzinfarkt-Patienten beschrieben worden ist. So befindet sich die Medizin in der grotesken Situation, daß sie die krankmachende Wirkung eines Benehmens analysieren und in der öffentlichen Gesundheitsvorsorge bekanntmachen müßte, das sie bislang immer nur glorifiziert hat. Aber es spricht wenig dafür, daß die offizielle Medizin diesen Schritt in absehbarer Zeit tun wird. Dazu sind in ihr selbst die Widerstände viel zu groß, die übrigens auch nicht zuletzt bewirken, daß das Fachgebiet der Psychosomatik in den meisten westlichen Ländern noch immer eine Art Kümmerdasein fristet, obwohl die öffentliche Diskussion psychosomatischer Themen in den großen Medien das Gegenteil zu beweisen scheint.

Typisch für diese Situation sind in der Bundesrepublik gerade bestimmte aktuelle gesundheitspolitische Aktivitäten. Vertreter aller Parteien und die Gesundheitsverwaltung haben sich zu einer großen Enquete zur Lage der psychisch Kranken aufgerafft. Diese Enquete läuft – bisher jedenfalls – in ihrer Richtung wiederum ganz deutlich an den sozialmedizinischen Erkenntnissen der psychosomatischen Medizin vorbei. Sie setzt seelische Störungen praktisch mit den großen psychiatrischen Krankheiten gleich und fixiert somit die längst absurde Zweiteilung der Medizin in eine reine Körperheilkunde einerseits und eine einseitig auf die schweren Gemüts- und Geistesstörungen bezogene Psychiatrie andererseits. Das große therapeutische Vakuum im Mittelfeld der psychosomatischen Störungen, das heißt der organisch gefährdenden seelischen Fehlhaltungen, der neurotischen Erkrankungen und der Masse der seelisch bedingten vegetativen Fehlsteuerungen droht wiederum weitgehend unausgefüllt zu bleiben. Die Einäugigkeit der Anstaltspsychiatrie und der Organmedizin andererseits könnten sich – so wie es bislang den Anschein hat – erneut zu einer unheiligen Allianz zusammenfinden und das klassische Vorurteil bestätigen: uneingeschränkt therapiebedürftig seien nur die «richtigen Krankheiten», das heißt die körperlich bedingten Leiden und die ganz schweren seelischen Dekompensationen. Das gesundheitspolitisch vor allem unter präventivmedizinischem Aspekt so wichtige Versorgungssystem der Psychotherapie und Psychosomatik, dessen Entwicklung am allermeisten hinterherhinkt, wird weiterhin allem Anschein nach nur eine höchst stiefmütterliche Fürsorge genießen. Dafür sorgt eben die Medizin selbst, die in der Mehrheit ihrer führenden Vertreter – bis in die Psychiatrie hinein – völlig gleichgeschaltet diejenigen falschen Anpassungsnormen verteidigt, die den aktuellen Bedürfnissen nach Selbstverwirklichung des Menschen widersprechen.

So geraten jedenfalls Befunde und Thesen wie die hier vorgetragenen automatisch in einen Gegensatz zur offiziellen Gesundheitspolitik. In einer Zeit, in der die soziokulturelle Züchtung des scheinbar übergesunden Leistungsmenschen, der höchste Tatkraft mit maximaler Angepaßtheit, das heißt zugleich Symptomverdrängung, verbindet, endlich nahezu perfekt gelungen ist, muß man feststellen, daß diese Art von Übergesundheit nur eine neue, besonders gefährliche Variante von Krankheit ist. Und diese Feststellung muß sich eine Medizin gefallen lassen, die bislang im Kontrast zu ihren eigentlichen Zielen an der Züchtung dieses Typs kräftig mitgewirkt hat. Dabei muß man der Ärzteschaft freilich zugute halten, daß sie in ihrem Beruf selbst in besonderer Weise den spezifischen Überlastungsforderungen zu erliegen droht, die infarktbegünstigend wirken und die deshalb auch die besonders hohe Infarktrate der Mediziner verständlich machen. Es ist schwer, sich zu Verhaltensgrundsätzen öffentlich in Widerspruch zu setzen, denen man selbst nicht zu entgehen weiß.

Die Notwendigkeit, sich miteinander zu emanzipieren

Das Leiden als Vorsprung der Frau. Ihre Führungsaufgabe auf dem Weg zur gemeinsamen Veränderung. Beispiel

Rückblickend auf die Ausgangsfragestellung ist noch einmal zu registrieren, daß die Verfassung der Geschlechter nicht oberflächlich aus jenen repräsentativen Fragebogenerhebungen erschlossen werden kann, die anfänglich zitiert wurden. Der Mann, der das «männliche» Rollenbild von Stärke, Dominanz, Angst- und Leidensfreiheit in idealer Weise erfüllt, nähert sich damit der reinsten Verwirklichung des Typs an, der zu der sich am schnellsten vermehrenden lebensbedrohlichen Zivilisationskrankheit am stärksten disponiert ist. Die anerzogene Unfähigkeit zum Leiden wirkt in hohem Maße krankheitsgefährdend. Und so muß man nun nachträglich die anfänglich geäußerte Vermutung korrigieren, daß die Frauen im Geschlechtervergleich eindeutig schlimmer dran seien. Es ist, jedenfalls im psychosomatischen Sinne, offenbar noch gefährlicher, starke und im Grunde überlastende innere Spannungen nicht mehr als Leiden empfinden und ausdrücken zu können. In dieser Hinsicht hätten die Frauen wahrlich keinen Grund, die Männer zu beneiden. Aber dies ist ja nun hier überhaupt nicht die vordringliche Frage, ob es nun eigentlich den Frauen oder den Männern «objektiv» besser gehe. Beide Geschlechter sind in einer unheilvollen Weise auf Rollenbilder eingeengt, die ihnen auf sehr unterschiedliche Art schlecht bekommen. Dabei wissen die Frauen offensichtlich besser, daß sie es schlecht haben. Sie zeigen das durch ihre negativen Äußerungen über ihr psychisches und ihr körperliches Befinden sowie durch ihre Emanzipationsbewegung. Die Männer täuschen sich weit mehr über ihre schlechte Situation. Noch fest haftend an den Normen der expansionistischen Konkurrenz- und Wachstumsgesellschaft, verteidigen sie die illusionären Vorteile ihrer äußeren Angepaßtheit. Und sie verkennen ihre innere Unangepaßtheit an das Bild von Menschlichkeit, auf das hin ihre tieferen Bedürfnisse eigentlich angelegt sind. Sie rechtfertigen in einem undurchschauten Masochismus Prinzipien, an denen sie kaputtzugehen drohen. Und die moderne Gefahr für die Frauen besteht offenbar darin, daß sie der traditionellen Glorifizierung solcher Rollenmerkmale erliegen könnten, deren aktuelle Unbrauchbarkeit ihnen aus uralten Ressentiments heraus entgehen könnte. Die Gefahr für die Frauen erhöht sich dadurch, daß sie durch ihre steigende Integration in die Berufswelt verstärkt den Leistungs- und Konkurrenzzwängen ausgesetzt werden, von denen der Arbeitsbereich bestimmt ist. Unter diesen Umständen ist es eine fatale Versuchung für die Frauen, ihrerseits in jene Entwertung des Weiblichkeits-Stereotyps einzustimmen und damit die Männer zu hindern, ihr klassisches Männlichkeits-Stereotyp abzubauen.

Es ist gewiß unerläßlich, daß die Frauen um ihre Gleichstellung in Beruf, Ausbildung und Berufschancen, Bezahlung und um eine bessere Verteilung der Haushaltsaufgaben kämpfen. Und es ist für die Männer eine Chance der Selbstentlastung, die Frauen in diesem Bestreben zu unterstützen. Unerläßlich scheint es, daß sobald als möglich «weibliche» Aspekte verändernd in diverse gesellschaftliche Bereiche eindringen, die bislang ausschließlich nach dem «Männlichkeits-Stereotyp» geprägt sind. Die Slogans von Lebensqualität und Humanisierungspolitik können sich nur dann mit entsprechendem Sinn füllen, wenn die Werte der Kommunikation, der zwischenmenschlichen Solidarität und der emotionellen Selbstbefreiung durchgesetzt werden, die bislang vor allem von den Frauen getragen werden. Eine einseitig an dem herkömmlichen Männlichkeits-Stereotyp haftende Politik beharrt auf den Prinzipien von Stärke, Macht und Expansionismus. Was die von Männlichkeits-Ideologie bestimmte Politik nie trifft, ist die eigentliche Bereicherung des sozialen Lebens nach innen, die an emotionellen Werten orientierte Umformung der Zonen der Arbeit und der Freizeit. Freilich kann man sich schwer vorstellen, daß die Durchsetzung solcher neuen Qualitäten im politischen Feld einfach nur dadurch zustande kommen könnte, daß mehr und mehr Frauen konkurrierend in diesen Bereich eindringen. Solange in der Selektion für politische Karriere wiederum einseitig die Typen begünstigt werden, die sich in der Konkurrenz als am härtesten und robustesten erweisen, sieht man speziell solche Frauen nach vorn dringen, die gar nicht die Qualitäten repräsentieren, die zu einer sinnvollen Umorientierung führen könnten. Die Spielregeln des Weges, den man bezeichnenderweise «Laufbahn» nennt, geben nun einmal bislang nur denen eine Chance, die ihr Tempo durch die Verdrängung eben der Merkmale zu steigern wissen, die die sogenannte Weiblichkeit ausmachen. So bestehen in diesem Rennen allenfalls bislang solche Frauen, die sich dem Männlichkeits-Stereotyp so weit angepaßt haben, daß sie am Ende gar nicht mehr fähig sind, den traditionellen politischen Perspektiven mit echten Gegenbildern zu widersprechen. Jedermann kennt solche Erfolgspolitikerinnen, die sich als perfekt vermännlichte technokratische Taktikerinnen oder gar als machtberauschte Generalinnen darstellen, die sich von ihren männlichen Kollegen allenfalls durch ein Mehr an unkontrollierter Impulsivität und launenhaftem Eigensinn unterscheiden. Es ist offenbar viel Richtiges an dem Spruch, daß eine Frau – bisher jedenfalls – im Grunde männlicher als ihre männlichen Politikerkonkurrenten sein müsse, um sich durchsetzen zu können. Die Ausnahme mögen einige überragend intelligente und versierte Frauen sein, die man allerdings schließlich fast stets auf schmale, etatmäßig unwichtige Kompetenzbereiche sozial karitativer Art abzuschieben trachtet.

Solange sich die Männer nicht ändern, besteht ein Dilemma für die Frauen darin: sie müssen sich auf Konkurrenz und Kampf einlassen, um sich persönlich mehr Raum für soziale Entfaltung zu verschaffen und um allmählich mehr Einfluß für eine notwendige Veränderung der Gesellschaft und ihrer Werte zu gewinnen. Aber dabei sind sie fortwährend der Gefahr der Gleichschaltung ausgesetzt, indem sie in diesem Kampf selbst zunehmender «Vermännlichung» erliegen können. Auf der anderen Seite droht ihnen das Mitspielen in kompensatorischen Rollen, in rein passiven Erfüllungsgehilfendiensten – als verlängerter Arm oder gar nur als verschönernde Kulisse.

Einen echten Fortschritt verheißt also nur eine Entwicklung, die auf breiter Ebene auch zu einer Änderung des männlichen Selbstverständnisses führt. Es bleibt nur die Hoffnung übrig, daß auch in den Männern selbst jene neuen Bedürfnisse und Leitbilder an Boden gewinnen, die auf eine eigene Veränderung dringen und neue Orientierungspunkte setzen. An dieser Stelle sei indessen der Betrachtungshorizont zunächst wieder eingeengt auf die Mikrostrukturen der Zweierbeziehung und der Experimentiergruppen. Hier, in diesem kleinen privaten Feld, lassen sich immerhin erste Schritte ablesen, mit denen Frau und Mann bereits konkrete Versuche machen, sich jeder für sich und zugleich miteinander zu verändern. Solche Versuche deuten der Richtung nach neue Möglichkeiten an, aus den alten Stereotypen auszubrechen. Bei der Beobachtung solcher spontanen Gruppen und bei der Verfolgung von Ehepaar-Behandlungen findet man in vielen Fällen neuerdings Prozesse, auf die bereits das eingangs skizzierte Beispiel einer Ehepaar-Therapie hindeuten sollte. Frauen erkennen, daß sie wirkliche Fortschritte für sich nicht aus der einseitigen Perspektive erkämpfen können, den beneideten Männern Terrain abzutrotzen. Sie lernen, daß es für sie zunächst darum geht, die spezifische männliche Krankheit sichtbar zu machen. Sie versuchen, Männer zu der Erkenntnis zu führen, ihr uneingestandenes Leiden zu akzeptieren. Eine Voraussetzung ist, daß die Frauen ihr eigenes Leiden nicht mehr nur als Minderwertigkeit, sondern auch in gewissem Sinne als einen Vorsprung anerkennen. Als ein Übergewicht an Mut, sich mit der eigenen Verfassung zu konfrontieren. In dem Entschluß, sich vom eigenen Leiden zu befreien, können Frauen versuchen, Männer in diesen Prozeß mit hineinzuziehen und am Ende an dieser Therapie aktiv partizipieren zu lassen. Dies verläuft immer wieder ähnlich: Die Männer sträuben sich zunächst. In der Unsicherheit, sich in ihrer bislang immer nur unterdrückten Innenwelt nicht zurechtfinden zu können, lassen sie sich nur ganz allmählich mobilisieren. Stets nur darauf trainiert, inneres Elend durch «Zusammennehmen» vor sich selbst und der Umgebung zu verstecken, graust es den Männern, sich auf einen introspektiven Weg einzulassen. Aber es gibt viele Beispiele dafür, wie Frauen es anstellen können, ihre Partner «aufzutauen».

In einer Experimentiergruppe, aus mehreren Paaren bestehend, fangen die Frauen an, sich gegenseitig von ihren Problemen zu erzählen. Sie ermutigen sich wechselseitig, allmählich immer tiefer in die Erörterung der Schwierigkeiten einzusteigen. Die Männer hören eine Zeitlang nur erstaunt und beklommen zu. Hin und wieder versuchen sie auch Ablenkungsmanöver. Typischerweise versuchen sie, die Probleme zu intellektualisieren und auf theoretische Formeln zu bringen, über die man stundenlang in einer scheinbaren Sachdiskussion streiten kann. In Wirklichkeit wollen sie nur aus Angst den Weg nach innen, die Aufdeckung der emotionellen Hintergründe, blockieren. Aber schließlich können sich die Frauen doch durchsetzen und darin fortfahren, von ihren Gefühlskonflikten zu reden. Am Ende beginnt es die Männer zu faszinieren, was die Frauen aus ihrer Innenwelt schildern. Und man merkt, daß sie gespannt darauf warten, wie es den Frauen bekommen wird, sich in dieser radikalen Weise zu öffnen. Es stellt sich nun heraus, daß die Frauen tatsächlich einander helfen können, jeweils die eigenen Probleme besser zu verstehen. Im Austausch gewinnen sie miteinander Klarheit über gemeinsame, aber auch über spezifisch individuelle Konflikte. Es kommt dazu, daß man sich gegenseitig auch ermutigt und kreative Anregungen geben kann. Das stimuliert allmählich die Männer, sich vorsichtig anzuhängen und auch etwas von sich zu zeigen, nachdem sie eine Zeitlang nur von oben her einige interpretatorische und beratende Hinweise gegeben hatten. Die Möglichkeiten der Frauen, sich Erleichterung zu verschaffen, lockt die Männer auf das Eis, dessen Tragfähigkeit sie von sich aus nie auszuprobieren gewagt hätten. Schrittweise beginnen sie, sich vorzutasten. Man merkt, wie in ihnen die Hoffnung keimt, daß auch sie etwas davon gewinnen könnten, sich der Gruppe mit ihren Nöten anzuvertrauen. Die Frauen betätigen sich also zugleich als Kundschafter und als Lotsen. Sie machen vor, wie man sich bewegen muß, um dieses neue Terrain zu gewinnen und sich darin zurechtzufinden.

Beispiel:
In einer Gruppe, die teils aus Paaren, teils aus Einzelmitgliedern besteht und zusammen mit zwei Psychoanalytikern regelmäßige Sitzungen abhält, kommen nach ziemlich langer Zeit Gespräche über sexuelle

Schwierigkeiten auf. Eine Frau beginnt davon zu sprechen, daß sie kaum je zum Orgasmus gelange. Eine andere schildert, daß sie ebenfalls lange Zeit nie etwas empfunden habe, daß es aber in letzter Zeit viel besser geworden sei. Auch zwei weitere Frauen bekennen, daß es für sie sehr schwierig sei, sich in der Sexualität mit ihren Gefühlen voll zu entfalten. In den nächsten Sitzungen bemühen sie sich nun genauer zu begreifen, woher diese Schwierigkeiten kommen. Sie reden über ihre sexualfeindliche Erziehung. Zwei Frauen schildern die großen Ängste und Selbstvorwürfe, in die sie durch unerwünschte voreheliche Schwangerschaften versetzt worden seien. Die anwesenden Männer lauschen höchst interessiert. Sie stellen auch die eine oder andere Frage an die Frauen, aber nie an die eigene Partnerin. Ein Mann, dessen Ehefrau ihr Leiden an ihrer Orgasmusunfähigkeit besonders ausführlich und bewegt geschildert hat, schweigt verdrossen. Manchmal macht er bagatellisierende Einwürfe. Alle Männer benehmen sich jedenfalls so, als seien in dieser Gruppe sexuelle Schwierigkeiten eine reine Frauensache. Als ginge es nur darum, was die potenten und selbstsicheren Männer beitragen könnten, um den armen frigiden Frauen ihr Los zu erleichtern. Die Gespräche setzen sich zwischen den Sitzungen fort. Eine Frau berichtet von mancherlei Ratschlägen, die sie inzwischen von verschiedenen Männern der Gruppe erhalten habe. Vor allem habe man ihr mehr Onanie empfohlen. Als dies eine Weile so gegangen ist, stellt sich plötzlich heraus, daß auch die scheinbar sexuell so intakten Männer allerhand Nöte mit der Potenz haben. Einer hat eine Affäre mit einer neuen Partnerin begonnen und war im entscheidenden Augenblick impotent. Ein anderer gesteht zu, daß er nur dann potent sein könne, wenn er sich der Frau sozial überlegen fühle. Dies bestätigt ein dritter, der sich, wie er sagt, mit seinen Gefühlen lediglich richtig lösen könne, wenn die Frau unter ihm stehe. Dazu müsse die Frau eine unbekümmerte Triebhaftigkeit haben und viel Aktivität zeigen. Dann könne er seine Ängste und Hemmungen überwinden.

Ähnliches ist ja nun auch gerade in der Gruppe geschehen. Der Initiative der Frauen ist es zu danken, daß die Männer schließlich überhaupt den Mut gefunden haben, über ihre Sexualität zu reden. Die Frauen haben erst ihre scheinbare Unterlegenheit dargeboten. Sie konnten damit anfangen, ihr Leiden auszudrücken. Sie zeigten sich schwach. Durch diese vorausgeschickte Demutsgeste der Frauen fühlten sich die Männer am Ende sicher genug, etwas vom eigenen Leiden zu zeigen. Und nun ergibt sich nachträglich ein ganz anderer Eindruck über das Kräfteverhältnis: die Frauen erscheinen als die mutigen und stärkeren, die das Thema offen ansprechen können, während die Männer viel mehr Angst haben und sich von den Frauen führen lassen müssen. Immerhin, im Schlepptau der Frauen helfen sie, das eigentliche Problem sichtbar zu machen: weil sie sich, getreu der herkömmlichen Männlichkeits-Ideologie, den Frauen partout überlegen fühlen wollen, übernehmen sie sich und sind potenzunsicher – während die Frauen insgeheim gegen den männlichen Überlegenheitsanspruch rebellieren und deshalb unwillkürlich frigide bleiben, als Ausdruck ihres unbewußten Protests.

Was sich hier also offenbart, ist zunächst nur der bisherige unbefriedigende Tatbestand. Die Partner gehen miteinander unbewußt so um, daß jeder den anderen zur Unterdrückung derjenigen Bedürfnisse nötigt, die eigentlich einer freieren Entfaltung bedürfen. Es ist eine außerordentlich häufige psychoanalytische Erfahrung: der Mann stört durch sein Benehmen künstlich die sexuelle Erlebnisfähigkeit der Frau. Im Grunde hat er große Angst, die Frau könnte an ihn höhere sexuelle Ansprüche stellen, als er zu erfüllen imstande wäre. Das aber wäre mit seiner Selbstsicherheit unvereinbar. Denn er glaubt, daß er sich nur als Träger einer ganz fabelhaften Potenz wohlfühlen darf. Er verhält sich nun so, daß seine Frau frigide bleibt oder daß er sich zumindest den Eindruck seiner sexuellen Überlegenheit bestätigen kann. Kommt es dennoch aus irgendwelchen Gründen dazu, daß die Frau ihre sexuellen Gefühle zu befreien vermag, wird der Mann oftmals prompt unsicher und reagiert mit einer vorübergehenden Impotenz. Hier konkretisiert sich am Beispiel der sexuellen Schwierigkeiten wiederum das typische Konfliktmodell des traditionellen Geschlechterverhältnisses. Er denkt: ich kann ihr meine Gefühle nur zeigen, wenn sie mich nicht demütigt. Sie muß mir eine gewisse Position der Stärke lassen, auch wenn wir beide wissen, daß ich so stark nicht bin. Und die Frau denkt: ich kann ihm meinerseits meine Gefühle nur zeigen, wenn er nicht mehr unbedingt die Oberhand behalten will, denn so schwach kann ich mich heute nicht mehr darstellen. Wenn der ängstliche Mann überkompensatorisch seinen Anspruch überzieht, mag er formal der Dominierende bleiben. Aber auf seine Zuwendung erhält er keine Resonanz. Er kann sich äußerlich der Frau bemächtigen, aber sie bleibt kühl. Er erreicht sie nicht mit seinen Bedürfnissen, und sie enthält ihm die ihrigen vor. Noch sind viele von der Erziehung her tief verunsicherte junge Frauen unfähig, aus einer solchen neurotischen Kompromißsituation auszubrechen. Sie bezahlen mit der Einbuße an libidinöser Erlebnisfähigkeit für ihre Unfähigkeit, sich auf erfolgreichere Weise gegen männliche Überkompensation zu wehren. Aber manches spricht dafür, daß die Frau dabei ist, ihre Selbstsicherheit auch in der Sexualität zu steigern und den Mann zu nötigen, seinerseits seine Vormachtposition in Frage zu stellen, die er ohnehin nur noch in einer chronischen brüchigen Selbstüberforderung verteidigt.

Natürlich ist die Sexualität ein Barometer ersten Ranges zur Beurteilung der Kommunikationsfähigkeit von Paaren. Es wirft auf die Beziehung zwischen Mann und Frau ein bezeichnendes Licht, daß die Kurve der von den Ärzten registrierten Sexualstörungen in den letzten paar Jahrzehnten rapide angestiegen ist, so daß man für die Erforschung und Behandlung dieses Problems ein neues wissenschaftliches Fach und eigene Lehrstühle einrichten mußte. Aber es gibt keinen Beweis dafür, daß die Menschen heute mehr sexuelle Schwierigkeiten hätten als früher. Sicher angestiegen ist die *Beunruhigung* über diese Schwierigkeiten und der Mut, sich dagegen Hilfe zu holen. Die allgemeinen Beobachtungen sprechen wie bei dem geschilderten Gruppenbeispiel dafür, daß die Frauen dabei in der Initiative vorangehen. Aber die Männer folgen nach. Gerade in letzter Zeit ergießt sich ein Massenansturm von Männern mit Potenzschwierigkeiten in die Praxen der Ärzte und der Psychotherapeuten. Impotenz ist binnen Kürze ein vorrangiges Kongreßthema der Mediziner geworden. Und die Apotheken notieren Rekordumsätze in – angeblich – potenzstärkenden Präparaten. Es ist aber im Sinne der hier angestellten Betrachtungen doch eher als ein Positivum zu werten, daß immer mehr Männer sich ihre sexuellen Unsicherheiten eingestehen und hier auch ein Leidensbewußtsein entwickeln können, das ihr geschlechtsspezifisches Selbstwertgefühl belastet. Natürlich gibt es auch noch sehr viele Männer, die ihre diesbezüglichen Defekte als ausschließlich hormonelle oder rein technisch bedingte Schwächen verstehen wollen, also nicht als etwas, was mit ihrer ganzen Person zu tun hat. Deshalb auch die Bevorzugung von Pillen oder von pragmatischen Trainingstherapien. Es erschreckt viele Männer, wenn sie sich damit konfrontieren sollen, daß ihre Sexualität nur ein Aspekt ihrer seelischen Gesamtverfassung sei. In der jungen Generation und speziell in experimentierenden Wohngemeinschaften und Eltern-Kinder-Gruppen findet man allerdings auch auf männlicher Seite schon erhebliche Fortschritte zur Selbstentlarvung. Freilich ist es auch hier für die Männer eine wichtige Hilfe, wenn die Frauen ihnen wie in dem zitierten Gruppenbeispiel vorangehen.

Ausblick: Wiederentdeckung der Bisexualität

Vervollständigung der einseitigen Rollenbilder von Mann und Frau. Ansätze zu einer progressiven Annäherung, illustriert an einer Ehepaartherapie. Die Gruppe als Stütze

Insgesamt läßt sich jedenfalls erkennen, daß das latente Bedürfnispotential zur Selbstveränderung eigentlich bei den Männern sogar höher ist als bei den Frauen. Dies dürfte sich immer mehr verdeutlichen, wenn auf der männlichen Seite die Einsicht in das Mißverhältnis zwischen der eigenen faktischen Lage und den Zielen durchbricht, die zur Erreichung eines neuen Rollengleichgewichtes nötig sind. Die Frauen sind im Grunde schon einen Schritt weiter, obwohl ihr intensiveres manifestes Leiden und der Emanzipationsprotest das Gegenteil zu dokumentieren scheinen. Es läßt sich vermuten, daß sich die Emanzipationsdiskussion mit der Zeit gründlich qualitativ verschieben wird. Es wird viel männlicher Neid auf «weibliche» Fähigkeiten und ihre Anwendungsmöglichkeiten entstehen. Männer werden immer deutlicher die weiblichen Möglichkeiten vermissen, eine innere Welt zu entfalten und auf einer tieferen Kontaktebene zu kommunizieren, als ihnen das vorläufig selbst möglich ist. Sie werden die Fähigkeit zu Passivität im Widerspruch zu dem eigenen überkompensatorischen Aktivitätskomplex beneiden. Und sie werden schließlich mit den Frauen darin wetteifern wollen, im Haus und im Umgang mit den Kindern möglichst viel von einem Klima der Intimität, der Geborgenheit und nicht entfremdeter Kontakte zu profitieren. Es läßt sich vermuten: die Frau wird ein Stück weit männlicher, der Mann ein Stück weit weiblicher werden. Jedes der Geschlechter wird für sich im Vergleich zu heute ein Mehr an Bisexualität akzeptieren. Und es wird sich damit eine Linie fortsetzen, die w. FLIESS und S. FREUD mit ihren Bisexualitätstheorien bereits Ende des 19. Jahrhunderts vorgezeichnet haben.

Dieser Zuwachs an Bisexualität wird sich wahrscheinlich nicht so vollziehen, daß beide Seiten sich durch eine Art Legierungsprozeß auf einen einheitlichen Mischtyp zubewegen, gewissermaßen auf einen nivellierten Einheitsmenschen. Es wird sich vielmehr ein neuer Qualitätsunterschied von männlich und weiblich herausschälen, der allerdings erheblich von den heutigen Geschlechtsstereotypen abweichen dürfte, so wie ihn unsere Testbefunde abgebildet haben. Was wir im Augenblick noch für typisch männlich bzw. typisch weiblich halten, sind ja doch nur Zerrbilder, verfälscht durch eine Verwechslung des qualitativen Geschlechterverhältnisses mit einem Dominanzverhältnis. Dadurch eben gilt männlich gleich mit überkompensatorischer Superpotenz, Aktivität, Kühnheit, Dominanz, emotioneller Stabilität. Weiblich dagegen gleich mit Ohnmacht und Schwäche, mit Passivität, Angst, Unterwerfung und emotioneller Labilität. Männlich ist bislang nur oben, weiblich nur unten. Die Verirrung des Männlichkeitsideals durch Angst und Überkompensation hatte bislang auch das Bild von Weiblichkeit automatisch komplementär verzeichnet. Die augenblicklichen Geschlechtsstereotypen sind eben nichts anderes als neurotische Fiktionen, voller Einseitigkeit und krankhafter Übertreibung. In Zukunft werden sich die Begriffe von Männlichkeit und Weiblichkeit sicher qualitativ ausweiten, und zwar so, daß man sich darunter jeweils tatsächlich wieder einen vollständigen Menschen vorstellen kann und mehr als einen entweder nur hyperaktiven, dominanten oder auf der anderen Seite nur passiven, untertanenhaften Halbmenschen.

In der psychoanalytischen Zusammenarbeit mit Paaren und Gruppen sieht man hie und da Ansätze, in welcher Richtung dieser Prozeß der Umstrukturierung des Geschlechterverhältnisses in positiver Weise verlaufen kann. Wie ein Mann weiblicher und eine Frau männlicher in dem Sinne werden können, daß beide sich am Ende in sich selbst vollständiger fühlen und dadurch eine wesentlich verbreitete Basis finden, um miteinander zu kommunizieren. Dazu wiederum ein Modellfall, die Skizze einer Ehepaar-Therapie:

Beispiel:
Er ist 35 Jahre, mittlerer Angestellter in einem optischen Werk. Sie ist 30 Jahre, ehemalige Sekretärin, jetzt Hausfrau, Mutter von zwei Söhnen.

Sie kommen zur Ehepaar-Behandlung, weil jeder sich vom anderen unbefriedigt und gequält fühlt.

Sie findet, er kümmere sich zu wenig um sie. Sie freue sich auf ihn, wenn er abends aus dem Betrieb komme. Aber er gehe auf ihre Gefühle gar nicht ein. Sie empfinde ihn als kalt und herzlos.

Er kann es nicht ertragen, daß sie so viel von ihm will und ihn oft bedrängt. Sie erscheint ihm wie ein verschlingendes Wesen, das immer mehr von ihm haben wolle, als er geben könne.

Sie beklagt weiterhin, daß er fortwährend an ihr herummeckere. Ihn störe, wie sie sich frisiere, wie sie sich kleide, wie sie den Tisch decke. Irgend etwas an der Wohnung habe er immer zu beanstanden, was nicht schön oder nicht aufgeräumt sei.

Er findet, daß sie in der Tat alles zu planlos und zu wenig genau mache. Und er rechnet ihr vor, was sie alles an ihrem Äußeren und an der Wohnung ändern solle.

Allmählich schälen sich die Hintergründe heraus: Er ist ehrgeizig und tüchtig. Aber er steckt in einem Betrieb, wo kein Gemeinschaftssinn herrscht. Er gibt sich große Mühe mit einer komplizierten technischen Arbeit. Aber der Chef würdigt nicht, was er tut. Beförderung wurde ihm kürzlich verweigert, obwohl er sie unbedingt zu verdienen glaubt. Er verbirgt seiner Frau viel von dem, was er im Betrieb einstecken muß. Vielmehr: er reagiert seine unausgesprochene Unzufriedenheit an ihr ab. Er benimmt sich ihr gegenüber abends genauso mißmutig und nörglerisch, wie man mit ihm umgeht. Aber sie versteht nicht, wo sein Verdruß herkommt.

Sie ist an sich eine kluge, wache Frau, die sich wie in die Ecke gestellt fühlt. Sie wäre viel lieber noch im Beruf. Sie möchte zeigen, daß sie etwas kann. Und sie würde gern mit interessanten Menschen zusammenkommen, wie sie es früher vermochte, als sie noch im Beruf stand. Sie möchte auch gern ausgehen, aber sie getraut sich nicht, etwas allein zu unternehmen. «Wie sieht es denn aus, wenn man als Frau...?» So wartet sie auf ihn – und ist frustriert. Sie haßt ihn, weil sie sich durch ihn gedemütigt fühlt. Sie kommt sich vor wie ein armer Hund, der bettelt und nur Tritte bekommt.

Er ist ein überangepaßter Mann. Er nimmt sich ungeheuer zusammen, um gute Noten für seine Arbeit zu bekommen. Er ist strebsam. Es wurmt ihn, daß er so wenig Bestätigung erntet. Er verbeißt sich das Leiden. Er erwartet, von der Frau verachtet zu werden, wenn er ihr zeigen würde, wie sehr er unter den Kränkungen im Beruf leidet. Aber eben weil er sich nicht offenbart, staut sich sein Unmut. Und was er eigentlich verstecken will, macht sich auf dem Umweg über das Mäkeln und Nörgeln Luft. Er zeigt ihr, wie sein Chef mit ihm verfährt, indem er ihn unwillkürlich kopiert.

Das heißt: er kann die Frau gar nicht als Frau wahrnehmen, sondern nur wie einen Angestellten. So lange er als Mann im Felde der Männerkonkurrenz zu versagen glaubt, findet er aus diesem Problemkreis nicht heraus. Die beruflichen Niederlagen muß er überall sonst durch Beweise von Stärke und Überlegenheit kompensieren. Sei es, daß er die Frau zurechtweist, sei es, daß er seine Söhne unsinnig herumkommandiert. All diese unschuldigen Partner müssen ihn durch Untertanengebaren an die eigene Stärke und «Männlichkeit» glauben lassen, an der er infolge seiner beruflichen Kränkungen insgeheim fortwährend zweifeln muß. Dabei hätte er es gerade so nötig, sein Herz auszuschütten und Zuspruch zu suchen. Wirklich stärken könnte ihn seine Frau nur, wenn er sich ihr ehrlich zeigen würde. Aber wie viele Männer projiziert er auf sie sein eigenes trügerisches Ich-Ideal: so wie er sich für seine Mißerfolge verachten zu müssen glaubt, erwartet er auch von ihr nur Mißbilligung, wenn er ihr seine jämmerliche Situation gestehen würde. So verteidigt er sein Geheimnis gegen sie. Von ihr bedauert zu werden, wäre für ihn noch schlimmer, als – so wie jetzt – ihre Verbitterung zu ernten. Als Tyrann, so glaubt er insgeheim, kann er wenigstens noch etwas von seinem männlichen Stolz retten, wenn er auch gewissermaßen in der Festung seiner gefühlsmäßigen Isolierung nahezu verhungert. Es ist die typische militante Ideologie des männlichen Pseudo-Heroismus: Kapitulieren und klagen ist schlimmer als sich im Verborgenen aufreiben.

Was Wunder, daß die Frau ihm ihrerseits nicht mehr entgegenzukommen versteht. Sie spürt natürlich, daß sie sich auch dann sein Wohlgefallen nicht erzwingen könnte, wenn sie alles zuhause perfekt machen würde, so wie er es scheinbar verlangt. Denn er muß sie kritisieren und demütigen. Er sucht Vorwände, um seine Verzweiflung hinter Meckereien verbergen zu können. Aber auch sie überlastet ihn mit kompensatorischen Forderungen. Auch sie läßt ihn entgelten, was sie an sozialer Entfaltung versäumt, indem sie sich nicht mehr beruflich bestätigen und auch nicht mehr in anderweitigen sozialen Aktivitäten entfalten kann. Mit den Kindern kommt sie schließlich auch nicht mehr gut zurecht. Denn die Kinder zanken untereinander und mit ihr. Längst hat auf die Kinder der permanente Streit der Eltern abgefärbt. Sie drangsalieren einander auf ganz ähnliche Weise, wie sie das bei Vater und Mutter sehen. Und sie sind auch beiden gegenüber inzwischen eher patzig und widerspenstig. Es ist die typische Kettenreaktion einer Familienneurose, der kein Familienmitglied entgehen kann. Jeder übernimmt den Mechanismus, eigene Unlust auf die anderen abzuladen, bis daraus ein kreisförmiges System wird, in dem alle miteinander das gleiche neurotische Spiel treiben.

In der psychoanalytischen Ehepaar-Therapie werden die Hintergründe rücksichtslos aufgedeckt. Typischerweise ist es die Frau, die darin vorausgeht, nicht mehr vorwiegend das Versagen des Partners zu geißeln, sondern mehr und mehr davon zu reden, was sie selbst falsch mache. Und sie kann ihm auch allmählich gestehen, daß sie ihn eigentlich noch liebhabe und daß sie deshalb nur so wütend auf ihn sei, weil er sich aus ihr nichts mehr zu machen scheine und an ihr kein gutes Haar lasse. Jedenfalls versteht sie es, ihm deutlich zu machen, daß ihm von ihr keine wirkliche Gefahr droht. Das ermutigt ihn, nach langem Zögern, einiges von seinen beruflichen Enttäuschungen zu erzählen. Das ist von ihm aus konsequent. Denn er leidet ja primär an der Kränkung seines Stolzes in der Männerwelt. Indirekt will er ihr sagen: «So lange ich dort, wo mein Selbstwertgefühl an zentraler Stelle verletzt ist, die Scharte nicht ausgewetzt habe, kann ich auch mein Problem mit dir nicht lösen. Erst muß ich mein Quantum Heldentum auf dem Kampfplatz der Männer erfüllt und meinem Ehrgeiz dort Genugtuung verschafft haben, dann kann es auch mit uns beiden besser werden.»

Darin bildet sich erst einmal wieder genau die Prioritätenskala der Männlichkeits-Ideologie ab: erst als Mann leisten, avancieren und siegen, dann erst kann und darf man sich gönnen, auch den Gefühlssektor zu kultivieren, der mit der Frau zu tun hat. Erst als rehabilitierter starker Mann kann er der Frau das geben, was sie von ihm erwartet. Aber das im Betrieb will und muß er allein ins reine bringen. Der niedere Rang, auf den er seine Gefühlsbedürfnisse herunterstuft, macht natürlich der Frau die Entwertung klar, die er damit ihren emotionellen Ansprüchen an ihn zuteil werden läßt. Wie er sie damit kränkt, merkt er gar nicht, weil er es für selbstverständlich hält, daß sie seine Wertskala übernimmt. Immerhin entlastet es sie auf der anderen Seite, daß er ihr nun ganz offen von seinen Schwierigkeiten berichtet, von denen sie immer nur geahnt hatte. Und sie merkt, daß er damit bereits Anstalten macht, vom hohen Roß seines pseudo-heroischen Stolzes herunterzuklettern und sich ihr in einer schwachen Position zu zeigen. Das bedeutet für sie, *daß sie sich von ihm ernster genommen fühlt: Ich bin also für ihn nicht mehr nur die Kleine und Dumme, die seine wichtigsten Dinge nichts angehen – so denkt sie.*

Und je mehr er ihr von seiner Misere im Betrieb berichtet, um so mehr schwindet auch ihr Neid bzw. ihr Ressentiment gegenüber seiner beruflichen Aktivität. So kann sie ihm hier auch sogar wertvolle und konstruktive Ratschläge geben. Und ihm geht auf, daß sie ihn gar nicht in Konkurrenz mit dem Beruf nur für sich ausbeuten will, sofern er sie nicht umgekehrt als bloße Energiespenderin für die Verfolgung seiner vermeintlich höherwertigen «männlichen» Ambitionen auszunützen versucht.

Mit dieser allmählichen Erkenntnis vermindert sich für ihn das Motiv, sich gegen die Frau vor allem in defensiver Weise zu schützen. Er kann ihr verraten, daß er mit sich höchst unzufrieden sei. Er fürchte immer, daß man ihm Unsicherheit und Verlegenheit anmerke. Er könne nicht so selbstsicher auftreten wie andere. Er glaube, daß sein Chef ihm deshalb so viel zumute, weil er zu schwächlich und ängstlich wirke. Er sei eben kein guter Kämpfer. Die Frau meint, er brauche sich keineswegs hinter den anderen Männern zu verstecken. Jedenfalls erkennt er zu seiner Genugtuung, daß die Frau seine Selbstentblößung überhaupt nicht benutzt, um auf ihn verstärkten Druck auszuüben. Und so kann er sich ihr in der Folgezeit so öffnen wie schon seit vielen Jahren nicht mehr. In der Psychoanalyse wird deutlich, daß er in ihr eigentlich immer den negativen Aspekt seiner selbst gesehen hatte: seine eigene Schwächlichkeit und verdrängte Unsicherheit. Und als ihm das klar wird, fängt er an, sie als Frau zu sehen. Er bekommt Lust, mit ihr zusammen schöne Sachen für sie zu kaufen. Und er bekommt auch Interesse, sich selbst schöner zu machen. Der sexuelle Kontakt gewinnt für ihn eine neue Bedeutung. Er muß sich hierbei nicht länger von ihr nur ausgelaugt fühlen oder ihr darin seine Stärke beweisen. Das führt dazu, daß sich sein Bedürfnis nach sexuellen Kontakten verstärkt, was ihn zutiefst überrascht.

Aber dies alles verläuft in kleinen Schritten. Nur vorsichtig öffnet er sein Visier. Und man merkt: er muß sich einbilden können, daß er diese neue Entwicklung aus eigener Initiative einleite. Er möchte sich nicht von ihr genötigt fühlen, sich klein zu machen. Das muß er selber tun. Und wenn er ihr mehr Gefühle entgegenbringt, will er sich als der Gebende empfinden. Nicht weil sie es will, sondern weil er sich aus freien Stücken entschlossen hat, gibt er ihr mehr preis. Er möchte also unbe-

dingt noch die Kontrolle über diese sich anbahnenden emotionellen Austauschprozesse behalten. Die Angst, in eine allzu gefährliche Passivität und Abhängigkeit zu geraten, ist immer noch wirksam. Noch ist er auf dem Sprunge, sich gleich wieder zurückzuziehen, wenn die Frau seine Aufgeschlossenheit zu sehr ausnützen würde. Das Schreckbild, plötzlich von ihren Gefühlsansprüchen hilflos verschlungen zu werden, ist zwar abgeblaßt, aber immer noch nicht gänzlich verschwunden.

Natürlich ist dieses Schreckbild nur zum kleineren Teil Reaktion auf die Ungeduld seiner Frau, zum größeren Teil Projektion seines eigenen inneren Konfliktes. Er hat durch Verdrängung in sich selbst so viel an Gefühlsbedürfnissen aufgestaut, daß er sich immer noch fürchtet, von diesen explosionsartig überflutet zu werden, wenn er sie nicht unter strenger Kontrolle hielte. Deshalb wagt er nur, diese Bedürfnisse in kleinen Dosen, gewissermaßen mit angezogener Bremse, loszulassen. Aber die positive Resonanz bei seiner Frau, die spürt, daß sie ihm Zeit lassen muß, dämpft doch sein Mißtrauen mehr und mehr. Und der nachlassende Verdrängungsdruck erlaubt ihm, daß er sich dem Gefühlsaustausch mit ihr schließlich freier und auch mit wesentlich mehr Passivität hingeben kann.

Das ermöglicht ihr wiederum, selbst mutiger und aktiver auf ihn zuzugehen. So wie der Mann aufdeckt, daß er die Frau als Prügelknaben zur Ableitung der im Beruf angehäuften Spannungen mißbraucht hat, wird ihr deutlich, daß sie manches von ihrer Wut ihm gegenüber an den Kindern ausgelassen hat. Sie hat jedes Merkmal an den Söhnen unausstehlich gefunden, das sie an seine Verdrießlichkeit und Unfreundlichkeit erinnerte. Die Gegenwehr, die sie ihm nicht zu leisten getraute, hatten indirekt die Jungen zu spüren bekommen.

Und noch etwas anderes wird ihr bewußt: sie muß in Zukunft mehr für sich unternehmen. Sie braucht Kontakte zu anderen Menschen, um mehr Anregung und Austausch zu finden. Sie kennt einen Initiativkreis von Hausfrauen, dem sie sich jetzt anschließen will. Dies hätte sie, so leuchtet ihr ein, schon längst tun sollen. Aber sie hatte paradoxerweise bislang die Strategie verfolgt, ihm ja keinen Anhaltspunkt dafür zu geben, sich ihr entziehen zu dürfen. Wenn sie sich für sich selbst beschäftigen könne – so ihr bisheriger Fehlschluß – würde er gar keine Lust mehr haben, auf sie einzugehen. So wollte sie ihn immer glauben lassen, daß ihr Wohl und Wehe ausschließlich von seiner Zuwendung abhinge.

Das war, so entdeckt sie, ein sinnloser Erpressungsversuch, der ihm nur Angst bereitet hatte. Sie will also jetzt aktiv in dieser Frauengruppe, in der sie auch schon ein paarmal war, mitarbeiten. Und dann hat sie vor, zusammen mit einer Freundin häufiger auszugehen. Sie will mehr Ausstellungen besuchen, aber auch einfach bummeln und auch mal in ein Lokal gehen. Solange die Kinder noch klein sind, erscheint es ihr zu schwierig, ihre berufliche Arbeit wieder aufzunehmen. Aber sie ist fest entschlossen, wieder zu arbeiten, sobald das für sie möglich ist. Vielleicht kann sie aber etwas schreiben, denkt sie. Beim Tagebuchschreiben ist ihr aufgegangen, daß sie ausgesprochen Lust dazu habe, ihre Beobachtungen und Einfälle zu formulieren. Das will sie ausbauen. Vielleicht wird daraus einmal ein kleiner Artikel, den sie einschicken kann...

Schließlich machen sich beide Eheleute Gedanken darüber, daß es im Grunde besser für sie wäre, wenn sie in eine Wohngemeinschaft ziehen würden. Es sei zwar sicher in ihrem Alter schwieriger als für ganz junge Leute, Partner für eine Wohngemeinschaft zu finden. Aber sie wollen einen Versuch machen. Denn wenn sie zu eng und abgeschlossen miteinander leben, droht ihnen – wie sie es sehen – immer wieder die Gefahr, daß jeder dem anderen alle nebenher angestauten Enttäuschungsgefühle und Kompensationswünsche auflastet. Man erwartet dann wieder vom anderen zuviel. Die Frau würde wieder als Prügelknabe zur Abreaktion der männlichen Kränkungen, der Mann wieder als Ersatzobjekt für die anderswo unerfüllten Wünsche der Frau herhalten müssen. Würden sie dagegen in einer Gruppe leben, so meinen sie, daß sich dann die Erwartungen und Wünsche mehr verteilen könnten. Die Gruppe könnte mehr geben, als man von einem Partner allein bekommen kann. Und speziell die Frau könnte leichter mal ohne die Kinder fortgehen. Man hätte also mehr Spielraum. Beide freuen sich darauf, außer miteinander regelmäßig mit anderen reden und Probleme austauschen zu können.

Wie man sieht, enthält dieses Beispiel eine Reihe ganz spezifisch individueller Probleme. Aber es ist wiederum auch in gewisser Hinsicht repräsentativ für das traditionelle Rollenverhältnis der Geschlechter schlechthin und zugleich für Versuche einer konstruktiven Veränderung, die wiederum zu der Linie eines beginnenden allgemeinen Bedürfniswandels zu passen scheinen. Damit erscheint dieser Fall doch einigermaßen geeignet, die leitenden Gesichtspunkte dieses Kapitels noch einmal zu resümieren.

Der Ausgangstatbestand: Zu Beginn gilt die Gleichung: Gefühlshaftigkeit gleich Schwäche gleich Weiblichkeit. Der Mann verdrängt mehr oder minder seine Gefühlshaftigkeit als Schwäche. Er befriedigt seine Gefühlsbedürfnisse ein Stück weit heimlich und maskiert, indem er mit der Frau spielt. Der überkompensatorisch seine Weichheit und Schwäche unterdrückende Mann muß an der Illusion festhalten, daß er über Gefühle wie eine Ware herrschen kann. Die Frau hortet die Ware, die er nach Belieben abrufen kann. Das macht es aber unmöglich, diesen Gefühlsbereich zu kultivieren. Denn die Frau kann es nicht ertragen, ihre Gefühle nur passiv zur Verfügung zu stellen. Sich nur anzubieten und abzuwarten, was der Mann mit ihr macht. Da verliert sie die Lust, sich zu pflegen und die Wohnung schön zu machen. Es ist einer Frau heute nicht mehr möglich, in dieser abhängigen Rolle Gefühle als Ware zu liefern, ohne daß der Mann seinerseits aus sich herausgeht. Es funktioniert nicht mehr, was NIETZSCHE dachte: «Das Glück des Mannes heißt: ich will. Das Glück des Weibes heißt, er will.» Die Frau kann es nicht mehr ertragen, Gefühlshaftigkeit als Monopol auf Lager zu halten, aus dem sich der Mann bedient, ohne echt zu partizipieren. Der Mann muß einsehen, daß auch er seine Gefühle und seine Hingabebedürfnisse pflegen muß. Freilich, auf den Pseudo-Heroismus von Härte und Siegenmüssen gedrillt, erscheinen ihm die wiedererwachenden Gefühle zunächst nur als Schwäche, als Angst vor Blamage und Verschlungenwerden. Denn er glaubt ja ursprünglich, daß seine spezifisch männliche Angst nur die sein dürfe, sich gegen Niederlagen und Beschädigungen zu schützen. Daß man sich auch eingestehen könne, Angst vor Einsamkeit und Liebesverlust zu haben, erscheint ihm zunächst befremdlich und primär «unmännlich». Eben dies ist sein altes Rollenklischee, das auch noch bei FREUD auftaucht, der für den Mann die Angst vor Beschädigung (Kastrationsangst), für die Frau dagegen die Angst vor Liebesverlust als geschlechtstypisch erklärte: *«An ihre Stelle* (Kastrationsangst, d. Verf.) *tritt beim anderen Geschlecht die Angst vor dem Liebesverlust, ersichtlich eine Fortbildung der Angst des Säuglings, wenn er die Mutter vermißt.»* Was der Mann heute allmählich lernt, ist, daß er sich die Angst vor Liebesverlust genauso eingestehen darf, ja sollte, wie die Frau. Aber solange er seine Liebesbedürfnisse noch als Schwäche unterdrückt und lediglich auf die Frau projiziert, kann er mit dieser nicht umgehen. Er braucht deren Gefühle, hat aber zugleich davor Angst. Sie darf nicht spontan sein, sondern nur reagieren. Sie gilt als geschmacklos, ordinär, distanzlos, penetrant, aufdringlich, wenn sie mit ihren Liebesbedürfnissen initiativ wird. Die Entwertung ist nichts als die projizierte Angst des Mannes, von den eigenen Gefühlen verschlungen zu werden.

Wenn aber nun die Angst des Mannes nachläßt und gleichzeitig der Mut der Frauen wächst, sich aktiver zu entfalten, dann kann sich ein Szenenwechsel vollziehen. Der Mann kann sehen, daß er die Aktivität der Frau braucht, um seine eigene vergewaltigte Gefühlswelt überhaupt erst wieder neu entfalten zu können. Er muß sich von der Frau führen lassen, weil er verlernt hat, sich in dieser Dimension zurechtzufinden. Dann mag er auch allmählich den Mut finden, die NIETZSCHE-These wie folgt umzukehren: «Mein Glück ist, daß sie will.» Und die Frau wird sich auf der anderen Seite wieder abgewöhnen, ihre Gefühlspotenz ressentimenthaft zu entwerten, in falscher Anpassung an die Männlichkeits-Ideologie. Sie wird erkennen, daß die Gleichung Gefühlshaftigkeit gleich Schwäche gleich Passivität nicht mehr stimmt. Daß sie ihre emotionellen Kontaktwünsche mitnichten mehr als bloße Ware auf Abruf – der zu selten erfolgt – stapeln muß. Sondern daß sie ihre Kontaktwünsche aktiv und fordernd gestalten kann, vielmehr sogar muß. Sobald sie sich mehr Freiheit verschafft hat, an Menschen heranzugehen, sie anzusprechen und dabei auch ihre Gefühle zu zeigen, werden diese Gefühle sich auch qualitativ verändern. Die Frau wird sich nicht länger gefallen lassen, immer nur auf die Spur kindlicher, spielzeughafter Weichheit und Rührungsfähigkeit oder mütterlicher Fürsorglichkeit verwiesen zu werden. Eingeengt auf die vergänglichen Befriedigungschancen als niedliche Tochter, als beutehaftes Sexualobjekt oder Mütterlich-Fürsorgende müßte sie immer wieder in die Depressivität absinken, so wie sie sich aus unseren Testuntersuchungen ergibt und bislang vor allem die alternden Frauen in erschütternder Weise kennzeichnet. Die Frau muß in neuer Weise aktiv werden, sich viel mehr Beziehungen in allen Altersphasen verschaffen, um sich und zugleich den Mann zu entlasten. Sie muß darauf bestehen, daß sie sich Menschen holt und zu Menschen geht, wenn es ihr gefällt. Und indem sie den unsicheren Mann allmählich aus seiner Isolierung und Gefühlsverdrängung herauslockt, erweitern sich ja auch ihre häuslichen Befriedigungsmöglichkeiten. Dann wird ja auch für den Mann die Gestaltung der gemeinsamen Intimsphäre wichtig.

Der seine rollenspezifische Überkompensation und Gefühlsunterdrückung abbauende Mann würde aber nicht nur zu Hause dazu beitragen, das Klima der Ehe und der Kindererziehung von dem einseitigen Primat seines bloßen Leistungs- und Erfolgsdenkens zu entlasten, sondern er müßte sich auch in der Arbeitswelt anders verhalten. Auch hier wird er endlich begreifen, daß die Qualität der zwischenmenschlichen Beziehungen in der Kooperation am Arbeitsplatz nicht länger durch das verabsolutierte Leistungsprinzip verdrängt werden darf. Das Stück «Weiblichkeit», das er hinzugewonnen hätte, würde ihm helfen, in der Arbeit eine andere, menschlichere Atmosphäre zu fordern, in der die Kommunikation in der Arbeitsgruppe und ästhetische Gesichtspunkte bei der Gestaltung der Arbeitsumwelt eine wesentliche Rolle spielen würden.

Bezeichnend ist es, daß das hier therapeutisch verfolgte Ehepaar am Ende auf die Idee der Wohngemeinschaft verfällt. Obwohl beide einsehen, daß sie sich und wohin sie sich verändern wollen, und obwohl sie auch einen Schritt weit diese Veränderung versuchen, fürchten sie, daß sie ihr Vorhaben allein nicht verwirklichen können. Sie brauchen um sich eine Gruppe von Gleichgesinnten, die ihnen genügend Rückhalt bietet, um den schwierigen neuen Weg durchzustehen. Sie beweisen damit eine realistische Einschätzung der enormen Gegenkräfte, die noch immer die überlebte Struktur der alten Geschlechtsrollen verteidigen, so sehr auch das allgemeine Unbehagen an diesen gewachsen ist. Die äußere gesellschaftliche Ordnung und die anerzogenen, verinnerlichten Leitbilder bedrohen jeden Ausbruchsversuch mit äußeren Santktionen wie mit inneren Schuldgefühlen. Deshalb ist der Versuch nur zu gerechtfertigt, sich für eine experimentierende Rollenänderung eine breitere soziale Basis zu verschaffen, ein Zusammenleben in einer solidarischen Gruppe, die den Widerständen besser standhalten kann. Und es ist ferner bezeichnend, daß die Frau neben dieser Wohngemeinschaft auch noch Anschluß an eine Initiativgruppe von Frauen sucht. Hier handelt es sich übrigens um eine Gruppe von jungen Hausfrauen mit Kindern, die sich gerade in der kritischen Phase nach Abbrechen ihrer Ausbildung bzw. Berufstätigkeit über die Schwierigkeiten ihrer Lage gemeinsam klar werden und gegen die Gefahr von Isolierung und Passivität angehen wollen. Der Versuch der Selbstbefreiung aus den Zwängen der alten Rollenstereotypen läßt also gleich die Notwendigkeit der Solidarisierung mit Gruppen erkennen, ohne deren Hilfe das Unterfangen zu sehr gefährdet erscheint.

Der Individualismus

Egozentrische Größenideen und Bedürfnisse nach Solidarität in undurchschautem Widerspruch. Der Neo-Individualismus Marcuses und seiner Anhänger

Längst geläufig als ein Merkmal von Kindern und Jugendlichen in Heimen, von unerfüllten Frauen und alten Leuten breitet sich Vereinsamungsangst auf immer weitere Gruppen aus, deren äußere Situation dieses Gefühl gar nicht zu rechtfertigen scheint. Das wurde bereits an manchen Beispielen belegt. Die Rettung aus der inneren Vereinsamung wird zu einer vordringlichen Zielvorstellung bei allen Überlegungen, wie man seine Lage verändern könnte. Vor alle Ideen, welche Fähigkeiten und Impulse man als Individuum entfalten möchte, schiebt sich das Bedürfnis nach einer engen Verbundenheit mit anderen Menschen. Man erkennt, daß dies eine Veränderung ist, die man nicht allein aus sich heraus herstellen könnte. Man braucht dazu von vornherein die anderen. Kontakt ist in diesem Sinne nicht mehr der Erfolg individueller Kontaktfähigkeit oder auch nur die Summe individueller Kontaktfähigkeiten, sondern von Anbeginn an ein überindividuelles Geschehen. Kontakt ist etwas, was eigentlich nur Gruppen entwickeln können. Es ist eine Leistung der Gruppe, daß sie den einzelnen aufnimmt, ihn «in» sein läßt. Diese Integrationskraft der Gruppe ist mehr als eine Addition von abgrenzbaren individuellen Aktivitäten. Nach dieser Integration – ein Begriff, der fast über Nacht nahezu zu einem Fetisch geworden ist – sehnt man sich. Sich auf eine nicht-entfremdete Weise in Gruppen zu integrieren und von Gruppen integriert zu werden, erscheint mehr wert als alles andere.

Das bedeutet für das Individuum, daß es lernen muß, die anderen primär mitzudenken, wenn es sich in der modernen Massengesellschaft überhaupt noch verwirklichen will. Allein geht es kaputt. Allein wird es erdrückt als ein universell verwaltetes, manipuliertes, von einer übermächtigen Reizfülle eingeschüchtertes Ich, das aus sich heraus nichts mehr bewegen kann. Das Bedürfnis nach neuen Lebensformen in Gruppen gibt auch den traditionellen Mikrogruppen der Ehe, der Familie, der Freundschaft wieder neue Impulse, aber es greift zugleich über deren Rahmen hinaus. Denn deren Basis ist zu schmal, um den Fall in die Isolation hinreichend abzufangen. Die allzu kleine Gruppe verwandelt sich zu leicht im ganzen in ein Individuum neuen Typs, das seinerseits wiederum in Isolierung zu versinken droht. Der auf diesen kleinen Sozialgebilden lastende Druck ist so groß, daß es in den Mikrogruppen vielfach bald zu komplementären und kompensatorischen Rollenteilungen kommt, die den einzelnen wiederum auf eine Teilfunktion begrenzen würden. Sobald der einzelne seine Rolle verändern will, ist das ganze System von Zusammenbruch bedroht, da es ja nur als System perfekt ineinandergreifender Teilstücke genügend leistungsfähig ist. Die Energie der unerfüllten Bedürfnisse, die sich in der abgeschlossenen Zweierbeziehung oder in der Kleinfamilie anstauen, ist einfach zu groß, es sei denn, man öffne das Feld nach außen und erweitere den Rahmen in eine größere Gruppe hinein, die dem einzelnen eine variablere Entfaltung und eine breitere Kommunikation ermöglicht. Und auch diese Gruppe benötigt wiederum Aufgeschlossenheit nach außen, Teilhabe an anderen Gruppen, um ein System übergreifender Solidaritäten zu verwirklichen.

Immerhin, auf der Linie dieses Bedürfnisses füllt sich zunächst die Primärgruppe Familie wieder mit einem positiven Sinn an, der in der Phase der antiautoritären Bewegung einen Augenblick lang zweifelhaft erschien. Dazu gehört freilich jene eingehend beschriebene notwendige Umwandlung des Geschlechterverhältnisses. Und dazu gehört eine Überwindung jener familienneurotischen Mechanismen, die in eigenen früheren Untersuchungen (*«Patient Familie»* und *«Eltern, Kind und Neurose»*) beschrieben wurden. Man muß lernen, einander nicht mehr wechselseitig defensiv zur egoistischen Stabilisierung des eigenen Gleichgewichtes zu manipulieren. Die Kritik an der Struktur der Ehe und des Eltern-Kind-Verhältnisses, wie sie die Protestbewegung vorführte, war ja nie auf Zerstörung dieser Beziehungen angelegt. Sie diente in ihrer Radikalität letztlich nur dazu, die verborgenen Deformierungen dieser Rollenbeziehungen schonungslos zu entlarven. Es war die Wut der Enttäuschung über die Entleerung und über die manipulative Entartung der zwischenmenschlichen Umgangsformen selbst in diesen scheinbar geschützten Intimfeldern. Nun, nach dem endgültigen Abebben dieser Welle erscheint der Weg besser geebnet für einen kreativen Neubeginn in der Gestaltung nicht nur der Mann-Frau-Beziehung, sondern vor allem auch der Beziehung zwischen den Generationen. Neben dem enorm belebten Interesse für die Chancen einer besseren Kindererziehung sieht man in der jungen Generation wieder vermehrte Annäherungsversuche an die ältere. Freilich, gewarnt durch die Entdeckungen aus der Zeit der antiautoritären Krise, erkennt man, daß man die Ansprüche aneinander nicht überziehen darf. So sehr man sich auch aus dem allgemeinen Isolationsgefühl heraus nach Nähe und Austausch sehnt, so muß man doch einsehen, daß jeder Versuch allzuenger Verbindungen notwendigerweise wieder in die alten Verknotungen führen müßte, bedingt durch die Frustration übertriebener Erwartungen und die damit verbundenen Mechanismen von Erpressung und Abhängigkeit.

Deshalb drängt das moderne Bedürfnis nach Solidarität von vornherein ausdrücklich über den Rahmen der traditionellen Mikrogruppen hinaus. Man spürt, eine positive Umbildung der Mann-Frau-Beziehung und des Eltern-Kind-Verhältnisses ist nur möglich im Schutze und im Stimulationsfeld von übergreifenden Gruppenprozessen. Man kann sich nur ändern im Strom einer umfassenden sozialen Bewegung, die von der Familie, von experimentierenden Kleingruppen und überhaupt von dem privaten Feld hinaus in den Bereich der gesellschaftlichen Öffentlichkeit führt.

So groß aber nun auch unzweifelhaft das Bedürfnis angeschwollen ist, um jeden Preis Einsamkeit zu überwinden und Zusammengehörigkeit in der kleinen Gruppe und in größeren Gruppen zu gestalten, so groß sind die Hindernisse, dieses Bedürfnis durchzusetzen. Ausführlich betrachtet wurden die Hindernisse, die durch die Rollensterotypen der Geschlechter gegeben sind. Ein anderes in seiner Bedeutung eher noch weniger begriffenes Hindernis verbirgt sich in den Konzepten und Mechanismen der Denktradition des Individualismus. Es versteht sich an sich von selbst, daß man an den Leitbildern des alten bürgerlichen Individualismus nicht festhalten kann, wenn man zu einem Gemeinschaftsleben neuen Typs kommen will. Dennoch unterschätzt man allzuleicht, wie tief die individualistischen Konzepte verwurzelt sind und viele Versuche zunichte machen, Kommunikation und Solidarität in Gruppen zu verwirklichen.

Das bekommen viele der spontanen Experimentiergruppen überaus deutlich zu spüren, obzwar sie ganz und gar von der Absicht durchdrungen zu sein scheinen, eine neue Nähe und Verbundenheit der Mitglieder untereinander zu schaffen, die nicht durch Mißtrauen, irrationale Aggression und triebfeindlichen Moralismus kaputtgemacht werden. Diese Gruppen bilden sich oft verfrüht ein, sie hätten diese destruktiven Kräfte voll durchschaut und könnten ihrer mit Hilfe einer gut durchdachten Strategie leicht beikommen. Und dann stellt man fest, daß man einer intellektualistischen Selbsttäuschung unterlegen ist. Man nimmt allzuleicht mit bewußten Vorsätzen Lösungen vorweg, die dem Stand der emotionellen Entwicklung voraneilen. Eine sorgfältige Motivanalyse in solchen Gruppen deckt auf,

daß die einzelnen zwar unbedingt Gemeinschaft realisieren, aber insgeheim bestimmte egozentrische Positionen nicht preisgeben wollen. Bewußt wünschen sie nichts dringender, als das als unhaltbar erkannte Prinzip des Egozentrismus durch das Prinzip der Solidarität zu überwinden. Aber unbewußt phantasieren sie vielfach eher eine Legierung beider Prinzipien, die an ihrem inneren Widerspruch scheitern muß.

Es schwebt ihnen vor, daß sie zwar für die Integration in die Gruppe zunächst wesentliche egozentrische Ansprüche zurückstellen wollen. Aber ganz im stillen setzt sich dagegen die Hoffnung durch, die Gruppe könnte am Ende vielleicht doch eine sogar besonders großartige Erfüllung der egoistischen Wünsche mitliefern. Man könnte durch die Partizipation an der Gruppe schließlich viel größer, besser und vollkommener werden, nämlich als ein Ich, das sich zugleich mit dem großen Gruppen-Ich identifizieren kann. Dies wäre in der Tat das auf die Spitze gestellte Ei des Kolumbus, wenn das Arrangement der Gruppe eine Wunderformel liefern könnte, das anfängliche Opfer egozentrischer Tendenzen am Ende mit Zins und Zinseszins zurückzuerstatten.

Die Schwierigkeit vieler spontaner Gruppen, sich in hinreichend radikaler Weise mit den Gegenkräften des klassischen Individualismus auseinanderzusetzen, ist nach allem Anschein durch H. MARCUSE gefördert worden. Und es erscheint an dieser Stelle nützlich, auf die im Grunde gar nicht so sehr versteckten individualistischen Komponenten in der Theorie MARCUSES hinzuweisen, die lange Zeit so viel Einfluß auf das Denken der kritischen Jugend ausgeübt hat. Die Protestbewegung war sich wohl nie ganz darüber im klaren, daß sie von MARCUSE her ein Konzept mitbrachte, das ein sozialistisches Gesellschaftsbild mit ausdrücklich individualistischen Momenten zu verknüpfen versuchte und diesen Widerspruch nicht aufgearbeitet hatte. Das Bild des befreiten Zukunftsmenschen, das MARCUSE vorzeichnet, ist im Grunde individualistisch geprägt. Das mag zu verstehen helfen, warum man innerhalb der Protestbewegung paradoxerweise ausgerechnet solchen Verhaltensweisen geradezu huldigte, mit denen man sich die Solidarisierung bereits im eigenen Kreis unmöglich machte. Und warum man sich nichtsdestoweniger der Illusion hingab, mit solchen Verhaltensweisen die Form menschlichen Zusammenlebens in einer befreiten sozialistischen Gesellschaft vorwegzunehmen. MARCUSES Metapsychologie wurde als Entwurf eines neuen, sozialistischen Menschentyps mißdeutet – sie ist in Wirklichkeit eine modifizierte Neuauflage idealistisch individualistischer Modelle aus dem 19. Jahrhundert, angelehnt an die ästhetische Philosophie SCHILLERS und die Libido- und Persönlichkeitstheorie FREUDS.

Die Metapsychologie MARCUSES hat deshalb auf die linken Gruppen einen so großen und immer noch spürbaren Einfluß ausgeübt, weil die Psychologie sonst von den Theoretikern des Marxismus vernachlässigt wird. MARCUSE war praktisch der einzige, der eine ausführliche Beschreibung des Menschentyps lieferte, der im Zuge der Umwandlung der Gesellschaft entstehen, aber diese Umwandlung zugleich tragen sollte. Er bot somit ein Leitbild für die Selbstverwirklichungswünsche seiner Anhänger. Dieses Leitbild faszinierte, weil es paradiesisch großartig ist. Und es wurde – bedauerlicherweise – am Rande der Gesellschaftsanalyse und der Revolutionstheorie – ohne große Diskussion mitgeschluckt. Dies deshalb, weil es, abgesehen von einer kurzen Periode, gerade in den theoretisch aktiven Teilen der Neuen Linken unüblich ist, sich besonders auf psychologische Theorie einzulassen. Der Vorrang des Interesses an einer politischen Änderung der materiellen Bedingungen für die Massen, um diesen erst einmal die Voraussetzungen für eine bessere psychische Selbstentwicklung zu schaffen, wies dem psychologischen Interesse stets eine sekundäre Bedeutung zu. Um so unkritischer wurde das metapsychologische Leitbild rezipiert, auf das hin MARCUSE die Wünsche zur persönlichen Selbstbefreiung lenkte.

Freilich bindet MARCUSE die Psychologie insofern an die Gesellschaftstheorie an, als er mit dem Begriff der Repression beide Bereiche deckt. Der politische Kampf soll sich gegen die gesellschaftliche Repression, die Selbstbefreiung des einzelnen gegen die innerpsychische Repression richten. Indem diese Repression als Fortsetzung und Abbildung jener gilt, bleibt sie stets jener zugeordnet. Sie ist also mit der politischen Dimension verbunden. Und damit enthält auch die Anstrengung zur persönlichen Befreiung, zur Änderung des Bewußtseins, ein politisches Element. Aber wohin soll diese persönliche Befreiung führen? Was soll dabei für ein Mensch herauskommen?

Der befreite Mensch im Sinne von «Eros und Kultur» (später «Triebstruktur und Gesellschaft») (1957) erscheint gegenüber den Bedingungen der modernen Massengesellschaft wie ein reichlich anachronistisches Fabelwesen. Es ist ein homo universalis mit ausgeprägt elitärem Einschlag. In Anknüpfung an FREUD und an die ästhetische Philosophie SCHILLERS bietet dieser utopische Mensch eine phantastische «Selbst-Sublimierung der Sinnlichkeit», eine «Entsublimierung der Vernunft» und gelangt schließlich zu einer «Versöhnung von Lust- und Realitätsprinzip». Heraus kommt ein grandioses, voll autonomes, schöpferisches Individuum, das auch den Tod nicht mehr zu fürchten hat. *«Die Menschen würden dann wirklich als Einzelwesen leben, jeder sein eigenes Leben formend; sie würden einander mit wirklich verschiedenartigen Bedürfnissen und wirklich verschiedenartigen Befriedigungsformen gegenübertreten, mit ihrer eigenen Wahl und ihrer eigenen Ablehnung.»*

Es ist hier nicht der Ort, MARCUSES Metapsychologie eingehend zu würdigen. Aber wegen der inspirierenden Wirkung seiner Gedanken auf die Protestbewegung erscheint es eben doch nützlich, sich kurz darauf zu besinnen, daß sein Entwurf eigentlich Zielvorstellungen des idealistischen Individualismus reproduziert. Wieweit es auch immer gelingen mag, den Abbau repressiver gesellschaftlicher Strukturen in einer sozialistischen Gesellschaft voranzutreiben, derart gottähnlich großartige autonome Individuen wären doch wiederum nur als eine Elite denkbar, denen gegenüber die Schwächeren und die Angehörigen kulturell nachhinkender Völker ihre Abhängigkeit nur um so schlimmer empfinden müßten. Statt auf «wirkliche Einzelwesen», «jeder sein eigenes Leben formend», muß die Entwicklung doch viel eher auf Menschen zugehen, die gar nicht mehr wirkliche Einzelwesen sein wollen, sondern die sich prinzipiell nur noch miteinander verwirklichen und formen wollen. Also Menschen, die nicht eine individualistische Autonomie anstreben, sondern sich miteinander bestimmen wollen, ohne einseitige Abhängigkeiten und randständige Minderheiten zu schaffen. In der universal verwalteten, computerisierten Massengesellschaft der Zukunft ist das große, unabhängige Individuum tatsächlich nur als parasitäres Wesen denkbar, es wäre geradezu das Gegenstück zu einem Garanten einer notwendigen neuen Form von Solidarität.

Es ging MARCUSE darum, ein Gegenbild zu dem künstlich eingeengten Menschen zu entwerfen, der heute unter dem Druck kapitalistischer oder staatssozialistischer Abhängigkeiten sein psychisches Potential nur sehr mangelhaft entfalten kann. Aber sein Gegenbild transzendiert nicht, es fixiert die alten narzißtischen Träume von einem gottähnlich autonomen Wesen. Es bleibt in der Tradition der idealistisch individualistischen Konzepte des 19. Jahrhunderts befangen, die ihrerseits bis in die Phase am Ausgang des Mittelalters zurückverweisen, als mit dem Abbau der mittelalterlichen Gottesherrschaft die Identifizierung des Menschen mit der göttlichen Allmacht einsetzte. – Man mag es als eine indirekte Bestätigung der Entdeckung FREUDS ansehen, wonach jede Verdrängung das Verdrängte auf der Stufe zum Augenblick des Abwehrvorganges festhält, wenn MARCUSE nach Aufhebung der inneren Repression einen Menschentyp prophezeit, der auf die Vorstellungen einer Zeit zurückgeht, als die narzißtischen Größenträume mit dem Aufschwung der kapitalistischen Industrialisierung ihren schlimmsten Schlag erhielten.

Die antiautoritäre Bewegung verdeutlichte jedenfalls in geradezu tragischer Weise den Widerspruch zwischen dem einerseits propagierten sozialistischen Solidaritätsprinzip und dem Neo-Individualismus, den MARCUSE indirekt durch seine Theorie aktualisiert hatte. Wie er heute selbst erkennt, bekämpften die Antiautoritären mehr das mächtige Individuum in Gestalt der Väter, Lehrer, Chefs als die eigentlichen politischen Machtzentralen. Er wirft seinen Anhängern aus jener Phase nunmehr vor, sie hätten eigentlich nur ihren Ödipuskomplex ausgelebt. «Kindisch und clownesk» nennt er heute ihre «pubertäre Revolte, die sich gegen das falsche Objekt richtet.» Und diese analytische Interpretation drängt sich in der Tat auf, wenn man sich das zwanghafte Bedürfnis der Antiautoritären vergegenwärtigt, sich um Symbolfiguren der potestas patris in ihrer Umgebung zu scharen, diese anzustarren und zu quälen. Es gehört zum Wesen des Ödipuskomplexes, mit dem Mächtigen zu rivalisieren und ihm seine Rolle abjagen zu wollen. So mischte sich in den antiautoritären Aufstand deutlich eine weitgehend unbewußte komplexhafte Fixierung an eben jenes individualistische Omnipotenzprinzip, gegen das man sich wendete. – Diese Interpretation wird gestützt durch die sonst unverständliche endlose Fortsetzung der Rivalenkämpfe in den eigenen Reihen. Man erinnert sich, daß der Zerfall der Protestbewegung dadurch wesentlich gefördert wurde, daß die Gruppen im eigenen Kreis mit dem Wechselspiel antiautoritärer Verdächtigungen und Verunglimpfungen fortfuhren und sich dadurch rivalisierend zersplitterten. In dieser Variante enthüllte sich das Antiautoritätsprinzip *als eine Form von Egozentrismus, den jeder gegen jeden verteidigte.* Jeder verherrlichte den Anspruch auf eine repressionsfreie Selbstverwirklichung, bei der er den anderen und dessen narzißtische Ansprüche notwendigerweise als Gegner erleben mußte. Solange man durch den Außenfeind leidlich zusammengehalten wurde, konnte sich diese Bewegung entfalten und auch immerhin zu erstaunlichen Wirkungen gelangen. Aber es waren eben nicht nur äußere Gegenkräfte, sondern bereits die Widersprüche innerhalb der eigenen Pseudo-Gemeinschaft, die späterhin zum sang- und klanglosen Untergang führten. Und ein wesentliches Moment der folgenden Resignation war die Enttäuschung über sich selbst, nämlich über die geradezu planmäßig betriebene und lange undurchschaute Blockierung der eigenen Solidarisierung.

Infolgedessen hat es MARCUSE nun schwer, noch eine plausible Formel für die Verknüpfung von persönlicher Selbstbefreiung und gesellschaftlicher Änderung anzubieten. Und so sind seine heutigen Äußerungen darüber auch recht widerspruchsvoll. Einerseits warnt er jetzt vor dem angeblichen absoluten Antagonismus zwischen individueller Selbstbefreiung und politischem Kampf: «Angesichts dieses neuen Individualismus stellt sich das Problem des Verhältnisses zwischen persönlicher und politischer Rebellion, zwischen privater Befreiung und gesellschaftlicher Revolution. Der unvermeidliche Antagonismus, die Spannung zwischen diesen beiden Momenten kann leicht zu ihrer unmittelbaren Identifikation verführen, wodurch das Potential beider zerstört wird.» Und: «Die verfrühte, unmittelbare Identifikation von privater und gesellschaftlicher Freiheit schafft angesichts dieser Gefahr eher besänftigende als radikalisierende Bedingungen und führt zum Rückzug aus dem politischen Universum, in dem allein Freiheit erkämpft werden kann.» Natürlich ist die politische Aufgabe der Gesellschaftsveränderung etwas anderes als die Befreiung persönlicher Bedürfnisse und ergibt sich auch nicht etwa automatisch aus dieser. Aber daß hier ein ausdrücklicher Gegensatz auftaucht, ist eben mit eine Folge der Verherrlichung des individualistischen Momentes. Und dieses Moment hat MARCUSE eben selbst verstärkt, und noch heute glaubt er sogar, daß dieser Neo-Individualismus, in welchem er die Antiautoritären gefördert hat, eine wichtige Komponente der Bewegung der Neuen Linken sei: «Sie (gemeint sind die Antiautoritären der Neuen Linken, d. Verf.) drücken in abstrakter Form einen charakteristischen Grundzug der radikalen Opposition von heute aus. Sie zeigen, in welchem Ausmaß diese ihre Kraft (und Wahrheit) aus dem ganzen *Individuum* und dessen vitalen Bedürfnissen nach einem neuen Verhältnis zur Natur – der inneren wie der äußeren – bezieht.»

Demgegenüber gilt es, die Verherrlichung dieses neuen Individualismus entschieden abzubauen und zu lernen, daß dieser gerade nicht ein taugliches Leitbild für die menschliche Selbstverwirklichung in einer zu befreienden sozialistischen Gesellschaft ist. Das «Transzendieren» der Bedürfnisse sollte diesen Individualismus gerade zu überwinden und nicht etwa zu reproduzieren helfen.

Das Selbstwertproblem

Vorbemerkungen

Die folgenden Betrachtungen wollen zunächst einige weitere psychologische Momente herauszuarbeiten versuchen, die Menschen hindern, miteinander offen zu kommunizieren und Solidarität herzustellen. Es wird sich dabei freilich immer wieder zeigen, daß die verschiedenen Gesichtspunkte miteinander zusammenhängen und deshalb auch in der theoretischen Analyse nicht einfach voneinander zu trennen sind. Somit kann die Darstellung einer gewissen Willkürlichkeit nicht entgehen. Die Rollenproblematik der Geschlechter enthält bereits Konfliktmomente, die im folgenden noch einmal für sich gesondert verdeutlicht werden sollen. Und die Grundhaltung des Individualismus kann man natürlich nur als eine übergreifende ganz allgemeine Perspektive verstehen, die man immer zugleich mitdenken muß, wenn man im folgenden etwa die hemmenden Einflüsse von Selbstwertkonflikten und Ressentimentproblemen auf die Versuche zur Erweiterung von Kommunikation und zur Bildung von Solidarität verstehen will. Auch die nunmehr zu untersuchenden Hemmwirkungen der Ängste und Defensivmechanismen, die sich an Selbstwert und Macht knüpfen, sind auf mannigfache Weise miteinander verflochten. Dennoch scheint es nützlich, diese Problemkreise für sich gesondert in Augenschein zu nehmen, denn es handelt sich hierbei jeweils um Themen, die immer wieder mit typischer Zwangsläufigkeit in Gruppen auftreten, in denen Menschen ihre Beziehungen zueinander verbessern und vertiefen wollen und sich dabei in Krisen festfahren. Sie bezeichnen Haupthindernisse aller Solidarisierungsversuche. Sie rechtzeitig zu erkennen und sich auf Möglichkeiten ihrer Bewältigung einzustellen, ist für alle nützlich, die sich gezielt um eine Besserung der Formen des Zusammenlebens bemühen.

Die folgenden Betrachtungen stützen sich vor allem auf die Erfahrungen mit spontanen experimentierenden oder therapeutischen Gruppen, zwischen deren Mitgliedern in der Regel keine nennenswerten sozialen Schichtunterschiede bestehen. Hier handelt es sich also um Modelle, bei denen die Barrieren zwischen den Menschen nicht primär durch Klassengegensätze, sondern durch Hemmfaktoren, die innerhalb der gleichen sozialen Schicht wirken, bedingt sind.

An die analytische Beschreibung der genannten Konfliktthemen werden sich dann im folgenden Abschnitt Überlegungen über konstruktive Lösungsmöglichkeiten in neuen Formen von Gruppenarbeit anschließen. Und an einem konkreten Beispiel soll verdeutlicht werden, wie weit solche Lösungsmöglichkeiten etwa führen können. In dem letzten größeren Abschnitt des Buches wird sich die Betrachtung dann noch einem ganz anderen Problem zuwenden, nämlich den neuartigen Initiativen aus der Mittelschicht, die eine Solidarisierung nach unten, das heißt mit Randgruppen suchen. Speziell in diesem Abschnitt soll dann an Hand des bereits zitierten «introspektiven Konzeptes» überprüft werden, inwieweit psychologisch bzw. psychoanalytisch vermittelte Einsichten einen Zugang zu gesellschaftlichen Tatbeständen eröffnen und damit zugleich nützliche Beiträge für gesellschaftsbezogene Praxis liefern können.

Gruppenmißtrauen aus Schuldgefühlen

Überfordernde Erziehung hinterläßt Dauerlabilität des Selbstwertgefühls. Scham- und Schuldgefühle hemmen das Gruppenvertrauen

Ein Individuum tritt in eine Gruppe ein, in der es von vornherein nicht auf klar umrissene Ziele und Rollenmerkmale festgelegt ist. Man denke an eine Wohngemeinschaft, deren Mitglieder sich noch wenig kennen, an eine Selbsterfahrungsgruppe oder irgendeine experimentierende spontane Gruppe. Selbst in dieser relativ unklaren und wenig vorstrukturierten Situation ist das Individuum von vornherein in seinen Reaktionsmöglichkeiten durch seine präformierte Struktur und seine bisherigen Gruppenerfahrungen eingeschränkt. Wesentlich strukturell verankert sind die Bedingungen des *Selbstwertgefühls*. Der Verhaltensspielraum ist eingeengt durch mehr oder minder eng gezogene Grenzen, jenseits derer automatisch Selbstvorwürfe einsetzen, die auf der Stelle einen Konflikt mit anderen Gruppenmitgliedern provozieren können. Denn wenn jemand sich von der Gruppe bzw. anderen Gruppenangehörigen gezwungen glaubt, sich gegen die inneren Vorschriften seines Über-Ichs verhalten zu sollen, dann werden ihm die anderen als Feinde erscheinen.

Es wird ihm also zum Beispiel in der Gruppe gezeigt, daß man dieses oder jenes an ihm als störend empfinde. Der Betreffende erlebt dies als kränkend, wenn die ihm abverlangte Änderung den Widerspruch seines Über-Ichs herausfordert. Er hat vielleicht bei sich einen Impuls unterdrückt, den die Gruppe bei ihm gern stimulieren möchte. Aber nun macht es ihm notwendigerweise Angst, die Abwehr dieses Impulses in Frage zu stellen, die ihm in der Kindheit um jeden Preis abverlangt wurde. Er muß also aus innerem Zwang etwas gegen die Gruppe verteidigen, was er vielleicht insgeheim sehr gern ausleben würde. Aber inzwischen ist die Abwehr strukturell verankert. Und er mißversteht das Hilfsangebot der Gruppe als einen bedrohlichen Angriff. Denn er hat ja gelernt, daß er sich nur gut fühlen darf, wenn er das unterdrückt, was die Gruppe jetzt von ihm zu sehen wünscht. Er wähnt, der Gruppe ginge es primär darum, daß er sich schlecht fühlen solle. Und schon gelangt er in einen profunden Zwiespalt. Ein Teil seines Ichs möchte vielleicht gern die Unterdrückung derjenigen Qualität aufgeben, mit der sich die Gruppe bei ihm in Verbindung setzen möchte. Aber sein Über-Ich protestiert. Und so überwiegt seine Furcht, sich hassen zu müssen, wenn er die Verdrängung aufgibt.

Man kann davon ausgehen, daß in unserer Gesellschaft jeder mehr oder minder große Mühe damit hat, sich gut und wertvoll zu fühlen. Es liegt im Wesen unserer repressiven Kultur, daß bereits das Kind von früh an erlebt, nur dann mit sich zufrieden sein zu dürfen, wenn es unablässig hochgespannte Forderungen seiner Umgebung erfüllt. Die moralistische Tradition unserer Gesellschaft hat im Zuge der Deformierung des Christentums zu einem Erziehungssystem geführt, das mit einem Höchstmaß an Scham- und Schuldgefühlen manipuliert. Der Normenkodex, an dem das heranwachsende Kind sein Verhalten messen muß, übersteigt stets in mannigfacher Hinsicht seine realen Möglichkeiten. Das Leistungsprinzip, das sich späterhin vor allem auf das Arbeitsverhalten bezieht, ist in der Kindheit zunächst mehr ein Moralprinzip der Triebunterdrückung. Brav sein, wenig verlangen, sich unterwerfen, nichts kaputtmachen, Wut unterdrücken, keine Sexualität zeigen usw., das sind die unendlich schwer zu verinnerlichenden Verbote, von denen es abhängt, ob sich das Kind gut fühlen darf. Dazu kommen dann allerdings die Forderungen nach positivem Können in den diversen Leistungsfeldern des Sprechens, des Denkens, der Motorik usw. Die fortwährende Angst des Ungenügens, planmäßig wachgehalten durch Eltern, Kindergärtnerinnen, Lehrer, erzeugt eine Labilität des Selbstwertgefühls, die nie mehr während des ganzen späteren Lebens ganz überwunden wird. Das Dilemma besteht nun indessen darin, daß dieses Selbstwertgefühl zum Teil auf Maßstäbe ausgerichtet wird, die sich gerade nicht mit den Prinzipien in Einklang befinden, die in einer Gruppe echte Solidarität zu begründen vermögen.

Aber das pflegt sich in der Regel erst im Verlaufe eines Gruppenprozesses herauszustellen.

Immerhin ahnt bereits jeder, der in eine neue Gruppe hineingeht, daß dieser Kreis sein Selbstwertgefühl auf eine gefährliche Probe stellen wird. Und deshalb betritt jeder eine neue und zumal eine relativ unstrukturierte Gruppe mit Angst, auch wenn er von diesem Kreis weiß, daß dieser eigentlich nichts mehr erstrebt als eine Förderung des Vertrauens, der gegenseitigen Annäherung und der verständnisvollen Kooperation. Viel leichter kann man sich in eine klar vordefinierte Gruppe mit eindeutig bestimmten Rollenverhältnissen einfügen. Für diesen Fall hat man gelernt, wann und wie man gehorchen oder dominieren, abwarten oder werben, schweigen oder reden soll. Aber wie soll man sich nun in den Gruppendiskussionen einer Wohngemeinschaft, einer Eltern-Kinder-Gruppe oder einer Selbsterfahrungsgruppe benehmen? Man kann sich theoretisch vorstellen, daß man sich einfach nur so zeigen sollte, wie man ist. Man sollte die anderen, für die man sich interessiert, offen ansprechen. Man sollte sie einfach danach fragen, was man von ihnen wissen will. Und man sollte ihnen sagen, wie man auf sie gefühlsmäßig reagiert und wie man sich das Verhältnis zu ihnen wünscht. Aber all das kann man nicht. Man wagt nicht, etwas von sich anzubieten. Es steigt die Angst hoch, die Gruppe werde einem beweisen, daß man nichts tauge. Und diese Angst spiegelt genau das große Ausmaß des latenten Selbsthasses wider, den jeder mit sich herumträgt. Was man auch immer den anderen zeigt, wird deren moralische Mißbilligung ernten – so glaubt man. Die Angst entspricht der diffusen Erwartung, daß die übrigen nur darauf lauerten, zu verurteilen. Und dabei steigen in jedem diejenigen Bedenken hoch, die seine durch die Sozialisation und frühere Gruppenerfahrungen geweckten spezifischen Selbstzweifel bezeichnen:

Wie wichtig darf ich mich machen, damit man mich wahrnimmt?

Wie unwichtig muß ich mich machen, um nicht als anspruchsvoll zu gelten?

Wie dicht darf ich an die anderen herangehen, um meine Kontaktwünsche zu befriedigen?
Wie fern muß ich mich halten, um nicht bedrängend zu wirken?

Wie offen darf ich widersprechen, um mich zu behaupten?
Wieviel muß ich widerspruchslos hinnehmen, um nicht aggressiv zu wirken?

Wieviel darf ich von meinem Leiden zeigen, um Hilfe zu bekommen?
Wieviel muß ich von meinem Leiden verschweigen, um die anderen nicht zu sehr zu belasten?

Wieviel darf ich von meinen persönlichen Schwächen zeigen, um die Last des Versteckspielens loszuwerden?
Wieviel muß ich von meinen persönlichen Schwächen verdecken, um mir unerträgliche Blamage zu ersparen?

Wie dumm darf ich sein, um dringend erwünschte Informationen zu bekommen?
Wie klug muß ich sein, um nicht den Anschluß an das intellektuelle Niveau der Gruppe zu verlieren?

Wie locker und spontan darf ich sein, um mich von innerer Spannung zu befreien?
Wie kontrolliert muß ich sein, um nicht zu impulsiv triebhaft zu wirken?

Wieviel darf ich von meinen Einstellungen verraten, damit die anderen mich richtig kennenlernen?
Wieviel muß ich von meinen Einstellungen zurückhalten, um nicht zu provozierend auf andere mit abweichenden Einstellungen zu wirken?

Wie ungleichmäßig darf ich meine Zuwendung verteilen, um mein unterschiedliches Interesse an den einzelnen Gruppenmitgliedern ausdrücken zu können?
Wie gleichmäßig muß ich meine Zuwendung verteilen, um nicht solche Gruppenmitglieder zu enttäuschen, die sich von mir vernachlässigt fühlen könnten?

Darf ich einfach losreden, wenn ich etwas auf dem Herzen habe?
Muß ich abwarten mit Reden, bis ich damit rechnen kann, daß die anderen etwas von mir hören wollen?

Man sieht: Das Bedürfnis nach spontanem Kontakt wird durch vielfältige Befürchtungen blockiert. Und zwar besonders dann, wenn eine Gruppe sich nicht schnell auf irgendwelche Außenaktivitäten hin organisiert, sondern sich ausdrücklich nach innen hinein entwickeln will. Dies gilt also für Selbsterfahrungsgruppen, spontane Experimentiergruppen der verschiedensten Art und viele Wohngemeinschaften. Man will miteinander warm werden und aufeinander zugehen. Aber dieser Wunsch wird durch tiefe Befürchtungen irritiert. Jeder möchte erst sichergehen, ob er es richtig macht. Und das verrät, daß alle einander mißtrauen. Man unterstellt, von den anderen primär zensiert und bei Fehlverhalten bestraft und abgewiesen zu werden. Die anfängliche Idee, sich den anderen einfach offenherzig zu nähern und von diesen in der gleichen Weise mit offenen Armen empfangen zu werden, verwandelt sich in eine komplett andere Vorstellung. Nämlich in die Erwartung einer furchtbaren Prüfungssituation, in der man bestehen oder durchfallen werde. Und wenn man sich nicht unglaublich vorsieht und die Erwartungen der anderen präzise erfüllt, werde man mit Gewißheit durchfallen. Diese unbewußte und unbeabsichtigte Veränderung der Einstellung unter dem Druck der unklaren Gruppensituation ist eben tief bezeichnend für die Hypothek der latenten Selbstwertkonflikte, die ein jeder in eine solche Situation mit hineinträgt.

Allerdings ergeht es allen in dieser Situation ähnlich. Jeder einzelne überträgt seine lauernde Selbstkritik in projektiver Weise auf die anderen. Der übrige Kreis, so glaubt der einzelne, werde über ihn genau mit den Anklagen herfallen, die er aus dem eigenen Inneren als Stimme seines Über-Ichs seit langem kennt. Und daraus wächst die Versuchung, die gleichen Vorwürfe den anderen zu machen, von denen er sie angstvoll erwartet. Da, wo er besonders fürchtet, sich falsch zu benehmen, wird er auch besonders sensibel auf Partner reagieren, die genau das tun, was er selbst um jeden Preis zu vermeiden trachtet. Die Angst des vermeintlichen Prüflings vor den strengen Zensoren ist die Kehrseite der Bereitschaft, sich selbst als Prüfer zu benehmen und die anderen zu bestrafen. Diese bereitliegende Umkehrreaktion macht das Gruppenproblem erst eigentlich schwerwiegend. Ohne sie ließe sich ja die bloße Angst vor Fremdvorwürfen schließlich als ein pures Mißverständnis entlarven. Es entsteht nun in dieser Einleitungsphase vielfach ein allgemeines ängstliches Abwarten. Jeder möchte erst aus der Gruppe heraus eine Garantie erhalten, daß man mit ihm nicht übel umspringen wird. Man erwartet also von den anderen eine Antwort auf eine Frage, die man ihnen noch gar nicht gestellt hat. Sie sollen einem irgendwie ihre Vertrauenswürdigkeit bestätigen, noch bevor man ihnen überhaupt signalisiert hat, daß man sich ihnen anvertrauen möchte.

Lösungsversuch 1: Solidarität als Vorschrift

Beispiel: Gruppenvertrauen läßt sich nicht erzwingen

Die anfänglichen Ängste pflegen sich dann zu verschlimmern, wenn man in der Gruppe etwas anstellt, um den Prozeß des Zusammenwachsens gewaltsam zu beschleunigen. Man beschließt etwa, einen Verein zu gründen oder zu irgendeinem festen Termin in eine gemeinsame Wohnung zu ziehen und verpflichtet sich damit gewissermaßen, das noch nicht vorhandene Gruppenvertrauen durch diese äußere Maßnahme herbeizuführen. Aber das kann leicht danebengehen.

Ein Beispiel:
Sieben junge Leute wollen eine Wohngemeinschaft gründen, drei Paare und ein einzelner. Die Paare befinden sich alle noch etwa im gleichen Anfangsstadium der Ehe, der siebente will sich vorläufig noch nicht mit einer Frau zusammentun. Wenn er eine passende Frau finden sollte, wäre die Gruppe bereit, auch diese noch aufzunehmen. Man kennt sich noch nicht genauer. Einige sind über das gemeinsame Pädagogikstudium miteinander in Kontakt gekommen. Weitere Berührungspunkte waren gemeinsame linke Protestaktionen. Die Gründung einer Wohngemeinschaft ist im Verlaufe von drei Besprechungen des gesamten Krei-

ses beschlossen worden. Man hat herausgefunden, daß alle unzufrieden in der Isolation sind, in der sie sich jetzt teils einzeln, teils paarweise befinden. Einer hat plötzlich den Vorschlag gemacht, zusammenzuziehen. Das weitere ging sehr schnell. Beim Bier verbreitete sich eine unternehmungslustige Stimmung. Niemand sah nach kurzer Zeit noch irgendein schwerwiegendes Hindernis.

Man hat Glück. Man macht ein passendes Haus mit erschwinglicher Miete ausfindig. In einem halben Jahr wird man einziehen können. In den folgenden Monaten sitzt man gelegentlich planend und organisierend beieinander. Man redet eigentlich nur noch über die technischen Einzelheiten. Es kommt zur Übereinstimmung darüber, daß man für alle in der Gemeinschaft gleiche Voraussetzungen schaffen will. Es soll keine halbe Sache werden. Es kommt zu der Verabredung, daß man das Geld von vornherein zusammenlegen und aus einer gemeinsamen Kasse wirtschaften wolle. Jeder soll ein festgelegtes Taschengeld bekommen. Über allgemeine Anschaffungen soll nur gemeinsam entschieden werden. Man will auch die drei alten Autos, die man zur Verfügung hat, als Gruppeneigentum ansehen. Diese wirtschaftlichen und organisatorischen Fragen werden bis aufs I-Tüpfelchen durchdiskutiert und geklärt. Am Ende hat man einen perfekten detaillierten Plan. Auch über gewisse Umbaumaßnahmen in dem Haus wird man sich einig. Der Vertrag ist unterzeichnet. Alle äußeren Umstände sind genau bedacht.

Aber innerhalb der nächsten Monate stellt man beunruhigt fest, daß dieser oder jener eigentümlich unlustig scheint. Es kommen Einwände, die sich auf technische Details beziehen. Aber man spürt: dahinter steckt mehr. Irgendeine unklare Spannung verbreitet sich. Man fühlt sich miteinander keineswegs mehr so wohl, wie man es am Anfang erlebt hatte. In der Tat kennt man sich ja auch noch kaum. Und bei näherer Berührung sieht man, daß allerhand Vorbehalte und Reizbarkeiten zwischen verschiedenen Gruppenmitgliedern eine Rolle spielen. Aber niemand hat den Mut, die Konflikte offen anzusprechen. Man glaubt allgemein, bereits unter einem definitiven Solidaritätszwang zu stehen. Man hat Angst, einander offen zu kritisieren, um nicht den labilen Konsensus zu stören. In Wirklichkeit wäre es sehr notwendig und vielleicht auch noch aussichtsreich, an die aufgetauchten Probleme mutig heranzugehen. Denn es gibt eigentlich keine Anhaltspunkte dafür, daß die trennenden Momente unüberwindlich wären. Aber es hat sich eben in dem Kreis bereits so etwas wie eine Ideologie herausgebildet, nur noch *ein solidarisches Verhalten zu praktizieren. Dies ist nun die typische Pseudo-Solidarität, zu der man sich gewissermaßen selbst erpreßt hat durch ein bestimmtes Außenziel. Die Scheingemeinschaft ist angstbesetzt und von latenter Aggression erfüllt. Die zentrifugalen Kräfte wachsen an. Trotzdem muß sich jeder als Verräter bedroht und gebrandmarkt fühlen, der jetzt noch aussprechen würde, wie unzufrieden er mit der Situation ist.*

Zur Kanalisierung der negativen Gefühle dienen nun fast ausschließlich interne Gespräche innerhalb der einzelnen Paare. In diesen Fraktionen fängt man plötzlich an zu bedauern, daß man bald kein Eigentum mehr haben wird. Man genießt es, noch über private Mittel zu verfügen und einen relativ unbeschränkten Spielraum zur Lebensgestaltung zu haben. Man denkt: Wie schön ist es, daß wir noch nicht unter Gruppenzwang stehen, daß wir noch tun und lassen können, was wir wollen, und daß wir auch bei unseren Anschaffungen nicht behindert sind. Die Angst wächst, daß man sich demnächst in alles mögliche werde hineinreden lassen müssen. Plötzlich erscheint die Überorganisation des Zusammenlebens bedenklich und furchterregend. Wechselseitig phantasiert man innerhalb der kleinen Teilgruppen, daß man eigentlich einem Oktroy der anderen erlegen sei. Besonders ein Paar gerät in den Verdacht, eine Führungsrolle übernehmen zu wollen. Die anderen bilden ein Unterlegenheitsgefühl aus. Sie erwarten, speziell von diesem einen Paar überwacht und streng zensiert zu werden. Nun entwickelt sich eine bestimmte gruppendynamische Konstellation: Die sich unterlegen fühlenden fünf lassen mehr und mehr in ihrem Eifer bei den Vorbereitungsarbeiten nach. Das restliche Paar fühlt sich motiviert, mit um so größerer Aktivität in die Bresche zu springen. Es meint, es müsse die übrigen mitreißen und stützen. Dadurch verstärkt sich die untergründige Spannung immer mehr. Aber nun ist schon der Zeitpunkt längst verpaßt, um das Mißtrauen und die aufgestaute Aggression noch gemeinsam fruchtbar verarbeiten zu können. Eines der beiden Paare, die bereits insgeheim einen defensiven Rückzug angetreten hatten, spielt eines Tages einen an sich gar nicht sehr brisant erscheinenden politischen Meinungsunterschied hoch und erklärt plötzlich, aus dem Projekt aussteigen zu wollen. Ohne vollständige politische Einigkeit habe für sie die Wohngemeinschaft gar keinen Sinn, erklären die beiden. Auch das andere Paar, das sich schon eine Weile eher zögernd verhalten hatte, findet bald einen Vorwand, sich zurückzuziehen. Hier lautet das Argument, daß man das Haus zu teuer finde und daß man im Vergleich zu den übrigen zu wenig finanziell beisteuern könne. Das würde doch zu Abhängigkeitsproblemen führen, so wird argumentiert, und denen wolle man von vornherein aus dem Wege gehen.

Damit platzt das ganze Vorhaben. Es gibt noch einen Augenblick lang Streit und Mißstimmung. Aber dann – paradoxerweise – fühlt man sich allgemein entlastet. Es stellt sich heraus: Alle waren längst unsicher geworden, ob sie den hochgesteckten Forderungen des Kollektiv-Systems gewachsen gewesen wären. Vor allem aber entdeckt man, daß man miteinander überhaupt noch keine Gruppe gebildet hatte. Das organisatorische Programm hatte der inneren Entwicklung des Kreises weit vorausgegriffen. Der Trick, hinter sich die Brücken einfach abzubrechen und ein Haus zu mieten, um sich zur Bildung einer Gemeinschaft zu zwingen, hat sich als eine fatale Selbsttäuschung erwiesen. Zur Schonung des Selbstwertgefühls bilden sich die einzelnen bzw. die Paare jeweils ein: Man selbst wäre schon fähig gewesen, das Unternehmen durchzuhalten, aber die anderen...

Es ist nicht untypisch, daß man eine gruppendynamische Krise in einem solchen Fall mit einer ideologisch politischen Differenz rationalisiert bzw. daß man eine solche Kontroverse künstlich aufbläht, um eine affektive Spannung zu entladen. Wenn man fürchten muß, durch eine Sprengung der Gruppe moralische Ächtung zu erleiden, ist es ein oft bemühter Trick des Selbstschutzes, nach vorn in die Rolle des Anklägers zu flüchten. In Gruppen mit politischem Anspruch verbinden sich die Selbstwertgefühle der einzelnen automatisch sehr stark mit dem Maß der politischen Überzeugungstreue. Wenn man um der Reinheit der politischen Haltung willen Kompromisse vermeidet und eine Gruppe verläßt, der man in irgendeinem Punkt politische Uneindeutigkeit vorwerfen kann, dann ist man moralisch unangreifbar. Dann sind nicht diejenigen, welche die Gruppe sprengen, die Verräter. Sondern der moralische Vorwurf wird gegen die übrigen gewendet, die als politisch Unwürdige im Stich gelassen zu werden verdienen. Freilich können sachliche Differenzen auch einmal so gelagert sein, daß eine solche Beurteilung zutreffen mag.

Lösungsversuch 2: Vermeidungsstrategie

Versteckspiel und Enthüllung. Flucht schützt nicht vor «Strafe». Beispiele

Das Beispiel sollte, wie gesagt, vornehmlich die Gefahr verdeutlichen, daß ein Kreis das noch fehlende Gruppenvertrauen durch äußeren Druck zu erzwingen versucht. Dies ist zwar keine Rarität, aber nicht der Regelfall. Vielfach sieht man eher, daß Gruppen längere Zeit kaum einen Schritt nach vorn tun, weil alle Mitglieder sehr vorsichtig taktieren und Konflikte durch eine Vermeidungsstrategie hintenan zu halten versuchen. Jeder bemüht sich, speziell die Aspekte zu verbergen, die er bei sich am wenigsten leiden kann und mit denen er in der Gruppe am ehesten Anstoß zu erregen fürchtet. In Anknüpfung an die oben genannten Kategorien würde das etwa heißen:

Ich mache nur wenig auf mich aufmerksam, um nicht für anspruchsvoll zu gelten,

ich dränge mich an die anderen nicht heran, damit sie mich nicht als erdrückend empfinden,

ich widerspreche wenig, damit ich nicht aggressiv wirke,

ich lamentiere nicht, um nicht als belastend zu erscheinen,

ich entblöße mich möglichst wenig, um nicht blamiert zu werden,

ich sage nur dann etwas, wenn es zu dem intellektuellen Niveau der Gruppe paßt,

ich reagiere nicht impulsiv, um nicht als «asozial» empfunden zu werden,

ich verrate nur soviel von meinen Einstellungen, was nicht provozierend wirkt,

ich spreche nach Möglichkeit alle anderen gleich häufig an, damit sich keiner von mir vernachlässigt fühlt,

ich bleibe so lange stumm, bis ich sicher bin, daß die anderen etwas von mir hören wollen.

Mit Stummbleiben kann man eine generelle Prävention üben, die gleichzeitig im Sinne der meisten Spezial-Präventionen liegt. So kommt das geläufige Phänomen des «Gruppenschweigens» zustande, das man bei allen Selbsterfahrungsgruppen mehr oder minder ausgeprägt findet. Man kommt zusammen, um intensiver, persönlicher und offener miteinander zu reden, als es in den üblichen vorstrukturierten Rollensystemen möglich ist. Und statt dessen schweigt man, eben weil die egozentrischen Befürchtungen in der «Stunde der Wahrheit» stärker sind als das Kommunikationsverlangen, obwohl man von diesem ganz und gar bestimmt zu sein glaubt. So verfallen Gruppen mitunter in viertelstündiges, ja halbstündiges Schweigen. Dieses Schweigen schärft zwar auch die Fähigkeit, die anderen genau zu beobachten und aus feinsten Zeichen der Mimik und Gestik Schlüsse zu ziehen. Im Schweigen kann man durchaus Signale austauschen. Ob man wegblickt, wenn man angeblickt wird oder den Blick aufnimmt, kann für den Partner ein lesbares Zeichen sein. Man kann sich auch im Schweigen aktiv der Gruppe oder einzelnen zuwenden, man kann sich ängstlich in sich verkriechen, man kann aber auch versuchen, den Druck der Situation zu verleugnen und im Schweigen «abzuschalten». Das Schweigen kann die Gruppe zusammenwachsen und einen gemeinsamen Anlauf nehmen lassen für ein intimes, wichtiges Gespräch. Bei regelmäßiger Wiederholung langer Schweigeperioden überwiegt indessen meist die Komponente der Angst, des Mißtrauens, der Hilflosigkeit. Man möchte gern sprechen, aber man kann nicht. Und jeder meint, die Gefahr des Sich-Exponierens werde immer schlimmer, je länger die vorangehende Schweigeperiode andauere.

Die irrationale Vermeidungsstrategie erreicht ihr Ziel nie. Der wunde Punkt, den man einer Gruppe krampfhaft verbergen will, kommt am Ende doch immer heraus. Und die Kränkung, die man sich durch die jeweilige Vorsichtshaltung ersparen wollte, wird eigentlich eher verschlimmert. Je länger man ein bestimmtes Problem vor der Gruppe versteckt bzw. durch ein Gegenverhalten qualitativ umzukehren versucht, um so mehr gerät man unter Druck. Die Gruppe spürt mit der Zeit das Unechte des Verhaltens. Und so wird sich die Aufdeckung eines Tages mit um so größerer Heftigkeit und Aggressivität abspielen, als wenn das jeweilige Gruppenmitglied sich früher preisgegeben hätte.

Beispiele:
1. Ein junger Mann stellt sich beim Zusammentreten einer Gruppe wie ein kleiner Junge dar, der zwar allerhand Hemmungen hat, aber scheinbar ziemlich autark ist. «Ich will nicht viel von den anderen, und die anderen sollen auch nicht viel von mir wollen. Ich bin zufrieden, wenn man mich in Ruhe läßt.» Und er beschwert sich darüber, daß die Eltern, die Frauen, die Geschwister immer viele Ansprüche an ihn gehabt hät-

ten. Jetzt möchte er endlich nur noch das tun, was ihm selbst gefällt. Und er scheint von der Gruppe vor allem zu wünschen, daß sie ihn einfach so erträgt, wie er ist. Ihm genügt es, wenn die Gruppe eigentlich nur da ist, sozusagen als ein Hintergrund, der ihm Sicherheit gibt, damit er sich nicht mehr so allein fühlen muß.

Später kommt heraus: Der junge Mann hat enorme Ansprüche an die Zuwendung der Gruppe. Er beschäftigt die anderen in höchstem Maße mit seinen Problemen und verlangt viel mehr, als er gibt. Unversehens ist aus dem kleinen anspruchslosen Wesen eine große dominierende Figur geworden, von der die übrigen ausgebeutet und verschlungen zu werden fürchten. Die Gruppe weiß kaum noch, wie sie sich dieses gierigen Riesen erwehren kann. Schließlich tun sich alle übrigen zusammen und fallen über ihn ziemlich brutal her. Und er erntet genau die Vorwürfe, die er von Anfang an erwartete und denen er um jeden Preis durch sein Gegenverhalten entgehen wollte.

2. Eine sich betont unauffällig kleidende Studentin beteiligt sich zwar artig an den Gruppengesprächen, aber nur, wenn sie den anderen bei der Klärung ihrer Probleme helfen kann. Sie selbst, so scheint es, benötigt kaum Beachtung. Sie verbreitet den Eindruck absoluter Freiheit von Neid und Eifersucht. Ohne jegliche Rivalität, so scheint es, sieht sie mit an, wie andere der Gruppe für sich werben und umworben werden. Sie duldet dieses Spiel wie eine Großmutter, die den anderen etwas gönnen kann, was sie reichlich genossen hat. Aber mit der Zeit wird sie doch gespannter und gereizter. Die Gruppe fühlt sich mit ihr unbehaglicher. Die Fragen, die sie bislang mit scheinbarer Gelassenheit quittiert hatte, durchdringen schließlich ihren Abwehrpanzer.
Ergebnis:

Sie ist voll mit Vorwürfen darüber angestaut, daß man sie nicht als begehrenswerte Frau sieht. Sie wagt indessen zunächst immer noch nicht, diese Vorwürfe offen zu äußern: Die Männer der Gruppe hätten ja recht, wenn sie die anderen Frauen der Gruppe bevorzugten. Sie finde diese ja auch viel netter und attraktiver als sich selbst. Natürlich ist das nur maskierte Eifersucht. Und der pseudologische Heroismus, mit dem sie die Aschenputtel-Rolle auf sich nehmen will, erweckt bei der Gruppe Schuldgefühle, die sich schließlich in Zorn verwandeln. Man fühlt sich jetzt eigentlich zu Zuneigungsbeweisen erpreßt, und dagegen wehrt man sich. So hat das Mädchen dadurch, daß sie ihre großen Ansprüche auf Zuwendung lange Zeit ängstlich unterdrückt hat, um eine

Enttäuschung zu vermeiden, nun die schlimmste Quittung erhalten: An Stelle einer Entschädigung für ihre «Anspruchslosigkeit» erfährt sie bei Aufdeckung ihrer Strategie zunächst erst recht scharfe Kritik.

3. Ein junges Mädchen möchte eigentlich aktiv auf die anderen Gruppenmitglieder, vor allem auf die Männer, zugehen, die ihr gefallen. Sie möchte sich als starke, selbstsichere Frau darstellen, die in Beziehungen Initiative entfaltet und Verantwortung übernimmt. Aber gerade das wagt sie nicht, um nicht als penetrant zu gelten. Keinesfalls möchte sie als aufdringlich abgewiesen werden. Und sie hat auch das Vorurteil verinnerlicht, als Frau nicht den ersten Schritt gegenüber Männern tun zu dürfen. So verrät sie ihr Interesse nur mit den üblichen Kautelen weiblicher Schüchternheit. Mal ein verschämter Blick, mal eine verbale Andeutung.

Prompt erhält sie in der Gruppe die Rolle des kleinen passiven Mädchens. Alle finden sie süß und liebenswert, aber eben wie ein Kind, mit dem man nett spielen kann. Manche Männer phantasieren sie als die ideale Geliebte im Sinne des klassischen Rollenstereotyps: als die unendlich hingebungsvolle Partnerin, die den starken Mann bewundert und unbestritten führen läßt. «Sei lieb und halt den Mund!» ist die Erwartung der übrigen Gruppenmitglieder, die das Mädchen züchtet, obwohl sie keine Kränkung schlimmer empfindet als diese Resonanz. Sie ist wütend über ihre Unfähigkeit, mit den aktiveren Frauen der Gruppe zu konkurrieren. Und die huldvoll herablassende Zuwendung der Männer bedeutet für sie die denkbar schlimmste Demütigung. Diese Bestätigung von Minderwertigkeit ist es, um die sie herumkommen wollte, die sie dennoch ausgerechnet provoziert hat.

4. Ein Angestellter fällt in der Gruppe dadurch auf, daß er besonders viel einsteckt, ohne sich zu wehren. Protest scheint nicht seine Sache zu sein, weder in der Gruppe noch außerhalb. Seine «Angepaßtheit» wird manchmal als bequem empfunden. Ihm kann man viel sagen, ohne daß man von ihm eine aggressive Reaktion erwarten muß. Aber schließlich erweckt er mit seiner konformistischen Haltung auch Ärger. Man beanstandet, daß er sich zu wenig engagiere. Man kommt nämlich darauf, daß seine besondere «Nehmerqualität» mit einer generellen Gefühlszurückhaltung einhergeht. Er nehme, so wirft man ihm vor, weder im positiven noch im negativen Sinne richtig Anteil. Er sei eigentlich nur ein «Pseudomitglied» der Gruppe. Seine Kunst, Kritik willig zu akzeptieren, bringt man also mit einer Taktik der Unverbindlichkeit und des

Desinteresses in Verbindung. Die Gruppe entrüstet sich. Er spiele hier einfach alles glatt mit, wie in irgendeinem Job. Aber er bringe der Gruppe nichts Positives. Er schmarotze eigentlich nur von der Aktivität der anderen. So komme er zwar elegant über die Runden, aber man habe nichts von ihm.

Als man schließlich zum konzentrischen Angriff auf ihn ansetzt, gerät er in Panik. Und plötzlich verändert sich sein Benehmen von Grund auf: Er fällt über die Gruppe mit offenbar lange aufgestauten Vorwürfen her. Erbittert schlägt er um sich: Wenn ihr schon so undankbar dafür seid, daß ich mich hier immer so angepaßt verhalten habe, dann könnt ihr es auch anders haben! Der Druck, unter dem er seine bislang perfektionistisch demonstrierte Contenance aufrechterhalten hatte, wird nun in seiner überschießenden Schimpferei sichtbar. Hatte er bislang fast nur «ja» gesagt, vernimmt man von ihm auf einmal nur noch pure Negation. Dabei wird schnell sichtbar, daß er gar nicht mehr richtig weiß, wer er eigentlich ist und wonach er sich richten soll. Seine ritualisierte Höflichkeit und Anpassung hatten ihm Halt gegeben. Jetzt muß er völlig neu herausfinden, wie er sich eigentlich selbst verstehen und wie er sich den anderen darstellen kann. Der Zusammenbruch seiner inneren Sicherheit wäre viel weniger schlimm ausgefallen, hätte er sein Problem von vornherein offener zeigen können.

5. Eine Beamtin erringt in der Gruppe bald das Ansehen, daß sie wohl die Stärkste von allen sei. Sie macht in ihrem Beruf Karriere, zieht nebenher drei Kinder groß, um die sie sich offenbar auch noch intensiv und erfolgreich kümmert, und sie wird scheinbar obendrein mit einem Beinleiden spielend fertig, das sie objektiv ganz erheblich behindert. In der Gruppe tritt sie immer nur forsch und mutig auf. Die anderen Frauen bewundern sie anfangs nahezu uneingeschränkt, und die Männer fürchten sie, weil sie sie für überlegen halten. Als sie nach einer Weile einmal andeutet, daß sie in einer Schwierigkeit steckt und damit nicht auf Anhieb fertig wird, geht niemand in der Gruppe darauf ernsthaft ein. Zu sehr ist man daran gewöhnt, daß sie mit allen Problemen fabelhaft fertig wird. Also soll sie dies auch jetzt zuwege bringen. Man ärgert sich über ihren kleinen Appell. Man glaubt, sie kokettiere. Sie wolle wahrscheinlich nur demonstrieren, daß sie auch einmal leiden könne. Aber in der Folge verfällt die Verdächtigte tatsächlich in eine schlimme Verzweiflung. Ihr ist eine Beziehung schiefgegangen, an die sie sich geklammert hatte. Und nun erlebt die Gruppe plötzlich, wie diese scheinbar so starke Frau völlig dekompensiert. All ihre großartige Widerstandskraft scheint gebrochen. Sie verfällt in einen panischen Zustand. Und man fürchtet, daß sie sich etwas antun könnte. Aber erst, als sie bereits sehr weit in ihre Depression hineingerutscht ist, gibt ihr die Gruppe Unterstützung. Lange überwog die Meinung, sie spiele nur Theater, zumindest übertreibe sie. So sehr hatte man sie bereits auf die Rolle der Starken festgelegt, die alles ertragen könne. Und die man in der Gruppe auch angstfrei angreifen könne, ohne bei ihr Schaden anzurichten.

Die Frau sucht im Grunde die Gemeinschaft, um sich mit deren Hilfe dazu zu erziehen, ihr Kraftprotzentum aufzugeben. Sie möchte sich mit ihrem Elend auseinandersetzen und braucht Partner, die ihr beistehen, wenn sie ihre Nöte offenlegt. Im Grunde ist sie die einsamste der ganzen Gruppe. Dennoch hat sie auch hier erst ihr Versteckspiel fortgesetzt, solange es ging. Dazu hat ihr ihr eingefleischtes Mißtrauen verholfen: So wie sie sich insgeheim selbst für ihre «Labilität» verurteilte, traute sie auch der Gruppe zu, diese werde sie als kläglich Hilfesuchende verabscheuen. Aber eben dies hat sie nun – zumindest vorübergehend – gegen ihren Willen zustande gebracht.

6. Eine junge Frau leidet an besonderer Schamhaftigkeit. Sie zwingt sich, in eine Gruppe zu gehen. Hier, so glaubt sie, werde sie Menschen finden, die ihre Schamhaftigkeit nicht sadistisch ausnützen würden, um sie zu blamieren. Sie weiß verstandesmäßig, daß auch die anderen in der Gruppe spezielle Schwierigkeiten haben und daß man also gemeinsam auf das Ziel zusteuern sollte, möglichst früh und intensiv miteinander in Kontakt zu treten. Dennoch macht sie kaum den Mund auf. Ihre extreme Zurückhaltung beunruhigt die anderen. Aber wer sich auch an sie wendet, wird von ihr prompt mit einer so patzigen Wendung abgespeist, daß er sie gleich wieder in Ruhe läßt. Lieber verletzt sie die anderen, als daß sie sich enthüllt. Sie findet sich selbst idiotisch: Nun wollen mir andere helfen, daß ich zum Reden komme, was ich hier ja doch lernen will. Und ich mache nur die Brücken selbst kaputt, die ich eigentlich betreten will.

Erst kann sie die anderen von sich abhalten, indem sie diese verschreckt. Aber schließlich wittern die übrigen, daß hinter der Fassade der Unnahbarkeit und Widerborstigkeit wahrscheinlich eine besondere Verletzlichkeit vorhanden ist. Und dadurch wächst in der Umgebung die Lust, genau in diese verletzliche Stelle hineinzustechen. Man ahnt die Ohnmacht und die hilflose Abhängigkeit, die man sich zunutze machen kann. Da in einer solchen Gruppe stets mehrere an ähnlichen Insuffizienzgefühlen leiden, findet sich immer der eine oder andere, der mit einem gewissen Sadismus ein Gruppenmitglied extra in Verlegenheit bringt, das seine Angst hinter gekünstelter Schroffheit verbergen will. Eben dies widerfährt nun schließlich dieser jungen Frau. Man zerrt bei ihr gewaltsam ans Licht, was sie besser bald von sich aus vorgezeigt hätte. Und dies vollzieht sich nun unter der hochgespannten Aufmerksamkeit aller in einer besonders kränkenden Weise.

7. Eine Hausfrau fühlt sich den meisten übrigen Gruppenmitgliedern unterlegen, weil sie sich für weniger belesen hält und alle Berufstätigen ohnehin beneidet. Zudem glaubt sie, daß sie sich nicht gut ausdrükken könne. In Wirklichkeit versteht sie es viel besser als viele andere der Gruppe, das Wesentliche der diskutierten Probleme herauszufühlen und anzusprechen. Infolge einer außergewöhnlichen Sensibilität weiß sie immer haargenau, was gerade in der Gruppe passiert. Und wenn sie sich dazu äußert, dann klingt das zwar formal mitunter etwas naiv und ungeschliffen. Inhaltlich trifft es meist präzise den entscheidenden Punkt. Die anderen müssen einen Augenblick den Atem anhalten und sich insgeheim eingestehen, daß ihnen die Bemerkungen dieser Hausfrau nahegehen. Und daß dadurch meist der Schleier von einem Problem fortgezogen wird, das man vorher nicht genau verstehen konnte. Trotzdem macht die Hausfrau von ihrer Fähigkeit viel zu wenig Gebrauch. Sie schluckt oft herunter, was sie sagen will. Sie läßt meist den vermeintlich Gescheiteren und den rhetorisch Gewandteren den Vortritt, obwohl sie merkt, daß diese oft nur an den Problemen vorbeireden bzw. die Probleme intellektualisierend zudecken. Sie läßt sich auch gelegentlich widerspruchslos einschüchtern, wenn andere, die sich von ihren treffenden Bemerkungen demaskiert fühlen, sie in die Ecke zu argumentieren versuchen.

Wider ihr besseres Wissen und wider ihr eigentliches Bedürfnis spielt sie in der Gruppe also allzu lange den Part der vermeintlichen dümmlichen Naiven, die den anscheinend Klügeren das Feld überläßt. Schließlich verursacht ihr die selbst auferlegte Zurückhaltung so viel Spannung, daß sie eine Weile ihre Fähigkeit gar nicht mehr richtig einsetzen kann. Sie platzt dann gelegentlich mit überspitzten oder diffusen Bemerkungen heraus, weil sie zu sehr unter innerem Druck steht. Würde sie sich eher getrauen, das zu sagen, was sie fühlt, könnte sie sich leichter ausdrücken und auch der Gruppe besser voranhelfen. Die anerzogene

Angst, sich nur einzumischen, wenn das klug genug ist, was man sagen kann, wirkt sich also ebenso nachteilig auf sie selbst wie auf den Gruppenprozeß im ganzen aus.

8. *Ein Fachschüler, der aus einer Arbeiterfamilie stammt, verspürt häufiger in der Gruppe das Bedürfnis, seine aggressiven Gefühle, aber auch seine sexuellen Wünsche einfach spontan vorzuzeigen. Er greift bald einmal ein anderes Gruppenmitglied an. Und er macht ein paarmal Ansätze, seine sexuellen Interessen offen zu zeigen. Da merkt er, daß andere schockiert reagieren. Er müßte diesen Widerstand an sich nicht so ernst nehmen. Er könnte sich sagen, daß die anderen vielleicht etwas ängstlicher sind und erst lernen müssen, seine offene Art zu verarbeiten. Aber er fürchtet, als «unmoralisch» und «primitiv» verurteilt zu werden und kämpft fortan dagegen an, in den Gruppengesprächen seine Impulsivität zu verraten. Das bekommt ihm aber nicht gut. Er kann seine Bereitschaft zu triebhaften Reaktionsweisen zwar in den Gruppengesprächen einigermaßen verdecken. Aber außerhalb der Gruppenzusammenkünfte versucht er, mit verschiedenen Teilnehmern Sauftouren zu arrangieren. Und er bemüht sich um sexuelle Beziehungen erst mit einer, dann mit einer anderen Partnerin aus der Gruppe. Und die übrige Gruppe hat den Eindruck, daß er diese Aktivitäten am liebsten verheimliche, also ausdrücklich hinter ihrem Rücken inszeniere.*

Er gerät also präzise in die Rolle hinein, die er am allermeisten fürchtet: Er macht sich zum «Asozialen» der Gruppe, weil er es vorzeitig aufgibt, sich innerhalb der Gruppe offen mit seinem impulsiven Temperament darzustellen. Er unterwirft sich einer vermeintlichen Gruppennorm – die er durch das Verheimlichen seiner triebhaften Tendenzen erst selbst zu fixieren beiträgt. Denn so wie er sich schließlich benimmt, entwertet er vor der Gruppe seine Impulsivität und bestärkt diejenigen, die ihre eigene Ängstlichkeit gern moralisch rationalisieren.

9. *In einer Selbsterfahrungsgruppe stellt ein Student fest, daß er anscheinend der einzige ist, der besondere Probleme im religiösen Bereich hat, während die anderen Gruppenmitglieder mehr oder minder indifferent eingestellt sind. Er ist streng religiös erzogen worden, aber jetzt plagen ihn erhebliche Glaubenszweifel. Es wäre ihm an sich sehr wichtig, über dieses Problem zu sprechen. Aber er fürchtet, daß man ihn gleich ablehnen würde, obwohl er eigentlich keine Anzeichen dafür hat, daß die Gruppe sich intolerant benimmt. Er verschweigt sein Problem zunächst, aber dadurch vermehrt sich seine innere Spannung gegenüber*

der Gruppe. Der Absprung erscheint ihm allmählich immer schwieriger und die Gefahr immer größer, von der Gruppe wegen seines Sonderproblems abgelehnt zu werden. Je länger er zögert, um so mehr neigt er dazu, seinen inneren Zwiespalt auf die Gruppe zu projizieren. Den anderen unterstellt er, sie würden seine Glaubenszweifel rücksichtslos zu verstärken versuchen. Diese mißtrauische Erwartung läßt in ihm den Wunsch entstehen, sich als absolut unerschütterlicher Glaubensstreiter aufzuführen. Und das tut er dann schließlich auch.

Er kann also nicht mehr sein eigentliches Problem darstellen. Sondern in einer nahezu provozierenden Weise baut er sich als Glaubensfanatiker auf und wähnt sich bereits als Märtyrer von der Gruppe verunglimpft und verbannt zu werden. Die Gruppe fühlt sich von ihm als ungläubig und gottlos angegriffen und zwingt ihn, eine vermeintliche Glaubenssicherheit zu demonstrieren, die absolut unecht ist. Aber er selbst hat diese Konstellation herbeigeführt. Und so macht er es sich eine Weile hindurch unmöglich, sein eigentliches Problem darzulegen und zu bearbeiten.

10. Ein Angestellter strahlt in einer Gruppe nach allen Seiten hin Kraft und Optimismus aus. Er läßt die anderen glauben, er könne alle zugleich väterlich und mütterlich stärken, ermutigen und beschützen. Der Eindruck, daß er jederzeit für alle Kummerbeladenen der Gruppe ein offenes, hilfreiches Herz habe, verschafft ihm mit der Zeit allerseits die größten Erwartungen. Dabei können die anderen leicht seinen zwanghaften Gerechtigkeitsfanatismus ausnützen. Offensichtlich will er alle gleichermaßen erlösen. Es darf niemand geben, der nicht unter seiner Fürsorge gedeiht oder ihm gar vorrechnen würde, von ihm zu wenig bekommen zu haben. Man kann ihn an diesem Punkt gut erpressen, denn der Vorwurf, jemanden zu vernachlässigen, wäre ihm unerträglich.

In Wirklichkeit hat er sehr wohl spezifische Sympathien und Antipathien. Er möchte gern zu einzelnen eine engere Verbindung aufnehmen und sich anderen entziehen. Aber das kann er nicht, weil er in der Rolle der allseits gleich fürsorglichen Elternfigur gefangengehalten wird. Das überfordert ihn natürlich bald, zumal der ganze Kreis seine Ansprüche an ihn immer höher schraubt. Schließlich schlägt das Verhältnis um: Die anderen Gruppenmitglieder ärgern sich über die kindliche Hörigkeit, in die sie sich durch ihn versetzt glauben. Sie sind um so mehr dadurch frustriert, daß er ihre Riesenerwartungen keineswegs erfüllt. Und nun solidarisieren sie sich in einer Protestbewegung gegen ihn. Sie analysieren ihn unverblümt als eitel und selbstsüchtig. Er sei gar nicht fähig, sich wirklich für einen Menschen tiefer zu interessieren.

Das große Opfer, das er gebracht zu haben glaubt, erweist sich also als nutzlos. Der Verzicht darauf, sich in der Gruppe mit einzelnen näher einzulassen, bringt ihn am Ende in eine Situation, daß sich alle von ihm mißtrauisch zurückziehen. Hätte er den Mut gehabt, sein Bedürfnis nach differenzierten Beziehungen kundzutun, hätte er es viel leichter gehabt, sich in die Gruppe zu integrieren.

Alle genannten Beispiele sollten versuchen, einen bestimmten Vorgang zu verdeutlichen: Ein Individuum nimmt sich selbst eine Eigenart übel. Es hadert mit seinen Größenträumen, seinem Geltungsbedürfnis, seinem besonderen Kontakthunger, seiner Aggressivität, seinem depressiven Hilfeverlangen, seiner vermeintlichen Dummheit, seiner Triebhaftigkeit oder dergleichen. Es erwartet, daß die Gruppe sich im Sinne seiner geheimen Selbstverurteilung verhalten werde. Daß sie nämlich sein Über-Ich übernehmen werde. Und diese Furcht, wegen des jeweiligen vermeintlichen Makels vor Gericht geladen zu werden, läßt die irrationale Strategie entstehen, den vermeintlichen Defekt vor der Gruppe zu verstecken. Das läuft nicht als ein absichtsvolles Versteckspiel ab. Sondern als ein unbewußter Fluchtzwang. Derjenige, der sich vor der Gruppe ganz klein macht, um seine Größenideen zu verbergen, oder derjenige, der mit seinem Unabhängigkeitsgebaren seine enormen Hilfsansprüche zu verdecken trachtet, handelt aus tiefen Ängsten heraus. So wie er sonst sein Über-Ich beschwichtigen will, will er sich jetzt vor der Gruppe rechtfertigen: Seht her, ich will ja doch von meinem Fehler loskommen! – Aber meist geht dieses Manöver eben schief. Der verdeckte Hintergrund wird enthüllt.

Das Schwarze-Peter-Spiel

Kampf aller gegen alle ums moralische Überleben. Statt Solidarisierung Inquisition. Beispiel. Flucht in die Heile-Welt-Gruppe. Wie kann man lernen, mit Kritik konstruktiv umzugehen?

Je größer in einer Gruppe das Potential der angestauten Schuldgefühle ist, um so schlimmer fallen in der Regel die wechselseitigen Kränkungen aus. Im Kampf ums moralische Überleben verschafft es Erleichterung, wenn man schließlich die selbst erfahrene Kritik durch Beschuldigung anderer wettmachen oder sogar erwartete Kritik präventiv umkehren kann. Bei solch einem moralistischen Gemetzel fühlt sich jeder reihum als der arme Teufel, der eigentlich nichts anderes als eine notdürftige Rettung seines eigenen Selbstwertgefühls betreibe. Aber in den Augen der Partner, an die er jeweils den «Schwarzen Peter» weiterzugeben versucht, erscheint er als der bedrohliche Prüfer und Ankläger, dem man ausgeliefert ist. Dies kann folgendermaßen aussehen:

Gruppenepisode:
Betty:
Ihr komme das hier so vor wie ein Versteckspiel. Keiner möchte gefunden werden.

Mehrere andere Gruppenmitglieder steigen auf dieses Bild ein. Die Frage sei, warum man sich verstecken müsse. Vermutlich suche man ein «Opfer», das man ausfragen könne. Ein Gruppenmitglied wird stutzig bei dem Wort «Opfer». – Schließlich erinnert man sich, daß in der letzten Sitzung ein Gruppenmitglied länger ausgefragt worden ist. Es handelt sich um Cilly, die ziemlich ausführlich über ihre Kindheit berichtet hat. Sie hatte erzählt, ihre Eltern hätten sich nie richtig um sie gekümmert, aber ihr trotzdem meist ziemlich strenge Vorschriften gemacht. Man versucht sich in der Gruppe darüber klarzuwerden, was Cilly von dieser Ausfragung gehabt hat.

Cilly:
Es sei für sie sicher nützlich gewesen, daß sie ihre Vergangenheit einmal habe schildern können. Aber eigentlich hätte sie gehofft, daß sich die Gruppe weit mehr damit beschäftigen würde. Sie sei eigentlich von der Resonanz enttäuscht.

Dörthe:
Ihr sei es wichtig, daß sie jetzt Cilly besser als vorher verstehen könne.

Betty:
Auch für sie sei es eine Hilfe, daß sie jetzt endlich besser wisse, was mit Cilly los sei. Vorher hätte sie von Cilly gar keine Vorstellung gehabt.

Cilly:
Na ja, dies sage ihr aber noch nicht sehr viel, daß man sie jetzt besser verstehen könne. Dieses «Verstehen» müsse sich ja nun erst in Zu-

kunft bewähren. Man müsse abwarten, ob wirklich etwas geschehen sei.

Betty:

Sie fühle sich im Augenblick von Cilly hängengelassen. Sie habe den Eindruck, Cilly wolle noch mehr als die einfache Versicherung, daß man sie jetzt besser verstehen könne. Ihr, Betty, klinge das so wie ein Vorwurf. Als sei ihr eigenes Benehmen noch nicht gut genug. Deshalb wohl auch die Vokabel «Bewährung».

Cilly:

Sie habe jetzt das Gefühl, alle erwarteten von ihr, daß sie sich über das Verstandenwerden viel mehr freuen müßte. Sie sollte wohl noch eine stärkere Reaktion zeigen. Aber sie könne nun einmal im Augenblick nicht mehr bieten.

Analytiker:

Das sei wieder eine typische Situation. Man wolle sich einander nähern. Dabei gebe man etwas, finde aber, daß man zuwenig zurückbekomme. Dadurch sei man gekränkt und mache gleich wieder Vorwürfe. Jeder empfinde die anderen als lieblos.

Erich:

Ihm habe die biographische Erzählung von Cilly in der letzten Stunde insofern genützt, als er jetzt weniger Angst vor ihr habe.

Cilly:

Das sei für sie wichtig zu hören.

Fritz:

Er habe sich in der letzten Stunde über Erich geärgert. Der habe sich ja außerordentlich aktiv bei der Ausfragung von Cilly beteiligt. Und er finde, Erich hätte dabei mehr zugeben sollen, daß er mit seiner Ausfragung auch ganz persönliche Ziele für sich selbst verfolgt habe. Insofern seien ihm die Fragen von Erich ziemlich verlogen vorgekommen.

Erich:

Er habe doch schon früher zugestanden, daß er sich durch Cilly an eine alte Freundin erinnert fühle, die ihn einmal sehr enttäuscht habe. Aber er wolle jetzt wissen, worauf Fritz mit seiner Beschuldigung genau anspiele.

Fritz wiederholt, *Erich hätte seiner Meinung nach sein persönliches Interesse bei der Ausfragung Cillys deutlicher zugestehen müssen.*

Nach einer Weile fühlt sich Erich ermutigt, Gundula anzusprechen, die bislang still dagesessen hat. *Bislang habe er vor Gundula ähnliche*

Angst gehabt wie vor Cilly, bekennt Erich. Denn beide hätten bislang am wenigsten in der Gruppe über sich gesagt. Und ihm sei das irgendwie unheimlich, wenn er von einem Gruppenmitglied nichts wisse.

Gundula

hatte bis jetzt in der Tat nur wenig von sich preisgegeben, war aber durch einige scharfe, kritische Stellungnahmen bei Kontroversen aufgefallen.

Gundula

geht jetzt willig auf Erichs Fragen ein und schildert insbesondere Einzelheiten aus ihrer Beziehung zu Mutter und Ehemann. Erich ist sichtbar entlastet, daß Gundula ihm entgegenkommt. Es imponiert ihm zu hören, wie Gundula offenbar in ihrer Ehe sehr darauf achtet, eine eigenständige Position zu verteidigen. Er selbst schließt daran einige selbstkritische Überlegungen über seine eigene Ehe an. Und er bekennt, daß Gundula ihn früher einmal sehr beunruhigt habe, als er in den Verdacht geraten sei, sich in der eigenen Ehe zu egozentrisch zu verhalten. Er gibt zu erkennen, daß Gundula ihm damals durch ihre Bemerkung geholfen habe, genauer über sein Verhältnis zu seiner Frau nachzudenken.

Heinz

erklärt, daß er nunmehr gern eine Äußerung zurücknehmen möchte, die er in der letzten Sitzung von sich gegeben habe. Da hatte er gesagt, daß er meist dazu neige, in seiner Phantasie Menschen sehr schnell entweder in einen Kasten für die Guten oder in einen Kasten für die Schlechten zu stecken. Und er habe gedacht, von Gundula nichts Gutes erwarten zu können und habe sie also in den Kasten der Negativen gesteckt. Das habe er in der letzten Stunde ausgesprochen. Und diese Bemerkung wolle er jetzt revidieren. Er habe den Eindruck, er könne Gundula nicht mehr so abstempeln, sondern er habe nur sagen wollen, daß Gundula ihm ursprünglich Furcht gemacht habe.

Erich,

der offensichtlich noch gekränkt durch die Beschuldigungen von Fritz ist, reitet gegen diesen eine Gegenattacke: Er finde, daß Fritz sich in der Gruppe besonders autoritär benehme. Dies widerspreche doch eigentlich den sonst sehr kritischen Auffassungen von Fritz. Und er wolle nun gern wissen, ob diese Widersprüchlichkeit Fritz selber auffalle und für ihn möglicherweise ein Problem sei.

Fritz

reagiert defensiv. Er wolle gar nicht alles, was Erich als autoritär

empfinden möge, bei sich ändern. Es gebe eben Sachen und auch Menschen, die er nicht akzeptiere.
Er wird gefragt, wen er denn zum Beispiel nicht akzeptiere.
Fritz
nennt nach kurzem Zögern Heinz. Gegen diesen habe er immer noch Bedenken.
Heinz:
Ihm gehe es anders. Er habe mit Fritz zu Beginn der Gruppe viel mehr Schwierigkeiten gehabt. Aber jetzt könne er mit Fritz wesentlich mehr anfangen.
Fritz
bleibt bei seiner Abweisung. Und ganz am Ende der Stunde rückt er noch mit einer Kritik an einer Handlung von Heinz heraus, die außerhalb der Gruppe stattgefunden habe und die ihm, Fritz, hinterbracht worden sei.

Interpretation:
Die Stunde wird eigentlich charakterisiert durch die Worte «Versteckspiel», «Opfer», «Ausfragung», «zugestehen», «Lüge», «Bewährung». Über der Gruppe schwebt das Damoklesschwert der moralischen Verdammung. Man sehnt sich danach, miteinander warm zu werden, mehr voneinander zu erfahren. Jeder möchte mehr von sich zeigen und gleichzeitig dabei Beziehungen zu den anderen herstellen. Aber die Angst ist groß, daß man sich dabei nicht richtig verhält, daß man in den Augen der Gruppe moralisch versagt. Wie kann man vermeiden, daß man einen befragten Partner in der Gruppe zu einem ausgefragten «Opfer» macht? Wie kann man als Frager seine persönlichen Probleme gleich so «zugestehen», daß der Befragte sich nicht isoliert und gefährdet fühlt? Wie muß man sich gegenüber der Selbstenthüllung eines Befragten «bewähren», damit dieser nicht enttäuscht ist?

Solange diese Ängste überwiegen, ist es kein Wunder, daß man sich immer wieder voreinander verkriecht, daß man Versteck spielt und sich am liebsten nicht finden läßt.

Dennoch sieht man, daß die Gruppe dabei ist, eine konstruktive Lösung auszuprobieren. Sie verschafft sich schon einige Beweise dafür, daß die Beziehungen untereinander gefördert werden, wenn man mehr Mut hat, Informationen übereinander auszutauschen.

Erich zeigt, daß er ein Stück weit seine Angst vor Cilly und Gundula abbauen kann, wenn er sich genauer nach deren Situation und Entwicklung erkundigt. Und beide Frauen können ihre Spannung ihm gegenüber mildern, indem sie sich vor ihm mit ihren Problemen öffnen. Auch Betty und Dörthe empfinden gegenüber Cilly einen Fortschritt, indem sie diese jetzt besser verstehen können. Und Heinz, der mit Gundula zuvor in einer scheinbar aussichtslosen Kontroverse steckengeblieben war, kann seine Beziehung zu ihr plötzlich wieder auftauen, nachdem sie sich in dem Gespräch mit Erich deutlicher zu erkennen gegeben hat. Man sieht also, daß man miteinander etwas Gutes tut, wenn man in persönlicher Weise fragt und Auskunft gibt. Einige können sich jedenfalls bereits gegenseitig beweisen, daß sie auf diese Weise miteinander irrationale Ängste und damit zusammenhängende Verteidigungspositionen aufzulösen imstande sind.

Aber noch ist das Mißtrauen nicht gebannt. Und in Fritz findet es seinen deutlichsten Ausdruck. Ihm ist die Rolle des Anklägers zugespielt worden, dem gegenüber die meisten übrigen die Position der Verfolgten beziehen. In Wirklichkeit sind es die latenten Schuldgefühle der ganzen Gruppe, die man ihm angehängt hat. Offensichtlich ist er jemand, der in permanentem Kampf mit eigenen schweren Selbstzweifeln liegt, weil er besondere Vollkommenheitsansprüche an sich stellt. Das ist in der Gruppe auch schon früher herausgearbeitet worden. In dieser Schuldabwehr neigt er dazu, nach vorn in eine Anklägerhaltung zu fliehen. Und deshalb «eignet» er sich gut als Projektionsfigur, auf welche die anderen ihr Über-Ich verschieben können. Man muß nicht so arg unter dem eigenen Über-Ich leiden, wenn man sich außerhalb seiner selbst in der Gruppe ein personifiziertes Über-Ich schaffen kann. Auch unter diesem leidet man, man kann sich dagegen aber besser wehren. Freilich: eine solche Spaltung in der Gruppe ist nicht ungefährlich. Die Gruppe muß dem Über-Ich-Repräsentanten helfen, aus dieser einseitigen Rolle herauszufinden, weil diese den Betreffenden sehr belastet.

Gezeigt werden sollte vor allem: Eine Gruppe, die ausdrücklich einen Rahmen für freiere seelische Entfaltung schaffen will, muß erst einmal die Gefahr überwinden, daß dieser Rahmen sich in eine Arena für moralische Selbstzerfleischungsprozesse verwandelt. Die Hypothek der jedermann anerzogenen Schuldgefühle ist ein brisantes Potential, das bei einer emotionellen Auflockerung in der Gruppe leicht entzündbar ist. So daß die Mitglieder unversehens in die Lage kommen können, an nichts anderes mehr zu denken als daran: Wie kann ich in dieser Gruppe überleben, ohne in meinem Selbstwertgefühl vernichtet zu werden?

Solange in einer Gruppe jeder vordringlich um seine moralische Anerkennung fürchtet, werden die meisten kritischen Äußerungen mißverstanden. Der Kritisierte pflegt zu meinen, sein Kritiker wolle ihn nur angreifen und schädigen. Und dagegen muß er sich verteidigen. So wird dann eben der Schwarze Peter in der Gruppe herumgereicht, bis man eventuell einen «passenden» Sündenbock gefunden hat, gegen den sich die übrigen solidarisieren. Dies kann zum Beispiel in der zuletzt beschriebenen Gruppe Fritz sein. Häufig wird der Hauptankläger einer Gruppe, der zunächst eine Über-Ich-Rolle spielt, schließlich von seinem Podest heruntergezerrt und selbst an den Pranger gestellt. Dies geschieht, wenn die Gruppe allmählich erstarkt. Der Haß der moralisch Verfolgten führt zum konzentrischen Angriff auf den Verfolger. Jetzt spielt die vordem eingeschüchterte Gruppenmehrheit selbst Verfolger. Und dem Angeprangerten werden nunmehr alle negativen Aspekte zugeschoben, welche die übrigen Gruppenmitglieder bei sich nicht länger sehen wollen. Das bedeutet natürlich nur eine Fortsetzung der bisherigen Gruppenspaltung mit anderen Vorzeichen. Die Schuldgefühle der Gruppe bleiben in einem solchen Falle vorerst unbewältigt.

Um den quälenden Reigen der Beschuldigungen, Rechtfertigungen und Gegenbeschuldigungen zu beenden, fallen viele Gruppen immer wieder in den Versuch zurück, übervorsichtig miteinander umzugehen. Man taktiert wieder ganz behutsam, berührt einander gewissermaßen nur mit Glacéhandschuhen: Wir haben gelernt, wie zerbrechlich unser aller Selbstwertgefühl ist. Also treten wir einander nicht mehr zu nahe, dann können wir uns gegenseitig auch nicht mehr verletzen. Man spielt dann miteinander *Heile-Welt-Gruppe*. Dennoch fühlen alle, daß dies nicht auf echter Solidarisierung beruht, sondern daß man miteinander nur einen Scheinfrieden unter Ausklammerung vieler wichtiger Probleme geschlossen hat. Die Formel könnte lauten: Wir fühlen uns alle so krank, daß wir keine weiteren Verletzungen mehr ertragen. Deshalb verzichten wir darauf, uns gegenseitig die Wahrheit zu sagen, und begnügen uns mit oberflächlichen Kontakten in einer engen Zone, die wir frei von Konflikten halten können. Die Gruppe sperrt sich also gewissermaßen freiwillig in eine Art Sanatorium ein, in welchem man den Verkehr miteinander auf Rituale der Bestätigung, der Schonung und der Fürsorge festlegt. Man ist nur noch lieb miteinander und übt sich darin, jeden gleich zu beschwichtigen, der diesen Pseudo-Frieden stört. Indem die Gruppe sich in dieser Weise umbildet, entwickelt sie den Stil einer kollektiven Angst-Neurose. Die Verhaltensmuster und die psychosozialen Abwehrmechanismen dieser Form von Gruppenneurose wurden in früheren Studien zur Familiendynamik beschrieben (vgl. *Patient Familie*, 1970). Dies sind die wesentlichen Kennzeichen: Es findet eine Einschränkung des Gruppen-Ichs statt. Die Gruppe engt ihr Gesichtsfeld und ihren Aktionsradius selektiv ein. Sie umgibt sich mit einem Reizfilter, das keine groben, potentiell verletzenden Reize mehr durchläßt. Und die Aktivitäten, die man sich gestattet, sind vorsichtig dosiert; sie ähneln eher einer psychohygienischen Krankengymnastik. Man führt milde Gespräche, die keinem wehe tun. Es sind vorsichtige psychologische Gemeinschaftstrainings, die ein wenig anregen und zugleich entspannen sollen. Peinlich wird darauf geachtet, daß man dabei einander nicht in die Quere kommt. Alle benehmen sich so, als seien sie – psychologisch verstanden – über und über mit mangelhaft vernarbten Wunden bedeckt, die bei jedem groben Außenreiz, bei jeder ungeschickten Bewegung aufbrechen und weh tun müßten.

Damit ist bereits neben der kollektiven Ich-Einschränkung ein weiteres Merkmal dieser Form von Gruppen-Angstneurose angedeutet: das ist die phobische Reaktionsbildung gegen Aggression. Eine solche Gruppe etabliert ein Aggressionstabu. Man darf sich nicht mehr kritisch auseinandersetzen. Was immer als Attacke oder kränkende Abweisung deutbar ist, verstößt gegen den pseudologischen Pazifismus, den man zur absoluten Norm erhebt. Es ist die Verschwörung eines unechten Samaritertums. Daß man durch diese Reaktionsbildung die Aggression in der Gruppe nicht wirklich bändigen kann, wird dadurch erkennbar, daß man sich geradezu zwanghaft mit Erscheinungen der Aggression außerhalb der Gruppe beschäftigen muß. Man muß immer wieder über böse Menschen und Mächte reden, die das tun, was man sich selbst verbietet. Dies kennzeichnet eine bestimmte Verleugnungs-Mentalität, wie man sie etwa von fanatischen Exponenten des Tierschutzbundes kennt, die sich höchst unwohl fühlen würden, wenn sie sich nicht fortwährend über Stierkämpfe und Jägerei entrüsten und damit ihre eigene Aggressivität in der Phantasie abreagieren könnten.

Der Rückzug auf einen solchen angstneurotischen Stil bringt eben auch nur eine Scheinlösung. Dafür, daß alle ihr Selbstwertgefühl schützen und sich wechselseitige Kränkungen ersparen, bezahlen sie mit dem Verzicht auf echte Kommunikation. Man spart im Kontakt miteinander wichtige Dimensionen aus. Und dieses taktische Lavieren führt wiederum genau zu der Verarmung und Entleerung der persönlichen Beziehungen, der man gerade entgehen will. Das System funktioniert zwar, aber eben durch Restaurierung der konventionellen Anpassungs-Rituale, die bewirken, daß Menschen sich miteinander nicht echt und offen verwirklichen. Wenn eine Gruppe endlich dieser phobischen Vorsichtshaltung überdrüssig wird, fällt sie häufig über dasjenige Gruppenmitglied her, das am reinsten den Typ der ängstlichen Anpassungshaltung repräsentiert. Das ist etwa der Moment, in dem der auf Seite 91 porträtierte übervorsichtige Angestellte schließlich von allen Seiten attackiert wird. Alle bemängeln an dem Betreffenden plötzlich das, was sie bislang mehr oder minder selbst gemacht haben. Sie werfen ihm also etwa vor, daß er sich nicht richtig engagiere, sich nicht mit den Konflikten offen konfrontiere, daß seine «Nettigkeit» unecht sei. Man glaube ihm nicht, daß er wirklich so unaggressiv und friedlich sei, wie er sich nach außen darstelle.

Für die Gruppe ist dies ein Modellversuch. Man probiert an diesem Exempel aus, was geschieht, wenn man doch wieder mehr Konfliktmaterial in die Gruppe hineinläßt. Und man möchte eigentlich erleben, daß der Provozierte pionierhaft vorangeht und zeigt, daß er die Kränkung, die man ihm durch die Aufscheuchung aus seiner Anpassungsattitüde zufügt, konstruktiv verarbeiten kann. Man will sehen, daß er sich nicht verletzt zurückzieht, sondern sich mit Hilfe der Kritik besser in die Gruppe integriert.

Das ist der entscheidende Schritt, daß man miteinander lernt, Kritik und Attacken nicht automatisch als Entwertungen zu verstehen, sondern unter Umständen eher als Anstoß, randständige Gruppenmitglieder wieder in die Gemeinschaft hineinzuziehen. Aber das möchte man eben exemplarisch gern von anderen vorgemacht sehen. Wenigstens einer soll zeigen, daß er, nachdem er allerhand Vorhaltungen der übrigen zu spüren bekommen hat, hinterher freier und offener mit der Gruppe umgehen kann. Dies ermutigt die übrigen, dem Beispiel zu folgen.

In einer Gruppe, die sich um echte Solidarität bemüht und in dieser Anstrengung nicht locker läßt, geraten die Repräsentanten einer übervorsichtigen Anpassungstaktik am Ende immer in eine besondere Isolation. Und sie können von Glück sagen, wenn die Gruppe «rücksichtslos» genug ist, sie eines Tages hart heranzunehmen, um sie besser zu integrieren. Im ersten Augenblick erschreckt es die Betreffenden, wenn man ihnen ihre Taktik kaputtmacht, durch die sie sich als besonders bequemes und gefälliges Mitglied zu erweisen geglaubt hatten. Wenn sie aber ihren Schock zu verarbeiten verstehen, können sie merken, daß sie nun mehr spontane Zuwendung als vorher erhalten. Die erlittene scheinbare moralische Herabsetzung erweist sich also in Wirklichkeit als positives Angebot. Nämlich als ein Bereinigungsversuch, um sich fester miteinander zu verbinden. Also lohnt es sich gerade für diejenigen, die an einem besonders labilen Selbstwertgefühl leiden, sich rechtzeitig zu sagen: Ich sollte mir abgewöhnen zu unterstellen, daß man mir hier immer nur noch mehr Schuldgefühle machen will. Vielleicht kritisiert man mich tatsächlich, weil ich den anderen wichtig bin? Und weil man mir gegenüber Barrieren wegräumen will, indem man sich mit mir auseinandersetzt? Vielleicht habe ich bislang den anderen unabsichtlich Angst gemacht und sie von mir fortgetrieben? Dann sollen sie mich ruhig kritisch angreifen und mich besser kennenlernen. Dadurch habe ich mehr Chancen, akzeptiert zu werden.

Der Außenseiter als moralisches Gruppenproblem

Episode: Eine Gruppe versucht, ihre Schuldgefühle an Hand eines Außenseiterproblems zu klären

Was geschieht, wenn ein als besonders wichtig empfundenes Gruppenmitglied Außenseiter wird und bleibt? Und wenn beide Seiten, die übrige Gruppe und der Außenseiter, ihr wechselseitiges Rollenverhältnis durch unbewältigte Schuldgefühle verschärfen? Wie können sie miteinander aus der Sackgasse herausfinden?

Beispiel:
In einer Initiativgruppe hat ein Student eine ziemlich dominierende Position, weil er bei der Erfüllung von organisatorischen Aufgaben besondere Führungsqualitäten bewiesen hat. Dennoch ist es der Gruppe bislang nicht richtig gelungen, ihm wirklich nahe zu kommen. Die meisten der Gruppe leiden darunter, daß sie weder für ihn noch für sich selbst einen Weg gefunden haben, die unpersönliche Distanz ihm gegenüber abzubauen. Er verhält sich so, daß andere, die sich ihm nähern,

sich meist zurückgestoßen fühlen. Sie fürchten seine Schroffheit und zugleich seine scheinbare Gleichgültigkeit. Sie verstehen ihn so, als sei er auf einen engen menschlichen Kontakt zu ihnen nicht angewiesen. Und als Bettler einseitig seine Gunst zu erflehen, dazu wollen sie sich nicht überwinden. Er wiederum hegt das Vorurteil, von den anderen keinerlei Wertschätzung zu erhalten, es sei denn, daß er sich durch besondere Leistungen Respekt verschaffe. Er hält aber so rigide an seinem Vorurteil fest, daß er sich gar nicht erst auf das Wagnis einläßt, die Wirklichkeit zu testen. Das hängt natürlich damit zusammen, daß seine Selbstvorwürfe zu massiv und zu tief verankert sind. Weil er sich im Grund selbst nicht mag, kann er auch niemand anders zutrauen, ihn wirklich zu mögen. Aber er hat gelernt, seine Zweifel an sich selbst dadurch zu unterdrücken, daß er sich allgemein abgestumpft hat. Er hat sich mit einer künstlichen Indolenz gepanzert, die ihn gegenüber der Umwelt abschirmt, durch die er sich aber auch seinen inneren Skrupeln ganz gut entziehen kann. Nach einer längeren Periode der gemeinsamen Arbeit versucht die Gruppe eines Tages, ihre Beziehung zu diesem Studenten (Paul) zu klären.

Episode:
Ullrich:
Daß man nur bis zu einem gewissen Punkt Probleme bearbeiten kann, das kommt daher, daß man doch nicht alle Probleme verstehen kann.
Ernst:
Man kann ja auch nicht alles so darlegen, daß den anderen die Probleme richtig vermittelt werden. Die wissen dann nicht, wohin sie genau zielen müssen.
Ullrich:
Wir haben ja auch alle Hemmungen. Es ist manchmal schwer, sich so zu exponieren, daß die anderen überhaupt kapieren können, worum es geht.
Ellen:
Wir haben bestimmt alle Hemmungen.
Zunächst spricht man jetzt darüber, daß es auch Schwierigkeiten gibt, die objektiv schwer lösbar sind. Aber dann sei es unter Umständen schon auch ein Vorteil für den Betreffenden, wenn er mit den anderen darüber reden könne.
Wolfgang findet, daß man hier in der Gruppe doch sehr viele Pro-

bleme sehr gut bearbeitet habe. Aber eine Grenze bestehe darin, daß man sich mit gewissen Leuten nicht so gut verstehen könne wie mit anderen. Und das müsse man versuchen, ohne Schuldgefühle zu überstehen. Die anderen Gruppenmitglieder sind beunruhigt, weil ihnen das zu resignativ klingt. Sie fragen sich, ob man das hinnehmen müsse, wenn man mit jemand nicht klarkomme. Oder ob man das nicht besser bereinigen sollte. Wolfgang soll sagen, mit wem er ein unbefriedigendes Verhältnis habe, das er nicht mehr für besserungsfähig halte. Wolfgang nennt Paul.

Die Gruppe wendet sich an Paul und hält ihm vor, daß er sich tatsächlich meistens am Rande gehalten habe. Und er habe auch meistens abgewehrt, wenn man sich mit ihm beschäftigt habe.

Paul:
Na ja, vielleicht kommt es auch auf das Wie an, wie man mit mir redet. Ich habe zum Beispiel gemerkt, bei Sachen, die von Boris kommen, daß ich mich da meist wehre. Daß ich richtig hochgehe, wäre vielleicht übertrieben zu sagen. Aber ich versuche, ihn so klein wie möglich zu halten. Aber mir fällt es eben schwer, überhaupt Bedürfnisse zu zeigen. Das ist auch der Grund, warum ich in letzter Zeit noch stiller geworden bin. Solange ich noch mehr nach außen für die Gruppe zu tun hatte, konnte ich mir noch sagen, daß ich das, was ich hier bekomme, in die Arbeit umsetzen kann...

Mir fällt es jedenfalls leichter, meine Bedürfnisse auszudrücken, wenn da ein Zusammenhang ist mit der Arbeit. Ich gebe mich also preis, wenn ich weiß, daß das zu irgend etwas dient. Also, na ja, auf einen Nenner gebracht: Ich brauche so eine Art von Motivationshilfe. Für mich selbst bin ich mir irgendwie nicht gut genug.

Margret:
Kannst du mal ein praktisches Beispiel sagen?
Paul:
Ein Beispiel? Kinderladen. Als ich da noch mehr Arbeit reingesteckt habe, da ist mir hier auch manches leichter gefallen.
Ellen:
Vielleicht ist es so, daß du jetzt von der Arbeit im Kinderladen nicht mehr so viel hältst, daß du aber auch hier von der Arbeit in unseren Gruppengesprächen nicht mehr so viel hältst.
Paul:
Das will ich noch nicht einmal sagen. Ich habe schon gemerkt, daß

sich da und auch hier allerhand getan hat. Und daß einige doch sicher auch davon profitiert haben, daß der Prozeß vorangegangen ist. Aber ich habe eben nicht so richtig mitspielen können.

Analytiker:

Ich glaube, Sie haben es sehr schwer, sich und der Gruppe zuzugestehen, daß Sie nicht nur etwas für die Arbeit, sondern auch etwas für sich selbst herausholen wollen.

Ellen:

Ich glaube bestimmt, daß er auch etwas für sich selbst haben will.

Paul:

Vielleicht ist es eher so, daß ich es mir dann leichter erlauben kann, wenn ich es in Arbeit umsetzen kann... Ich brauche, um ein bißchen mehr persönliche Beiträge von mir zu geben, so etwas wie Motivationshilfe.

Ullrich:

Wie muß diese Motivationshilfe denn aussehen? Oder ist das eine blöde Frage?

Margret:

Ein Kasten Bier?

Paul:

Abgesehen vom Kasten Bier...

Margret:

Ich will dich nicht ablenken.

Ellen:

Ich glaube, daß das bei Paul so ist wie bei uns anderen auch, nur vielleicht noch stärker. Man braucht starkes Interesse der anderen, dann fühlt man sich sicherer. Als wir ihm damals besonders viel Interesse an seiner Person bekundet haben, da konnte er... (zu Paul gewandt) da bist du doch einmal ganz persönlich aus dir rausgegangen.

Paul:

Mir fällt dazu ein an sich blödes Beispiel ein. Als wir anfingen mit dem Kinderladen, war der Karl noch bei uns. Und der hat irgendwann mit den Kindern gespielt, und die waren alle nackend. Karl hat nicht eingesehen, warum er nicht auch nackend sein soll, und er hat sich mit seinem Hintern ins Planschbecken gesetzt. Und das wäre dann eine Situation, die nur durch eine, sagen wir mal, gewisse Solidarität zustande kommen konnte. Daß er sich, sagen wir, über gewisse Schamgefühle und was dahintersteckt, hinwegsetzen konnte in dem Moment, in dem die äußeren Umstände außergewöhnlich waren.

Boris:
Das heißt, wir sind jetzt im Planschbecken, und du willst uns deinen Hintern verwehren?

Ullrich:
Ich finde, daß wenn einer herkommt und von sich nichts mehr hergeben will, daß das auch die anderen hemmt.

Paul:
Ich habe manchmal das Gefühl, für mich ist der Zug irgendwie abgefahren.

Ullrich:
Welcher Zug?

Paul:
Hier der Zug.

Ullrich:
Und wieso kommst du dann noch? Also, wenn du herkommst und sagst, na ja, ich gehe mal hin und will mal sehen, ohne dich richtig zu engagieren – ja, das finde ich irgendwie – das bringt dir nichts und das bringt den anderen noch weniger.

Paul:
Ob es den anderen noch weniger als mir bringt, das bezweifle ich.

Ullrich:
Schön, sagen wir: fifty-fifty.

Boris:
Wie kommst du bloß darauf, daß der Zug für dich abgefahren ist?

Paul:
Na, ich weiß nicht, vielleicht ist er da überhaupt nie richtig losgegangen.

Boris:
Fühlst du dich irgendwie abgelehnt, oder?

Paul:
Abgelehnt an sich nicht. Aber... Andererseits, ich habe mich ja in der letzten Zeit wenig engagiert, und da kann ich auch nicht erwarten, daß ich hier heiß und innig geliebt werde.

Katja:
Ist das denn in dieser Gruppe so, daß immer ein Teil der gebende und

der andere der nehmende ist? Da habe ich das Gefühl, daß du mehr zu denen gehörst, die nehmen wollen.

Paul:
Was nehme ich denn?
Margret:
Du bringst es doch dazu, daß man dir von allen Seiten Sympathie bekundet. Wie gerade jetzt.
Valerie:
Na, ich weiß nicht, Paul, wie ich das sagen soll. Es war doch schon öfter so gewesen, daß du dann auch von dir überhaupt keine Regung zeigst, ... daß das alles von dir abprallt.
Grit:
Ich finde, daß Paul sehr viel Sympathiebeweise braucht, um überhaupt die Sicherheit zu haben oder den Mut zu finden, mehr aus sich rauszugehen. Da braucht er sicher mehr als wir.
Wolfgang:
Sicher brauchen wir alle Sympathiebeweise...
Grit:
Jedenfalls, so wie ich es sehe, ist es wahrscheinlich nicht genug gewesen für dich.
Wolfgang:
Finde ich aber doch.
Grit:
Na ja, dann wäre es für ihn aber leichter, aus sich rauszugehen.
Ernst:
Wir brauchen hier sicher nicht alle im gleichen Maße Ermutigung oder den gleichen Zuspruch, um was von uns zu geben. Aber es ist natürlich ein besonderes Problem für die, die darauf angewiesen sind, daß sie erst Sympathiebeweise oder so etwas bekommen. Die werden ja dann auf die Einstellung zurückgeworfen: Es steht mir gar nicht zu, was ich alles von der Gruppe an Bestätigungen zu hören wünsche, da halte ich dann lieber gleich meinen Mund.
Nels:
Es ist vielleicht in diesem Fall so, daß andere mehr auf den Paul zugehen und ihm sagen, daß sie ihn gut finden. Und daß es der Paul bei den anderen weniger tut. Dann können sich die anderen von Paul sehr stark abgelehnt fühlen. Weil man ihm Sympathie gibt und nichts bekommt dafür. Vielleicht, wenn wir das verstehen, kann uns das auch eine ge-

wisse Entspannung bringen. Es muß ja nicht immer darauf hinauslaufen, Schuldgefühle zu machen...

Margret:
Es ist ja aber noch anders, der Paul nimmt ja gar nicht, das prallt ja ab.

Nels:
Wenn ich Margret richtig verstanden habe, dann bringt er die anderen dazu, daß sie sich für ihn interessieren und ihn bestätigen. Aber er zeigt nicht, daß er sich zurückinteressiert. Den Boris, das hat er ja gesagt, will er klein halten. Und Wolfgang bringt ihn überhaupt nicht aus der Ruhe. Das ist doch eine einseitige Befriedigung, die sich da etabliert hat. Und das muß man einfach mal ansprechen und als Problem sehen.

Paul:
Na, alles prallt ja nun bei mir auch nicht ab. Ich war ja auch teilweise ganz beliebt hier, und das habe ich auch genossen. Aber ich habe immer tausend Vorbehalte. Ich bin schon recht skeptisch, und das hängt schon damit zusammen, daß ich mir selbst gegenüber so skeptisch bin.

Wolfgang:
Natürlich hat hier jeder von uns gemerkt, daß der Paul besonders viel Bestätigung braucht. Aber ich für meinen Teil kann sagen, daß ich einfach nicht fähig bin, über längere Zeit so viel zu liefern, ohne selbst von ihm Sympathien entgegengebracht zu bekommen. Ich brauche die nämlich auch. Und weil er das nicht kann, dann breche ich's ab...

Paul:
Ich komme mir nun doch komisch vor, als ob ich dir nie etwas gegeben hätte oder so und alles immer nur abprallen ließe.

Wolfgang:
Brauchst du ja auch nicht. Ich wollte nur sagen, daß dieses Gleichgewicht zwischen uns eben nicht geschnappt hat.

Paul:
Ja, ja.

Wolfgang:
Okay.

Ullrich:
Ich finde das so blöd, wenn einer in einer so mißlichen Situation ist wie jetzt der Paul, daß das Kollektiv das nicht schafft, denjenigen, der so zurückhaltend ist, mit reinzuziehen oder zu verstehen. Es ist doch wohl so, daß der Paul es gar nicht so meint, wie es ausschaut. Daß er eigentlich

besondere Schwierigkeiten mit sich hat. Und daß wir ihm mehr Vorwürfe machen. Das bleibt dann so an der Oberfläche. Daß wir das nicht anders schaffen, damit sollten wir uns beschäftigen. Es geht ja nicht nur um Paul, sondern allgemein kann ja immer wieder einer in diese Rolle hineinfallen.

Grit:
Ich glaube, das kommt daher, daß wir alle auf dieser Ebene unserer Gefühle ziemlich frustriert sind, daß wir alle unheimliche Schwierigkeiten haben, die Gefühle zu zeigen. Und ich meine, wenn wir alle in dieser Beziehung, sagen wir mal, freier wären, könnte man jemand, der besonders viel Bestätigung braucht, auch schnell integrieren. Aber dadurch, daß wir eben auch unsere Schwierigkeiten haben, da tastet man sich immer irgendwie aneinander ran und ist immer wieder gleich bereit, sich zurückzuziehen. Das ist so 'ne Sache, ich weiß nicht so ganz, mit zartem Gefühl und so. Einmal das Gesicht verzogen, kann schon wieder was kaputtmachen, weil der andere und weil man eben auch selbst immer ganz empfindlich reagiert.

Boris:
Wir haben eben alle unsere Macke. Und ich glaube, diese Macke verbergen wir doch sehr stark, und deshalb ist es auch so schwer unter uns echte Gefühle...

Wolfgang:
Sollte man aber nicht verbergen, das ist es eben. Außerdem, es geht ja nicht nur darum, die Macken zu akzeptieren. Wir reden ja hier immer nur über die negativen Seiten. Der einzelne hat ja aber auch gute Seiten. Ich frage mich, warum wir uns da immer so reinsteigern, in das Negative? Warum sagen wir uns nicht mehr, daß wir uns auch für dufte halten?

Diese Episode mag zeigen, wie bedrückend es auf eine Gruppe wirkt, wenn sie es nicht richtig schafft, ihre Schuldgefühle abzubauen. Diese Gruppe hat die besondere Schwierigkeit, daß Paul als eine dominierende Figur das Potential der Schuldgefühle in der Gruppe unabsichtlich vermehrt, weil alle von ihm besonders gelobt und bestätigt werden wollen. Er hat den Rang einer Autorität, deren Urteil größtes Gewicht hat. Ihm kommt man entgegen, um gerade von ihm zu hören, daß man wertvoll ist. Sympathie von ihm würde beweisen, daß man sich gut fühlen darf. Wolfgang ist es, der das am deutlichsten ausspricht. Statt dessen läßt Paul alle abprallen. Er saugt sich zwar insgeheim voll mit den Bestätigungen, die er selbst so dringend braucht. Aber er muß den Gewinn gleich in vermehrte Arbeit umsetzen. Das ist seine einzige Möglichkeit, positive Resonanz zu zeigen, indem er die gewonnene Gratifikation in Leistung verwandelt. Damit gibt er etwas zurück, aber dies ist so unpersönlich und indirekt, daß die anderen nicht merken, daß er ihnen antwortet. Das Problem, daß er sich nicht offen freuen und den anderen unmittelbar zurückschenken kann, was sie ihm geben, wird von der Gruppe schwer verstanden. So werden sie wütend auf ihn und leiden zugleich um so mehr an der eigenen Entwertung. Jeder denkt insgeheim: Wenn wir besser wären, würde der Paul uns auch mehr loben. Diese Kränkung spielt man ihm zurück, obwohl gerade er am allerschlechtesten mit Schuldgefühlen umgehen kann. Denn dies ist ja eben die zunächst undurchschaute Paradoxie: Pauls Unfähigkeit, die anderen direkt zu bestätigen, ist mehr Selbstbestrafung als Bestrafung für die anderen. Er hält sich nicht für wert, seinen Hintern ganz offen in das gemeinsame Planschbecken zu stecken. Aber die übrigen glauben, daß er auf diese Weise nur seine Mißbilligung ausdrücke.

Im übrigen: Wenn jemand wegen seiner Tüchtigkeit eine Führungsrolle bekommt, wird häufig verkannt, daß der Betreffende vielleicht besonders viel von passiven Bedürfnissen verdrängt. Die Gruppe der anderen, die sich dem Führenden gegenüber klein vorkommen, ärgert sich, daß er sich nicht enger mit ihnen einläßt. Was er aus scheinbarer Arroganz zu verweigern scheint, ist aber eben oft nur Ausdruck der Angst, etwas zu tun, was er auch besonders gern möchte, aber nicht wagt.

Grit zieht das Fazit sehr treffend:

Weil wir alle zu verletzlich sind, gefährden wir unsere Solidarisierung. Wenn unser aller Selbstwertgefühl so leicht störbar ist, daß ein falsches Wort, schon eine mimische Ungeschicklichkeit so stark kränkend wirkt, dann bliebe ja nichts anderes übrig, als sich voneinander zurückzuziehen – oder gar denjenigen auszustoßen, der durch sein besonders labiles Selbstwertgefühl das Konto der Schuldgefühle in der Gruppe fortwährend so belastet, daß man sich nicht auch «dufte» finden kann.

Man sieht nun, wie diese Gruppe versucht, das Problem zu klären und damit die Gefahr zu bannen, daß die Solidarisierung durch den Einfluß undurchschauter Schuldgefühle kaputtgemacht wird. Die Gruppe lernt, Paul und an Paul die eigenen Hintergrundskonflikte besser zu verstehen. Und so kann man sich am Ende der Sitzung auch im Sinne eines Vorsatzes gönnen, daß man mehr über das «Gute» sprechen will. Und es geschieht ja auch in dem Prozeß dieser Stunde, daß man schließlich gewissermaßen den Hintern von Paul mit in das gemeinsame Planschbecken hineinzieht.

Soziokultureller Moralismus als Aufgabe der Umerziehung

Die Mehrdeutigkeit antimoralistischer Bewegungen. Die sexuelle Pseudo-Revolution. Der neue Moralismus linker Gruppen. Die Tradierung von irrationalen Selbstwertkonflikten in der bürgerlichen Erziehung. Die Gefahr kollektiver Über-Ich-Externalisierung. Pseudosolidarität durch Selbstentmündigung

Es leuchtet zugleich an einem solchen modellhaften Gruppenprozeß ein, daß das Kollektiv hier ein Stück Eigentherapie mit einem Problem versucht, das sehr tief soziokulturell verwurzelt ist. Die solidaritätshemmenden Schuldgefühle, die allerorten bei solchen Experimenten zu beobachten sind, widerlegen die weit verbreitete Vorstellung, daß unsere Gesellschaft die Tradition jenes Moralismus überwunden habe, welcher die Selbstachtung der Menschen in einer langen Periode des pervertierten Christentums gebrochen hatte. Man neigt heute allzu leicht dazu, diese moralistische Tradition zu unterschätzen, die durch eine viele Jahrhunderte während Triebfeindschaft eine tiefe Einschüchterung und Selbstunsicherheit hinterlassen hat. Die anerzogenen exzessiven Schuldkomplexe, das Hauptmanipulationsinstrument früherer Kirchenherrschaft, wirken noch immer überaus stark in uns allen nach. Und es ist eine Illusion, dieses Problem schon deshalb für ausgeräumt zu halten, weil heute allerlei antimoralistische Gegenimpulse die Oberflächenszene beherrschen. Man verweist zur Zeit gern auf den offenkundigen Machtschwund der Kirche als Institution, auf die Reformansätze innerhalb der Kirche selbst, auf die Anerkennung der Psychoanalyse, auf die öffentliche Rehabilitation der Sexualität, und auf die Gegenströmungen der Hippie-Bewegung und vor allem der Neuen

Linken, um sich vorzumachen, die alten Tabus und Schuldängste seien schon getilgt.

Aber man sollte die Bedeutung dieser Symptome nicht überschätzen. Zu einem erheblichen Teil sind sie sogar bereits in sich höchst mehrdeutig. Die sogenannte sexuelle Revolution ist zum Beispiel nichts weniger als ein Beweis dafür, daß sich inzwischen eine angstfreie Anerkennung des Eros durchgesetzt hätte. In dieser Bewegung steckt sehr viel von exhibitionistischer Überkompensation, die zum Teil ja auch sogar deutliche Momente eines Moralismus mit umgekehrten Vorzeichen enthält. Das ist die neue Ideologie eines sexuellen Leistungszwanges. Das, was man einst nicht durfte, muß man jetzt können in bestimmter Häufigkeit und maximaler Vielseitigkeit. Man denke etwa an die Zwänge der künstlichen Sexualstimulation in gewissen Konzepten von neuer Kindererziehung. Und die mannigfachen Erscheinungen eines unpersönlichen, oberflächlichen Sexualpragmatismus, wie ihn die Pornowelle demonstriert – kann man und muß man sogar auch als Überkompensation von weiterhin bestehenden Ängsten und Schuldgefühlen verstehen. Gerade weil man den Eros nicht in tieferer Ebene in die zwischenmenschlichen Beziehungen einbauen kann, flüchtet man sich in die Dimension des rein Spielerischen und Sportlichen. Man perfektioniert die Techniken und versucht, die Physiologie besser zu beherrschen. Aber damit allein vermag diese Bewegung die großen Hoffnungen nicht zu erfüllen, mit denen sie ausgezogen ist. Im übrigen hat diese Bewegung ja gerade auch dazu geführt, die enorme Verbreitung sexueller Schwierigkeiten gerade unter den sensibilisierten Gruppen aufzudecken, die mit Selbstbefreiung höhere Ansprüche verbinden.

Übersehen wird häufig auch, daß sich in zahlreichen linken Gruppen letzthin ein bestimmter Typ von neuem Moralismus eingeschlichen hat. In manchen Kreisen hat man hier als Reaktion gegen die bürgerliche Konsumkultur eine asketische Anti-Konsumhaltung entwickelt. Sehr verbreitet ist auch eine eigentümliche moralistische Verdächtigung von Humor und Heiterkeit. Vielfach ist eine gewisse Variante von schwarzem Humor die einzige Möglichkeit, sich einen Hauch von Lockerheit zu gestatten. Es besteht eine geheime Vorschrift zu Verbissenheit und Grimmigkeit, die sich am Negativen festklammert. Finster dreinzuschauen gilt als die einzige legitime Attitüde, so als ob es schlimm wäre, sich bei der heutigen Verfassung der Gesellschaft irgendwie wohlzufühlen oder gar Übermut zu bekunden. Dieser verbissene Asketismus enthält zweifellos Merkmale eines irrationalen Moralismus. Er zwingt dazu, eine gewisse mürrische Verdrossenheit und mißtrauische Skepsis zur Schau zu tragen, als ob man ständig und überall beweisen müßte, daß man zu dem bürgerlichen Gebaren von Selbstzufriedenheit in entschiedenem Widerspruch stehe. Aber dabei kann man einem Zwang zum Negativismus verfallen, wie ihn die eben zitierte Gruppe bei sich bemerkt. Dadurch steigert man nicht mehr die Kraft zu politischer Opposition, sondern zermürbt sich selbst. Das Negieren wird zu einem irrationalen Automatismus, der innerhalb der eigenen Gruppen das Selbstvertrauen annagt.

Es ist auch nicht zu verkennen, daß unsere bürgerliche Erziehung trotz aller Bemühung um Reformansätze noch immer weitgehend auf dem Antrainieren von Schuldgefühlen basiert. Nach wie vor ist es überwiegend üblich, in den Kindern planmäßig durch den angedrohten Entzug emotioneller Zuwendung und Bestätigung das Selbstwertgefühl zu schwächen. Kleinere oder stärkere Reize von Liebesentzug dienen dazu, jene Abhängigkeit herzustellen, deren sich die meisten Eltern bedienen wollen, um das Kind als Instrument zur Milderung der eigenen Selbstwertzweifel zu präparieren. Denn das ist ja eine durch viele Untersuchungen, auch durch eigene («*Eltern, Kind und Neurose*», 1963) bestätigte Tatsache: Es ist das Leiden an der eigenen Minderwertigkeit, dessen Milderung Eltern von einer bestimmten Erziehungspraxis erhoffen. Das Kind soll sich so verhalten, daß es die Defekte des elterlichen Selbstwertgefühls zu kompensieren hilft. Dazu muß es zunächst für die elterliche Außensteuerung überhaupt zugerichtet werden. Das schafft die Voraussetzung für eine inhaltliche Beeinflussung in der jeweils gewünschten Richtung. Dabei hängt es dann von den Strukturmerkmalen der Eltern ab, ob das Kind eher als Abbild, als Substitut des elterlichen Ich-Ideals oder als Sündenbock «organisiert» wird. Ob das Kind so positiv sein soll, wie die Eltern gern sein möchten, aber nicht geworden sind. Oder ob das Kind so negativ sein muß, wie es die Eltern insgeheim zu sein glauben, aber um keinen Preis sein wollen – weswegen sie diesen Aspekt auf das Kind projizieren müssen. Häufig wechseln, wie viele Untersuchungen gezeigt haben, auch beide Rollenforderungen an das Kind einander ab oder sind in irgendeinem Mischungsverhältnis miteinander kombiniert. Das wesentliche Merkmal besteht jedenfalls darin: Das Kind bekommt permanent zu spüren, daß die Eltern unter dem Druck eines eigenen schweren Selbstwertkonfliktes leiden, den es beheben soll. Denn dieser Druck ist es, der die Eltern so gereizt reagieren läßt, wenn das Kind in seiner Rolle versagt. Jedenfalls erfährt das Kind in der Regel, daß selbst die Eltern von den moralischen Normen überfordert werden, die sie dem Kind anzudressieren versuchen.

Und das ist es, was das Kind oft am meisten verunsichert, nämlich die unbewältigte Angst der Eltern, die in die Vermittlung der Moralvorschriften einfließt. Um nicht allen Halt zu verlieren, versucht das Kind vielfach seine Wahrnehmung zu verleugnen. Es möchte sich einreden, daß die Eltern doch mit sich und den Normen im reinen seien, die sie vermitteln wollen. Das Kind will an die Vollkommenheit der Eltern glauben, um gewissermaßen in einer phantasierten Einheit mit den Eltern – zunächst mit der Mutter – die eigene «Schlechtigkeit» kompensieren zu können. Die Idealisierung der Eltern ist die Überkompensation der früh antrainierten kindlichen Selbstverurteilung.

Diese Idealisierung von Vorbildern zur Kompensierung eigener anerzogener Schuldgefühle bleibt späterhin ein meist ebenso undurchschauter wie gefährlicher Mechanismus. Warum viele in besonderem Maße diesem Mechanismus verhaftet bleiben, ist uns durch FREUDS Erkenntnisse verständlicher geworden: Das Kind verinnerlicht allmählich die Gebote und Verbote der Eltern, und damit bildet sich in ihm eine Instanz aus, die fortan die moralische Zensur übernimmt. Die äußere Strafangst verwandelt sich in Gewissensangst. Das Über-Ich erzeugt nun ein fortwährendes Leiden an der eigenen Unvollkommenheit, weil die in das Kind eingepflanzten Normen dessen Kapazität überfordern. Es entsteht Selbsthaß, der auf die verschiedenste Weise zu mildern versucht wird. Mannigfache neurotische Symptombildungen sind nichts anderes als Zeichen des Bemühens, sich den unerträglichen Schuldgefühlen zu entziehen.

Eine Chance, den Gewissensdruck zu mildern, besteht in dem Versuch, die innere Schuldangst wieder in äußere Strafangst zurückzuverwandeln. Das setzt voraus, daß man «draußen» eine Instanz findet, die gewissermaßen als Ersatz für das Über-Ich funktioniert. Dadurch findet eine Entlastung von innerem Druck statt. Mit der Unterwerfung unter das äußere Über-Ich-Substitut erfolgt eine Wiederannäherung an den Zustand der früheren kindlichen Abhängigkeit von den Erziehungsautoritäten. Der Vorteil besteht darin: Mit äußeren Vorwürfen kann man leichter umgehen als mit inneren Schuldgefühlen. Und wenn es gelingt, die Ansprüche der äußeren Autorität, die als Über-Ich-Ersatz fungiert, glatt zu erfüllen, kann man sich überhaupt relativ konfliktfrei fühlen. Deshalb führt die Erfahrung einer sehr strengen Erziehung vielfach zur Ausbildung eines besonders starken Bedürfnisses, das Über-Ich zu «externalisieren», das heißt auf eine äußere Instanz zu projizieren. Und hierfür eignen sich nun bestimmte personifizierte Autoritäten, Sekten, Ideologien. Je größer der geheime Selbsthaß ist, der bewältigt werden soll, um so strenger und militanter müssen die Autoritäten sein, die sich für die Entäußerung der Schuldgefühle eignen. Die Ohnmacht gegenüber dem sadistischen Über-Ich läßt eine äußere Autorität suchen, der man genügend Macht und Strenge zutrauen kann, um der eigenen Gewissensinstanz genügend ähnlich zu sein.

Kollektive Externalisierungsprozesse dieser Art findet man am deutlichsten in totalitären Gesellschaften. Wenn man die eigenartigen Hörigkeitsbeziehungen verstehen will, die in totalitären Gesellschaften die Menschen an ihre Führer binden, so muß man offensichtlich solche Prozesse der Gewissens-Externalisierung in Betracht ziehen. Ich habe dies im Rahmen einer kleinen Studie am Beispiel der Über-Ich-Rolle Hitlers zu skizzieren versucht. Dabei ergab sich die Frage, warum der Welteroberungswahn und die Größen- und Unfehlbarkeitsideen Hitlers nicht abschreckend, sondern so überaus attraktiv wirkten. Als eine Komponente der Motive trat dabei der spezifische deutsche Selbsthaß ins Gesichtsfeld, Resultat des hiesigen rigoristischen Erziehungssystems. Verbunden mit den Kränkungen des deutschen Nationalismus begünstigte jener Selbsthaß offenbar die Suche nach einer äußeren Über-Ich-Ersatzfigur, die gerade durch ihre Allmachtsansprüche und ihre auf die Juden bezogenen Teufelsaustreibungs-Ideen bestechen mußte. Unter diesen Umständen bietet die moralische Selbstentmündigung für den, der sich einem solchen Über-Ich-Surrogat ausliefert, gewisse Vorteile:

1. Durch die Nach-Außen-Verlagerung der Gewissensinstanz werden die inneren Konfliktmöglichkeiten weitgehend eingeschränkt. Als braver Gefolgsmann der Führer-Autorität ist man vom Druck der früheren Selbstvorwürfe entlastet.

2. Man kann an den egozentrischen Größenideen der äußeren Instanz partizipieren, der man sich unterworfen hat. Man kann sich ein Stück weit mit der Herrlichkeit und Omnipotenz identifizieren, von der der Diktator besessen ist.

3. Man gewinnt als Preis für seine absolute Gefolgschaft den Schutz der betreffenden Autorität.

4. Man kann seine Aggression ohne Schuldgefühle kanalisieren, sofern man diese Impulse den offiziell deklarierten Außenfeinden zuwendet.

So kann sich sogar am Ende der sadistische Helfershelfer einer KZ-Politik absolut integer fühlen, wenn er seinem Über-Ich-Surrogat bedingungslos folgt und bestimmte formale Tugenden wie Fleiß, Ordentlichkeit, Pünktlichkeit, Unerschrockenheit, Kameradschaftlichkeit, materielle Verzichte usw. aufbringt.

Die «Externalisierung des Über-Ichs» ermöglicht jedenfalls eine Scheinlösung von Selbstwertkonflikten, die sozialpsychologisch eine überaus bedeutende Rolle spielt. Die Geborgenheit in dieser Abhängigkeit ist deshalb so gefährlich, weil die äußere, das Über-Ich repräsentierende Autorität, nicht kritisiert werden darf. Denn würde diese Autorität ihre Unvollkommenheit und Mangelhaftigkeit beweisen, wäre sie nicht länger als Über-Ich-Substitut geeignet. Man müßte seine Projektion zurücknehmen und wäre im selben Augenblick wieder dem alten Selbsthaß ausgeliefert, dem man mit so viel Mühe entronnen ist. So entsteht eine fatale Selbststabilisierung des Hörigkeitsverhältnisses: übergroßer Druck von Selbsthaß macht schließlich eine Revision der entlastenden Abhängigkeitsbeziehung unmöglich. Die Hörigen werden unfähig, selbst die augenfälligsten Fehler der jeweiligen Autorität wahrzunehmen, geschweige denn zu kritisieren. Statt dessen wird aus innerem Zwang heraus eine Überidealisierung aufrechterhalten, nur um das eigene innere Gleichgewicht so lange als möglich zu konservieren.

Natürlich macht es die Komplexität der gesellschaftlichen Prozesse, die sich etwa mit dem Faschismus verbinden, nur sehr begrenzt möglich, solche psychologischen Kategorien anzuwenden. In der Kleingruppenforschung indessen kann man solche Mechanismen durchaus überzeugend herausanalysieren und in ihrer Wirkung deutlich machen. Ihre Beachtung ist hier für die Beurteilung von Gruppenstrukturen überaus wichtig. Sie stellen zum Beispiel ein wesentliches Kriterium dafür dar, ob der erreichte Konsensus in einer Gruppe mit echter Solidarität zu tun hat oder eher das Resultat eines gemeinsamen Selbst-Entmündigungsprozesses ist. Man sieht nicht selten Gruppen, die nach außen hin ein scheinbar gesundes Selbstvertrauen ausstrahlen. Die einzelnen fühlen sich wertvoll, die Gruppe im ganzen fühlt sich wertvoll. Man glaubt, daß man miteinander eine gute Sache vertritt. Nichtsdestoweniger mag sich bei einer genaueren Analyse herausstellen, daß dieses Selbstwertgefühl doch nur durch eine kollektive Unterwerfung unter eine sichtbare oder unsichtbare äußere Über-Ich-Autorität erkauft wird. Es gibt sektiererische Gruppen, die haben gemeinsam einen sehr starken Erlösungsglauben, den sie auf eine unbezweifelbare Heilsdoktrin stützen. Wird diese Doktrin obendrein durch ausstrahlende Führerpersönlichkeiten repräsentiert und verfügt man zur Aggressionsabfuhr über ein klar definiertes Außenfeind-Bild, dann mögen solche Gruppen auf den ersten Blick beneidenswert geschlossen und selbstsicher erscheinen. Man vermißt bei ihnen die drückenden Zweifel und die autoaggressiven Prozesse, die viele andere Gruppen so sehr belasten und gefährden. Strukturen dieser Art findet man bei religiösen Zirkeln der verschiedensten Art, bei Anhängern mehr oder minder esoterischer Therapielehren bis hin zu bestimmten Varianten von Gruppentraining, Yoga, Vegetarismus und schließlich bei diversen extremen politischen Gruppierungen. Das Maß der Veräußerlichung des Über-Ichs bekundet sich hierbei allemal in der Angst, die jeweiligen Heilsprinzipien und deren Wortführer kritisch in Frage zu stellen und auf die Außenfeind-Verfolgung zu verzichten. Die Gruppen fallen auch innerlich durch eine öde Uniformität und Unlebendigkeit auf. Es fehlt ihnen an Spontaneität und Originalität. Diskussionen von einer solchen kritischen Offenheit, Differenziertheit und Fülle der Perspektiven, wie sie etwa in dem zitierten Protokoll der Kinderladengruppe zum Ausdruck kommen, sind hier undenkbar. In den sektiererischen Zirkeln vereinigt man sich eigentlich immer nur, um in endlosen Wiederholungen das jeweilige Über-Ich-Prinzip in bestimmten Zeremoniellen zu lobpreisen und das kathartisch entlastende Außenfeind-Bild in Kampf- oder Spottgesängen wachzuhalten. Die äußerliche Stabilität solcher Gruppen ist demnach nur die Kehrseite ihrer undurchschauten Selbstentmündigung. Freilich wirken solche gleichgeschalteten Pseudo-Gemeinschaften recht imponierend und attraktiv auf viele Unsichere, die sich ebenfalls endlich eine Erlösung von ihren inneren Ängsten und Selbstwertzweifeln wünschen.

Demgegenüber erscheinen dem oberflächlichen Betrachter gewiß viele der kritisch experimentierenden Wohngemeinschaften und Spontangruppen eher als «ungesund». Hier quält man sich viel mehr mit einer Fülle offener Fragen herum. Man verfügt zwar auch über

Orientierungsperspektiven für die Veränderung der Gesellschaft und der Menschen, aber im Rahmen dieser Perspektiven sieht man eine Fülle von ungelösten Schwierigkeiten, die man nicht einfach durch Glaubenssätze, sondern nur durch kritische Arbeit klären und lösen kann. Solche Gruppen fordern von den Teilnehmern sehr viel mehr Geduld und Tragfähigkeit für Verantwortung. Manch einer, der vor Eintritt in eine solche Gruppe seine Konflikte durch irgendwelche Hörigkeitsbindungen verleugnet hatte, wird hier erleben, daß er erst in der Gruppe für seine Probleme voll sensibilisiert wird. Er mag der Vergangenheit nachtrauern: Wie schön war es noch, als alles so unkompliziert erschien und ich mich gut fühlte, sofern ich tat, was man von mir erwartete! –

Diese kritischen Gruppen sind es indessen, von denen man am ehesten die wesentlichen Impulse erwarten kann, durch welche die traditionelle moralistische bürgerliche Erziehung allmählich zu ändern sein wird. Die Werkstätten der in letzter Zeit stark vermehrten kritischen Wohngemeinschaften, der Eltern-Kinder-Gruppen, der Initiativkreise progressiver Studenten, Pädagogen, Sozialarbeiter usw. könnten sich als Laboratorien bewähren, in denen sich zunächst einmal die Erzieher bzw. die Erzieher von morgen selbst umerziehen, um die Maßstäbe einer neuen Form von Kindererziehung zu entwickeln und durchzusetzen. Dabei sind Ansätze aus der Zeit der antiautoritären Bewegung weiter zu verfolgen und zu testen, die man wegen mancher ihrer Auswüchse teilweise voreilig und zu radikal verworfen hat.

Größe, Macht, Rivalität und Ressentiment

Bedingungen der Ressentimentbildung

Die gesellschaftliche Gleichung: klein = ohnmächtig = unterdrückt. Sadomasochistische Fixierung und Egozentrismus als psychologische Wurzeln des Ressentiments. Definition des Ressentiments

Werden die anderen sagen, daß ich gut bin? Werden sie mir helfen, mich wertvoll zu fühlen? Wohl kaum. Eher muß ich gefaßt sein, daß sie die Zweifel an meinem Wert, die mich ohnehin bedrücken, verstärken. – Das ist die bisher verfolgte Perspektive der Gruppe als moralisches Tribunal. Man phantasiert sich als Angeklagter, man präpariert sich auf Verteidigung oder unter Umständen auf Gegenanklagen, ja unter Umständen auf ein präventives Anklägerverhalten, um denen zuvorzukommen, von denen man moralisch vernichtet zu werden fürchtet. Unbewußte Zwänge bewirken, daß man selbst die Inquisitionsszene mit zu gestalten hilft, vor der man sich so sehr fürchtet und die dazu führt, daß die eigentlich erstrebten Gemeinschaftsgefühle erstickt und statt dessen Scham- und Schuldgefühle und die aus diesen entspringenden Abwehrreaktionen angeheizt werden.

Diese Perspektive ist verwandt mit, aber zu unterscheiden von einer anderen, die nicht minder geeignet ist, Solidarität innerhalb einer Gruppe oder auch zwischen Gruppen zu stören. Das ist die Perspektive der Gruppe als Machtkampf-Arena. Diese Sichtweise hängt mit der zuvor genannten insofern zusammen, als nicht selten die moralische Kategorie vorgeschoben wird, um Rivalen-Machtkämpfe zu entscheiden. Gerade in Gruppen mit einem hohen Potential latenter Schuldgefühle werden Machtkämpfe gern mit moralischen Argumenten maskiert. Man muß die andere Seite niederzwingen, damit das Gute siegt, das man selbst zu repräsentieren vorgibt.

Es ist eine Grunderfahrung, die das Kind von frühen Stadien seiner Entwicklung an immer wieder bestätigen muß: Der Unterschied von groß und klein bedingt immer zugleich ein Verhältnis von Macht und Ohnmacht, von Sieg und Niederlage. Man kann in unserer rivalitätsgeladenen Klassengesellschaft nicht klein sein, mindere Erfahrung haben, über eine geringere Begabung verfügen, schlechter gebildet sein, eine niedere Position haben, ohne zugleich in der Entfaltung der natürlichen Bedürfnisse behindert zu werden. Das Kind erwacht in einer Umgebung, in der es zunächst ohnmächtig den Großen preisgegeben ist, die ihre Macht mannigfaltig mißbrauchen. Ältere Geschwister lassen ihre Überlegenheit fühlen. Im Hort und im Kindergarten muß man als der Schwächere fortgesetzt zurückstecken. Das Kind erlebt sich inmitten menschlicher Beziehungen, die allesamt durch mehr oder minder deutliche einseitige Abhängigkeiten bestimmt sind. Das Mädchen leidet unter der Bevorzugung und Überlegenheit der Jungen und findet das Problem zumeist in dem durch die Rollenstereotypen bedingten Verhältnis zwischen Vater und Mutter wieder. Den Vater, zu Hause dominierend, lernt das heranwachsende Kind zugleich als Abhängigen kennen, der an seinen hierarchisch eingeengten Arbeitsbedingungen leidet. Es bemerkt die Vorrechte der Kinder aus reicheren Familien und die Ungleichheiten der Bildungs- und Berufschancen. Je älter das Kind wird, um so deutlicher wird ihm das allenthalben wirksame spannungsvolle Machtgefälle zwischen den sozialen Klassen, den Geschlechtern und den Generationen. Die großen Differenzen des Besitzes, der Bildung und der faktischen Machtausübung in der Wirklichkeit widersprechen der sozialen Gleichberechtigung, die dem Kind als Grundsatz der gesellschaftlichen Ordnung eingeprägt wird. Und seine eigenen tausendfältigen Niederlagen kontrastieren in unbegreiflichem Ausmaß zu dem herkömmlichen Leitbild des großen, freien, würdevollen Individuums, das in der üblichen Erziehung als Ziel der Selbstverwirklichung des einzelnen verkündet wird. Aus allen diesen Widersprüchlichkeiten erwächst zwangsläufig ein hohes Maß an sozialem Mißtrauen und an Sensibilität für Rivalitätsprobleme.

Dieses Mißtrauen und diese Sensibilität werden natürlich wesentlich durch das individuelle Schicksal eines Kindes und vor allem durch die Zugehörigkeit zu einer bestimmten sozialen Klasse mitbestimmt. Im günstigen Falle werden aus diesen Merkmalen Fähigkeiten, sozialen Druck, Manipulation, Machtmißbrauch mit besonderer Schärfe wahrzunehmen und dagegen Widerstand zu leisten. Im positiven Fall wächst zugleich die Einsicht, daß man nicht allein, sondern nur zusammen mit anderen, die ähnlich sensibilisiert sind, Aussichten hat, sich wirksam zu wehren. Das erfordert Grunderfahrungen in Solidarität bereits in der Kindergruppe. Aber diese Entwicklung wird zumeist durchkreuzt.

Das Kind ist einem Erziehungssystem ausgeliefert, das planmäßig Rivalitätsangst und Rivalitätshaß schürt, womit die Leistungsmotivation verstärkt werden soll. Schon die ersten und alle späteren Kinder-Gesellschaftsspiele sind kaum je Gemeinschaftsspiele, sondern fast ausschließlich Gemeinschafts-Zerstörungsspiele. Man muß überall siegen, um belohnt zu werden bzw. nicht auszuscheiden. So lernt das Kind Gruppensituationen frühzeitig ausschließlich als gefährliche Wettbewerbssituationen zu definieren, in denen man immer nur kämpfen muß, um nicht blamiert oder materiell geschädigt zu werden. Das Ausspielen der Geschwister gegeneinander beginnt in der häuslichen Kinderstube. Im Kindergarten wird der dosierte Konkurrenzkampf bereits zum planmäßigen Manipulationsprinzip. Die Benotungen und das Sitzenbleiben in der Schule setzen diese Entwicklung konsequent fort. Künstlich vermehrt werden die Rivalitätsspannungen durch die andressierte individualistische Denktradition. Durch die falsche Theorie von der angeblichen Selbstsüchtigkeit der «Instinkte», vom homo homini lupus, vom Heroismus der Einsamkeit, von der Unverläßlichkeit aller Partnerschaften außer der Mutter-Kind-Beziehung. Diese egozentrische Ideologie addiert sich zu den praktischen Techniken der permanenten Mobilisation von Konkurrenzangst.

Die vermittelte Isolation im Egozentrismus und die fortgesetzten Frustrationen in Rivalitäten bewirken in der Regel ein Übermaß an Angst und Wut, das den Nährboden für Ressentiment abgibt.

«Ressentiment», lehrte SCHELER in seinem Aufsatz über *Das Ressentiment im Aufbau der Moralen* (1915), «ist eine seelische Selbstvergiftung mit ganz bestimmten Ursachen und Folgen. Sie ist eine dauernde psychische Einstellung, die durch systematisch geübte Zurückdrängung von Entladungen gewisser Gemütsbewegungen und Affekte, die an sich normal sind und zum Grundbestande der menschlichen Natur gehören, entsteht und gewisse dauernde Einstellungen auf Arten von Werttäuschungen und diesen entsprechenden Werturteilen zur Folge hat. Die hier an erster Stelle in Betracht kommenden Gemütsbewegungen und Affekte sind: Rachegefühl und -impuls, Haß, Bosheit, Neid, Scheelsucht, Hämischkeit.»

Die Idee der «seelischen Selbstvergiftung» aus dieser klassischen Definition trifft anschaulich den Tatbestand, daß das Ich im Ressentiment die Fähigkeit verliert, positive Angebote aus Gruppen entgegenzunehmen und sich selbst mit positiven Beiträgen solidaritätsfördernd in Gruppen zu engagieren. Durch die «Selbstvergiftung» büßt das Ich die Realitätskontrolle ein und überzieht alle seine Beziehungen pauschal mit einem negativistischen, mehr oder minder wahnhaften Konzept. Es sieht um sich herum überall nur noch Feindseligkeit, und es reagiert dementsprechend auch nur noch mit Feindseligkeit. Durch das Ressentiment verliert das Ich die Fähigkeit, soziales Mißtrauen zur kritisch selektiven Entlarvung von objektivem Unrecht und Machtmißbrauch einzusetzen. Die Sensibilisierung ist umgeschlagen in eine sado-masochistische Stereotypisierung. Das Ich ist in dem Zwang gefangen, auf Grund seiner angestauten unbewältigten Kränkungen und Haßimpulse pauschal alle sozialen Situationen in sadomasochistischer Perspektive zu diagnostizieren. Der Betreffende kann nicht mehr unterscheiden zwischen einerseits solchen Gruppensituationen, die Mißtrauen und Kampf erfordern, und andererseits solchen Situationen, in denen Vertrauen und Solidarität praktiziert werden müßten. Diese Diskriminierung ist unmöglich geworden. Der Betreffende trägt infolge seiner «seelischen Selbstvergiftung» demnach auch in Gruppen, in denen Gemeinschaft praktiziert werden müßte, sein negativistisches Konzept automatisch hinein. Er stiftet überall nur noch Zwiespalt – von dem er freilich meint, daß er ihn stets nur vorfinde und darauf defensiv reagiere.

Freilich kann diese Kampfeinstellung im Ressentiment sehr verdeckt sein. Sie verbirgt sich häufig sogar hinter einer Gegenideologie. Das wären jene von SCHELER (in Anknüpfung an NIETZSCHE) gemeinten «dauernden Einstellungen auf Arten von Werttäuschungen und diesen entsprechenden Werturteilen». Damit ist gemeint, daß jemand zum Beispiel von einer pazifistischen Ideologie erfüllt zu sein glaubt und diese auch überall vertritt, während er in Wirklichkeit überall Zwietracht sät und aggressionsgeladene Situationen provoziert.

Ganz wesentlich ist jedenfalls, daß im Ressentiment schließlich keine objektiv rationale Beurteilung von sozialen Sachverhalten mehr stattfindet, sondern daß sich unter dem Einfluß dieser Verfassung die ganze Welt in ein einziges Projektionsfeld des angestauten persönlichen Sado-Masochismus verwandelt. Ein charakteristisches Merkmal besteht darin, daß bei sozialen und politischen Auseinandersetzungen nicht nur die Gegenseite, sondern stets auch die eigene Partei von diesem Ressentiment getroffen wird. Dem Träger des Ressentiments ist Solidarität schlechthin unmöglich.

Diese pointierte Beschreibung des Ressentiment-Verhaltens könnte den Eindruck erwecken, als handele es sich hierbei um irgendeine pathologische Extremvariante. In Wirklichkeit sind zumindest Anklänge dieses Ressentiments – als Abbild der gesellschaftlichen Strukturen und des dazu passenden Erziehungssystems – ubiquitär vorhanden. Auch in den bevorzugten sozialen Schichten ist diese Einstellung latent überall vertreten, wenn auch hier vielfach besser überdeckt und eher kanalisierbar durch Entlastungsmöglichkeiten gegenüber den unterprivilegierten Gruppen.

Von der weiten Verbreitung ressentimenthafter Reaktionsbereitschaft kann man sich immer wieder an Hand einer bestimmten testartigen Situation überzeugen: Irgendeine Gruppe scheint recht ordentlich als Gemeinschaft zu funktionieren. Man hat immer wieder bewiesen, daß man auch delikate Probleme kooperativ angehen und lösen kann. Eines Tages entwickelt ein Mitglied der Gruppe ein hochgradig paranoid mißtrauisches Verhalten. Der Betreffende beginnt gegen irgendeinen Teil der Gruppe mit finsteren Verdächtigungen und Beschuldigungen zu kämpfen. Da plötzlich verbreitet sich diese Stimmung über die Gesamtgruppe. Es treten auf einmal scharfe Fraktionsbildungen hervor. Überall breitet sich Angst, Mißtrauen, Kampfbereitschaft aus. Längst erloschen geglaubte Neid- und Racheimpulse kommen erneut zum Vorschein. Das Gesicht der Gruppe verwandelt sich jedenfalls von Grund auf. Der eben noch friedlich kooperative Kreis demaskiert sich als eine Ansammlung von Verfolgern und Verfolgten, wobei die Rollen vom jeweiligen Standpunkt aus anders definiert werden. Unter psychoanalytischem Aspekt würde man von einer paranoiden Gruppenneurose sprechen. So vermag ein einzelner mit dem Durchbruch seiner paranoiden Impulse sehr häufig eine ganze Gruppe anzustecken. Diese Wirkung kann er aber nur erzielen, indem er Tendenzen hervorlockt, die bereits als latentes Potential in der Gruppe vorhanden waren. Bemerkenswert ist jedenfalls, daß sich viele Gruppen gegen eine solche Ansteckung nicht zu schützen wissen, auch wenn die Mehrzahl der Mitglieder verstandesmäßig einsieht, daß man hier im Grunde das Spiel des einen mitspielt, der vielleicht sogar regelrecht krankhaft geschädigt ist. Dieses wahrhaftig nicht seltene Phänomen demonstriert jedenfalls, wie breit gestreut die Ladung mit latentem Ressentiment ist, das vielfach nur so lange in Schach gehalten wird, als man Beziehungen untereinander auf einer relativ oberflächlichen und unverbindlichen Ebene zu halten versteht. Um das Phänomen Ressentiment zunächst noch instruktiver zu verdeutlichen, seien einzelne modellhafte Konstellationen dargestellt, die sich in diesem Sinne interpretieren lassen.

Zur Phänomenologie des Ressentiments

Ressentimenthafte Rivalitäten in diversen Gruppensystemen: Familie, Ausbildungsinstitutionen, politische Gremien. Ressentiment als verleugneter und unkontrollierter politischer Risikofaktor

Man findet Familien, wo Eltern aus unbewußtem Zwang heraus ihre Kinder bekämpfen müssen, wenn diese auf abweichenden Meinungen beharren. Sie müssen sofort glauben, die Kinder wollten ihnen «in den Rücken fallen». Sie müssen die Kinder klein und ohnmächtig halten, weil sie sonst fürchten, von den Kindern überflügelt und gedemütigt zu werden.

Eine Arbeiterin, die selbst durch ihre Herkunft aus einer sehr armen Familie keinen Beruf erlernen konnte, der ihr gepaßt hätte, ist aus tiefem Ressentiment heraus außerstande, ihrer elfjährigen Tochter den Wechsel auf den wissenschaftlichen Zweig der Oberschule zu gestatten. Sie ist empört über die Tochter, die diesen Wunsch auf Drängen der Lehrer äußert. Sie fühlt sich durch die intelligente Tochter dadurch angegriffen, daß diese scheinbar mehr werden wolle als die Mutter. Und sie hält dem Mädchen direkt vor, daß diese offenbar die Mutter nicht achte und dieser über den Kopf hinauswachsen wolle. Auch die Fürsprache der Lehrer nützt nichts. Die Mutter muß aus ihrem eigenen Konflikt heraus die Tochter niederhalten, um dieser gegenüber nicht in eine unterlegene Rolle zu geraten.

Allgeläufig ist die Beobachtung, daß ressentimentgeladene Eltern mit persönlichen Haßgefühlen auf ihre Kinder dann reagieren, wenn diese Vorteile und Bequemlichkeiten genießen, welche die Eltern früher schmerzlich entbehrt hatten. Der Neid auf jene Kinder, die es in der Kindheit der Eltern besser hatten als diese selbst, wird nun auf die eigenen Kinder übertragen. Die Eltern empfinden jetzt ihre Kinder wie erfolgreiche Rivalen und lassen diese für den eigenen früheren Mangel büßen. Voraussetzung ist, daß die Eltern ihre früheren Demütigungen nicht verwunden haben und somit auf die paradoxe Phantasie verfallen, die eigenen Kinder wollten sie unbedingt noch einmal an ihre alten Kränkungen erinnern und über sie triumphieren.

Bei Ehepaaren führen ressentimenthafte Machtkämpfe sehr häufig dazu, daß keiner dem anderen eine Blöße zu zeigen wagt. Jeder fürchtet, vom anderen kleingemacht zu werden. Die zuvor ausführlich behandelten Rollenstereotypen begünstigen die Möglichkeit solcher Deformierung der Paarbeziehung in einer Zeit, in der viele Frauen das alte Rollenverhältnis zu ändern wünschen. Beide Teile sind verunsichert und verstricken sich in teils sachlich begründete, teils irrationale Konkurrenzprobleme. Im Extremfall belauern beide einander fortgesetzt, um ja keinen Fuß breit Boden an den anderen zu verlieren. In allen Kommunikationsebenen bis hin zur Sexualität ist es immer nur die Frage: Wer ist der Starke, wer der Schwache? Wer übertrumpft wen? Obwohl beide an sich den Wunsch hätten, miteinander Hilfen und Befriedigungen auszutauschen, entsteht eine sado-masochistische Szene, die jede Spur von Solidarität zunichte macht.

Solche Ressentiment-Kämpfe in Ehen und Familien bewirken natürlich, daß die Kooperationsmöglichkeiten in diesen Gruppensystemen zerstört werden. Man kann einander nicht mehr unterstützen, weil man sich gegenseitig jeden Erfolg mißgönnt. Man ist froh, den anderen schwach und elend zu sehen, so wie man sich insgeheim selbst fühlt. Im Selbstbehauptungskampf gegeneinander macht man sich kaputt. Der ressentimentgeladene Vater ist froh, wenn sein Sohn versagt. Die rivalisierende Ehefrau triumphiert, wenn der Mann kränkelt oder beruflich scheitert. Das System funktioniert nicht mehr als Kraftquelle, als Stimulans und Schutz für die Mitglieder, sondern umgekehrt als eine Institution der wechselseitigen Zerstörung. In der Familie läßt sich das Ressentiment-Prinzip am besten verdeutlichen, weil hier der Gegensatz zu den eigentlichen Aufgaben positiver Kommunikation und Kooperation am schärfsten hervortritt. Aber auch in vielen anderen Gruppensystemen finden sich instruktive Beispiele in Hülle und Fülle. Die sozialen Konsequenzen sind dort stets besonders schlimm, wo ressentimenthafte Rivalenkämpfe auf dem Rücken sozial Abhängiger ausgetragen werden, die als eigentliche Opfer auf dem Kampffeld solcher irrationalen Auseinandersetzungen zurückbleiben. Dazu ein typischer und leider allzu geläufiger Fall aus dem Universitätsleben:

Ein Professor und Lehrstuhlinhaber vertritt ein Fach, das in der Fakultät wenig angesehen ist. Das Fach hat innerhalb der Fakultät nur eine randständige Bedeutung. Es wird vielleicht sogar wegen seines Gegenstandes oder seiner etwas außenseiterischen Methoden leicht bespöttelt. Der betreffende Lehrstuhlinhaber reagiert persönlich gekränkt über die Mißachtung seiner Disziplin, die er für höchst wichtig hält. Und er ist obendrein tief verbittert darüber, daß nicht nur die anderen Professoren, sondern auch die Studenten seinem Fach keine besondere Beachtung zollen. Sie besuchen seine Vorlesungen, wie es ihm scheint, unregelmäßiger und widerwilliger als die Lehrveranstaltungen seiner Kollegen. Der Professor verschärft nun indessen selbst das Problem, unter dem er leidet. Bei gemeinsamen Abstimmungen in der Fakultät stimmt er stereotyp gegen die Mehrheit der Vertreter der großen Fächer. Er fühlt sich überall zu kurz gekommen und macht sich durch ein besonders rechthaberisches und wichtigtuerisches Auftreten nur noch unbeliebter und lächerlicher. Im Studentenunterricht vertreibt er durch seine verdrießliche Stimmung und sein gereiztes Auftreten viele Hörer. Am Ende fühlt er sich von allen Seiten zurückgesetzt, verachtet und verfolgt. Aber er hat ein letztes Mittel, sich Genugtuung zu verschaffen: Er prüft strenger als alle übrigen Professoren. Niemand läßt auch nur annähernd so viele Kandidaten durchfallen wie er. Und bei Habilitationen erhebt er mit Vorliebe Einspruch gegen die Habilitationsarbeiten von jungen Wissenschaftlern, die aus den beneideten großen Fächern stammen. Mit der Lupe sucht er nach kleinen Fehlern in den Habilitationsarbeiten. Und unbeirrbar verlangt er die Ablehnung der Schriften, wenn er zu seiner Genugtuung irgendeine schwache Stelle gefunden hat. Er genießt es, wenn der betreffende Kollege, der den Habilitanten betreut, sich hilfesuchend an ihn wenden und ihn um seine Gunst bitten muß. Dies ist nun der Triumph seines Ressentiments: Er kann diversen Habilitanten das Avancement erschweren und zahlreichen Studenten Wiederholungsprüfungen aufzwingen. Mehr noch: Er kann durch Mißbrauch seiner fachlichen Autorität so manchen Hochbefähigten derart verunsichern, daß der Betreffende sich künftig lieber mit bescheidenen Positionen begnügt, um ja nicht noch einmal einen ähnlichen Prüfungsschock zu erleiden. Die Zahl der Karrieren, die solchen Ressentiment-Impulsen zum Opfer gefallen sind, ist gewiß nicht gering anzusetzen.

Vergleichbare Verhaltensweisen findet man indessen an vielen anderen Ausbildungsinstitutionen, an Lehrwerkstätten, Schulen, Fachschulen usw. Kaum jemand, der solche Institutionen gründlicher kennengelernt hat, wird nach passenden Beispielen länger suchen müssen. Immer wieder geschieht es, daß unbewältigter Rivalitätshaß unter Lehrern oder Dozenten zu Lasten der Ausbildungsabsolventen ausgetragen wird. Ein Ausbilder, der seine Rivalitätsprobleme mit den Kollegen nicht bewältigt hat, rächt sich an deren Schülern. Die gemeinsame Verantwortung des Ausbilder-Kollegiums, solidarisch eine bestmögliche Ausbildung und Förderung des Nachwuchses zu leisten, erscheint in den Köpfen derer zweitrangig, die unter dem Überdruck ihrer persönlichen Ressentiments stehen. Nie wird freilich jemand zugeben, daß er seinen Rachedurst höher stelle als seine sozialen Verpflichtungen. Immer wird man eine Rationalisierung parat haben. Und diese Rationalisierung ist vielfach nicht als bewußter Betrug zu entlarven. Vielmehr verstehen es die Betreffenden häufig, sich selbst einzureden, daß sie aus sachlich begründeter Strenge handelten und damit der Institution am allerbesten dienten. Der Rachedurst wird unbewußt umgefälscht in besondere Pflichttreue: In einer Zeit der Laschheit und der Kompromisse dürfe man sich heroisch standfest fühlen, wenn man mit den eigenen hohen Anforderungen an den Nachwuchs nicht nachlasse.

Von solchen, die nach objektiven Maßstäben streng prüfen, unterscheiden sich die Ressentiment-Typen aber durch die gezielte Auswahl ihrer Racheopfer und durch den schikanösen Sadismus ihrer Methoden. Wen sie hereinlegen wollen, den fragen sie unklar, stellen ihm Fallen, erzeugen künstlich Verlegenheit und Verwirrung und beharren eigensinniger als andere auf ergebener Unterwerfung unter persönliche Schulmeinungen. Ihre «Durchfaller» stellen keinen repräsentativen Querschnitt von Untüchtigen dar.

Ein Spektakel von makabrer Albernheit – in der Sicht unbetroffener Zuschauer – liefern mitunter zwei Kampfhähne innerhalb eines Ausbilder-Kollegiums, von denen jeder mit sadistischer Präzision jeweils die besonderen Schüler des Gegners zur Strecke zu bringen versucht. Und es ist nicht zu verkennen, daß solche ressentimenthaften Rivalitäten nicht nur unter zweitrangigen und unbedeutenden Köpfen vorkommen, sondern gar nicht so selten auch zwischen sehr bekannten und erfolgreichen Persönlichkeiten. Man sollte meinen, daß besonderer Erfolg gegen ein Überwuchern von Ressentiment schützen müsse. Aber wenn Eitelkeit und Machthunger überdimensionale Proportionen annehmen, wird auch das Gerangel um Spitzenpositionen unter Umständen noch aufgeladen mit der Gefahr maximaler Kränkungen und entsprechend vehementer Rachewünsche. Keiner der hochgestellten Rivalen vermag es in solchen Fällen zu ertragen, daß auf den eigenen gottähnlichen Glanz vom Gegner her noch ein minimaler Schatten fällt. In solchen Fällen ist es also nicht etwa das objektive Quantum erlittener Zurücksetzungen, das die «seelische Selbstvergiftung» bewirkt, sondern das megalomane Übermaß an Anspruchlichkeit. Da gibt es die großen Auserwählten, die sich innerlich mit dem Nimbus ihrer Spitzenposition identifizieren und am Ende selbst die kleinste Zurücksetzung als unerträgliche Katastrophe phantasieren müssen.

Solche Titanenrivalitäten unter Megalomanen sind aus Philosophen-, Wissenschaftler-, Künstler-, aber auch aus Herrscherbiographien allbekannt. Geradezu mit einem gewissen Vergnügen werden diese irrationalen Entgleisungen Prominenter vom Publikum aus der Distanz verfolgt. Sie dienen zur Entlastung des Ressentiments der vielen Kleinen, die dadurch ein Stück weit ihren Neid mildern können. Aber diese Schadenfreude über die Verirrungen der Großen und Mächtigen trübt allzuleicht die Wachsamkeit gegenüber den Gefahren, die sich mit solchen Reaktionsweisen verbinden, wenn diese sich zum Beispiel in wichtigen Machtzentralen unserer Gesellschaft abspielen.

Wenn nur ein paar Philosophen oder ein paar wissenschaftliche Koryphäen einander in die Haare geraten und sich gegenseitig im Widerspruch zu ihrer überragenden Intelligenz mit offensichtlicher kindischer Blindheit und ressentimenthaften Rationalisierungen bekämpfen, dann mag man das noch aus der Ferne amüsant oder rührend traurig finden. Demgegenüber ist es doch höchst beunruhigend, wie wenig in der Regel die Möglichkeit beachtet und kontrolliert wird, daß sich solche Fälle in der großen Politik abspielen und Fehlentscheidungen von ungeheurer Tragweite auslösen können. Man kann sich fragen, warum dieses Problem weithin verleugnet wird.

Ein paar mehr oder minder konstruierte Modellfälle mögen veranschaulichen, was hier auf dem Spiele steht:

Ein sehr ehrgeiziger Minister, Verwalter eines großen und wichtigen Ressorts, genießt das Ansehen des zweitmächtigsten Mannes in einer Regierung. Er gilt im Volke als unerläßliche Stütze des Regierungschefs, zumal er das bedrohte Ansehen der Regierung bereits mehrmals durch erfolgreiche Meisterungen von Krisen gerettet hat. Gestärkt durch seine Erfolge benimmt er sich indessen immer selbstherrlicher und verlangt schließlich, daß sich das Kabinett regelmäßig widerspruchslos allen Forderungen unterwirft, die er, sein Ressort betreffend, erhebt. Seine anmaßende und kompromißlose Attitüde heizt einen Rivalitätskonflikt zumal mit solchen Kabinettskollegen an, die ihm in ihrer psychologischen Struktur noch am ähnlichsten sind. Er will nun im Kabinett wieder einmal eine bestimmte Sachentscheidung durchboxen. Die Mehrheit im Kabinett vertritt eine abweichende Meinung. Bislang hat man miteinander solche sachlichen Differenzen stets zu bereinigen verstanden, zumal dann, wenn es in unmittelbarer Nähe eines Wahltermins darauf ankam, die Einigkeit der Regierung darzustellen. Diesmal aber trägt die affektive Rivalität dazu bei, daß man die Kluft nicht überbrücken kann. Der sieggewohnte Minister zieht sich zunächst gekränkt zurück und erwartet, daß die opponierende Mehrheit, seiner Wichtigkeit eingedenk, mit einem Kniefall einlenken werde. Um so höher steigt schließlich seine Wut, als ihm diese Genugtuung versagt wird. Im entscheidenden Augenblick ist die Gruppensituation tatsächlich in erster Linie durch den affektiven Rivalitätskonflikt bestimmt. Es geht mehr um persönlichen Sieg oder persönliche Niederlage. Aus sich heraus wäre das Sachproblem nicht hinreichend brisant, um den Kampf und die Form seiner Austragung zu erklären. Der Minister tritt ab und zeigt sich im anschließenden Wahlkampf in spektakulärer Weise plötzlich an der Seite der prominentesten Häupter der Opposition. Bisher eine Hauptsäule der Regierungspolitik, erscheint er nun in den Augen des Wählervolkes als deren beachtlicher Feind. Und vieles spricht dafür, daß sein demonstrativer Abfall in diesem kritischen Moment seine Partei, zugleich die Partei seines Regierungschefs, um ihre Wahlchancen bringen werde. Damit wäre die gesamte politische Linie dieser Regierung blockiert und das Schicksal des Volkes würde auf eine sehr tiefgreifende Weise beeinflußt werden.

In diesem Modellfall wird also unterstellt: Die außer Kontrolle geratenen Geltungs- und Machtbedürfnisse eines Ministers bewirken durch ihre Kränkung ein irrationales Racheverhalten. Der Betreffende kann seine Niederlage nicht hinnehmen und ist aus Ressentiment bereit, eher die gesamte von ihm jahrelang mitgetragene Politik zu gefährden als diejenigen ungeschoren zu lassen, die ihm nun diese Kränkung bereitet haben. Man kann die Hypothese auch modifizieren und den Vorfall noch mehr als gruppendynamisches Phänomen deuten: Auch die übrigen an dem Konflikt beteiligten Rivalen mögen in der Kabinettskrise von ihren affektiven Impulsen fortgerissen worden sein und dazu beigetragen haben, daß es in einem Augenblick zu einer Vernichtungsschlacht kam, in dem alle allen Grund gehabt hätten, um der gemeinsamen Verantwortung für die Gesamtpolitik willen einen momentanen konstruktiven Ausweg zu finden.

Ein anderer Fall auf einer niedrigeren Ebene, aber mit nicht unähnlichen Konsequenzen:

Ein bislang wenig erfolgreicher, nichtsdestoweniger von versteckten Größenideen besessener Politiker gerät in ein Abgeordnetenamt. Es dürstet ihn, sich einmal ganz vornean zu fühlen und die Macht auszukosten, eine Entscheidung von höchster politischer Tragweite in seinen Händen liegen zu sehen. Da erlebt er, daß die Oberen seiner Partei ihn mit Nichtachtung demütigen. Es ergibt sich im Parlament eine Situation, die ihm Rache für seine Kränkung und zugleich eine Erfüllung seiner Größenideen verspricht. Eines Tages kommt es auf eine einzige Stimme an. Und der Mann weiß, er hat es in der Hand, entweder mit seiner Partei die Regierung zu stürzen oder sich an der eigenen Gruppe und deren Spitze zu rächen, indem er die Regierung rettet. Genau dies tut er. – Man mag sich erinnern, daß bei der Affäre, auf die hin bezogen dieser Modellfall konstruiert ist, der betreffende Abgeordnete selber das Motiv der Kränkung infolge Nichtbeachtung durch seinen Fraktionschef angeführt hat. Welche Bedeutung diese Komponente im Motivationszusammenhang auch immer gespielt haben mag: Auch hier wäre es persönliches Ressentiment und Rachedurst, die in einem kritischen Augenblick die Politik eines Landes entscheidend beeinflußt hätten.

Bei den Regierungen der Länder handelt es sich um kleine Gruppen, von denen naiver Volksglaube annimmt, daß sie untangiert von den irrationalen Impulsen des Ressentiments und des Rivalenhasses in purem sachbezogenem Edelsinn ihre Aufgaben wahrnähmen. Dabei sind an diesen Brennpunkten der Macht die latenten Möglichkeiten gruppendynamischer Konflikte besonders groß. Denn der Verantwortungsdruck mit den damit verbundenen enormen Ängsten, die höchst konkurrenzhaltigen Probleme der Etatverteilung, Koalitionsspannungen, das Macht- und Prestigegefälle zwischen den Ressorts usw. sind zusammengenommen ideale Katalysatoren für die Auslösung derjenigen irrationalen Mechanismen, die hier Gegenstand der Betrachtung sind. Und aus Inside-Informationen läßt sich entnehmen, daß solche gefahrenschwangeren gruppendynamischen Prozesse sehr häufig ablaufen und Entscheidungsprozesse von großer Tragweite nicht unbeeinflußt lassen. Die aus unkritischer Autoritätsergebenheit heraus auf die Regierungen projizierten Erwartungen von stabiler Solidarität und ungestört objektivem Entscheidungsverhalten sind sicherlich unangemessen. Immer muß man damit rechnen, daß auch hier Rivalitäten aus Ressentimentgründen jene Grenze überschreiten, innerhalb derer sie tragbar sind bzw. sogar in nützlicher Weise stimulierend wirken können.

Gesprächsweise malte ich mir zusammen mit einem anderen in Gruppendynamik erfahrenen Kollegen auf dem Höhepunkt der Krise um Minister Schiller 1972 aus, was wohl geschehen würde, wenn das Kabinett bzw. der Bundeskanzler einen Gruppendynamiker zu Rate ziehen und erklären würden: «Wir bemerken, daß wir im Augenblick nicht mehr hinreichend sachlich und besonnen miteinander reden. Wir gehen so gereizt und giftig – zumindest was die streitenden Parteien anbetrifft – miteinander um, daß wir fürchten, ohne Herstellung einer besseren Gruppenatmosphäre unvernünftige Entscheidungen zu treffen. Wir sind in einer derartigen Spannung, daß es uns schwerfällt, die Probleme differenziert in ihrer Bedeutung abzuwägen, die wir lösen wollen. Also bitte, helfen Sie uns, daß wir die Komponente der persönlichen affektiven Konflikte soweit miteinander klären, daß diese uns nicht bei den höchst diffizilen Sachentscheidungen in die Quere kommen und uns etwa zu irgendwelchen voreiligen und rein emotionellen Beschlüssen treiben!» – «Um Gottes willen!» meinte gleich einer meiner Gesprächspartner. «Da wäre die Regierung doch sofort eine Beute der Opposition. Am nächsten Tage käme *Bild* mit der Schlagzeile: ‹Regierung in der Hand von Psychiatern.› Die Opposition hätte leichtes Spiel, der Öffentlichkeit weiszumachen: Die Leute da oben sind erledigt und kaputt. Man muß sie absetzen.» Und ein anderer Gesprächspartner wies auf den Reinfall McGoverns hin, als sich herausstellte, daß sein Vizepräsidentschaftskandidat Eagleton Jahre zuvor eine psychiatrische Behandlung durchgemacht hatte.

Diese Einschätzung der Reaktionsbereitschaft der Öffentlichkeit ist vermutlich richtig. Die Menschen würden es mit der Angst bekommen, wenn sie ihr Vorurteil revidieren müßten, daß Staatsmänner und verantwortliche Politiker psychisch ideal ausbalancierte Übermenschen seien, frei von irrationalen persönlichen und gruppendynamischen Einflüssen in ihren Entscheidungsprozessen. Es kommt hierbei wiederum, wie man sieht, jenes Männlichkeitsstereotyp ins Spiel, das im ersten Teil ausführlicher gewürdigt wurde. Demnach denkt man sich den Politiker in hoher Stellung automatisch als perfekten Mann in dem Sinne, daß ihn überhaupt keine «weiblichen» Gefühlswallungen und Launen anfallen, geschweige denn aus der Bahn werfen könnten. Von ihm verlangt man, daß er jederzeit mit maximaler «männlicher» Selbstdisziplin seine emotionellen Probleme in Schach halten kann. Bei der irrigen und verhängnisvollen Ausrichtung auf dieses Stereotyp müßte es geradezu panische Befürchtungen auslösen, wenn man akzeptieren müßte, daß Politiker – in der Regel – glücklicherweise nicht so sind und daß sie sogar um so eher eine moderne menschliche Politik machen werden, wenn sie von dem zitierten klischierten Rollenideal abweichen, das heißt, wenn sie auch ihre emotionellen Probleme haben und sich mit diesen auseinandersetzen müssen.

Das traditionelle männliche Rollenideal fördert eben die absolut unsinnige Gleichsetzung von: emotioneller Konflikt gleich psychische Abnormität und Schwäche. Das falsche Ideal der maximalen Affektverdrängung bewirkt eine verhängnisvolle Entwertung und scheinheilige Verleugnung tragender Elemente des Menschlichen. Verantwortliche Politiker gehören zu denen, die in unserer Gesellschaft mit am meisten unter emotionelle Spannungen gesetzt werden, weil sie laufend die folgenschwersten Entscheidungen in Situationen treffen müssen, die sie oft nur mangelhaft übersehen können. Es ist also nicht nur natürlich, sondern auch geradezu notwendig, daß in Gremien der höchsten politischen Verantwortung auch gruppendynamische Konflikte ausbrechen, die nichts weniger als Ausdruck von psychischen Minderwertigkeiten sind. Also, warum sollten sich solche Leute nicht auch helfen lassen, wie dies zum Beispiel heute bereits die Führungsstäbe mancher großen Firmen tun, wenn sie bei sich gruppendynamische Schwierigkeiten wahrnehmen?

Ein anderer bereitliegender Einwand lautet: Das hätte uns gerade noch gefehlt, daß Psychologen in Krisensituationen die Politik mitbestimmen. Die Laienerwartung sieht ja nämlich so aus, daß gruppendynamische Berater sich in die Sachdiskussion einmischen und etwa zur emotionellen Entspannung harmonisierende Kompromißentscheidungen empfehlen. Diese Phantasie beruht auf der üblichen Fehleinschätzung der Rolle solcher Berater, die in Wirklichkeit weder auf die

Sachdispositionen einwirken noch um jeden Preis eine Besänftigung in Konfliktfällen anstreben. Solche Tätigkeit dient nur dazu, in gemeinsamem Gespräch gewissermaßen die private Komponente von persönlichem Mißtrauen, Gekränktheitsgefühlen und Rachewünschen aus dem Gruppenprozeß herauszufiltrieren und unschädlich zu machen. Es gibt heute Methoden, wie man das anstellen kann. Das Ziel ist, solche Entscheidungen zu vermeiden, deren sich hinterher die Handelnden zu schämen pflegen und von denen sie häufig selbst eingestehen: Es ist so gekommen, weil ich mich über den A oder B so geärgert habe, daß ich ihm eins auswischen wollte. Oder es heißt: Wir haben uns aus langwierigen Rivalitätsspannungen innerhalb unseres Ausschusses, unserer Fraktion oder unseres Kabinetts so sehr in eine Frontstellung gegeneinander treiben lassen, daß schließlich eine Fehlentscheidung deshalb zustande gekommen ist, weil jede Seite nur noch daran dachte, die andere niederzuringen. Man konnte einander am Ende so wenig ausstehen, daß man unbedingt dem Gegner einen Dämpfer aufsetzen wollte, statt gemeinsam geduldig eine allein am Sachproblem orientierte optimale Lösung zu erarbeiten.

Für die Zukunft ist es sicher wünschenswert, daß Politiker rechtzeitig in Gruppendynamik geschult werden, um zu lernen, mit solchen Faktoren besser umzugehen. Denn es ist für sie erfahrungsgemäß in vielen Situationen außerordentlich wichtig, ihren persönlichen Angstdruck, Ehrgeiz, Rivalenhaß von sachlichen Entscheidungskriterien genau zu trennen, wie schwer dies auch immer zu erlernen ist. Und die Öffentlichkeit wird sich vermutlich einmal darauf einstellen, daß solche gruppendynamischen Schulungen nicht etwa ein peinliches Eingeständnis von abnormen psychischen Schwächen darstellen, sondern im Gegenteil einen reifen Verantwortungssinn bezeugen, um auch in dieser bislang völlig unkontrollierten Dimension gefährliche Risiken abzubauen. Es erscheint auf die Dauer einfach unhaltbar, daß man zwar überall die intellektuelle Kapazität mit Hilfe der Fortschritte der Computer-Wissenschaft planmäßig und mit hohem Aufwand ausbaut, aber im Bereich der Emotionalität die Weiterentwicklung der Psychologie und der Gruppendynamik völlig unbeachtet läßt und in diesem Feld den Gefahren irrationaler Mechanismen und gruppendynamischer Konflikte nach wie vor Tor und Tür öffnet. Dabei braucht man nur ein x-beliebiges Geschichtsbuch aufzuschlagen, um sich zu vergegenwärtigen, wie oft politische Krisen oder gar militärische Verwicklungen der Völker nicht etwa auf ungenügenden Kenntnissen der verantwortlichen Gremien oder Personen beruhten, sondern auf undurchschauten affektiven Komplexen und ungesteuerten irrationalen Impulsen. Was wäre, wenn Nixon und seine Führungsspitze im Weißen Haus unter dem Druck der Watergate-Krise dekompensieren würde und nach vorn, in irgendeine große, kurzschlüssige Tat hinein flüchten zu müssen glaubte?*

Dieser konstruierte Extremfall mag verdeutlichen, wie kurzsichtig es ist, den Risikofaktor eines hochwichtigen Anteils menschlicher Motivationen unberücksichtigt zu lassen, nur weil man aus einer traditionellen Scheu heraus diese «Intimsphäre» nicht anzurühren wagt. Hier gibt es ein Berührungstabu, wonach etwas zur heiligen Privatsache erklärt wird, was in Wirklichkeit alltäglich in öffentlichen Angelegenheiten ungezügelt und mit oft gefährlichen Konsequenzen ausagiert wird. Aber um diese Tatsachen kritisch würdigen zu können, sind eben offensichtlich noch Veränderungen des allgemeinen Bewußtseins und eine Revision jahrhundertalter Vorurteile nötig.

In kleinerem Format und auf niederer Ebene läßt sich die Fehlleitung politischen Handelns durch Ressentiment und unkontrollierte Rivalitätsaggression alltäglich beobachten. Und dies auch häufig bei solchen linken politischen Gruppen, die sich heute vielfach ihrer psychologischen Interessen aus der jüngsten Vergangenheit schämen zu müssen glauben und allzugern das Wort vom «Psychoscheiß» im Munde führen. Dabei kommt es eben gerade auf der linken Seite immer wieder zu irrationalen Zersplitterungen und Bruderkämpfen, trotz aller Parolen von Solidarität. Selbst wenn es der Anlaß erfordert, gemeinsam zu handeln, konkurriert man vielfach in absolut unbesonnener Weise gegeneinander und bringt sich um die erhoffte Wirkung.

Ein Beispiel:

Zwei linke Studentengruppen sind aufgebracht über eine verkündete Einschränkung studentischer Mitbestimmungsrechte an den Hochschulen. Sie sind aber miteinander so zerstritten, daß sie an Stelle einer großen gemeinsamen Aktion, die politisch viel wirkungsvoller wäre, zwei getrennte Protestumzüge durch die Universitätsstadt an zwei verschiedenen Tagen planen. Die eine Gruppe hat Pech. Am Tage ihres Umzuges regnet es, und die Aktion bleibt völlig unbeachtet. Die andere

---

* «Hatte sich der Präsident der USA die Weltkrise selbst fabriziert, um von Watergate abzulenken?» (Zitat aus *Der Spiegel*, Nr. 44, 1973.)

Gruppe jubelt, daß die Veranstaltung der Rivalen im engeren Sinne ins Wasser gefallen ist, während sie selbst bei schönem Wetter marschieren kann. Der Triumph über die politisch eng benachbarte Gruppe verdeckt völlig die Einsicht, daß in der Verfolgung des gemeinsamen politischen Ziels durch die törichte Rivalität nur die halbe Wirkung erzielt wird.

Ein anderes Beispiel:

An einer Universität soll ein modernes sozialmedizinisches Zentrum geschaffen werden. Kritische junge Mediziner entwerfen dazu einen Plan, den sie mit einer Reihe von Fachleuten anderer Universitäten diskutieren und gemeinsam weiterentwickeln. Da die Sozialmedizin in der BRD im Vergleich zu einer Reihe anderer Industrieländer ausgesprochen unterentwickelt ist, wäre für ein solches sozialmedizinisches Zentrum ein sehr großer Bedarf vorhanden. Man benötigt dringend mehr Forschung über die sozialen Bedingungen von Gesundheit und Krankheit, über die verschiedenen medizinischen Versorgungssysteme, über das öffentliche Gesundheitswesen, das Ausbildungswesen in den Medizinberufen usw. Die betreffende Universität nimmt die Initiative der Planungsgruppe auf. Die verantwortlichen Gremien beschließen, das sozialmedizinische Zentrum zu schaffen. Die Gelder werden bewilligt, und es sieht so aus, als könnte man unmittelbar zur Realisierung schreiten. Freilich, im Hintergrund rühren sich Widerstände. Konservative Mediziner fürchten, das neue Zentrum könnte zu sehr nach links geraten und zu einem Magneten für gesellschaftskritische Mediziner werden. In der Tat geraten die eher links stehenden Planer bald miteinander in eine Rivalität, die sie dazu treibt, sich gegenseitig mit radikalen Zielvorstellungen zu überholen, die den Anschein erwecken, als wolle man der künftigen Forschung dieses Zentrums bereits die Resultate vorschreiben. Vor allem aber: Es bilden sich zwei miteinander konkurrierende linke Gruppen, deren jede um die Erlangung einer Schlüsselstellung kämpft, um die eigenen Vorstellungen gegen die der anderen Gruppe durchzusetzen. Außenstehenden bietet sich bald der Eindruck, die Vorbereitungsarbeit für das neue Zentrum münde in einen sinnlosen Kleinkrieg, in welchem die Erringung der politischen Vormacht für die eine oder andere Planergruppe allen übrigen Zielen übergeordnet werde. Das Gemetzel geht am Ende so weit, daß die eine der beiden politischen Gruppen hinter dem Rücken des Universitätspräsidenten Absagen für eine geplante Gutachtersitzung verschickt, nur weil ihr dies im internen Rivali-

tätsstreit Vorteile zu bringen scheint. Das heißt, man blockiert selbst die Verwirklichung desjenigen Zentrums, um dessentwillen man hätte unbedingt solidarisch zusammenarbeiten sollen. Das Schauspiel der wechselseitigen Behinderungen der rivalisierenden Gruppen auf Kosten des gemeinsamen Vorhabens gerät schließlich zu einer Groteske. Und aus der Ferne gewinnen Beobachter den Eindruck, als wären letztlich beide Fraktionen lieber bereit, das ganze Projekt platzen zu lassen, nur um in dem Rivalenkampf untereinander nicht dem Gegner zu unterliegen. Tatsächlich ist es dann weitgehend eine Folge dieses ressentimentgeladenen Gemetzels, daß sich der Aufbau des Zentrums entscheidend verzögert.

Solche Modellbeispiele mögen zeigen, daß sich individuelles ressentimenthaftes Verhalten häufig im Benehmen ganzer Gruppen wiederfindet. Es bewirkt, daß verschiedene Gruppen vielfach entgegen ihren ausdrücklich beschlossenen Zielkonzepten außerstande sind, im Ernstfall solidarisch zu handeln. Irrationale Mechanismen erzwingen ein stereotypes Rivalitätsverhalten, dem blindlings übergeordnete Sachziele geopfert werden. Aber auch für dieses Gruppen-Ressentiment ist es typisch, daß die Betroffenen selbst in der Regel außerstande sind, sich über ihre eigentliche Motivation selbstkritisch Rechenschaft abzulegen. Sie haben fast immer im Sinne einer Rationalisierung sachliche Gründe zur Rechtfertigung vor sich selbst und äußeren Kritikern bereit.

Nachdem nun in der Breite erläutert wurde, wie das Suchen nach Solidarität durch diverse irrationale Mechanismen gehemmt werden kann, ergibt sich die Frage nach Möglichkeiten der Abhilfe. Zunächst ist natürlich dabei wiederum auf die notwendige Änderung der sozialen Voraussetzungen hinzuweisen, die diese irrationalen Gegenkräfte begünstigen und fixieren. Hier aber sei darin fortgefahren zu fragen, wie man persönlich mit diesen vorhandenen Mechanismen direkt umgehen und sie erfolgreich bearbeiten kann. Dazu sei das Gesichtsfeld erneut auf die Kleingruppensituation eingeengt, in der man die Prozesse am besten verdeutlichen und differenzieren kann. Und wiederum bieten sich da Experimentier- bzw. Selbsterfahrungsgruppen als der am besten geeignete Untersuchungsgegenstand an, weil man sich in diesen Kreisen ja vielfach ausdrücklich das Ziel setzt, die hier genannten solidaritätshemmenden Impulse und Konflikte besser zu durchschauen und schließlich abzubauen.

Irrationales Rivalisieren in Selbsterfahrungsgruppen

Dissoziation der Gruppe in «Starke» und «Schwache». Beispiel. Aufgabe: Bearbeitung der beiderseitigen Projektionen. Warnung vor Gruppentrainings, die gesellschaftliche Ausschließungsprozesse im Mikroformat reproduzieren. Zwei Richtungen der Gruppendynamik

Die Bedingungen für das Auftreten und die Verarbeitung von Ressentiment und Rivalität hängen von vielem ab. Von den sozialen Merkmalen der Gruppenmitglieder wie Geschlecht, Alter, sozialer Klasse. Von den individuellen Strukturen der Beteiligten. Von den Aufgaben der Gruppe und von den Erfolgen oder Mißerfolgen beim Versuch, die gesteckten Aufgaben zu erfüllen. Schließlich von der Stellung einer Gruppe zu anderen Gruppen im sozialen und politischen Feld.

Im folgenden sollen allein die psychologischen Prozesse verfolgt werden, die sich im Rahmen eines Typs von Gruppenarbeit zeigen, der durch den Namen «Selbsterfahrungsgruppe» bezeichnet wird. Es gibt spontane Experimentiergruppen der verschiedensten Art, die eine derartige Selbsterfahrung allein leisten. Es gibt andere Selbsterfahrungsgruppen, die von einem oder zwei Psychoanalytikern oder Gruppendynamikern begleitet werden.

Das Ziel einer Selbsterfahrungsgruppe ist nicht Therapie im üblichen Sinne. Das hindert nicht daran, daß von den Teilnehmern therapeutische Bedürfnisse entwickelt und daß auch therapeutische Hilfen ausgetauscht werden. Ausdrücklich streben die Teilnehmer an, sich selbst im Zusammenhang einer Gruppe besser kennen und entfalten zu lernen. Sie suchen in der Gruppe Möglichkeiten, ihre Beziehungen zu anderen Menschen zu verbessern. Sie möchten studieren, wie sich solch eine Gruppe im ganzen entwickelt. Und sie möchten vor allem mit darauf hinwirken, daß man miteinander dahin kommen möge, verständnisvoll und weitgehend solidarisch zu kooperieren.

Das hier beschriebene Material stammt aus analytisch begleiteten Selbsterfahrungsgruppen verschiedener Art, die aber allesamt über eine längere Zeitstrecke gelaufen sind. Die Beschreibung ist zugeschnitten auf die Probleme von Rivalität und Solidarität.

Die unbestimmte Situation der Selbsterfahrungsgruppe beunruhigt, weil man zunächst die Spielregeln nicht kennt. Man begrüßt es zwar ausdrücklich, daß man von den üblichen Rücksichtsnahmen wie bei Kollegial- bzw. Vorgesetztenverhältnissen entlastet ist. Aber zugleich bewirkt das Vakuum des Unbekannten Angst. Und oft wird immer wieder versucht, doch so etwas wie einen festen Aufgabenrahmen innerhalb der Selbsterfahrungsgruppe herzustellen, der Halt gibt. Man phantasiert zum Beispiel, es handele sich doch hier um eine Leistungsgruppe. Und der anwesende Psychoanalytiker sei so etwas wie ein Lehrer, der ein bestimmtes Verhalten erwarte. Man müsse miteinander Fortschritte machen, Resultate erzielen usw.

In der Angst bilden sich einerseits die schon ausführlich behandelten Selbstwertkonflikte ab. Man befürchtet moralische Zensur, Zurechtweisung, Bestrafung. Und man rüstet sich zu entsprechender Verteidigung. Andererseits kommt das Macht–Ohnmachtproblem hoch. Eigentlich sehnen sich alle Gruppenteilnehmer nach einer Situation, in der es nicht darauf ankommt, stark und überlegen zu sein. Tatsächlich gibt es ja hier keine Beförderung, keine Vorrechte, keine Bereicherung und auch sonst keine Belohnungen. Es könnte doch eigentlich nichts Schlimmes passieren, wenn man sich schwach zeigt. Oder doch? Wie tief verinnerlicht das Rivalitätsprinzip zu sein pflegt, zeigt sich darin, daß es in solchen unstrukturierten Situationen von Gruppen stets spontan reproduziert wird. Das zeigt sich oft auf folgende Weise:

Einige versuchen, sich mit ihren Schwierigkeiten vor der Gruppe zu öffnen und von ihren Schwächen, Ängsten und Verstimmungen zu reden. Sie hoffen, daß die anderen darauf eingehen werden. Sie wünschen, Partner zu finden, die ähnliche Probleme zugestehen und mit denen zusammen sie vielleicht besser begreifen können, wo diese Schwierigkeiten herkommen und wie man damit umgehen kann. An sich liegt dieses ungezwungene Verhalten genau auf der Linie, die man sich für den gemeinsamen Arbeitsprozeß vorstellt. Aber es passiert etwas scheinbar ganz Paradoxes: sofort melden sich andere Gruppenteilnehmer zu Wort, die sich ärgern. Sie sind offensichtlich beunruhigt durch diese Schwäche-Angebote, weil sie selbst gewöhnt sind, derartige Aspekte bei sich zu unterdrücken. Sie schüchtern diejenigen, die ihr Visier schnell zu öffnen wünschen, gleich wieder ein, um zu vermeiden, in diesen Prozeß mit hineingezogen zu werden und auch Farbe bekennen zu müssen.

So formieren sich in der Gruppe unter Umständen bald zwei Parteien, wobei sich jede von der anderen bedroht fühlt. Es hängt natürlich von der jeweiligen Zusammensetzung der Gruppe ab, wie sich diese Fraktionen im einzelnen formieren und ihren Konflikt miteinander austragen. Da gibt es kein allgemein gültiges Schema. Im Ansatz zumindest zeigt sich jedoch fast stets diese Konstellation: Auf der einen Seite sammeln sich die scheinbar Starken, auf der anderen die scheinbar Schwachen. Als die «Starken» seien hier diejenigen bezeichnet, die zunächst ihr Visier geschlossen halten und wenig von sich verraten. Demgegenüber sind die «Schwachen» diejenigen, die bald aus ihrem Versteck herauskommen und sich mit allen ihren Schwierigkeiten entblößen möchten. Beide Gruppen seien zunächst noch etwas genauer in ihrer Selbstdarstellung untersucht.

Die «Starken» sagen im allgemeinen weniger von sich. Sie tun so, als bräuchten sie keine Hilfe. Sofern sie sich anderen annähern, geschieht das mit dem Anschein einer überlegenen Position. Sie lassen sich nicht zu nahe kommen. Aber dieser Verhaltensstil kann sich wandeln. Manche Starke werden unruhig, wenn ihnen Isolierung droht. Sie merken, daß sie abgehängt werden, wenn sie zu wenig von sich zeigen. Das kann bewirken, daß sie plötzlich in ihrem Verhalten umschlagen und außerordentlich dramatische Erlebnisse erzählen. Sie bemühen sich damit, sich der Gruppe bekanntzumachen und auch etwas Wichtiges von sich zu zeigen. Sie mögen dabei auch Erregung verraten und davon sprechen, daß sie sich in Not befinden. Aber immer wieder bringen sie es zuwege, daß man sie am Ende doch eher wieder bewundert und ihnen zutraut, daß sie mit allem allein fertig werden können und auch fertig werden wollen. Sie berichten zum Beispiel in einer Stunde eine ganz schlimme Erfahrung. Die Gruppe lauscht atemlos und teilnahmsvoll. In der nächsten Sitzung will man hilfreich darauf eingehen, da plötzlich bekommt man den Betreffenden gar nicht mehr an dem Punkt zu fassen, an dem man ihn gerade noch zu sehen glaubte. Eben noch ganz elend und bedrückt, ist er jetzt schon wieder wie ein Stehaufmännchen ganz obenauf. Er hat sich fabelhaft gefangen und weist die Gruppe zurück, die gehofft hatte, sie könnte nun endlich mit ihm auf einer tieferen emotionellen Ebene in ein ernsthaftes Gespräch kommen. Man entdeckt: dieses Mitglied muß sich einbilden, daß es jede Misere allein zu überwinden vermag. Der Betreffende bekommt es mit der Angst, wenn er sich zu nahe mit den anderen einläßt. Er versetzt die übrige Gruppe wieder am liebsten in die Rolle des Publikums und verzichtet auf äußere Hilfe. Es würde ihn zu sehr beunruhigen, sich ausgeliefert zu sehen. – So kommt am Ende das Gegenteil dessen heraus, was dieser Teilnehmer eigentlich gewünscht hatte. Er wollte den Absprung wagen und sich endlich der Gruppe anvertrauen. Er wollte probieren, nicht immer nur als stark, sieghaft und dominierend zu erscheinen – was hier eben die Gruppe hindert, auf ihn zuzukommen und ihm etwas zu geben. Nun hat er es ausgerechnet wieder so gedreht, daß ihm sein Vorhaben mißglückt ist. Die Gruppe fühlt sich getäuscht und blamiert: nun haben wir endlich gedacht, er habe uns nötig, und wir könnten für ihn etwas Wertvolles tun. Jetzt stehen wir mit unserer Teilnahme da, und er ist längst wieder turmhoch über uns. Man ist gekränkt: Wenn du wieder mal mit so einer schrecklichen Geschichte kommst, dann kannst du gleich sehen, wie du allein damit fertig wirst!

In einer Selbsterfahrungsgruppe ist ein Mann, der als überaus stark empfunden wird und dem man längere Zeit eine dominierende Rolle zuweist. Dabei merkt man ihm an, daß er unter erheblicher innerer Spannung steht. Schließlich macht er ein paar Versuche, von sich familiäre und berufliche Probleme zu erzählen, die andeuten, daß er im Grunde sehr einsam ist und keine wirklich tragenden Gefühlsbeziehungen hat. Die Gruppe ist erschreckt. Mehrere machen den Versuch, ihm zu zeigen, daß sie ihm durch seine Erzählungen innerlich nähergekommen seien. Daß sie sich ihm endlich verbunden fühlten. Aber da macht er plötzlich eine Kehrtwendung und läßt diese Partner allein stehen. So, als habe man ihn komplett mißverstanden, bagatellisiert er auf einmal seine eben noch höchst brisant und drückend erscheinenden Probleme. Die anderen seien auf dem Holzweg, wenn sie glaubten, er könne so etwas nicht verarbeiten. In der Folgezeit hält sich die Gruppe von ihm betont zurück: Wenn wir dir unwichtig sind, dann bekommst du eben auch nichts von uns. Und wir wollen auch nichts mehr von dir haben! – Schließlich provoziert dieser Mann einmal beruflich, einmal im familiären Bereich Konflikte, die ihm große Rückschläge einbringen. Die Gruppe begreift: der Mann muß ein solches schlimmes Elend arrangieren, um sich endlich zu zwingen, Hilfe anzunehmen, die er eigentlich auf Grund seiner schlechten inneren Verfassung längst dringend braucht. Weil seine Angst zu groß war, seine innere Schwäche direkt zu zeigen, ist dies nun sein äußerstes Ausdrucksmittel, um uns für sich zu gewinnen. Es ist gewissermaßen der letzte Trick, mit dessen

Hilfe er seinen passiven Bedürfnissen Chancen zu einer Befriedigung verschaffen kann.

Ein anderer «starker» Mann, der sich lange Zeit in der Rolle des einsamen Überlegenen darbot, hat sich schließlich dadurch Zugang zu den anderen verschaffen wollen, daß er eines Tages dramatische geflunkerte Geschichten produzierte. Die Gruppe ahnte den Schwindel. Er erntete nur um so mehr Mißtrauen. Und für sich selbst verfehlte er auch die Entlastung, die es ihm hätte bringen können, wenn er endlich einmal ehrlich von seinen schwierigen Problemen erzählt hätte.

Auf dem Flügel der «Starken» formieren sich also solche Mitglieder, die sich entweder ziemlich heraushalten oder sich immer wieder schnell zurücknehmen, wenn sie je über den eigenen Schatten gesprungen sind. Dazu gehören also auch diejenigen, die ihre Schwierigkeiten in Form von unechten Pseudobekenntnissen bringen. Die «Starken» neigen jedenfalls dazu, sich zunächst betont gegen die Angebote der «Schwachen» abzuschirmen. In dieser Defensive verhalten sie sich nicht manifest ängstlich, sondern eher überlegen und aggressiv. Sie neigen dazu, das Benehmen der Schwachen als kindlich, wehleidig, unemanzipiert abzutun.

Auf der Seite der «Schwachen» finden sich diejenigen zusammen, die möglichst schnell das Klima für einen offenen Gefühlsaustausch schaffen wollen. Die Spannung in der Gruppe drängt sie dazu, ihre Innenwelt auszubreiten und an die übrigen zu appellieren, das gleiche zu tun. Sie halten das Versteckspiel des Schweigens und des Mißtrauens nicht aus. Sie möchten sagen, wen sie in der Gruppe fürchten, wen sie gern haben, über wen sie und warum sie wütend sind. Wenn sie ihre Aggressionen darstellen, dann erscheinen sie dabei nicht souverän kritisierend, sondern eher hilflos: ich fühle mich durch dich bedrückt. Ich muß mich gegen dich wehren, damit ich nicht zu sehr durch dich verletzt werde!

Also: «Die Starken» sind diejenigen, die eher aus der Gruppe herausflüchten, die «Schwachen» diejenigen, die eher in sie hineinfliehen. Sie, die «Schwachen», wollen den Innenraum der Gruppe bald mit emotioneller Interaktion und Wärme ausfüllen. Sie haben die Phantasie: wenn wir uns alle schnell emotionell entblößen, dann brauchen wir uns doch voreinander nicht länger zu fürchten. Darin steckt zugleich ein regressives wie ein progressives Moment. Die regressive Tendenz ist in der Hoffnung zu sehen, durch eine kindliche symbiotische Beziehung alle Konflikte gewissermaßen unterlaufen zu können. Die Gruppe soll zur großen Mutter werden, die alle wie kleine Kinder in die Arme nimmt, sie tröstet und beschwichtigt. Wenn man sich ganz eng aneinander festhält und lieb miteinander ist, dann wird die Gruppe zu einem Nest, das nichts als Geborgenheit und Freundlichkeit vermittelt. Dadurch wären alle Spannungen entschärft, und man hätte sich viele Ängste erspart. Dies ist das phobische Element dieses regressiven Impulses. Man fürchtet, die Konflikte in der Gruppe mit den anderen nicht durchstehen und auf der Erwachsenenebene bearbeiten zu können. Zumal, da man aus einer Projektion heraus die «Starken» der Gruppe für so übermächtig hält, daß man ihnen scheinbar nicht standhalten könnte. So drängt sich der Wunsch vor, sich den «Starken» gegenüber ganz schnell als absolut offen und wehrlos darzustellen, um sie ebenfalls auf diese Ebene zu locken und eine harmlose Spielatmosphäre zu schaffen. Eine Komponente des Ressentiments liegt darin, daß man jegliches Rivalisieren, zu dem man nicht fähig zu sein glaubt, von vornherein ausklammert. Die ganze Perspektive von Macht und Ohnmacht, von Kampf und Niederlage scheint verschwunden in einer Atmosphäre kindlicher Vertrauensseligkeit.

Der progressive Beitrag der «Schwachen» besteht darin, daß ihre Instrumente an sich die richtigen sind, um zu dem eigentlichen Gruppenziel allmählich vorzudringen. Denn in der Tat soll die Gruppe ja dazu führen, daß man füreinander offener wird und unbefangen aneinander herangeht. Es ist entscheidend, die tieferen emotionellen Ebenen in den Prozeß einzuschließen. Denn nur, wenn das gelingt, kann ja die Entfremdung voneinander überwunden werden. Also in gewisser Hinsicht sind die «Schwachen» die Vorhut der Gruppe, die am frühesten die Richtung wittern, in der man am Ende ein Zusammengehörigkeitsgefühl aufbauen kann. Aber ihr «Fehler» besteht in ihrer Übereilung. In dem Vermeidungsaspekt ihrer Ungeduld. Man kann die vorgegebenen verinnerlichten Mechanismen der Rivalität nicht mit einem Kniff unschädlich machen.

Hier waltet übrigens eine ähnliche Selbsttäuschung wie bei vielen der mit einem Schlage so beliebt gewordenen «encounter-groups», bei denen man – nach entsprechenden Vorschriften – sich gegenseitig anschaut, einander betastet, bestimmte Zärtlichkeiten austauscht, sich voreinander auszieht usw. Man setzt sich die Norm, gewissermaßen auf Kommando alle künstlichen und wirklichen Barrieren der Entfremdung und der Angst voreinander einzureißen und hofft, sich dadurch endlich die glückliche Kommunikation miteinander erzwingen zu können, die man sonst nirgends zustande bringt. Aber der Kunstgriff der Überrumpelung mißachtet die Macht der inneren Dispositionen, die letztlich Solidarität blockieren. Einfache Flucht nach vorn durch Setzung von Gegentabus gegen die Gebote der Distanz, gegen die Schamschranke usw. kann immer nur eine momentane und unechte Lösung bieten, entweder eine regressiv symbiotische Befriedigung oder eine theaterhafte Pseudo-Kommunikation oder beides zusammen. Die Hintergrundprobleme, die man unbearbeitet liegenläßt, müssen doch bald wieder zum Vorschein kommen. Für die Mitglieder der encounter-groups gibt es nur einen Ausweg: sie sind am Ende genötigt, suchtartig von einer Gruppe zur nächsten zu reisen, um die Orgien der Gefühlsbefreiung möglichst eng aneinanderzureihen. Dies ist eine Entwicklung, die in Amerika bereits beachtliche Ausmaße erreicht hat und sicher auch hierzulande bald epidemische Grade erreichen wird. Man sieht, daß es für viele gar nicht einfach ist, aus dieser Selbsttäuschung wieder herauszufinden. Das Entlastungsgefühl nach Absolvierung solcher encounter-groups ist oft so überwältigend, daß der Zwang der Reproduktion solcher Situationen unentrinnbar wird. Diese Variante von Gruppendynamik bietet weniger Unterstützung für eine Veränderung der sozialen Realität als vielmehr eine Art von Fluchthilfe an. In ihr stecken Elemente zur Schaffung einer neuartigen Freizeit-Subkultur, die in manchen Zügen der eben abklingenden Gruppensex-Welle ähnelt.

In der analytisch orientierten Selbsterfahrungsarbeit dringen solche Momente indessen nicht durch. Man bewahrt sich einen kritischen Blick dafür, daß man auf längere Sicht mit den gesellschaftlich bedingten und verinnerlichten Konfliktmustern nicht dadurch fertig werden kann, daß man sich in irgendwelchen geschützten Zonen nur gewaltsam eine heile Gefühlswelt antrainiert. Man durchschaut, daß dies nur ein neuer Verleugnungskunstgriff wäre, schmackhaft gemacht durch die Lusterlebnisse der emotionellen Katharsis. In der Selbsterfahrungsgruppe hält man es vielmehr für unerläßlich, die in uns vorgegebenen Konfliktmuster zunächst ganz deutlich herauszuarbeiten, sich mit ihnen zu konfrontieren und dabei echte konstruktive Lösungen zu probieren.

In diesem Sinne also kommen die «Schwachen» mit ihrem kurzschlüssigen Vorschlag in der Selbsterfahrungsgruppe nicht durch. Sie werden gebremst durch die «Starken», die den Prozeß verlangsamen und dafür sorgen, daß sich eben bereits durch diese Flügelbildung selbst ein typisches Konfliktmuster abbildet, mit dem man sich auseinandersetzen muß.

Gar nicht selten baut die Gruppe je einen Exponenten der beiden Flügel auf, die sich dann als Pole in der Gruppe gegenüberstehen. Entsprechend den Rollenstereotypen können das ein Mann als «Starker» und eine Frau als «Schwache» sein. Gelegentlich sieht man aber auch zwei gleichgeschlechtliche Hauptkontrahenten, zum Beispiel eine eher depressiv ängstliche Frau gegenüber einer «starken» Frau. Zumindest anfangs findet man meist mehr Männer auf der starken und mehr Frauen auf der schwachen Seite. Beide Seiten beobachten genau, wie die jeweiligen am stärksten polarisierten Exponenten miteinander umgehen. Zugleich überwachen sie deren Umgang unter großer Spannung und greifen auch steuernd ein. Was die beiden Repräsentanten miteinander tun, wie sie ihr Verhältnis miteinander bearbeiten und verändern, ist kennzeichnend und wirkt zugleich steuernd auf den ganzen Prozeß.

Beispiel:

In einer Gruppe lassen sich die «Starken» eine Weile durch die 38jährige Lehrerin Dorothea, die «Schwachen» durch die 25jährige Studentin Anne vertreten. Dorothea hatte sich durch Scheidung ihres ersten Mannes entledigt, der sich eine sehr viel jüngere Freundin zugelegt hatte. In ihrer neuen Ehe scheint sie die tonangebende zu sein. Aber sie wirkt unbefriedigt und bietet in der Gruppe meist eine eher mürrische Grundstimmung. Ihr Beruf erfüllt sie nicht sehr, sie macht sich nicht viel aus Kindern und hat es nicht gern, wenn man zu sehr an ihr hängt und an sie besondere Ansprüche stellt. Nichtsdestoweniger bewältigt sie anscheinend alle Aufgaben energisch und pünktlich. Mehrfach äußert sie sich mißbilligend über ihre passive, unemanzipierte Schwester, die sich ihrer Meinung nach zu wenig bei ihrem Ehemann durchsetze.

Anne hat anscheinend eine sehr enge Gefühlsbeziehung zu ihrem gleichaltrigen Verlobten. Sie ist zugleich unglücklich darüber, daß sie mit ihrem Vater nicht gut zurechtkommt, den sie ebenso liebt, wie sie ihn wegen seines besitzergreifenden Wesens fürchtet und flieht. Anne präsentiert der Gruppe bald eine Fülle von Gefühlen und spricht ihre Empfindungen gegenüber den anderen Gruppenmitgliedern unverblümt aus. Ihre Offenherzigkeit wirkt auf die «Schwachen» eher erlösend, auf die «Starken» irritierend. Die «Starken» versuchen, sie zum

«Gruppenkind» zu erklären. Damit will man ihre Aktivität verharmlosen. Als vermindert zurechnungsfähiges Kind hätte sie eine Art von Narrenfreiheit.

Anne ärgert sich besonders über Dorothea und identifiziert sich mit deren schwächerer Schwester, die von Dorothea demonstrativ entwertet wird. Dorothea wiederum reagiert von allen Gruppenmitgliedern am meisten gereizt auf Annes angebliche naive «Sentimentalität». Sie kann es auch kaum ertragen, daß Anne sehr deutlich starke passive Erwartungen den Männern und auch dem Analytiker zuwendet, während sie selbst in dieser Hinsicht eher ein konkurrierendes Verhalten zeigt. Speziell dem Analytiker gegenüber lauert sie anscheinend darauf, daß dieser ihr etwas Böses zufügt, damit sie sich über ihn entrüsten kann.

Im ganzen gesehen versucht Dorothea am stärksten, die Gefühle der Gruppe zu bremsen, während Anne mit ihren Gefühlen dem Prozeß voraneilt und die anderen nachzuziehen versucht. Einmal etsteht die folgende Situation:

Anne:

Sie lege auf die Gruppe ungeheuren Wert, und sie glaube, daß ihr die Gruppe schon viel genützt habe.

Dorothea:

Sie empfinde Anne in diesem Punkt als sehr anspruchslos. Ihrer eigenen Meinung nach sei in der Gruppe überhaupt noch nichts Wesentliches passiert.

Anne:

Sie fühle sich von Dorothea immer wie ein dummes Kind behandelt. So als ob sie nicht selber beurteilen könne, was sie erlebe. Und sie ärgere sich auch furchtbar darüber, daß Dorothea ihre Schwester und die Schulkinder eigentlich immer schlecht mache. Sie, Anne, fühle sich öfter gedrängt, die Partei der Schwester zu ergreifen.

Dorothea:

Anne falle ihr mit ihrer Naivität auf die Nerven. Und sie wundere sich, daß Anne offenbar so zufrieden sei, obwohl sie doch von verschiedenen anderen Gruppenmitgliedern schon ziemlich hart kritisiert worden sei.

Da mischen sich nun die anderen Gruppenmitglieder ein. Der Flügel der «Schwachen» stützt Anne, Dorothea erhält von den «Starken» argumentative Schützenhilfe. Anne bricht in Tränen aus und erklärt, sie fühle sich von Dorothea furchtbar unterdrückt. Irgendwo habe Doro-

thea allerdings auch recht: Sie, Anne, könne ihre Gefühle zu wenig kontrollieren. Sie leide ja selber darunter, aber sie finde, Dorothea könnte ihr da ein bißchen mehr helfen.

Dorothea stutzt, dann sagt sie ziemlich nachdenklich: «Ich fühle mich dir gar nicht so unähnlich. Ich habe in mir manches, worin ich mich dir sehr verwandt fühle. Aber irgendwo hemmst du mich hier in der Gruppe, davon etwas zu zeigen.»

In einer der nächsten Gruppenstunden sagt Anne zu Dorothea: «Ich glaube, ich bin für dich etwas, was du wirklich bei dir schwer ertragen kannst.» Und sie gesteht ein, daß sie Dorothea dafür insgeheim bewundere, was diese für Energie habe und mit wievielen Aufgaben und Schwierigkeiten sie fertig werde.

Im Grunde sind beide Frauen unglücklich darüber, daß sie jeweils nur die eine Hälfte von sich ausleben und in Gruppen zumeist darauf festgelegt werden, diesen einseitigen Aspekt zu repräsentieren. Das kommt ihnen aber erst während des Gruppenprozesses zum Bewußtsein. Anfangs spielt jede nur ihre spezifische Hälfte. Beide Frauen sagen quasi zueinander: Um keinen Preis möchte ich so scheußlich sein, wie ich dich empfinde. Und sie lassen sich von der Gruppe willig dazu verleiten, sich gegeneinander zu polarisieren, bis schließlich beiden dämmert: ich muß auch ein Stück von der anderen annehmen. Etwa so

Anne:

Ich muß von dir, Dorothea, lernen, mich mehr zu behaupten und nicht immer nur ein schwaches Kind zu spielen.

Dorothea:

Ich muß von dir, Anne, lernen, wieder mehr von meinen Gefühlen durchzulassen, um nicht völlig zu erkalten und zu erstarren.

Die Einsicht auf beiden Seiten wird durch die Wahrnehmung gefördert, daß man dem anderen offenbar genausoviel Leiden bereitet, wie man durch ihn Leiden erfährt. Dies korrigiert die anfängliche Überzeugung, daß man nur einseitig das Opfer des anderen sei. Denn so hatte das Verhältnis begonnen:

Dorothea:

Du, Anne, willst mich um jeden Preis mit deinen Gefühlswallungen überschwemmen und die Verdrängung kaputtmachen, die ich doch so dringend zum Überleben brauche.

Anne:

Du, Dorothea, willst mich um jeden Preis als unzurechnungsfähiges

Kind in die Ecke drücken, obwohl ich es doch so überaus nötig habe, mir die Fähigkeit zur Selbstbehauptung zu beweisen.

Plötzlich können also beide registrieren, daß das Unterdrückungsverhältnis ein wechselseitiges ist, indem jeder sieht: der andere fürchtet mich ja auch. Das ist ein unerwarteter, schockierender Eindruck, der zugleich verunsichert und entlastet. Und daraus wird ein Stimulus für jeden, die eigene Position kritisch zu überdenken und das bisherige Mißverständnis aufzuklären. Mit der Wendung, daß Dorothea ein Stück weit Anne und Anne ein Stück weit Dorothea in sich verwirklichen wollen und daß beide einander darin zu unterstützen planen, verschiebt sich nicht nur ihr Zweierverhältnis, sondern die ganze Gruppe verändert ihre Struktur. Denn die anderen Gruppenmitglieder müssen entsprechende Konsequenzen für sich selbst ziehen. Dies führt zu einem Abbau der Polarisierung in «Starke» und in «Schwache», und in der Folge kann man in der Gruppe miteinander vertrauensvoller umgehen und sich gegenseitig mehr zugestehen. Und prompt gelangt man dazu, eine Reihe von unbewältigten Problemen der Gruppe und der Einzelnen viel besser als bisher zu verstehen. Mit dem Abbau der Gruppenspaltung gewinnt man erste Ansätze zu einem Gefühl von Solidarität.

Zwei ergänzende Anmerkungen zu der eben vereinfachend geschilderten Modellsituation bleiben nachzutragen: Was hier lediglich als Werk der beiden Frauen dargestellt wurde, vollzieht sich im allgemeinen unter Mithilfe der übrigen Gruppenmitglieder. In einer Selbsterfahrungsgruppe gibt es nie eine reinliche Spaltung in Akteure und Publikum. Sondern das Publikum spielt immer, wenn auch manchmal nicht gleich durchschaubar, mit. Was Dorothea und Anne hier zuwege bringen, darin sind zu jeder Zeit auch die anderen aktiv beteiligt.

Und die zweite Anmerkung: Der begleitende Psychoanalytiker ist ebenfalls mehr als ein nur abwartender Zuschauer des Prozesses. Er kann vorsichtig ermutigend eingreifen, um solche Klärungsvorgänge zu erleichtern. Er kann Deutungshilfen geben, um das Verständnis dessen, was geschieht, zu erleichtern. Er muß indessen auch aufpassen, daß bei solchen mitunter dramatisch verlaufenden gruppendynamischen Auseinandersetzungen niemand zu Schaden kommt. Wenn Gruppenmitglieder in ihrer Struktur sehr stark erschüttert werden, können allzu große Ängste entstehen, die den einen oder anderen momentan überlasten. Dann ist es die Aufgabe des Analytikers, Hilfen zu geben, um den Druck für den Betreffenden zu mildern. Der Zweck der Unterstützung ist dann nicht allein die persönliche Schonung eines gefährdeten Individuums, sondern es soll erreicht werden, daß bei heftigen affektiven Konfrontationen eine gewisse betrachtende Distanz zu den Vorgängen nicht verloren geht. Die Gruppenmitglieder sollten stets noch imstande sein, sich darauf zu besinnen, was vor sich geht. Wenn die affektive Erregung überhand nimmt, kann dabei niemand mehr zulernen. Kämpfend miteinander verstrickte Gruppenteilnehmer achten am Ende nur noch darauf, wie sie ihre augenblickliche Position befestigen können. In dieser Erstarrung sind sie nicht mehr flexibel genug, probeweise die Perspektive zu ändern und sich selbst und den Partner experimentierend von einem anderen Gesichtspunkt aus zu sehen. Sie können keine kreativen Entdeckungen mehr machen, sondern sind festgelegt, mit ihrer einmal bezogenen Frontstellung zu siegen oder unterzugehen. In dem vorliegenden Falle etwa hätte sich das Duell zwischen Dorothea und Anne in fruchtloser Weise nur immer weiter zugespitzt, und beide hätten nicht die Möglichkeit gefunden, den eigentlichen Grund ihres Gefechtes herauszufinden, zu bearbeiten und zu überwinden. Es ist für beide entscheidend, daß ihr Ich so viel Spielraum behält, daß es auf dem Höhepunkt der Krise noch eine kritische Einsicht vollziehen und mit Hilfe dieser Einsicht eine Wendung herbeiführen kann. Worauf es eben ankommt ist, daß die Kontroverse nicht lediglich in einem angstbedingten Kompromiß oder in einem Unterwerfungsvorgang endet, sondern daß beide – und mit ihnen die übrigen polarisierten Gruppenmitglieder – durch Einsicht eine andere Dimension gewinnen, in welcher die bisherige Konfliktstruktur aufgehoben wird. Die Wahrnehmung, die andere Seite durch Projektion mißverstanden zu haben, vermittelt sowohl eine bereichernde Selbsterkenntnis wie einen besseren Zugang zum anderen. Man kann sich nun endlich dafür interessieren, wie der andere wirklich ist. Und plötzlich findet man Möglichkeiten, miteinander erstmalig ein ertragreiches Gespräch zu führen.

Es erscheint indessen sinnvoll, die angedeuteten Gefahren eines hemmungslosen Ausagierens gruppendynamischer Konflikte doch noch etwas genauer zu betrachten, sowohl unter praktischem wie unter theoretischem Aspekt. Wir geraten immer mehr in die Phase eines unkritischen Enthusiasmus für Gruppendynamik hinein, der zu allen möglichen bedenklichen Auswüchsen führt. Es gibt bereits zahlreiche Gruppen, die ohne einen analytisch bzw. therapeutisch erfahrenen Begleiter tollkühne Eigenanalysen betreiben, ohne die damit verbundenen

Risiken zu bedenken. Bei einem stärkeren Grad von persönlicher Labilität können blindlings angeheizte gruppendynamische Prozesse ohne weiteres psychische Krankheiten auslösen. Es sind leider zahlreiche Fälle bekannt, in denen nicht nur verhältnismäßig harmlose momentane Angstreaktionen oder depressive Verstimmungen, sondern sogar schizophrene Episoden provoziert worden sind. Es ist also absolut unsinnig, wenn man in manchen Selbsterfahrungsgruppen ausdrücklich proklamiert, daß dies nichts mit Therapie zu tun haben solle. Ein Aspekt von therapeutischer Verantwortung ist eben bereits dadurch gegeben, daß unkritische gruppendynamische Experimente krankheitsgefährdend wirken können. Es ist somit gar nicht dem freien Belieben überlassen, ob man das Geschehen auch unter therapeutischem Aspekt verfolgen möchte oder nicht. Man muß es einfach, um die pathogenen Bedingungen unter Kontrolle zu halten. Das bedeutet auf jeden Fall, daß man in einer solchen Gruppe immer ein Auge darauf haben sollte, daß die Arbeit nicht in einem überhitzten Tempo abläuft. Alle Mitglieder sollten stets genügend Zeit haben, sich in neuen dynamischen Konstellationen zu orientieren und sich damit experimentierend Schritt für Schritt einzulassen. Voreilig angeheizte stürmische Prozesse, welche die Abwehrmechanismen der Beteiligten unpräpariert völlig durcheinanderbringen, mögen zwar eine überaus spannende Dynamik provozieren, können aber den einen oder anderen schwerwiegend schädigen.

Dies sei nicht nur zur Warnung für bestimmte spontane Gruppen gesagt, die sich ohne fachmännische Hilfe an eine Selbsterfahrungsarbeit heranwagen. (Ich kenne allerdings Gruppen, die allein arbeiten und dabei durchaus behutsam und geschickt zu Werke gehen.) Massive Bedenken verdienen vor allem bestimmte neuartige Formen von gruppendynamischen Schnelltrainings, deren Leiter vielfach weder von psychischen Störungen noch von Psychotherapie irgendeine Ahnung haben. In Amerika hat sich bereits eine sehr große Schar von solchen Leitern aufgetan, die sich den Umstand zunutze machen, daß für die Abhaltung von Gruppenveranstaltungen, die nicht als Therapie erklärt werden, keine Ausbildungs- oder Weiterbildungsvorschriften gesetzlich vorgeschrieben sind. Auch hierzulande dringen in dieses Vakuum bereits allerhand zwielichtige Personen ein, die sich die vielfältigen mit der Gruppenbewegung entstandenen Bedürfnisse zunutze machen und Gruppenspiele und -übungen der allerverschiedensten Art in dilettantischer Weise anbieten.

Aber selbst in quasi offiziellen gruppendynamischen Trainings findet man gelegentlich Gruppenleiter, deren Hauptehrgeiz darin besteht, ein Maximum an dramatischer Dynamik in den Gruppen zu provozieren. Je mehr die Teilnehmer labilisiert und aufgewühlt werden, um so besser ist nach Meinung dieser fragwürdigen «Spezialisten» die Veranstaltung gelungen. Gruppendynamiker mit solchen primitiven Konzepten verdienen nicht nur deshalb Kritik, weil sie klinische Gefahren heraufbeschwören, sondern weil sie vielfach Wirkungen erzielen, die genau auf der Linie jener sozialen Strukturen und Leitbilder liegen, die eigentlich mit Hilfe der Möglichkeiten der Gruppendynamik in Frage gestellt werden sollten. Da gibt es Trainings, die verstehen das Aufwirbeln von Gefühlen lediglich als einen anregenden Streß, als einen Nervenkitzel oder eine Mutprobe. Die in der Dynamik aufbrechenden Emotionen werden zum bloßen Reiz. Die Teilnehmer erleben das ganze als eine schmerzhafte Tortur, die späterhin die Genugtuung hinterlassen soll, daß man sie überstanden hat. Man läßt sich panische Rivalitätskämpfe entzünden, aus denen die Mitglieder sich, wenn sie es überstehen wollen, in eine symbiotische Pseudo-Solidarität flüchten müssen. Die Hektik der angestachelten Prozesse erlaubt es den Gruppenteilnehmern nicht mehr, ihre Impulse wirklich zu durchschauen, zu gestalten, zu verarbeiten und als neue Elemente in zwischenmenschliche Kommunikationen einzubringen. Die Impulsdurchbrüche stiften schnell irgendwelche Pseudo-Kontakte, die indessen unter dem Druck der Situation hochgradig angstbesetzt bleiben. Die Betreffenden müssen gleich wieder eine starke Abwehr aufbauen, um die Angst in Schach zu halten. Wer zuviel Gefühle durchläßt bzw. sich nicht schnell wieder abschirmen kann, ist in Gefahr, zusammenzubrechen. Manche klappen dann auch wirklich zusammen. Und zutiefst erschreckend ist es, wie dieses Phänomen dann von den übrigen gelegentlich beurteilt wird:

Teilnehmer einer gruppendynamischen Veranstaltung kehren stolz zurück und erklären: «Es war ungemein spannend und anstrengend. Mir ist es prima bekommen, aber ein paar andere haben es nicht ausgehalten. Einer hat Wahnideen bekommen, ein anderer ist so depressiv geworden, daß er vorzeitig abbrechen mußte.» Also: die Opfer belegen den Erfolg der übrigen. Dadurch, daß jemand auf der Strecke geblieben ist, fühlen sich die übrigen um so stolzer. Das Selbstbewußtsein des einen wird dadurch gefördert, daß er emotionelle Belastungen aushält, an denen andere krank werden. «Ich bin um so stärker, wenn andere umfallen.» Dies ist die Neuauflage von NIETZSCHES: «Was mich nicht umwirft, macht mich stärker.»

In dieser Einschätzung lebt genau jene fatale expansionistische Ideologie wieder auf, von der man eigentlich fort möchte, sofern man sich um neue Chancen der Solidarisierung bemüht. Was in solchen Varianten von Gruppendynamik reproduziert wird, ist Rivalität in der inhumansten Form, die man sich überhaupt nur denken kann. Wenn diejenigen, die von vornherein besonders viel Angst und Depressivität in solche Gruppen mitbringen, am Ende noch ängstlicher und depressiver gemacht werden, dann bedeutet das ja, daß sie von den anderen nicht nur abgehängt, das heißt mit ihren «Schwächen» alleingelassen worden sind, sondern daß ihnen die anderen noch ein Stück der eigenen Ängste und Spannungen zugeschoben haben, um sich selbst zu stabilisieren. Die Robusteren haben sich der Labileren als Projektionsfiguren bedient, um sich des gefährlichen Drucks eigener verdrängter Impulse zu entledigen. Sie machen damit diejenigen kaputt, die ihnen eigentlich hätten helfen können, sich auf eine eigene verkümmerte Dimension tieferer Kommunikationsmöglichkeiten einzulassen. Sie hätten besser getan, sich die Angst und Depressivität der Labileren zu eigen zu machen, das heißt als einen Teil ihrer selbst zu begreifen. Dann hätten sie die anderen entlastet und in die Gruppe integriert, und es wäre ihre Chance gewesen, sich an diese emotionellen Angebote anzuhängen, um erst einmal die Solidarität der gemeinsamen Schwäche zu lernen. Denn dies eben wäre ja die Chance sinnvoller Selbsterfahrungsunternehmungen, daß die rigiden Typen mit ihrer massiveren Abwehr dadurch emotionell aufzutauen lernen, indem sie sich mit den emotionellen Angeboten der Weicheren und Gefühlsbetonteren in Verbindung setzen und diese damit zugleich stärken. Dieses Ziel verkehrt sich in sein genaues Gegenteil, wenn Gruppendynamik zu einem modernen Härtetest pervertiert wird, den es siegreich auf Kosten derer zu überstehen gilt, die man dekompensieren läßt.

Manche gruppendynamische Veranstalter versuchen sich vor der «Panne» der Provokation psychischer Krankheiten dadurch zu schützen, daß sie sich vorher von den Gruppenanwärtern schriftlich bescheinigen lassen, daß diese psychisch «belastungsfähig» und «frei von seelischen Krankheiten» seien. Das mag zu einem Teil sinnvoll sein. Zu einem anderen Teil ist es aber auch bedenklich, wenn solche Veranstalter sich damit einen Freibrief für eben solche Gewaltkuren verschaffen wollen, die ein Fitness-Training für Robuste darstellen. Sie müssen sich über den Wert ihrer Methode Gedanken machen, wenn sie etwa unterstellen, daß sie in der Mikrogesellschaft ihrer Gruppe ähnliche Zerfallsprozesse wie in der Makrogesellschaft begünstigen. Solange solche Gruppen labile Mitglieder auszuscheiden und krankzumachen drohen, reproduzieren sie im Kleinformat nur diejenigen sozialen Mechanismen, die zur Ausschaltung und Diskriminierung der Schwachen in der Klassengesellschaft führen. Natürlich ist es unvermeidlich, ja notwendig, daß auch in Selbsterfahrungsgruppen solche Mechanismen durchschimmern und erkannt werden. Es bleibt auch den noch so geschickt operierenden Selbsterfahrungsgruppen nicht erspart zu entdecken, welche zerstörerischen Potentiale an Ressentiment und Unterdrückungstendenzen in ihnen stecken. Aber gerade deshalb ist es doch, gesellschaftlich gesehen, die wichtigste Aufgabe der Gruppendynamik, dieses Potential zu durchschauen und sich um eine bessere Bewältigung dieser zu Dissoziation und Entfremdung führenden Kräfte zu bemühen.

Es kann natürlich aus gesellschaftlichen Gründen nicht ausbleiben, daß man gerade in der Gruppenbewegung zur Zeit eine Spaltung wahrnimmt. Nämlich in einen Flügel, der in unbemerkter Gleichschaltung auf die herkömmliche Ordnung und ihre Leitbilder zurückschwenkt und einen Flügel, der die traditionellen Strukturen in ihren Widersprüchen aufdecken und neue Bedürfnisrichtungen verwirklichen will. Die einen kalkulieren in ihr Konzept ausdrücklich das Risiko ein: Wo gehobelt wird, fallen Späne. Wer zu schwach ist, wird unter Umständen noch schwächer gemacht. Daß man damit Dissoziationsprozesse zugunsten der Stabilen von vornherein als Merkmal der Methode hinnimmt, erscheint den Betreffenden nicht weiter beunruhigend. Auch die Konsequenz, daß man sich unter diesen Umständen auf eine Klientel der Stabileren, das heißt im allgemeinen der besser Sozialisierten aus den privilegierten sozialen Gruppen zurückziehen muß, bereitet den Exponenten dieses Flügels kein nennenswertes Unbehagen. So findet man auf dieser Seite auch erwartungsgemäß Verhaltenstrainer und Gruppenspezialisten, die am liebsten mit einer elitären Klientel arbeiten und sich kaum darum sorgen, daß ein solches Einschwenken der Gruppendynamik dazu beitragen müßte, bestehende soziale Gegensätze nur weiter zu vertiefen. – Der andere Flügel orientiert sich in der genau umgekehrten Richtung. Hier sucht man nach Möglichkeiten, Erkenntnisse und Instrumente der Gruppendynamik einzusetzen, um die Verbindungen zu unterprivilegierten sozialen Gruppen zu erweitern. Man versucht, Wege der Solidarisierung nach unten zu eröffnen und zu testen, wie man mit Gruppenverfahren im Bereich der sozial Schwächeren und speziell auch im Bereich sozialer Randgruppen sinnvoll operieren kann. Es wird die Aufgabe des abschließenden Teils sein, die speziellen neuen Möglichkeiten der Gruppenarbeit im Randgruppenbereich näher in Augenschein zu nehmen.

Vorerst sei indessen nach diesem Seitenblick auf bedenkliche Formen der Gruppentrainings die noch unausgeschöpfte Frage weiterverfolgt, welche Möglichkeiten und Grenzen für spontane Experimentiergruppen zur Verfügung stehen, Selbsterfahrungsarbeit in optimaler Weise zu nützen. Bisher lag ja doch das Hauptgewicht aller Betrachtungen auf einer ausführlichen Analyse der von außen her verinnerlichten Hindernisse, die vertiefte Kommunikation und Solidarisierung erschweren. Und es mag viele spontane Gruppen wie Wohngemeinschaften, Eltern-Kinder-Gruppen oder andere Initiativgruppen eher verzagt stimmen, wenn sie die enormen Gegenkräfte der verinnerlichten Selbstwertkonflikte sowie der Macht- und Rivalitätskomplexe bedenken, die in ihren verhängnisvollen Konsequenzen geschildert wurden. Bedenkt man, wie zerstörerisch unbewältigte Schuldgefühle, undurchschaute Machtansprüche und tiefeingewurzelte Ressentimentimpulse wirken können und daß die Disposition zu diesen Konfliktmomenten allgemein anerzogen und durch die sozialen Strukturen erhärtet worden ist, dann mag das Abenteuer der Selbsterfahrungsarbeit wahrhaftig nicht mehr verlockend, sondern eher allzu risikoreich erscheinen. Indessen, die Ausführungen der letzten Abschnitte wollten nichts weniger als eine Abschreckung bezwecken. Sie wollten nur wichtige Gefahrenquellen aufzeigen. Wenn spontane Gruppen besser wissen, was sie als latentes Konfliktpotential in ihre Arbeit mit hineintragen, dann sollten sie es leichter haben, mit solchen Schwierigkeiten umzugehen. Aber es erscheint notwendig, im folgenden einzelne Kriterien für eine erfolgversprechende Arbeit präziser herauszuarbeiten.

2. Hauptteil:
Versuche gemeinsamer Umerziehung
in spontanen Gruppen

Es gibt eine Menge Probleme ...

... im Zusammenleben der Menschen. Geld ist nur eines davon. Geld unterscheidet sich aber von vielen anderen Konfliktstoffen dadurch, daß es Affekte auslöst, wenn es nicht oder unzureichend vorhanden ist.

Hierin gleicht Geld der Zuneigung: Mangel ist störender als Überfluß. Beides kann man nie genug empfangen.

Pfandbrief und Kommunalobligation

Meistgekaufte deutsche Wertpapiere - hoher Zinsertrag - schon ab 100 DM bei allen Banken und Sparkassen

Verbriefte  Sicherheit

Orientierungspunkte für Selbsterfahrungsarbeit

Kriterien für die Zusammenstellung der spontanen Gruppe: Erwartungsvorstellungen, soziale Merkmale, politische Anschauungen der Bewerber. Prinzipien des Umganges miteinander: Offenheit, Symmetrie der Gesprächsführung, Vermeidung «wilder» Analyse, Toleranz für gegensätzliche Reaktionsmuster und für Subgruppen, Öffnung der Gruppe nach außen

Gibt es so etwas wie Rezepte oder Regeln, wie eine experimentierende spontane Gruppe die geschilderten Probleme des irrationalen Moralismus und der ressentimenthaften Rivalenkämpfe leichter bewältigen kann?

Gewiß lassen sich allgemeine Hinweise geben. Aber bevor hier einige Anregungen ausgesprochen werden sollen, sei eines klargestellt: Von entscheidender Bedeutung ist eine Vorbedingung. Nämlich daß man bei allen Gruppenmitgliedern mit einem echten und starken Bedürfnis rechnen kann, mit den anderen zusammen durch dick und dünn gehen zu wollen. Die Gegenimpulse, die sich unvermeidlicherweise im Verlauf der Gruppenarbeit einstellen, lassen sich bei aller Vorsicht und bei Wahrung aller erdenklichen methodischen Regeln immer nur dann in Schach halten, wenn ein hinreichendes Potential an spontanen Bedürfnissen vorhanden ist, in der Gruppe und mit der Gruppe gemeinsam die Probleme durchzustehen. Es lassen sich mitunter selbst schlimme Krisensituationen überstehen, wenn eine tragende Grundmotivation vorhanden bleibt: koste es, was es wolle, wir müssen versuchen, unsere Schwierigkeiten zusammen zu lösen – es sei denn, daß echte sachliche und nicht in erster Linie irrationale affektive Momente eine Auflösung der Gruppe erfordern.

Natürlich ist diese Grundmotivation anfangs sehr schwer festzustellen. Immerhin sollte man eingehend miteinander darüber reden, warum die einzelnen sich einer spontanen Gruppe anschließen wollen. Und welche Vorbehalte sie etwa haben. Da kann es dann sein, daß jemand vieles nennt, was die Gruppe für ihn gewissermaßen als Vorleistung bieten soll, aber nur wenig von dem spricht, was er selbst eigentlich für die Gruppe beizutragen hofft. Mitunter spürt man dann schon, daß einer die Gruppe mit allzu großen Forderungen überlastet, die ihm dann ein leichtes Alibi sichern, sich schnell wieder zurückzuziehen, wenn irgend etwas nicht ausgezeichnet läuft.

Im Sinne der Schuldgefühl-Problematik ist es für eine spontane Gruppe bedenklich, Mitglieder aufzunehmen, die von vornherein einen ganz rigiden Normenkodex einzuführen wünschen, der den anderen Angst macht – mag auch die geheime Schuldangst dessen am größten sein, der diese Normen fixiert sehen möchte.

Schwierigkeiten drohen auch immer von solchen Gruppenmitgliedern, denen man von vornherein eine besondere passive Bequemlichkeitshaltung anmerkt. Das sind Leute, die nicht ausdrücklich bestimmte Idealforderungen an die Gruppe stellen, sondern eher dadurch auffallen, daß sie überhaupt keine Initiative ergreifen und nur alles mit sich geschehen lassen. Sie suchen die Gruppe wie ein warmes Nest, in dem sie hocken wollen. Sie denken, daß sich schon andere danach drängen werden, Verantwortung zu übernehmen und Eltern-Rollen zu spielen. Sie selbst wollen sich in die Gemeinschaft ganz passiv einrangieren. Anfangs unterschätzt man vielleicht die Mühe, die solche Teilnehmer späterhin bereiten. Man mag zunächst glauben: die Betreffenden seien zumindest harmlos, man brauche sich vor ihnen nicht zu fürchten. Und das sei schon viel wert. Aber jede Wohngemeinschaft, jede Initiativgruppe bringt viel Arbeit mit sich, an der sich alle beteiligen müssen. Und die Gruppe reagiert bald gereizt, wenn einer sich nur von den anderen versorgen läßt und sich vor jeder Belastung drückt. Auch im emotionellen Bereich gibt es Schwierigkeiten, wenn einer oder mehrere nur so mitlaufen wollen und erwarten, daß alle Krisen von den anderen gelöst werden sollen. Wenn jemand anfangs durch besondere Passivität auffällt, sollte man sich fragen: ist das mehr Scheu, die man gemeinsam mit dem Betreffenden überwinden kann und sollte, oder liegt so etwas wie eine echte Schmarotzer-Einstellung vor, die von Anfang an eine kaum erträgliche Asymmetrie in die Gruppe hineinträgt? Es ist nicht günstig, wenn eine Gruppe vom ersten Tage an mit einem bedeutenden Gefälle zwischen «Machern» und passiven «Mitläufern» zurechtkommen muß. Die Wahrscheinlichkeit, ernsthafte Krisen zu überstehen, ist um so größer, je gleichmäßiger alle aktiv an der Verantwortung für die gemeinsame Sache teilnehmen.

Das Problem der Homogenität stellt sich auch hinsichtlich der sozialen Voraussetzungen. Eine «normale» Wohngemeinschaft, das heißt eine Gruppe, die nicht ausdrücklich eine bestimmte soziale Arbeit leisten will, hat es erfahrungsgemäß dann am leichtesten, wenn zwischen den Teilnehmern keine allzu großen sozialen Unterschiede bestehen. Es passiert heute nicht allzu selten, daß sich etwa Studenten, die aus sozial privilegierten Familien stammen, ein oder zwei junge Arbeiter in eine Wohngemeinschaft holen und ohne eigentliches Problembewußtsein die Barrieren des Klassengegensatzes schon dadurch für überwunden halten, daß man zusammenleben will. Man glaubt, durch den Zwang des Aufeinanderangewiesenseins, also durch die äußeren Umstände, die soziale Differenz bedeutungslos machen zu können. Das erweist sich fast stets als eine Illusion. In einer derart zusammengewürfelten Gruppe geraten Unterschichtangehörige meist bald in Rückstand. Sie können in den Gruppendiskussionen nicht Schritt halten. Sie sind den anderen sprachlich nicht gewachsen. Infolge ihrer Erziehung zu einem mehr konkretistischen und funktionalistischen Denken haben sie es schwer, sich an theoretischen Gesprächen gleichgewichtig zu beteiligen. Auch die introspektive Bearbeitung von Gruppenprozessen ist etwas, wozu sie gar nicht trainiert sind und worauf sie sich zunächst gründlicher vorbereiten müßten. Die Bildungs- und Interessenunterschiede schaffen bald Spannungen, die beide Seiten überfordern können. Durch die Unterschiedlichkeit der Sozialisationsbedingungen sind Barrieren verinnerlicht worden, die man nicht einfach nur durch Elan und guten Willen abbauen kann. Wenn man von vornherein bedeutende soziale Unterschiede in die Struktur einer spontanen Gruppe einbezieht, dann muß man die Schichtenbarrieren jedenfalls als eine konflikträchtige Bedingung sehen und ausdrücklich problematisieren. Und man sollte sich auch genau überlegen, ob wirklich alle Teilnehmer diese heterogene Zusammensetzung aktiv bejahen oder ob nicht etwa Unterschichtangehörige von Mittelschichtmitgliedern nur aus einer eher unkritischen sozial romantischen Perspektive heraus in die Gruppe hineingezogen werden sollen, gleichsam als Experimentierobjekte zur sozialen Bewährung.

Mitunter ergeben sich solche sozialen Differenzen natürlicherweise daraus, daß sexuelle Partnerschaften bzw. Ehen über Schichtengrenzen hinweg geschlossen worden sind und nun ein oder mehrere solche Paare in eine spontane Gruppe geraten. Fraglos ist es möglich und für eine Gruppe auch besonders befriedigend, wenn sie mit solchen vorgegebenen sozialen Unterschieden fertig werden kann. Aber das gelingt fast stets nur dann, wenn man die damit zusammenhängenden Probleme ausdrücklich als Gruppenaufgabe anvisiert, anstatt etwa zu glauben, die Schwierigkeit durch das bloße Arrangement des Wohnens unter einem gemeinsamen Dach schon hinter sich gebracht zu haben.

Ganz anders liegen die Verhältnisse natürlich bei solchen Initiativgruppen, die sich die Betreuung bestimmter Bezugspersonen oder Bezugsgruppen vornehmen. Man denke etwa an Initiativgruppen, die sich um Randgruppen wie Drogenabhängige, Obdachlose, Delinquente, psychisch Kranke usw. kümmern wollen. Diese Arbeit wird ja indessen noch gesondert untersucht werden.

Nicht nur bei aufgabenzentrierten spontanen Gruppen, sondern auch bei «aufgabenfreien» Gruppen wird schließlich die Brisanz politischer Differenzen oftmals zu wenig beachtet. Wenn man miteinander eine Wohngemeinschaft nicht nur als Familien-Surrogat, sondern als ein Modell zur Erprobung neuer Beziehungsformen versteht, so ergibt sich meist zwangsläufig ein permanenter Gedankenaustausch darüber, in welchen Typ von Gesellschaftsordnung hinein man das eigene Modell stellen will. Weitaus die meisten Wohngemeinschaften orientieren sich ja an irgendeinem sozialistischen Konzept. Viele wirtschaften ganz oder zumindest teilweise aus einer gemeinsamen Kasse und mit einem mehr oder minder ausgedehnten Bereich von «sozialisiertem Eigentum». Diese Verhaltensweisen richten sich nach bestimmten politischen Auffassungen, die somit – jedenfalls in vielen Fällen – nicht von der persönlich privaten Sphäre der Gruppe abgetrennt werden können. Es ist ja bekannt, daß sich in spontanen Gruppen ohnehin politisch besonders sensibilisierte Individuen bevorzugt zusammenfinden. Das hat zur Folge, daß Mitglieder solcher Gruppen nicht selten gleichzeitig Anschluß an politische Organisationen suchen. Wenn sich da nun innerhalb der Gruppe gravierende Unterschiede ergeben, dann kann das erhebliche Spannungen erzeugen. Freilich kann es auch umgekehrt dazu kommen, daß anderweitige Spannungen in der Gruppe politisch rationalisiert werden. Man tut so, als müsse man sich wegen eines schwerwiegenden politischen Meinungsunterschiedes trennen, weil man sich nicht eingestehen kann, daß man miteinander an einem ganz persönlichen Konflikt in der Gruppe gescheitert ist (Eifersucht, Machtkampf usw., vergleiche hierzu S. 84f.). Immerhin entfalten von vornherein erkennbare politische Differenzen stets ein Gefahrenpotential, das entweder unmittelbar oder mittelbar als Ausflucht bzw. Verstärker für andere Spannungen brisant werden kann. – Zu bedenken ist auch, daß Wohngemeinschaften oft mit der Zeit das Bedürfnis verspüren, die Basis ihres gemeinsamen privaten Bereiches zu erweitern und als Gruppe irgendwelche sozialen oder politischen Aufgaben zu übernehmen. Das setzt indessen voraus, daß man sich auf ein gemeinsames Konzept einigen kann.

Soviel zu einigen wesentlichen Kriterien für die *Zusammensetzung* einer spontanen Gruppe. Es ist zuzugeben, daß sich diese Kriterien leichter theoretisch erörtern als praktisch befolgen lassen. Schließlich ist es ein wesentliches Merkmal einer spontanen Gruppe, daß sie sich eben spontan bildet und daß man ihr nicht eine penible Eignungsprüfung für die einzelnen Anwärter vorschalten kann. Es ist im Gegenteil oft üblich, daß sich alle vor der Rolle dessen drücken, der einen anderen examiniert, weil niemand den Anschein des Dominieren-wollens auf sich nehmen möchte. Am ehesten kann man sich noch über die allgemeinen Konzepte, über politische Meinungen und organisatorische Punkte austauschen. Viel schwieriger ist es, sich wechselseitig hinsichtlich der psychologischen Motivation auf den Zahn zu fühlen. Trotzdem sollte man versuchen, auch in diesem Bereich nicht allzu ängstlich zu sein, wenn es um die Feststellung geht, was die einzelnen in der Gruppe suchen und wie sie sich darin verwirklichen wollen. Je deutlicher man sich darüber ausspricht, um so sicherer können alle beurteilen, ob sie wirklich mit diesen Partnern in dieser Gruppe kooperieren wollen und was sie etwa voneinander zu erwarten haben.

Was nun den *Umgang* miteinander in der gebildeten Gruppe anbetrifft, so ergibt sich die Grundfrage: wie nahe soll man, wie nahe darf man aneinander herangehen, um die im vorigen geschilderten Selbstwertprobleme und Ressentimentschwierigkeiten bestmöglich zu handhaben? Wie kann man am ehesten vermeiden, sich gegenseitig Schuldgefühle und Ängste zu machen? Prinzipiell läßt sich antworten: Es ist sicher sinnvoll, sich wechselseitig so viel als nur irgend möglich Informationen zu geben. Das allgemeine Mißtrauen, die Vorurteile und die Defensivbereitschaft lassen in dem Grade nach, in welchem man beharrlich darin voranschreitet, sich gegenseitig offen zu erkennen zu geben. Aber dieser Prozeß sollte stets halbwegs symmetrisch erfolgen.

Konkret: Wenn einer einen anderen ausfragt, sollte er stets hinzusetzen, wie er sich selbst fühlt und was er für sich selbst durch das Ausfragen gewinnen will. Also daß er zum Beispiel dem anderen näherkommen oder daß er irgendeine Angst vor dem anderen abbauen möchte.

Wenn er sich über den anderen ärgert, sollte er durchblicken lassen, daß dies sicher nicht nur ein Problem des anderen, sondern auch sein eigenes sei. Unter solchen Umständen verläuft eine Ausfragung nicht einseitig. Sondern der Ausfragende teilt gleichzeitig so viel über sich selbst mit, daß er dem Befragten zu jeder Zeit die Chance gibt, auch seine eigenen Informationen über den Frager zu vertiefen. Sollte der Frager zu sehr projizieren, also nur irgendwelche eigenen Unmutsaffekte dem Befragten ankreiden wollen, so wäre es eine Aufgabe der übrigen Gruppe, prompt zu intervenieren und die Einseitigkeit im Vorgehen des Fragers deutlich zu machen.

Man sollte in einer Gruppe auch stets scharf darüber wachen, daß die heute vielfach bekannten Instrumente psychoanalytischer Interpretation nur vorsichtig und keinesfalls in manipulatorischer Absicht angewendet werden. Wenn etwa zwei in einer Gruppe in einen heftigen Konflikt miteinander verwickelt sind, so sind sie – zumal ohne Anwesenheit eines analytischen Begleiters – in der Regel außerstande, sich gegeneinander Deutungen in hilfreicher Absicht zu übermitteln. Vielmehr werden Interpretationen dann vielfach in der uneingestandenen Absicht dazu mißbraucht, sich wechselseitig einzuschüchtern und ohnmächtig zu machen.

Der eine sagt etwa zum anderen: Du greifst mich ja nur an, weil du Angst hast, ich könnte es ausnützen, daß du dich mir gegenüber ziemlich schwach fühlst. Und der andere: Du willst mich nur klein machen, weil du selber nicht eingestehen kannst, daß du dich von mir gekränkt fühlst!

Hier sieht es so aus, als wollte jeder dem andern etwas zeigen, was dieser nicht bei sich selbst sehen kann. Aber in Wirklichkeit benutzt er die Deutung als Waffe, um den anderen niederzuzwingen. Derjenige, dem die Deutung an den Kopf geworfen wird, erfährt keine echte Hilfe für eine vertiefte Einsicht in seinen psychischen Zustand. Die Interpretation mag richtig sein, aber der Empfänger wird versuchen, sie nicht in sich eindringen zu lassen, sondern schnell abzuwehren. Beide Partner mögen in der Tat eine bislang undurchschaute Zuneigung füreinander haben, die sie einander aus Abhängigkeits- und Auslieferungsängsten nicht gestehen können. Mit diesem Deutungskrieg können sie indessen an diesen emotionellen Hintergrund nicht heran. Im Gegenteil.

Besonders fatal ist es, wenn in einer Gruppe einer den anderen mit gewissen psychoanalytischen Kenntnissen voraus ist und die ganze

Gruppe gewissermaßen mit einem Sperrfeuer von Interpretationen in Schach hält: Jeder, der ihm Unbehagen bereitet, bekommt sogleich zu hören, daß hinter seinem Verhalten «nichts als» Kastrationsangst, enttäuschte Liebeswünsche, verschobene Eifersucht, Wünsche nach sadistischer Befriedigung usw. stecken. Er selbst verlangt, daß seine Äußerungen immer nur direkt so verstanden werden, wie sie formuliert sind. Alle anderen hingegen sollen sich stets erst von ihm bescheinigen lassen, ob sie wirklich das meinen, was sie sagen, oder ob sie nicht etwas ganz anderes, eventuell Gegensätzliches im Sinne haben, das er allein dechiffrieren kann. Damit wird er zwar reihum gegen sich Aggression erzeugen, aber die anderen werden es nicht leicht haben, sich gegen ihn zu wehren, zumal da der «Analytiker», der in dieser unkritischen Weise verfährt, vermutlich nur noch wilder herumanalysiert, je mehr er seine Therapeutenposition gefährdet und attackiert sieht.

Gerade ein solches Mitglied, das etwas mehr Ahnung von Psychoanalyse als die übrigen hat, sollte sich besonders hüten, die anderen zu deuten, um sich etwa deren Zudringlichkeiten, Aggressionen oder dergleichen vom Halse zu halten. Sondern er sollte eher in der Weise als Vorbild zu wirken versuchen, daß er besonders offen seine eigenen Probleme zugesteht. Indem er bei sich selbst vormacht, wie man zum Beispiel irgendwelche Vorurteile kritisch zurücknehmen kann, indem man etwa dahinter versteckte Ängste aufzeigt, kann er vielleicht auch den anderen helfen, irgendwelche festgefahrenen Positionen selbstkritisch in Zweifel zu ziehen. Insgesamt empfiehlt sich aber, das Analysieren überhaupt nicht mit besonderer Kühnheit zu betreiben, da damit schnell eine große Unruhe in der Gruppe angefacht werden kann, die den einen oder anderen zu sehr belastet.

Man kann von Glück sagen, daß die Mode der wilden Selbstanalyse spontaner Gruppen eher abzuklingen scheint. Viele haben die schmerzliche Erfahrung machen müssen, daß die Analyse, als eine Art Gesellschaftsspiel ohne Analytiker betrieben, Schlimmes anrichten kann. Die Vorstellung, man werde um so schneller miteinander ins reine kommen, je rücksichtsloser man sich gegenseitig alle Verdrängungen, Verleugnungen, Verschiebungen, Projektionen kaputtmache, hat gründlich getrogen. Zahlreiche Gruppen haben sich mit Hilfe dieser untauglichen Methode so stark labilisiert, daß sie am Ende untereinander viel mehr Schwierigkeiten als vorher hatten. – Ein Gruppenanalytiker, der sich einerseits der Gruppe gegenüber in einer neutralen Distanz befindet und andererseits eine eindeutige therapeutische Verpflichtung hat, wird Deutungen stets so anwenden, daß das Ich der Gedeuteten nicht überfordert wird. Er wird versuchen, mit Interpretationen geeignete Momente zu erfassen, in denen die Deutungsempfänger genügend vorbereitet sind, um irgendwelche bislang undurchschauten Aspekte ihrer selbst wahrnehmen und anerkennen zu können. Wenn die Gruppenmitglieder indessen unter sich wild darauflos analysieren, verlieren die Deutungen meist bald den Charakter planvoller, hilfreicher und dosierter Interventionen, sondern verwandeln sich in gefährliche Instrumente, die in erster Linie dem nützen sollen, der sie anwendet. Und das kann, wie gesagt, unheilvoll wirken.

Wenn man sich über diese Gefahr indessen klar ist, braucht man das Kind nicht mit dem Bade auszuschütten. Ich habe erfahren, wie manche Gruppen durchaus einen nützlichen Gebrauch von analytischen Kenntnissen machen können. Etwa in dem Sinne, daß man in irgendeinem festgefahrenen Konflikt wirklich gemeinsam und nicht nur einseitig versucht, etwaige zugrundeliegende emotionelle Enttäuschungen aufzuspüren, deren Verleugnung zu einem gravierenden Mißverständnis geführt hat. Wichtig ist jedenfalls, daß bei einem solchen analytischen Klärungsversuch, wenn er gelingen soll, nicht nur ein einzelner oder ein Gruppenteil allein zum «Patienten» gemacht wird, sondern daß alle sich in gleicher Weise als Patienten bzw. Therapeuten einrangieren und ihre Emotionalität in das Beobachtungsfeld mit einbeziehen. Das bedingt eben auch, daß eine Gruppe einem Mitglied rechtzeitig in den Arm fällt, das sich in unkritischer Weise das Vorrecht sichern will, andere mit analytischen Mitteln zu manipulieren, sich selbst aber als unangreifbarer Deuter aufzubauen.

Eine weitere Lehre aus dem früher Gesagten mag darin bestehen, daß man darauf vorbereitet ist, daß die in der Gruppe notwendigerweise auftretenden Spannungen von verschiedenen Mitgliedern in gegensätzlicher Weise verarbeitet werden. In der gleichen Angst fliehen manche eher in die Gruppe hinein, andere aus ihr heraus. Einige wollen bald eine ganz enge Symbiose miteinander herstellen. Anderen macht es arge Schwierigkeiten, wenn man sie ungestüm bedrängt, weil sie um ihre innere Sicherheit fürchten, sofern sie sich auf eine zu große Nähe einlassen. Solange jeder die spezifische Angstabwehr des anderen mißversteht, glaubt er sich von dem anderen willkürlich abgewiesen und bestraft. Derjenige, der aus Mißtrauen erst einmal seine Distanz verteidigen möchte, wird leicht als kalt, rücksichtslos, egoistisch unengagiert oder dergleichen verkannt und beschimpft. Und derjenige, der seine Zuflucht in hautengen emotionellen Verbindungen suchen möchte, muß sich gefallen lassen, als distanzlos, vergewaltigend oder bedrängend zu gelten. Diese wechselseitigen Fehldeutungen kann man indessen einschränken bzw. weitgehend vermeiden, wenn man sich frühzeitig auf solche Reaktionsweisen vorbereitet und sich gegebenenfalls daran erinnert, welche Motive ihnen zugrundeliegen. Dann kann jeder der beiden Typen geduldiger mit dem anderen umgehen. Diejenigen, die am liebsten – bzw. aus ihrer spezifischen Angstabwehr heraus – ganz schnell in eine allgemeine Umarmung aller mit allen flüchten möchten, können vielleicht mehr Rücksicht aufbringen, auf die anderen zu warten, die sich gegen eine solche «Vergewaltigung» mit Händen und Füßen sträuben. Aber diese anderen können vielleicht ihrerseits die Festungsmauer ihres Mißtrauens etwas schneller abbauen, wenn sie das Irrationale ihrer Furcht vor den «symbiotischen Typen» rechtzeitig einkalkulieren.

Die Besinnung auf derartige unterschiedliche Reaktionsmuster mag auch dazu verhelfen, den einzelnen zuzugestehen, daß sie im Verlauf längerer Gruppenarbeit unterschiedlich enge bzw. distanzierte Beziehungen zu den anderen Gruppenmitgliedern pflegen. Die zeitweilige Illusion, man könnte in einer solchen Gruppe eines Tages zu einem Herzen und einer Seele verschmelzen, wobei alle miteinander gleich näherücken und das gleiche uneingeschränkt positive Verständnis füreinander finden könnten, ist unhaltbar und muß schließlich preisgegeben werden. Das ist wiederum, zumindest bei einem Teil der Gruppe, mit großen Enttäuschungsgefühlen verbunden. Es zeigt sich hierbei unter anderem auch, ein wie großer Nachholbedarf an unerfüllten Liebesbedürfnissen seit der Kindheit in vielen angestaut ist, der sie in der Gruppe ein paradiesisches Glück hundertprozentiger Harmonie erträumen läßt – im Kontrast zu den erlittenen hundertfachen Frustrationen in der bisherigen Entwicklung. Man muß einzusehen lernen, daß sich innerhalb einer solchen Gruppe verschieden nahe Verhältnisse zwischen den einzelnen Teilnehmern ausbilden. Und man sollte versuchen zu verstehen, warum es dazu kommt. Dann kann man sich besser gegen eine bestimmte und sehr wichtige Gefahr schützen. Gegen die Gefahr nämlich, die Bildung von Untergruppen von vornherein als einen Verstoß gegen die Solidarität zu verdächtigen. Warum müssen sich denn zwei, drei oder vier, die innerhalb einer Gruppe von zehn besonders zusammenrücken, gleich gegenüber den anderen schuldig fühlen? Und warum müssen die anderen diesen unterstellen, daß diese sich nicht primär *füreinander*, sondern *gegen* den Gruppenrest zusammenfinden? Warum müssen solche Untergliederungen gleich als Parteibildungen aufgefaßt werden? So daß sich also – nach Formierung einer enger miteinander kommunizierenden Subgruppe – der Gruppenrest gleich fragt, ob er nicht auch schnell eine geschlossene Fraktion bilden muß, um der spontan entstandenen Subgruppe standhalten zu können?

Es passiert in der Tat rasch, daß ein Teilzusammenschluß einzelner Gruppenmitglieder jeden Teilnehmer in mehr oder minder hohem Grade verunsichert: Muß ich mir nun auch schnell einen oder mehrere Partner suchen, um nicht allein dazustehen? Verrät mich derjenige, der mit einem anderen oder mehreren anderen enger fraternisiert als mit mir? Was habe ich, was haben wir denn denen getan, daß sie gegen mich bzw. gegen den Gruppenrest offenbar einen Pakt schließen – oder gar eine Komplicenschaft aufbauen? Was ergeben sich jetzt für Machtverhältnisse? Wer dominiert unter uns? Die neue Subgruppe? Der Gruppenrest? Und wo muß ich schnell hinlaufen, um nicht kaputtgemacht zu werden? Soll ich versuchen, mich in die frisch gebildete Untergruppe hineinzudrängen oder eine andere «Partei» zu gründen? –

So kommt es bekanntlich leicht dazu, daß ein paar Leute, die innerhalb einer Gruppe aus Angst, aus sexueller Attraktion, aus irgendeiner Interessengemeinsamkeit heraus aufeinander zugetrieben werden, blitzschnell eine Kettenreaktion von Beunruhigungen, Verdächtigungen und Bündnisbemühungen auslösen. Es ist wie bei bestimmten Kinderspielen vom Typ der «Reise nach Jerusalem» oder «Verwechselt, verwechselt das Bäumelein», daß eine panische Isolationsfurcht ausbricht: Wenn einer sich plötzlich festhält – um Himmels willen, da muß ich schnell auch nach einem Halt suchen, um nicht «out» zu sein. Wo ist mein Stuhl, mein Bäumelein, das mich schützt, wenn sich die Gruppe in Fraktionen aufsplittert? Hier taucht eben ein altes, tief emotionell verwurzeltes Vorurteil wieder auf, gegen das man eigentlich gerade in solchen Gruppen angehen möchte. Das Vorurteil nämlich, daß man allenfalls in einer Kleinfamilie, ja ursprünglich überhaupt nur zu zweit wirklich harmonisch einträchtig leben könne. Man denke an die soziokulturelle Verstärkung des Ödipuskomplexes und die darauf fußende Theorie, wonach schon eine Dreierbeziehung automatisch in eine

Rivalität zwei gegen eins ausarten müsse. Hier spielt wiederum die individualistische Denktradition eine Rolle, wonach die maximale narzißtische Verwöhnung des Kindes durch die ungeteilte Zuwendung der Mutter verherrlicht wird. Die Angst, in einer größeren Gruppe verraten und kaputtgemacht zu werden, wenn sich innerhalb des Kreises Teilgruppen herausdifferenzieren, ist jedenfalls lange zuvor antrainiert worden und nicht einfach zu bewältigen. Deshalb versuchen manche spontanen Gruppen, solche Untergliederungen weitgehend zu vermeiden bzw. genauestens zu kontrollieren. In einzelnen Wohngemeinschaften hängt man anfangs nicht deshalb die Türen aus, um die positive Verbindung zwischen allen zu erleichtern. Sondern zunächst auch und wesentlich deshalb, damit jeder jeden überwachen kann und damit sich nicht hinter verschlossenen Türen heimliche Paktbildungen abspielen können. Es ist indessen wichtig zu lernen, daß auch in optimal kooperierenden Gruppen nicht nur Sonderbereiche für die Intimität von Paaren, sondern auch für andere kleinere Subgruppen toleriert werden sollten. Jede solcher Subgruppen wird um so weniger einen defensiven und exklusiven Charakter annehmen, je weniger die übrigen solche Substrukturen mit Mißtrauen und Sanktionen verfolgen. Es zeigt sich, daß Zweierbeziehungen und andere Untergruppen von sich aus eine große Durchlässigkeit und Loyalität gegenüber allen anderen anstreben, sofern sich die Gesamtgruppe darauf einstellt, daß ein emanzipatorischer Prozeß solche Differenzierungen geradezu notwendig macht. Eine positive Einstellung zu solchen Prozessen wird dadurch im allgemeinen erleichtert, daß man den unterschiedlichen Bedarf an Nähe und Distanz entsprechend der Varianz der Reaktionstypen begreift. Eine Gruppe, in der alle miteinander exakt den gleichen Abstand bzw. die gleiche Nähe halten und diese Positionen unverändert wahren würden, wäre auf die Dauer ein höchst unnatürliches, unlebendiges Gebilde mit einer allenfalls vorgetäuschten Solidarität.

Als unhaltbar hat sich ja auch schnell der Versuch mancher Kommunen herausgestellt, einen laufenden Wechsel sexueller Partnerschaften in einer Gruppe anzustreben, um eine Zementierung von festen Zweierblocks zu vermeiden. Den Wert solcher Experimente kann man gerade darin sehen, daß sie gescheitert sind und deutlich gemacht haben, daß verbindliche Zweierbeziehungen trotz aller Gegenvorschriften gesucht werden. Diese Erfahrungen haben erwiesen, daß der Weg zu besseren Möglichkeiten von Gruppensolidarität nicht an der Paarbindung vorbeiführt, sondern diese unbedingt einschließt. Inzwischen gibt es viele gut funktionierende Wohngemeinschaften, die sich entweder nur aus Paaren oder aus Paaren und diversen Einzelpersonen zusammensetzen. Was man dabei lernen kann, ist dies: Feste Zweierbeziehungen werden nur dann in der Gruppe zu einem Problem, wenn sie sich festungsartig innerhalb der Gruppe oder gegen diese isolieren. Daß es mitunter dazu kommt, liegt oft gar nicht primär an dem betreffenden Paar, sondern mehr noch an den anderen. Wenn die übrigen bemerken, daß zwei eine enge Beziehung miteinander begründen, dann behandeln sie die zwei mitunter plötzlich wie veränderte Menschen. Sie unterstellen zum Beispiel, daß man sich gar nicht mehr wie vorher nur mit einem von beiden auseinandersetzen könne, ohne gleich den anderen zu tangieren. Man erwartet, daß, wenn man den einen Teil anspreche, der andere immer gleich mitreagieren werde. Man sagt zum Beispiel dem einen Teil etwas und setzt als selbstverständlich voraus, daß dieser es automatisch seinem Partner weitergeben werde. Oder man meidet intimere Gespräche mit dem einen Teil, weil man sich zwangsläufig vorstellt, den Betreffenden sogleich in Loyalitätskonflikte mit seinem Partner zu bringen. Also: die Gruppe hört auf, jeden der beiden wie bisher unbefangen als Einzelwesen zu sehen, und behandelt beide als ein geschlossenes System. Kommt nun noch der Eindruck hinzu, daß der eine Teil stärker als der andere sei, wendet man sich unter Umständen künftig überwiegend an diesen, wenn man eine Stellungnahme beider Partner hören will (vgl. Seite 199 ff.). So kann eine Gruppe entscheidend dazu beitragen, ein Paar zu einem geschlossenen Block zusammenzuschweißen, indem sie die beiden gewissermaßen wie eine einzige Person sieht und nicht mehr hinreichend zwischen ihnen differenziert. Sie erzeugt damit erst eigentlich das Problem, das sie im Grunde vermeiden will.

Statt dessen ist es wichtig, jeden Partner aus einer Zweierbeziehung nach wie vor als individuellen Gruppenangehörigen einzuschätzen und anzusprechen. Wenn die Gruppe so verfährt, wird sie es den beiden erleichtern, sich vor der Gruppe auch mit unterschiedlichen Meinungen und Haltungen darzustellen. Sie wird ihnen zugleich damit ermöglichen, Konflikte miteinander vor der Gruppe auszutragen und eventuell mit Hilfe der Gruppe zu lösen. Die Gruppe funktioniert dann nicht als Feind, sondern als zusätzliche Stütze für das Zweiersystem. Freilich geht auf diese Weise eine qualitative Veränderung mit der Paarbeziehung vor sich. Indem die beiden ihr Verhältnis zur Gruppe hin öffnen und die Gruppe in ihre Probleme hineinblicken lassen, verliert das Paar die Merkmale des verschworenen Geheimbundes, als welcher die traditionelle bürgerliche Ehe etabliert war. Jeder der beiden Partner behält seine eigene Beziehung zur Gruppe mit unterschiedlichen Verbindungen zu den übrigen Gruppenmitgliedern. Und trotzdem, vielmehr gerade deswegen, hat die Zweierbeziehung eine feste Basis. Sie behält ihren Eigenraum, in welchem sich eine spezifische Innenwelt entfalten kann. Es gibt immer wieder auch Probleme, für die der einzelne den Dialog mit einem einzigen Partner braucht, mit dem er sich gründlich und auf einer tieferen Ebene austauschen kann. Ein Kreis von acht bis zehn Personen hat vielfach nicht die Zeit, sich dem einzelnen so ausschließlich zu widmen, wie dieser es mitunter doch nötig hat, um mit besonderen Schwierigkeiten fertig zu werden. Es ist somit für eine Gruppe eine wichtige Entlastung, wenn sie solche Probleme an Zweierbeziehungen delegieren kann.

Es zeigt sich übrigens auch, daß Wohngemeinschaften sehr gut imstande sein können, homosexuelle und heterosexuelle Paare zugleich zu integrieren. Solche Experimente sind besonders wichtig, weil sie das Vorurteil zu revidieren helfen, Homosexuelle müßten sich in einer heterosexuellen Gesellschaft notwendigerweise in eine eigene Subkultur flüchten und homosexuelle Gegengesellschaften gründen, um sich überhaupt aufrechtzuerhalten. Es ist gut verständlich, daß viele Homosexuelle, die isoliert in einem rein heterosexuell geprägten Milieu aufwachsen, eigene Gruppen zu bilden versuchen, in denen sie endlich volle gegenseitige Anerkennung finden und ihre Partnerschaften offen gestalten können. Die verbreitete Angst vor der latenten eigenen Homosexualität macht es weiten Teilen der Gesellschaft ja immer noch unmöglich, in enger Gemeinschaft mit Homosexuellen zu leben. Die Beunruhigung und der Abscheu – als Reaktionsbildung auf Ängste – führen zu Ausschließungstendenzen. Die Liberalisierung des Homosexuellen-Strafrechtes ist für viele bereits das äußerste des Zumutbaren. Wobei gehofft wird, daß gesellschaftliche Ächtung in der Wirkung letztlich dem Einsperren gleichkommen möge. In dieser Zwangslage bliebe Homosexuellen nur die Chance, sich als Randgruppe für sich zusammenzuschließen und sich gemeinsam zu wehren. Demgegenüber sind gemischte Wohngemeinschaften aus Heterosexuellen und Homosexuellen im Augenblick noch nicht mehr als zukunftsweisende Ausnahmemodelle. Sie setzen bei allen Mitgliedern ein Maß an Angstfreiheit und Verständnisbereitschaft voraus, das über den durchschnittlichen Bewußtseinsstand hinausreicht. Immerhin, was hier erprobt und geleistet wird, ist überaus instruktiv. Es beweist, daß ein enges Nebeneinander von homosexuellen und heterosexuellen Paaren nicht nur ohne wechselseitige Abstoßung möglich ist, sondern für alle Teile sehr befriedigend verlaufen kann. Hier sieht man, wie beide Seiten den Umgang miteinander als Bereicherung empfinden und daß die unterschiedliche Sexualkonstitution nicht im mindesten den Zusammenhalt in der Gruppe stören muß. Im Gegenteil, in solchen Gemeinschaften können homosexuelle Männer mit Frauen und homosexuelle Frauen mit Männern in einer Form zusammenleben und umgehen, wie sie dies ohnehin möchten, aber vielfach infolge der üblichen sozialen Schranken nicht können. Es ist ja nur ein unkritisches Vorurteil, daß Homosexuelle sich eine reine Frauen- bzw. eine reine Männergesellschaft erträumten. Lediglich die übrige Gesellschaft tendiert wegen ihrer Abwehrmechanismen dazu, Homosexuelle für sich zu gettoisieren. Wobei auch gemeinhin verkannt wird, daß Homosexuelle ohnehin regelmäßig in höherem oder geringerem Grade bisexuell veranlagt sind, so wie umgekehrt die Heterosexuellen regelmäßig auch einen homosexuellen Anteil haben, wie verdrängt diese Komponente auch immer sein mag.

Es ist jedenfalls verständlich, daß es die eine oder andere Wohngemeinschaft als einen Erfolg verbucht, wenn sie Homosexuelle und Heterosexuelle miteinander zu integrieren versteht und Paarbildungen des einen wie des anderen Typs einbezieht und von diesem Nebeneinander in besonderer Weise zu profitieren imstande ist.

Zu den beherzigenswerten Lehren aus den bisher bekanntgewordenen Gruppenexperimenten gehört schließlich die Erfahrung, daß die spontane Gruppe niemals als Mittel zur individuellen Therapie überfordert werden darf. Es war bereits davon die Rede, daß manch einer zwei Ziele in der Gruppe kombiniert verfolgt. Einerseits hofft er, aus seiner individuellen Isolation erlöst zu werden und in einer Gemeinschaft Halt, Stimulation und eine neue Identität als Gruppenmitglied zu finden. Auf der anderen Seite wünscht er, die Gruppe möge ihn als Individuum endlich so stark, groß und vollständig machen, wie er sich dies auf Grund seiner individualistischen Erziehung lange erträumt hatte. Das heißt, er phantasiert die Gruppe als eine ideale Mutter, die ihm als Individuum enorme Kraft spenden und ihn von allen Mängeln und Leiden erlösen soll. Diese therapeutische Hoffnung wird häufig dadurch genährt, daß man sich in der Gruppe über Symptome und Schwierigkeiten ausspricht, für die man bislang keine Zuhörer hatte. Ferner dadurch, daß ein gewisses Maß an analytischen Bemühungen geleistet zu werden pflegt, die das Therapiebedürfnis zusätzlich steigern können. Aber die Hoffnungen auf individuelle Therapie werden notwendigerweise weitgehend enttäuscht. Der einzelne muß lernen, daß die anderen ihm ja gerade nicht in einer einseitig therapeutischen Funktion zuhören – und auch nicht zuhören sollen. Sondern daß die anderen lediglich bereit sind, an seinen Problemen Anteil zu nehmen. Wenn er eine Schwierigkeit bei sich besser verstehen möchte, werden die anderen ihm dabei behilflich sein. Aber sie werden dazu bewußt ihre eigenen Schwierigkeiten beisteuern. Denn in der Gruppe unterstellt man, daß die Schilderung von Symptomen nicht einen egozentrischen Hilfsappell bedeutet, sondern immer zugleich auch ein Angebot für die anderen. Die anderen sollen sich angeregt fühlen, sich mit diesen Symptomen zu vergleichen und eventuell zu entdecken, daß sie an dem betreffenden Punkt auch leiden. Bei einer rein egozentrischen Therapieerwartung ist man enttäuscht, wenn man statt irgendwelcher Rezepte oder Ratschläge von der Gruppe «nur» das Echo bekommt, daß andere ähnliche Nöte erzählen oder ihr bloßes Verständnis für das Problem bekunden. In einer spontanen Gruppe muß man begreifen, daß es schon eine wesentliche Entlastung ist, wenn die anderen gewissermaßen ein Symptom mittragen, das man ihnen berichtet. Um aber diese Entlastung zu empfinden, bedarf es einer bestimmten Modifikation der Erwartungsvorstellungen der einzelnen. Solange man sich als Patient und die Gruppe als Doktor empfindet, ist es nur ärgerlich, wenn man hört, daß auf der Doktorseite lediglich ein wohlwollendes Akzeptieren anklingt. Anders ist es, wenn man gelernt hat, daß die Gruppe jedes Wort auch als aktive Gabe wertet, also den Bericht eines Symptoms zugleich als Hilfe für andere. Dann ist die Äußerung: «Du hast mir mit deiner Symptomschilderung geholfen, indem ich mich dir jetzt näher fühlen kann!» eine außerordentlich wichtige Bestätigung. Es ist ein Zeichen für einen fortschreitenden Gruppenprozeß, wenn der Mut vorhanden ist, sich miteinander im Leiden zu identifizieren. Umgekehrt ist es eher noch ein Indiz für unbewältigte massive Ängste, wenn die übrigen Gruppenmitglieder sich prompt mit allerhand Ratschlägen auf ein Symptomangebot stürzen und dieses flink wegtherapieren wollen. Eine echte, tiefere Solidarisierung läuft stets über das Stadium, daß man sich erst einmal miteinander auf der Patientenebene trifft und verbündet.

Dabei kann man nebenbei wesentliche Vorurteile über das, was psychische Gesundheit bzw. Normalität sei, zu korrigieren lernen. Das anerzogene Geheimhalten von neurotischen «Minderwertigkeiten» führt viele zu der Meinung, sie allein seien mit diesen oder jenen Schwierigkeiten behaftet, mit diversen Ängsten, Schwächegefühlen, sexuellen Problemen, depressiven Anwandlungen usw. Sie glauben, die anderen – die sich in Wirklichkeit nur genauso zu verstellen gelernt haben wie sie – seien fabelhaft fit und angstfrei. Im Fortgang der Gruppenarbeit enthüllt sich meist ein für alle mehr oder minder überraschendes Bild: alle leiden in viel größerem Ausmaß, als sie es jeweils voneinander erwartet hatten. Dies hilft allen, Minderwertigkeitsgefühle zu korrigieren, indem sie die frühere Isolation des Leidensgefühls verlieren. Das verändert die Selbsteinschätzung der einzelnen, aber auch die Erwartungen an die Gruppe. Man kommt unter Umständen am Ende der Selbsterfahrungsarbeit mit einem Resultat heraus, das zwar gemessen an den ursprünglichen Wünschen enttäuschend erscheint, andererseits eine unerwartete Entschädigung enthält. Man hat für sein eigenes Symptom nicht die großartige Therapie bekommen, die man sich wünschte. Aber das Symptom hat seine Bedeutung verloren, einen Rückstand, eine diskriminierende Trennung gegenüber den anderen zu etablieren. Im Gegenteil. Man hat im gemeinsamen Zugeständnis der Schwächen eine Dimension für die Solidarisierung erschlossen, die sonst in der bürgerlichen Gesellschaft undenkbar ist. Das Leiden und dessen Zugeständnis erweist sich eben nicht mehr als ein isolierendes, sondern als ein exquisit verbindendes Moment. Freilich bleibt Leiden Leiden, und auch durch die damit gestiftete soziale Verknüpfung entsteht natürlich kein großartiges Erfolgsgefühl. Immerhin wird eine echte Bereicherung verspürt. Die Verarbeitung dieser Erfahrung verläuft natürlich individuell sehr unterschiedlich, wie auch das nachfolgende Protokoll zeigen wird.

Die Frage ist, wie sich der einzelne in seiner Grundeinstellung im Verlaufe eines Gruppenprozesses verändert. Derjenige kann am meisten profitieren, der seine individualistischen Erlösungshoffnungen zu verwandeln lernt bzw. sich schon möglichst frühzeitig auf das gut einstellen kann, was die Gruppe zu leisten vermag. Wer an seinen individualistischen Erlösungshoffnungen festhält, der ist erheblich schlechter daran als derjenige, der seine ursprünglichen Heilsträume von maximaler egozentrischer Vervollkommnung abzubauen vermag und den Gewinn an Gruppenkommunikation als wesentliche Entschädigung, ja nicht nur als solche, registrieren kann.

Eine letzte wegweisende Erfahrung der spontanen Gruppen besagt, daß solche Kreise stets ihres Modellcharakters innesein sollten. Man erprobt hier etwas, was seinen Zweck nicht nur in sich selbst haben kann. Was man im Freiraum einer Wohngemeinschaft oder einer sonstigen spontanen Gruppe an neuen Möglichkeiten des Umgangs miteinander und der gemeinsamen Selbstverwirklichung versucht, muß letztlich über die Gruppe hinausführen und auf andere soziale Bereiche übertragen werden. Ein Bedürfnis zu einer Anwendung der Erkenntnisse aus der Experimentiergruppe in anderen sozialen Feldern pflegt sich im allgemeinen spontan zu entwickeln, wenn die Arbeit gut vorankommt. Dann empfindet man es als unzulänglich, sich immer nur innerhalb des eigenen Kreises neue Befriedigungsmöglichkeiten zu verschaffen. Man drängt vielmehr aus der Gruppe heraus und möchte an andere Einsichten abgeben, die man gewonnen hat. Manche Initiativkreise beginnen ja dementsprechend bereits von vornherein mit einem kombinierten Verfahren, indem sie sich sowohl in Selbsterfahrung in der eigenen Gruppe üben, gleichzeitig aber eine praktische Arbeit mit einer Bezugsgruppe starten, zum Beispiel mit irgendeiner Randgruppe. Andere spontane Gruppen vollziehen diesen Schritt später. Sie suchen sich also sekundär als Gruppe irgendein Arbeitsfeld mit bestimmten pädagogischen, therapeutischen, politischen Zielen. Da gibt es zum Beispiel Gruppen, die zunächst ohne weiteren Anspruch als private Wohngemeinschaften beginnen, nach einer Weile aber ihre Arbeit an sich selbst durch irgendeine Außenaktivität ergänzen wollen. Schließlich findet man spontane Gruppen, die nach Durchlaufen eines gewissen Prozesses zu der Erkenntnis gelangen, daß sie ihren Zweck erfüllt haben und sich auflösen sollten, um den einzelnen Gelegenheit zu geben, jeweils in neuen Gruppen bzw. in ihren getrennten Arbeitsbereichen weiter zu experimentieren. Die Erfahrungen innerhalb der Experimentiergruppe haben die Mitglieder oder zumindest einige von ihnen soweit gestärkt, daß sie sich daran heranwagen, zum Beispiel in Betrieben oder anderen Institutionen für eine Änderung von entfremdeten Beziehungsformen einzutreten und dort selbst neue Kreise zu bilden. So wie man es in der eigenen Modellgruppe geschafft hat, Einzelne, Zweierbeziehungen und Teilgruppen so zu integrieren, daß ein offener Austausch mit der Gesamtgruppe möglich wurde, so strebt man nun logischerweise danach, die spontane Gruppe nach außen, zur Gesellschaft hin zu öffnen, um sich nicht in einem kollektiven Narzißmus zu erschöpfen und totzulaufen. Der Abbau der individualistischen Perspektive in gut funktionierenden Experimentiergruppen leitet eigentlich automatisch zu solchen weiterreichenden Zielsetzungen über. Dies sei noch einmal der These MARCUSES entgegengehalten, wonach ein eindeutiger Antagonismus zwischen solchen experimentierenden Modellen und der Gesellschaft gegeben sei. Sofern sich eine Experimentiergruppe nicht zu einer neuen Variante von autarker und isolierter Kleinfamilie zurückentwickelt, drängt sie nahezu immer über sich selbst hinaus. Freilich stößt man dann bei dem Ausbruch aus dem Freiraum des Experimentes zugleich auf soziale Strukturen, die die psychologische Dimension überschreiten und neue Lernprozesse und andere Strategien erfordern. Dies wird in dem Abschnitt über die Randgruppenarbeit noch ausführlicher zu erörtern sein.

Zunächst aber seien die hier gebotenen Hinweise ergänzt und konfrontiert mit dem Protokoll einer spontanen Gruppe (Eltern-Kinder-Gruppe), die nach einer zweijährigen Selbsterfahrungsarbeit eine abschließende Bilanz zieht. Diese Bilanz läßt, so meine ich, in relativ repräsentativer Weise erkennen, was eine solche Selbsterfahrungsarbeit leisten und was sie nicht leisten kann.

Ein Beispiel: Eine Eltern-Kinder-Gruppe beurteilt das Resultat ihrer Selbsterfahrungsarbeit

Vorbemerkung über die Gruppe. Diskussionsprotokoll zu folgenden Themen: Harmonie in der Gruppe, Aggression und Toleranz in der Gruppe, die individuellen Probleme, Emanzipation der Frauen, Probleme der Kindererziehung, Resümee

In meinem früheren Buch *Die Gruppe* sind zwei Kinderladen-Elterngruppen in ihrer Arbeit beschrieben worden. Eine von diesen, Gruppe y, hat über zwei Jahre hindurch regelmäßig, begleitet von zwei Psychoanalytikern, Selbsterfahrungssitzungen abgehalten. Nach zwei Jahren entschloß sich die Gruppe, diese Sitzungen zu beenden. In der vorletzten Sitzung bemühte man sich herauszufinden, was sich im Verlauf des Selbsterfahrungsprozesses geändert habe. Von dieser zweistündigen Sitzung liegt ein Tonbandprotokoll vor. Da es nur selten Gelegenheit gibt, eine solche bilanzierende Eigendarstellung einer spontanen Gruppe zum Arbeitsabschluß zu erhalten, sei hier die mitgeschnittene Diskussion einigermaßen ausführlich dargestellt. Trotz des spontanen und nicht vorstrukturierten Ablaufs des Gesprächs wird man sehen, daß in dieser einen Sitzung relativ viele Fragenkomplexe differenziert erörtert worden sind.

Was hat sich durch die Selbsterfahrung innerhalb von zwei Jahren bei den einzelnen, bei der Gruppe im ganzen geändert? Haben sich die individuellen Probleme der Mitglieder vermehrt oder vermindert? Verhalten sich die einzelnen heute anders als zu Beginn? Ist man als Gruppe zusammengewachsen, oder vermißt man nach wie vor die Solidarität, die man sich gewünscht hatte? Wie hat sich innerhalb der Ehen die Stellung der Frauen verändert? Ist der Umgang mit den Kindern beeinflußt worden? Haben sich die Kinder gewandelt? Wie funktioniert die Kindergruppe im Kinderladen jetzt im Verhältnis zu früher? Wie sieht man sich nun nach Abschluß der Selbsterfahrung in der Beziehung zur Umwelt? Einige der Antworten knüpfen eng an die theoretischen Erörterungen des letzten Abschnitts an, wie sich zeigen wird.

Zuvor noch ein paar Erläuterungen. Die Gruppe y betreibt einen Kinderladen, der noch immer läuft. Sie erbat psychoanalytische Unterstützung, weil sie besorgt war, eine Reihe von gruppeninternen Konflikten nicht allein meistern zu können. Vorausgegangen war eine Gruppenspaltung, die ziemlich viel Angst ausgelöst hatte. Wechselseitige Beschuldigungen und eine fortgesetzte Sündenbock-Suche hatten die Arbeit ungemein erschwert. Zusammen mit einer analytischen Kollegin stellte ich mich für gemeinsame wöchentliche Sitzungen zur Verfügung. Außer zu diesen Sitzungen traf sich die Gruppe allein an einem weiteren Abend pro Woche. Über eine längere Zeit hinweg beschäftigte uns die Gruppe außer mit ihren persönlichen Problemen vor allem auch mit Konflikten, die sich auf die Kinderladen-Arbeit bezogen. Zur Diskussion gestellt wurden die pädagogischen Experimente mit den Kindern, organisatorische Fragen, die politischen Möglichkeiten der Kinderladen-Arbeit usw. Wir Psychoanalytiker versuchten der Gruppe dabei zu helfen, diejenigen Konflikte zu klären, die sie an einer erfolgreichen Erfüllung ihrer selbstgestellten Aufgaben immer wieder hinderten.

Im Laufe der Zeit ließ die anfängliche brisante Spannung in der Gruppe nach. Man verstand es, die organisatorischen Probleme der Kinderladen-Arbeit besser zu lösen. Der Kinderladen erweiterte sich durch die nachträgliche Aufnahme neuer Kinder und Eltern. Um den Ertrag unserer analytisch begleiteten Selbsterfahrungsarbeit nicht zu gefährden, konnte unsere Selbsterfahrungsgruppe nicht unbeschränkt erweitert werden, so daß einige der nachträglich hinzugekommenen Kinderladen-Eltern unserem Selbsterfahrungskreis fernbleiben mußten. Das machte es automatisch unmöglich, nach wie vor die Entscheidungsprobleme und Konflikte der Kinderladen-Gesamtgruppe auf unseren Sitzungen zu behandeln, da wir ja schließlich nur noch einen Teil der Eltern in unserer Zusammenarbeit sahen. Ein anderer Teil entschloß sich später, eine parallele Selbsterfahrungsgruppe mit einer Analytikerin aufzumachen.

Eine thematische Verschiebung ergab sich aber auch daraus, daß diese wie die meisten anderen Kinderladen-Gruppen in ihrem politischen Enthusiasmus nachließ. Hatte man anfangs die Kinderläden noch als eine wichtige Ausgangsbasis für eine schnelle Veränderung der Gesellschaft angesehen, erlosch dieser Anspruch mit dem Abklingen der Studentenbewegung weitgehend. Man erkannte, daß man von den Kinderläden aus nicht unmittelbar das allgemeine Bewußtsein, geschweige denn die gesellschaftlichen Strukturen beeinflussen konnte. Die Umstellung auf langfristige politische Zielvorstellungen verwies die Kinderladen-Experimente auf die Bedeutung reiner Versuchslaboratorien. Man erhielt sich zwar die Überzeugung von der Notwendigkeit, in diesen Werkstätten eine neuere, freiere Erziehungsform einzuüben und durchzuhalten. Aber die unmittelbare Ausstrahlung in die Breite, die direkte Umsetzung der hiesigen Arbeit in politische Veränderungen erkannte man als sehr viel schwieriger, zum Teil als voreilige utopistische Überschätzung der eigenen Möglichkeiten unter dem Einfluß der antiautoritären Welle. Die Kinderladen-Arbeit verlor damit gleichzeitig manches von ihrem ursprünglichen kreativen Schwung. Vieles wurde zur Routine. Man bewahrte zwar die Substanz fruchtbarer neuer pädagogischer Ansätze. Und es scheint, als habe sich die Arbeit mit den Kindern nach Abklingen der hektischen Übertreibungen in der antiautoritären Phase sogar erheblich qualitativ verbessert. Aber die ruhigeren Bahnen, in denen sich die fortschreitend etablierten, von den Gemeinden anerkannten und subventionierten Läden fortan bewegten, führten zu einer Verlagerung der Diskussionsschwerpunkte. In unserem Beispiel wuchs das Bedürfnis der Gruppe, mit uns Analytikern im Laufe der Zeit vorwiegend persönliche Probleme zu besprechen, während man die an Brisanz reduzierten politischen und pädagogischen Grundsatzfragen auf die internen Elternabende verschob. Somit verwandelte sich unsere Gruppe im letzten Jahr der Arbeit praktisch in eine reine Selbsterfahrungsgruppe.

Natürlich haben wir Analytiker über das begleitende Beobachten hinaus den Selbsterfahrungsprozeß der Gruppe auch aktiv beeinflußt. Der Verlauf wäre ohne uns sicher nicht derselbe gewesen. Insofern kann man von diesem Beispiel aus nicht ohne weiteres Schlüsse auf den Verlauf von unbegleiteten Selbsterfahrungsgruppen ziehen. Immerhin, zum ganz überwiegenden Teil hat sich diese Gruppe doch selbst gesteuert. Gemessen an der täglichen Zusammenarbeit im Kinderladen, auf den internen Diskussionsabenden und an dem regen privaten Austausch untereinander entfiel auf die analytisch begleiteten Sitzungen mit uns nur ein relativ kleiner Teil der gemeinsamen Aktivitäten.

Zu erwähnen bleibt noch, daß die Gruppe die Beendigung der psychoanalytisch begleiteten Gruppenarbeit von sich aus beschloß. Einige Mitglieder hätten die Arbeit zwar gern noch fortgesetzt, die Mehrzahl begrüßte jedoch den Abschluß. Dafür sprachen verschiedene Argumente: Ein Paar stand vor einer längerfristigen Übersiedlung ins Ausland. Andere meinten, daß man jetzt weit genug gelangt sei, um ohne Analytiker miteinander reden zu können. Wieder andere erklärten, daß sie jetzt lieber manches, was sie hier gelernt hätten, außerhalb der Gruppe in anderen Gruppenbeziehungen und Institutionen anwenden wollten, statt immer nur alles in diesem Kreis abzumachen. Examina, beginnende Berufstätigkeit mit den damit verbundenen Belastungen wurden als weitere Motive für die Beendigung unserer Arbeit genannt.

Teilnehmer der protokollierten Sitzung sind außer dem Verfasser fünf Ehepaare: Ellen und Lutz, Lotte und Alf, Rita und Thomas, Liane und Rudi, Marga und Rainer sowie als Einzelmitglieder Manfred und Bruno.

Zu Beginn der Sitzung einigt man sich darauf, daß man über den Ertrag des Selbsterfahrungsprozesses der vergangenen beiden Jahre sprechen wolle. Die Gruppe entwickelt dazu spontan diverse Fragen, denen jeweils Protokollausschnitte zugeordnet werden.

Thema: Harmonie in der Gruppe
Thomas:
Als wir hierher kamen, hatten wir vor, so quasi eine funktionsfähige Gruppe zu werden. Das war so unser Schlagwort. Nun sind wir mehr problematisiert. Man toleriert vielleicht mehr, versteht vielleicht mehr, aber die Beziehung ist darum nicht enger geworden.
Alf:
Was ich nicht verstehe, warum die Sache jetzt am Ende unpersönlicher geworden ist. Ich weiß nicht, ich habe so das Gefühl, daß die allgemeine Freundschaft oder wie man es nennen will, in der Gruppe eine Zeitlang besser gewesen ist, daß sie in letzter Zeit wieder zurückgegangen ist. Weiß nicht, warum das gekommen ist.
Ellen:
Bei mir ist eine gewisse Desillusionierung eingetreten, daß es so eine Harmonie und Freundschaft eben nicht gibt.
Alf:
Es kann sein, jedenfalls bei mir ist es so, daß sich die Motivation verschoben und verändert hat. Irgendwie kann es ja nicht anders sein, daß freundschaftliche Beziehungen sich mit der Zeit auch ändern.
Ellen:
Ich glaube, daß jeder von uns eine Sehnsucht hat, mit jedem zu har-

monieren und sich mit jedem gleich zu verstehen. Und dann klappt es nicht, und dann fühlt man sich resigniert.

Alf:
Früher gab es eine Zeit, da bin ich zu jedem in der Gruppe hingegangen, ohne zu überlegen: Komme ich nun richtig oder nicht? Heute überlege ich mir mehr, ob das den anderen auch gelegen kommt. Das ist auch persönlich unterschiedlich.

Lutz:
Ich glaube, daß unsere Vorstellung von Harmonie illusionärer Natur war. Am Anfang sind wir angetreten, um uns praktisch untereinander zu wärmen, weil jeder von uns sich für sich ziemlich verloren vorkam. Da hatten doch alle Krach mit den Eltern, waren auch mit Geld unter Druck, hatten auch viel Schwierigkeiten mit den Kindern und dem Kinderladen. Und dann kommt aus so einer Verlorenheit eben so eine Art Gruppensolidarität zustande, die eigentlich gar keine echte ist. So was ist dann eigentlich aus dem Verhältnis zur Umwelt heraus zu verstehen. Da wird dann ein allzu idealistisches und illusionäres Bild erzeugt, dem wir jetzt alle ein bißchen nachtrauern. – Von mir aus kann ich sagen, daß ich dieser Illusion nicht so sehr nachtrauere, weil mir die ein bißchen unecht vorkommt. Mir ist es wertvoller, daß ich jetzt auch wieder mit der Außenwelt besser umgehen kann und da auch meine Bedürfnisse zeigen und durchsetzen kann. Es ist einfach so, daß ich für mich glaube, mehr Freiheit gewonnen zu haben, um meine Wünsche in einer Gruppe auszudrücken und auch gegenüber anderen, also der Außenwelt, die wir ja alle als sehr gefährlich erlebt hatten. Ich sehe mich nicht mehr so verlassen. Ich kann mich anderen außen so zuwenden, daß ich sie nicht mehr so leicht verurteile, daß ich mich nicht mehr so schnell auf Feindverhältnisse einlassen muß. Das hat für mich eine sehr entlastende Funktion. Das hat meine Bindungen hier in der Gruppe ein bißchen geschwächt, aber ich könnte das eigentlich nicht zu negativ sehen.

Alf:
Es hat mich unheimlich verblüfft, daß ich durch alle hier gelernt habe, wie du auch sagst, mit draußen viel besser umzugehen. Das hat mich unheimlich verblüfft, gell.

Lutz:
Aber was du zum Beispiel sagtest, daß du früher zu allen in der Gruppe unbefangen hingehen konntest. Ich hatte am Anfang auch sehr stark das Gefühl, daß ich ohne weiteres zu allen hingehen kann. Aber

dann hatte ich auch wieder Angst: sie können mich ja alle nicht leiden. Also so ein schwankendes Extrem. Mir kommt es jetzt so vor, daß ich mir zugestehen kann, daß ich zu einzelnen wirklich ein gutes Verhältnis habe. Und zwar nicht so eines, was mir per Mitgliedschaft im Kinderladen gewissermaßen zusteht, sondern was ich erworben habe oder was sich entwickelt hat. Und zu anderen habe ich halt nicht ein so enges Verhältnis, die ich aber deswegen nicht irgendwie verachte und von denen ich mich auch nicht verachtet fühle oder so etwas. Das kommt mir so vor, als ob das 'ne natürliche Entwicklung ist, in der Richtung einer größeren Menge an Realität. Da gibt es doch unterschiedliche Bedürfnisse in solch einer Gruppe, und ich glaube nicht, daß eine Gruppe mehr leisten kann.

Alf:

Ich sehe es auch als völlig natürlich an, daß man in einer Gruppe unterschiedliche Beziehungen hat und daß das in zwei Jahren wechselt. Aber ich meine auch noch was anderes. Nämlich ich finde es manchmal schon interessanter, wenn ich mich mit jemand in der Straßenbahn unterhalte. Da habe ich manchmal mehr Gefühl, plötzliche Sympathie. Vielleicht ist man hier auch schon mehr abgestumpft. Vielleicht ist man gar nicht fähig, so eine enge Freundschaft längere Zeit in der Gruppe aufrechtzuerhalten. Das macht mir gar nicht Angst, aber es verblüfft mich irgendwie.

Kommentar:

Man stellt miteinander fest, daß ein Teil der früheren engeren Eintracht und Harmonie in der Gruppe damit zusammenhing, daß man den Kreis als wärmende und schützende Zuflucht vor unbewältigten Außenproblemen brauchte. Ein verbindendes Moment war die Angst vor Isolation, Armut, feindseligen Aktionen der Eltern und anderer Mächte. Die Nähe miteinander enthielt also viel von einer kindlichen Regression, von einer Flucht in eine illusionäre Symbiose, wie Lutz es treffend erkennt. In Wirklichkeit war das ja auch keine verläßliche Eintracht, sondern ein Überschwang an Vertrauensseligkeit war ebenso da wie ein latentes extremes Mißtrauen. Immerhin hat die symbiotische Phase relativ viel Befriedigung mit sich gebracht, der manche jetzt noch sehr nachtrauern. Dafür sind die Beziehungen untereinander jetzt offenbar realistischer und differenzierter. Ein weiteres Moment ist eine gewisse Abstumpfung durch das Sich-aneinander-gewöhnen. Man sucht verstärkt stimulierende Kontakte außerhalb der Gruppe, zumal da man jetzt angstfreier mit der Umwelt umgehen kann.

Thema: Aggression und Toleranz in der Gruppe

Manfred:
Es gibt ja zweierlei Möglichkeiten von Harmonie. Entweder man lächelt sich immer so an, und es ist eigentlich unpersönlich. Oder man schießt auch mal und sagt, was man denkt. Ich glaube, das ist eben echt und auch nötig.

Ellen:
Aber das ist doch auch schwierig. Dann ist der andere wieder eingeschnappt und schießt zurück. Und dann ist doch keine Harmonie mehr da.

Manfred:
Ich meine ja nicht das Schießen um des Schießens willen. Ich denke an das Schießen, wobei man sich dem anderen verständlich machen will. Damit der andere weiß, wo er dran ist. Das ist doch meiner Meinung nach richtig in 'ner Gruppe.

Ellen:
Aber ich habe es damit immer noch schwer, wenn bei mir irgendein wunder Punkt getroffen wird, bei dem Schießen.

Manfred:
Ich bilde mir ein, daß bei vielen in unserer Gruppe die Toleranzgrenze jetzt wesentlich höher liegt als früher. Daß man vieles nicht mehr so persönlich nimmt. Daß man bei dem anderen, von dem man kritisiert wird, eher versteht, daß dieser sich damit auch irgendwie verständlich machen will.

Marga:
Es passiert ja immer wieder, daß bei einem Probleme hochkommen, die man bisher unterdrückt hat. Und wenn einen ein anderer darauf direkt anspricht, dann fühlt man sich vor den Kopf gestoßen. Weil dann in einem zunächst mal die heile Welt kaputtgeht.

Lutz:
Mir fällt auf, daß wenn einer von uns eine Zeitlang unter starkem Druck geht, daß er dann leichter von den anderen mitgeschleppt wird als früher. Daß man ihn nicht gleich verurteilt und bedroht.

Ellen:
Wie meinst du das konkret?

Lutz:

Na, will mal sagen, wenn jemand keine Lust hatte, Aufsicht zu machen im Kinderladen, weil er irgendwelche Probleme hat, dann besteht doch jetzt eine viel größere Bereitschaft, ihm unter die Arme zu fassen. Das ist doch ein Unterschied zu früher, wo man schneller über den Betreffenden herfiel.

Kommentar:

Während einzelne, wie Ellen, immer noch recht kränkbar sind (sie ist nach wie vor sehr empfindlich für Schuldgefühle), hält es die Mehrzahl für unerläßlich, daß man sich untereinander Kritik zumutet. In der Tat sieht es so aus, daß die meisten Mitglieder Auseinandersetzungen besser vertragen können und begreifen, daß Kritik vielfach auch als positive Annäherung gemeint ist: Man spricht ein heikles Problem an, um die Beziehung zu einem Partner von diesem Problem zu befreien. Man sagt quasi: Wir wollen beide das Ärgernis zwischen uns aus der Welt schaffen, anstatt den Konflikt nur zuzudecken.

Den wichtigsten Fortschritt in diesem Punkt nennt aber wohl Lutz: Die Ausstoßungstaktik der Gruppe, die ursprünglich so geängstigt hatte, daß man deshalb den Psychoanalytiker zu Rate zog, ist offensichtlich weitgehend überwunden. Wenn einer nicht richtig mitarbeitet, dann versucht man das zunächst als ein Nicht-anders-können zu verstehen und nach Hilfe zu sinnen, anstatt gleich zu beschuldigen und mit Sanktionen zu drohen. Dies ist angesichts der Arbeitsbelastung der Gruppe, die jeden Ausfall schwer erträglich macht, eine bemerkenswerte Veränderung. Somit kann man unterstellen, daß die Selbstwertprobleme und deren aggressive Abwehrformen mit einigem Effekt bearbeitet worden sind.

Thema: Die individuellen Probleme

Ellen:

Was ich sagen kann, ist, daß bei mir durch diese Gruppe und den Kinderladen viele Probleme, die ich früher nicht gekannt habe oder die ich überspielt habe, erst richtig hochgekommen sind und daß ich es jetzt schwer habe, damit fertig zu werden. Früher hatte ich da so eine gespielte Lustigkeit, die ich jetzt nicht mehr fertigbringe.

Manfred:

Du meinst, das ist erst durch die Gruppe gekommen?

Ellen:
Na guck mal, sonst macht man immer so blah, blah. Und dann kommt man in so eine Gruppe, wo unheimlich Probleme besprochen werden. Dann packt's dich, und dann kannst du plötzlich nicht mehr heile Welt weiterspielen.
Manfred:
Aber ist es nicht so, daß der Leidensdruck, der unbewußt ist, auf die Dauer gesehen viel unangenehmer ist? Da weißt du nicht, was dich beschäftigt.
Lotte:
Ich habe mich auch schon öfter gefragt, was besser ist. Wenn das unbewußt bleibt oder wenn das alles hochkommt.
Manfred:
Na guck mal, Spannungen hattet ihr doch früher auch. Als ich zumindest in den Kinderladen kam (Manfred ist erst im nachhinein eingetreten, d. Verf.)*, da hatten doch alle in der Gruppe unheimliche Spannungen und Aggressionen. Und jetzt ist es doch so, daß vieles abgebaut ist. Manches ist zum guten Teil abgebaut, manches ist doch auch ganz abgebaut, würde ich sagen.*
Ellen:
Weiß nicht, vielleicht.
Analytiker:
Vielleicht ist es so, daß manche Probleme aufgetaucht sind, durch die es unbequemer geworden ist. Aber ist es auch so, daß man jetzt darüber leichter sprechen kann? Bei Ihnen (zu Ellen gewandt, d. Verf.) *hatte ich lange den Eindruck, daß Sie es sehr schwer hatten, etwas zu sagen, ohne gleich von Ihren Gefühlen überwältigt zu werden, während Sie doch heute über sehr schwierige Sachen offen reden.*
Marga:
Ich merk das auch bei mir, daß ich mehr durchschaue. Ich bin einerseits sehr froh darüber, daß ich bei mir mehr sehe, aber auf der anderen Seite ist es manchmal auch schwer auszuhalten, wenn die Probleme einem wesentlich bewußter sind, und daß man sie nicht mehr so einfach verdrängen kann.
Rudi:
Für mich ist ein wesentlicher Effekt meiner Teilnahme hier in der Gruppe gewesen, daß ich mit anderen Leuten, hauptsächlich außerhalb der Gruppe, aber auch innerhalb der Gruppe, offener und besser reden

kann. Und der andere Punkt ist, daß ich ein anderes Problembewußtsein mir gegenüber gewonnen habe, was mir im Augenblick eher mehr Schwierigkeiten macht. Ich weiß noch nicht, wo das hintreibt.

Analytiker:

Manche haben jetzt gesagt, daß sie sich selbst besser verstehen können und daß sie mit anderen besser reden können. Aber dann ist immer auch von Problemen die Rede, in denen man gar nicht weitergekommen ist. Ob es nicht hilfreich wäre, so was einmal konkret zu nennen?

Lotte (zu ihrer Nachbarin): *Na ich dachte, bei ihr war es doch so, daß sie hier ihre sexuellen Schwierigkeiten gebracht hat. Und ich habe es so verstanden, daß sich bei ihr gar nichts geändert hat. Sie sagte ja damals selber, daß sie da nur allein rauskommen könne und daß die Gruppe ihr nicht helfen könne.*

Die Angesprochene:

Es stimmt nicht mehr ganz, was du sagst. Ich kann mit Freude feststellen, daß sich bei mir in der Sexualität doch etwas geändert hat.

Lotte:

Es wäre aber die Frage, ob du das nicht allein mit dir geschafft hast?

Ellen:

Ja, man kann sich auch mal die Frage stellen, wenn wir die Gruppe nicht gemacht hätten, was dann gewesen wäre?

Lutz:

Ich glaube, daß wir in der Gruppe immer einen Widerspruch drin hatten. Manche wollten sehr stark die Einzelprobleme besprechen. Da verhält man sich als Einzelperson. Aber wenn man die Gruppe wieder als Einheit haben will, um zum Beispiel irgendeine politische Aktion zu machen – dann sind das also zwei Dinge. Wenn monatelang über Einzelprobleme und zum Beispiel über Sexualstörungen gesprochen wurde, dann sagten wieder einige: wo bleibt die hohe Politik und so, und das Persönliche ist uns jetzt langweilig. So haben wir oft hin und her geschwankt, und so sind gewisse Sachen einfach nicht zum Zuge gekommen, auf der einen und auf der anderen Seite.

Manfred:

Das hört sich alles so nach Leistungsprinzip an. Keiner ist zufrieden mit dem, was überhaupt gemacht wird. Wenn man was erreicht hat, da merkt man es gar nicht, weil man immer gleich viel weiter ist mit dem Denken. Wie ist dieser Gegensatz überhaupt zu lösen, daß man irgendwann mal mit sich zufrieden ist mit dem, was man erreicht hat?

Ellen:
Bist du denn zufrieden?
Manfred:
Och, zufrieden? Ich glaub, ich bin so ein bißchen...
Ellen:
... weiser geworden?
Allgemeines Gelächter.
Thomas:
Das war vielleicht immer ein Problem von uns, daß wir unsere Ziele immer so hoch gesteckt hatten, daß wir gar nicht zufrieden sein konnten.
Ellen:
Ja, ich weiß schon. Ich habe den Ernst schon kapiert. Aber wie der Manfred das eben gebracht hat, das kam wie vom Pfarrer.
Bruno:
Also, mir geht es so, daß ich zu anderen Menschen besser Zugang finde, daß ich mich in die Probleme anderer besser hineinversetzen kann. Aber für meine eigenen Probleme habe ich noch keine wirkliche Lösung gefunden. Da hab ich die Erwartungen einfach zu hoch gesteckt... vielleicht.
Ellen:
Alf, du hast da vorhin davon geredet, daß du leicht mit Leuten in der Straßenbahn sprechen kannst. Mal ganz konkret, was redest du denn da?
Alf:
Ach, das sind ganz banale Sachen! Da hab ich zum Beispiel am Spielplatz so einen alten Mann getroffen. Der stand so da mit einem kleinen Kind. Ich stand auch so da mit meinem Kind. Und, naja, da habe ich mich eben mit ihm unterhalten.
Ellen:
Und früher konntest du den nicht ansprechen? Oder?
Alf:
Nee, früher konnte ich das nicht.
Bruno:
Was ich da sagte, daß man mit anderen Leuten jetzt vielleicht besser umgehen kann, das ist für mich so, daß ich mich für die Probleme von anderen mehr interessiere. Und daß ich mich in ihre Probleme auch leichter hineinversetzen kann als früher. Daß ich denen manchmal auch

versuche zu helfen. Aber dann sehe ich auch, daß das gar nicht so einfach klappt. Ich will den Leuten auf Grund dessen, was hier in der Gruppe gelaufen ist, und was ich gelernt habe, etwas geben. Aber vielleicht füge ich ihnen da manchmal auch Scheiße zu. Da denke ich dann, daß das vielleicht gar nichts ist, was ich bringe.

Rudi:
Wenn nun hier nacheinander ziemlich alle männlichen Individuen in der Runde bekunden, daß sie auch so 'ne Art therapeutische Ambition entwickelt haben, ist vielleicht ein Imitationseffekt durch so eine Gruppenveranstaltung bewirkt worden.

Analytiker:
Und die weiblichen?

Marga:
Würde ich sagen, auch.

Rudi:
Wir sind mit gewissen Erwartungen hierhergekommen und vielleicht mit kindlichen Forderungen, auch an den Analytiker. Und ein Teil von diesen Erwartungen wird irgendwie so verarbeitet, daß man die Rolle anderen gegenüber, die man als schwächer empfindet, übernimmt, übernehmen möchte.

Anschließend wendet sich die Gruppe sehr intensiv Liane zu, die bislang geschwiegen hatte. Es ist bei mehreren ein deutliches Bedürfnis zu spüren, bei Liane eine Art Therapie zu probieren, nachdem man gerade so viel von Bedürfnissen gesprochen hat, sich therapeutisch zu verhalten.

Ellen:
Ich habe da so eine Vorstellung. Wenn man anderen hilft, daß man dann von seinen eigenen Problemen ein bißchen runterkommt, indem man sie einfach vergißt oder verdrängt. Kommen tun sie doch wieder. Aber es ist doch auch eine gewisse Therapie für sich selbst, wenn man anderen hilft.

Lutz:
Ich versteh jetzt nicht, was du meinst.

Ellen:
Ich meine, ich will vielleicht der Liane einen Rat geben, anderen zu helfen. Daß es ihr dann vielleicht auch besser geht. Daß sie vielleicht das Gefühl kriegt, ich habe jetzt geholfen – und dadurch geht's dir auch ein bißchen besser. Ich weiß nicht, ob man das so sagen kann.

Alf:
Du meinst, wenn man den anderen hilft, kommt auch für einen selber was raus.
Ellen:
Ich meine, daß das für einen selber ein bißchen Therapie ist – so ist das für mich hier in der Gruppe rausgekommen. Ich habe ja immer gemeint, was für furchtbare Probleme ich hab und wie schlecht es mir geht und was für eine schlimme Kindheit ich hatte. Und dann kam so raus, daß ihr hier – die ihr also an sich privilegiert seid in eurer Herkunft – da ihr hier unter besseren Verhältnissen großgeworden seid, daß es euch genauso schlecht geht. Das war für mich wichtig, daß ich das gelernt habe. Da bin ich dann nicht mehr total mit mir selbst beschäftigt.
Alf:
In bezug auf die Liane will ich auch noch was sagen. Hab das so wie 'nen Teufelskreis empfunden. Daß sie manchmal gesagt hat, ihr müßt mich fragen und müßt mich zur richtigen Stunde fragen. Dann hat man gerätselt: was ist denn nun die richtige Stunde? Und dann hat man es versucht, und es klappte oft nicht. Ja und ich für meinen Teil hab dann irgendwann die Lust daran verloren. Ich hab mir gesagt: wie sollst du es nur bei ihr richtig machen? Das weißt du nicht! – Und irgendwie muß man es ja auch selber verkraften, wenn man fragt und fühlt sich dann abgelehnt. Von einer Antwort, von der ich weiß, daß sie wahrscheinlich gar nicht ablehnend gemeint war. Aber ich habe es dann erst mal gelassen. Man muß ja auch mit sich selber fertig werden.
Liane:
Ich hab doch niemandem einen Vorwurf gemacht, Alf. Du brauchst dich ja doch gar nicht zu rechtfertigen.
Alf:
Aber das beschäftigt mich eben. Und vielleicht möchte ich mal von dir was hören.
Lutz:
Aber Liane, so kannst du es auch nicht sagen. Natürlich hast du ihm keinen Vorwurf gemacht. Aber es ist doch so, daß du zum Beispiel heute den ganzen Abend nichts gesagt hast. Das heißt doch, daß wir uns fragen müssen, ob du dich ausgeschlossen gefühlt hast. Wir wollen uns doch in der Gruppe irgendwie solidarisch fühlen. Und dann macht man sich Gedanken, woher das kommt, daß du nichts sagst. Und deshalb bist du

jetzt wahrscheinlich in den Mittelpunkt gerückt. Du aber sagst, ich wollte ja gar nichts, laßt mich doch in Ruhe.

Liane:
Ich würde dir am liebsten raten, mal deine Antennen einzuziehen.

Bruno:
Siehst du, das ist deine Art, immer eins draufzugeben. Und damit schadest du dir, weißt du.

Liane:
Ja, da hast du recht.

Lutz:
Also kann ich meine Antennen wieder ausfahren?

Liane:
Hm.

Rainer:
Es stimmt schon, was Alf sagt, und der Rudi hat es auch schon gesagt, daß die Gruppe keine Patentrezepte bereit hat. Das habe ich auch selber erfahren. Als Marga sich hier mit ihren Schwierigkeiten offenbart hat – ich war selber davon mitbetroffen – da dachten wir auch, nun ist es zwar gesagt, aber wir müssen ja letzten Endes doch selber damit fertig werden. Aber doch ist das das Wichtige, daß man es sagt. Und wenn es auch über einem zusammenschlägt. Hinterher merkt man: wir haben ja irgendwie doch etwas für uns rausgezogen, nachdem es besprochen worden war.

Thomas:
Ich glaube nämlich auch, das ist das richtige Problemlösungsverhalten. Daß man in der Gruppe lernt, über alles zu reden. Andere laufen nur nach außen, fangen vielleicht an, etwas zu bauen oder sich vollzufressen.

Lutz:
Weißt du, Liane, wenn du dich hier immer so zurückziehst und die anderen sind sauer, weil sie sich von dir abgewiesen fühlen, dann willst du dir damit nur bestätigen: die wollen nur immer was von mir. Die wollen nur etwas an mir rumkritisieren. Und dann hast du wirklich einen Grund, nichts zu sagen.

Liane:
Ich finde, daß ich neulich schon mal und vorhin auch für mein Gefühl laut und deutlich gesagt habe, daß mir die Gruppe unheimlich viel be-

deutet hat und auch unheimlich viel gegeben hat. Es war sicher immer noch nicht deutlich genug. Deshalb will ich es gern nochmal sagen.

Kommentar:

Alle sind sich mehr oder minder darin einig, daß die Gruppe sie dazu gebracht hat, ihre Probleme besser als vorher zu durchschauen. Das hat anscheinend zu mancher Erleichterung, aber auch zu neuen Belastungen geführt. Es ist jedenfalls eine Veränderung, die nicht automatisch mehr Lust bringt. Manch einer konnte früher besser überspielen und Zuflucht in heiler Welt suchen. Jetzt erscheint manches komplizierter.

Als man dann nach einem Beispiel für ein individuelles Problem sucht, das offenbar nur herausgearbeitet, aber nicht gelöst worden ist, stößt man auf die besonders ausgeprägten sexuellen Schwierigkeiten einer Teilnehmerin. Aber überraschenderweise erklärt diese, daß es ihr damit inzwischen bessergehe. Und der Partner dieser Teilnehmerin ergänzt später, daß sie beide aus der offenen Diskussion des gemeinsamen Problems etwas herausgezogen hätten.

Man hat jedenfalls in der Gruppe nicht nur gelernt, die eigenen Schwierigkeiten klarer zu sehen, sondern auch die der anderen. Man interessiert sich mehr für deren Schwierigkeiten, und man kann sich in diese besser hineinversetzen.

Gestärkt worden ist aber auch der Wunsch, anderen zu helfen. Die Teilnehmer registrieren bei sich das Bestreben, daß sie außerhalb der Gruppe Erkenntnisse anzuwenden versuchen, die ihnen selbst geholfen haben. Aber sie sind darin noch unsicher, ob ihnen diese Weitergabe gut gelingt. Immerhin ist es ihnen schon wichtig, dieses Interesse festzustellen. Sie fühlen sich durch diese Aktivitätswünsche offensichtlich gestärkt.

Obwohl man keine Patentrezepte hat und das Beleuchten mancher vorher verdrängter Schwierigkeiten unangenehm ist, stellt man doch fest, daß es wichtig sei, sich alles zu sagen. Dabei ist es bemerkenswert, wie gerade Ellen dieses Thema fortentwickelt. Sie beginnt in der Sitzung relativ skeptisch, arbeitet dann aber doch für sich und die Gruppe gewisse konstruktive Einsichten heraus. Damit zeichnet Ellen in Kürze noch einmal einen Prozeß nach, der bei ihr im Verlauf der zwei Jahre deutlich zu erkennen war. Sie setzte sich in der Anfangsphase der Gruppenarbeit immer etwas hinter den Kreis zurück, am liebsten in eine dunkle Ecke. Sie ist in äußerst ungünstigen sozialen Verhältnissen aufgewachsen und hat eine schlechtere Bildung als die meisten übrigen genossen. Es kam immer wieder heraus, daß sie sich den anderen sozial und sprachlich unterlegen fühlte. Sie sagte monatelang kaum etwas, und wenn sie es versuchte, geriet sie entweder gleich in wildes Schimpfen oder in Heulen. Sie hat sich im Verlaufe der zwei Jahre deutlich geändert. Sie kann jetzt über ihre Situation ziemlich offen sprechen. Und sie vermag außerordentlich fruchtbare Erkenntnisse über Probleme der Gruppe im ganzen beizusteuern. Sie ist es ja auch, die heute zwei therapeutisch relevante Prinzipien herausschält:

1. Der Leidende verliert sein Einsamkeitsgefühl, wenn er sieht, daß er sich gewissermaßen in einer Gemeinschaft von Leidenden befindet.
2. Gegen das egozentrische Versinken im eigenen Elend ist es ein wirksames Gegenmittel, sich um die anderen hilfreich zu kümmern. Die therapeutische Bemühung um die Partner rechtfertigt sich also nicht durch das allein, was man möglicherweise an den anderen Gutes tut, sondern schon dadurch, daß man sich dabei selbst hilft.

In dieser Hinsicht ist es offenbar ein Fortschritt, wenn die meisten registrieren, daß sie nunmehr andere leichter und besser ansprechen können als vorher.

So banal es zunächst scheint, wenn Alf jetzt einen alten Mann mit einem Kind auf dem Spielplatz anzusprechen wagt, was er früher nicht gekonnt hätte, so ist dies in der Tat eine ganz entscheidende qualitative Veränderung. Man weiß plötzlich, wie man etwas aktiv tun kann, um aus der eigenen Isolation herauszukommen, und wie man damit auch gleichzeitig für andere etwas tun kann. Und es ist wichtig, diese Erfahrung außerhalb der Gruppe anzuwenden.

Aber mitten in diese Reflexion über die gewonnenen Möglichkeiten, sich selbst und anderen durch Ansprechen und Aussprechen zu helfen, platzt die Beobachtung, daß man mit einem Gruppenmitglied, nämlich Liane, bislang anscheinend noch zu keinem wesentlichen Erfolg gekommen ist. Liane, die sich zusammen mit ihrem Partner Rudi erst in einem verhältnismäßig späten Stadium der Selbsterfahrungsgruppe angeschlossen hat, spricht noch sehr wenig von sich, und die Gruppe weiß immer noch nicht, wie sie mit Liane hinreichend hilfreich umgehen kann. Es ist bezeichnend, daß die mehr allgemeine Diskussion über die Möglichkeiten therapeutischer Eigenhilfe und Fremdhilfe an dieser Stelle abbricht, und daß man sich jetzt erst einmal geschlossen Liane zuwendet. Man möchte am Ende an ihr schnell noch etwas nachholen, was man nicht zufriedenstellend bewältigt hat.

An Liane zeigt sich erneut die solidaritätshemmende Wirkung übergroßer Schuldgefühle. Weil sie selber insgeheim unter enormen Selbstvorwürfen leidet, empfindet sie die ermutigend gemeinte Zuwendung der anderen nur entweder als Vorwurf oder als Selbstrechtfertigungsversuch der übrigen Gruppenmitglieder. Alf, der darunter leidet, sie nicht aus der Reserve herauslocken zu können, bekommt von ihr zu hören, daß er sich nicht entschuldigen müsse. Und auch Lutz wird von ihr schroff zurückgewiesen, als er sich um sie kümmert. Aber Lutz ist es auch, der am Ende eine wirksame Deutung gibt, indem er den Teufelskreis ihrer sadomasochistischen Projektionen bloßlegt: Du selbst bist es, sagt er zu Liane, der permanent Kritik erwartet. Und du provozierst uns so, daß du dir immer wieder bestätigen kannst, wie gerechtfertigt dein Mißtrauen ist. Diese schlagende Interpretation hilft Liane schließlich, ihre positive Verbundenheit mit der Gruppe zum Ausdruck zu bringen. Und es ist sicher so, daß sie in Wirklichkeit immer noch viel stärker an der Gruppe hängt als manche andere, zumal da sie es zur Zeit noch ziemlich schwer mit sich hat. Allerdings ist sie noch in einer relativ egozentrischen Perspektive befangen. Wenn die anderen sich um sie kümmern, macht es ihr neue Schuldgefühle, obwohl die anderen aus einem bereits mehr fortgeschrittenen Solidaritätsgefühl heraus ein eigenes Interesse haben, sie stärker zu integrieren. Das spricht Lutz ja recht prägnant aus.

Es ist grundsätzlich ein schwer lösbares Problem für solche Gruppen: das Tempo, in dem die verschiedenen Mitglieder sich in der Gruppe entwickeln, ist allemal unterschiedlich. Hier ist es ganz deutlich, daß ein Teil aus der Gruppe herausdrängt, weil die Betreffenden jetzt mehr draußen anwenden wollen, was sie in der Gruppe an Erfahrungen gesammelt haben. Und es ist für sie auch wichtig, nunmehr ohne analytische Begleitung weiterzuarbeiten. Das kann man gut verstehen, wenn man sich die hervorragende Einfühlungsgabe und die selbstkritische Offenheit vor Augen hält, mit der viele in dieser Sitzung operieren. Die Betreffenden fühlen sich soweit erstarkt, daß sie mehr Energien nach außen entfalten wollen und die Nabelschau innerhalb der Gruppe abzubauen wünschen. Andere hingegen wie etwa Liane, Ellen, Bruno könnten sicherlich noch eine längere Fortsetzung des Gruppenprozesses sehr gut gebrauchen. Solche unterschiedlichen Entwicklungen in einer

Gruppe machen es stets schwierig, einen Augenblick für eine Beendigung abzupassen, der alle befriedigt.

Es ist typisch, daß eine auslaufende Selbsterfahrungsgruppe am Ende noch schnell versucht, ein Gruppenmitglied, das man noch nicht hinreichend gefördert zu haben glaubt, besonders in den Mittelpunkt zu stellen und ihm von allen Seiten her Angebote zu machen. Man möchte sich die Überzeugung verschaffen, daß alle in der Gruppe genügend bekommen haben.

Charakteristisch ist hier auch das Herumdrucksen, daß man eigentlich etwas von Zufriedenheit ausdrücken möchte, sich damit aber außerordentlich schwer tut. Manfred möchte das klären: Warum ist es unmöglich, zufrieden zu sein? Der Rest an weiterwirkenden Schuldgefühlen macht es leichter, darüber zu reden, was man alles noch nicht kann und noch nicht geschafft hat. Es ist unendlich schwierig, sich zu gönnen, auch gewisse Fortschritte zu genießen. Bezeichnend ist, wie gerade Ellen, die anfangs am intensivsten den Verlust ihrer Unbefangenheit und ihrer Fähigkeit zur Problemverleugnung beklagt hatte, am Ende indirekt am meisten darüber redet, was und womit ihr die Gruppe Positives gebracht habe.

Das Maß der noch unbewältigten Selbstwertprobleme begünstigt die häufige Reproduktion folgender Linie im Diskussionsverlauf: Man muß am Anfang einer Sitzung feststellen, wie schlecht noch alles ist. Das ist dann gewissermaßen eine Vorleistung an das Über-Ich, die es anschließend ermöglicht, sich relativ angstfrei mit den Erfolgen zu beschäftigen, die man erreicht hat. Deutlich kommt hier jedenfalls wiederum heraus, daß die eigentlichen Fortschritte der Gruppe anders ausfallen, als manche es insgeheim doch erhofft hatten: Der einzelne ist eben durch die Gruppe nicht groß, stark, problemfrei geworden. In individualistischer Perspektive ist kein erheblicher Gewinn zu erkennen. Der einzelne kann für sich nicht wesentlich besser leben als vorher, aber er kann anscheinend mit anderen eher kommunizieren. Und es ist die Frage, welche Bedeutung für ihn diese Kategorie von Bedürfnissen hat, die sich auf das Geben und Nehmen in der Interaktion beziehen.

Lutz hat noch einen wichtigen Punkt gestreift, der dann nicht weiter aufgegriffen wurde. Wie ist das Verhältnis zwischen der Arbeit an den persönlichen Problemen der Gruppenmitglieder zu den Gemeinschaftsaufgaben? Was diese Kinderladen-Gruppe anbetrifft, so hat sie es wie viele andere Kinderläden nicht leicht zu verarbeiten, daß die ursprünglich um die Wende des Jahrzehnts aufgetauchten großen politischen Ziele der Kinderladen-Bewegung nicht durchgehalten werden konnten. So hat auch dieser Kinderladen sich schließlich damit begnügt, das eigene Erziehungsmodell laufend weiterzuentwickeln, die Gruppenerziehung der Kinder zu fördern und dabei das eigene Bewußtsein zu schulen. Der politische Aspekt begrenzte sich mehr und mehr auf theoretische Diskussionen, die vor allem an den internen Abenden der gesamten Eltern-Kinder-Gruppe stattfanden. Aber man gab die Hoffnung auf, direkt aus dem Kinderladen heraus irgendwelche politischen Aktivitäten im Umfeld zu entfalten. Man muß erkennen, daß die 2000 Kinderläden in der Bundesrepublik überwiegend zu einer wohlgelittenen Institution innerhalb der Gesellschaft geworden sind und daß es für sie schwierig ist, nicht in Routine zu erstarren und allmählicher Gleichschaltung zu erliegen. Diese Probleme teilt diese Eltern-Kinder-Gruppe mit vielen anderen Kinderläden, die sich nicht zugleich außerhalb des eigenen privaten Erziehungsprojektes ein weiteres soziales bzw. politisches Aktionsfeld eröffnet haben. Die Grundfrage, ob und in welchem Umfang etwa die psychologische Analyse gruppeninterner Probleme von Außenaktivitäten der Gruppe Energie abziehe oder ob dadurch sogar umgekehrt solche Außenaktivitäten gefördert werden können, wird im anschließenden letzten Teil dieses Buches wieder auftauchen und dann eingehender behandelt werden. In einem Punkt ist die Feststellung von Lutz sicher unbestreitbar: Wenn die Bearbeitung von internen Problemen nicht mehr dem Zweck der verbesserten Arbeitsfähigkeit und Entscheidungsfähigkeit der Gesamtgruppe untergeordnet wird, dann entsteht ein blockierender Antagonismus. Dann kann die introspektive Arbeit an den Individualproblemen der Gruppenmitglieder zu einem Selbstzweck werden, der von den anderen Aufgaben ablenkt. Und ein solcher Antagonismus war hier teilweise vorhanden.

Thema: Emanzipation der Frauen
Rita:
Ich wollte vorhin was sagen, jetzt weiß ich nicht mehr, was ich sagen wollte. Du (zu ihrem Mann Thomas gewandt) *redest und redest und redest. Ich möchte was sagen, aber ich komm so schwer dagegen an. Das geht uns in letzter Zeit unheimlich oft so.*
Bruno:
Daß nur er redet?

Rita:

Ach überhaupt. Das ist eine Problematik, die mich unheimlich beschäftigt und die ich ewig so wegschiebe, weil ich glaube, daß ich nicht die Zeit habe, das zu verarbeiten. In der Wohngemeinschaft (Rita und Thomas leben in einer Wohngemeinschaft, in der sich sonst keine Mitglieder dieser Selbsterfahrungsgruppe befinden) *ist mir das Problem noch stärker bewußt geworden. Nämlich, wie stark ich mit Thomas konkurriere. Vielleicht ist das durch die Prüfung, in die ich jetzt gehe, noch mehr aktiviert worden. Eigentlich hatte ich mir eingeredet, daß ich das Thema erst einmal ein paar Monate vertagen wollte. Aber ich sehe, ich kann das jetzt nicht. Ich möchte die Sache doch in Angriff nehmen.*

Bruno:

Thomas, die nächste Runde!

Ellen:

Meinst du, es hilft dir in deiner Situation?

Rita:

Naja, es hilft jedenfalls nicht, wenn ich mich innerlich dauernd damit befasse und nicht darüber rede. Dann kann ich mich überhaupt nicht mehr bei der Arbeit für das Examen konzentrieren.

Bruno:

Dann rede doch!

Rita:

Ach, das war so. Thomas war 14 Tage weggewesen. Als er dann wiederkam, habe ich das mit gemischten Gefühlen erlebt. Auf der einen Seite freute ich mich. Auf der anderen Seite hatte ich aber in den 14 Tagen so ein bißchen das Gefühl, ich hätte mich selber wiedergefunden. Ich glaube, das kam, weil wir getrennt waren. Ich habe ja zusammen mit einer Gruppe gelernt, und ich hatte gerade das Gefühl, ich kann jetzt mit denen, mit denen ich arbeite, mit denen ich wohne und auch mit euch besser umgehen. Ich bin nicht nur das Anhängsel von Thomas. Ich kann auch selbst was auf die Beine stellen. Das ist eben für mich eine ganz wichtige Erfahrung, die ich noch brauche. Und das war eben für mich erschütternd, daß ich das bedroht sah, als Thomas wiederkam.

Lutz:

Schicke ihn doch noch mal auf Urlaub!

Ellen (Ehefrau von Lutz):

Ich habe auch immer das Gefühl, wenn ich ohne Lutz sein würde, daß ich dann leichter ich selbst sein könnte. Wir haben uns auch schon gesagt, daß wir durch die Umsiedlung (Lutz geht für eine Weile ins Ausland) *Gelegenheit haben würden, ein Jahr lang getrennt zu leben. Ich kann das sonst auch manchmal nicht gut ertragen.*

Rita:

Das ist irgendwie so eine symbiotische Beziehung, aus der man ausbrechen möchte, aber aus der man dann auch wieder gerade nicht richtig raus möchte.

Ellen:

Ich kenne das auch. Manchmal möchte man das ganz stark, das Alleinsein, und dann ist es wieder unheimlich schwierig.

Alf:

Die Frage ist, ob man nicht mehr Unabhängigkeit auch innerhalb der Ehe herstellen kann. Daß also keiner sich als Anhängsel vom anderen fühlt. Daß jeder sich so frei bewegt, wie er sich das vorstellt. Das ist jedenfalls, was ich mit Lotte zur Zeit versuche.

Rita:

Das geht aber eben nicht immer.

Alf:

Daß das geht, glaube ich bestimmt. Das ist aber vielleicht von Fall zu Fall verschieden, wie man das schaffen kann.

Bruno (zu Rita):

Du sagtest, daß du das Problem immer wieder wegschiebst. Im Unterbewußtsein bist du ja doch damit beschäftigt. Das kommt immer wieder.

Rita:

Natürlich kommt das wieder. Aber ich kann ja natürlich auch nicht dauernd darüber reden oder fortwährend zu jemand hinrennen und sagen: Was mach ich denn bloß, damit ich endlich wirklich selbst jemand bin? Das ist übrigens furchtbar aktiviert worden, vor 14 Tagen war das wohl. Da war hier in der Gruppe zwei- oder dreimal von den Wegeners (Nachname von Rita und Thomas) *die Rede, und danach habe ich festgestellt, daß ihr immer nur den Thomas gemeint habt. Ich hab dann nichts gesagt und so reagiert: Wenn ihr nichts von mir wissen wollt, dann laßt mich doch in Ruhe. Ich brauche euch nicht. Und dann hatte ich schon bei mir beschlossen: Ich will am liebsten gleich mit der Gruppe aufhören. Ich dachte, wegen der Examensarbeit habe ich sowieso so wenig Zeit. Aber dann habe ich mir gesagt, ich will das hier doch noch bringen. Ich habe euch das übelgenommen, so, als ob ihr mir wieder mal bestätigt* hättet: *ich bin doch nur sein Anhängsel in den Augen aller anderen Leute.*

Alf:
Die Sache ist ja schon alt.

Rita:
Tut mir leid, daß ich mit so alten Kamellen komme.

Alf:
Ich habe das hier ja mal angestoßen, dieses Problem von dir mit Thomas. Aber dann hatte ich das Gefühl, daß du das Gespräch darüber selbst abgebrochen hättest. Ich sag das, weil du vielleicht denkst, wir hätten dich immer als Anhängsel von Thomas angesehen.

Rita:
Aber neulich habe ich das, vor 14 Tagen, ganz so erlebt.

Lutz:
Daß ihr beide wie eine Einheit seid, das ist hier in der Gruppe oft schon gesagt worden.

Rita:
Ja, aber ich hatte eben schon das Gefühl, daß es etwas anders geworden sei. In meinen Augen ist es auch durch die Gruppe hier für mich anders geworden. Ich fühle mich eigentlich gar nicht mehr nur als sein Anhängsel. Aber gerade durch die Dinge, die sich hier vor 14 Tagen wieder abgespielt haben, habe ich gedacht, jetzt hast du wieder den Beweis, daß sich da in den Augen der anderen gar nichts verändert hat. Daß ich für euch überhaupt keine Rolle spiele. Nur der Thomas, der ja auch so viel managt und macht, ist für euch interessant.

... also, nachher denke ich aber, daß es das allerschlimmste war, daß ich mich dann so zurückgezogen habe. Das habe ich mir am meisten übelgenommen. Ich hätte da vor 14 Tagen gleich etwas sagen müssen. Ich habe ja unheimlich gekocht und wäre das gern losgeworden. Naja, es ging aber nicht.

Ellen:
Ich weiß auch noch, wie das war, als Alf dich einmal trennen wollte von Thomas. Also ich meine, daß er dich extra sehen wollte, dich und den Thomas, jeden für sich. Kann es nicht sein, daß du da von Thomas beeinflußt worden bist? Daß er so geredet hat, daß du dich dann wieder nicht getrautest, dich von ihm unabhängig zu zeigen? Das ist nur eine Annahme. Aber ich kenne das von mir. Wenn der Lutz manchmal sagt, irgendein anderer sei so und so, dann sehe ich den Betreffenden auch so,

obwohl ich mir vorher ein ganz anderes Bild gemacht habe. Meist ist es so, daß ich eigentlich erst ein positives Bild von dem anderen hatte. Wenn aber nun der Lutz daherkommt und den anderen so analysiert, so von oben bis unten auseinandernimmt, dann seh ich den plötzlich auch so und gar nicht mehr so positiv.

Ich denke mir, daß es dir vielleicht auch so geht. Daß der Thomas da auch so eine analytische Begabung hat und daß du zum Beispiel auch seine Meinung über andere Menschen annimmst, ob du es willst oder nicht.

Rita:
Das ist mir jetzt nicht bewußt. Wenn er es so versuchen würde, würde ich, glaube ich, eher gegenteilig reagieren.

Ellen:
Ja, sicher, das kenne ich auch, daß ich über jemanden herziehe und Lutz sagt, so ist es doch auch wieder nicht mit dem. Oder er hat jemand auf der Schippe und ich widerspreche ihm. Aber ich hab schon das Gefühl, bei mir bleibt dann doch leicht ein bißchen hängen von dem, was er gesagt hat.

Rita:
Ich habe ja auch selber schuld, daß ich nie reagiert habe, wenn hier schon oft die Rede war von den «Wegeners». War ja auch blöd, wenn ich da nichts gesagt habe. Habe immer nur gedacht, die «Wegeners», was geht das mich an?

Liane:
Ich hatte manchmal auch den Eindruck, daß ihr von euch aus mehr in der Wir-Form redet und nicht als Einzelpersonen. Ich erinnere mich: irgendwann früher einmal hatte der Thomas gesagt, daß er keine Lust mehr hätte, in der Gruppe weiterzumachen. Da hörte es sich so an, als wäre es für dich selbstverständlich, auch aus der Gruppe rauszugehen.

Rita:
Nee, das war sicher nicht so. Ich habe schon viel früher als der Thomas überlegt, ob ich überhaupt weitermachen soll, ob das für mich einen Sinn hat, weil ich eben Schwierigkeiten hatte, überhaupt etwas zu sagen. Da hatte der Thomas mir zugeredet, weiterzumachen. Aber das konntet ihr ja nicht wissen, weil ich mich hier nicht ausgesprochen habe.

Lutz (zu Rita):
Mir scheint es so, daß du dich im allgemeinen immer mehr an die Kontakte angehängt hast, die der Thomas geschlossen hat. Mir ist aufgefal-

len, daß, wenn man auf dich zuging und sich mit dir auseinandersetzen wollte, meinetwegen auch in aggressiver Weise – mir ist das jedenfalls so gegangen –, daß du dich dann sehr stark entzogen hast. Du hast dann lieber auf die Kontakte gebaut, die der Thomas schon gebahnt hatte.

Ich glaube, daß du dich gegenüber der Gruppe oft isoliert gefühlt hast, das hing ja auch sehr stark mit der Situation von Thomas zusammen. Anfangs ist er von allen gemocht worden, und dann später fiel man ihm von vielen Seiten mit Kritik ins Kreuz. Und das wurde dir dann auch automatisch mitgesagt. Es war für ihn eine bestimmte herausgehobene Position, in der du es auch schwer hattest, dich unabhängig darzustellen.

Kommentar:
Es lag sicherlich zum Teil an der spezifischen Zusammensetzung dieser Gruppe, daß es die Frauen außergewöhnlich schwer hatten, sich zu entfalten. Im späteren Verlauf waren die Männer zahlenmäßig in der Übermacht (zwei einzelne Männer gegenüber fünf Paaren). Im Durchschnitt hatten die Männer eine bessere Bildung bzw. Ausbildung genossen. Und in der theoretischen Diskussion, die immer wieder zur Klärung der politischen, pädagogischen und psychologischen Konzepte des Kinderladens geführt wurde, konnten die Männer ein deutliches Übergewicht gewinnen. Dann zeigte sich, daß verschiedene Männer regelmäßig mit erheblicher Angst reagierten, wenn die Frauen sich mehr zur Geltung brachten. Auch in der hier protokollierten Episode verrät sich ja wieder an ein paar Stellen, daß man von männlicher Seite Rita abstoppen möchte. So etwa, als Lutz gleich zu Anfang Ritas Problem auf witzige Weise zu bagatellisieren versucht: Schicke ihn doch noch mal auf Urlaub! – Dann der Einwurf von Alf: Das ganze sei ja schon eine alte Sache! – Es ist auch bezeichnend, daß sowohl Thomas wie Lutz ihren Frauen keinerlei Unterstützung geben, als diese ihre große Schwierigkeit darstellen, sich als selbständige Personen in der Gruppe herauszuheben. Wie auch schon oft zuvor, zeigen die Männer jedenfalls eine große Unsicherheit, wie sie mit den Emanzipationswünschen der Frauen umgehen sollen. Insofern ist das Experiment dieser Gruppe wieder in hohem Maße typisch für die Spannung innerhalb des traditionellen Rollenverhältnisses der Geschlechter. Obwohl diese Kinderladen-Gruppe sogar ausdrücklich die Rollenstereotypen der Geschlechter verändern will und theoretisch vielfach bekundet hat, daß der Abbau

männlicher Bevormundung über die Frauen zu ihren wesentlichen Zielen gehöre, mag der Ertrag der Bemühungen in diesem Punkt nicht sehr ermutigend erscheinen. Immerhin, man sieht, daß die Frauen es erzwingen, daß ihre Situation sehr offen thematisiert wird. Und der Vorteil des Gruppenarrangements besteht darin, daß die Frauen sich gegenseitig unterstützen können. Bei diesem Protokollbeispiel hat es zwar oberflächlich den Anschein, als erfahre Rita von Ellen und Liane weniger Stärkung als Kritik. Bei genauerem Hinsehen steckt in diesen kritischen Hinweisen indessen mehr potentielle Hilfe, als wenn Rita nur stereotyp recht gegeben worden wäre. Es wird ihr gezeigt, daß sie selber mehr tun müßte, um sich in der Gruppe von ihrem Mann abzuheben. Und Ellen regt sie dazu an, mehr über ihre eigenen inneren Abhängigkeitswünsche nachzudenken. Auch das kann man als Folge eines bemerkenswerten Lernprozesses ansehen: Es ist für die Frauen nicht damit getan, daß die Männer nicht mehr soviel reden oder daß die übrige Gruppe jeweils die Ehefrauen neben ihren männlichen Partnern mehr zur Geltung bringt. Noch wichtiger ist es für die Frauen, daß sie sich über ihre eigene innere Unterwerfungsbereitschaft klar werden. So lange man sich aus Bequemlichkeit, Minderwertigkeitsgefühlen oder zur Konfliktvermeidung stets automatisch den Urteilen des männlichen Partners anschließt, bestärkt man diesen laufend in seiner Dominanz und darf sich nicht wundern, wenn die Umgebung entsprechend reagiert.

Für den außenstehenden analytischen Betrachter hat es durchaus den Anschein, daß die Frauen in der Gruppe mit ihrem Selbstverständnis in Bewegung geraten sind. Es haben im Verlaufe der Arbeit auch allerhand kleine weibliche Aufstände stattgefunden. Dabei hat man allerdings gelernt, daß es mit theoretischen Emanzipationsforderungen und aggressivem Rivalitätsgebaren nicht getan ist. Die Macht der anerzogenen und verinnerlichten Rollenstereotypen erzeugt immer noch Angst, wenn Frauen und Männer ihre Identitäten außerhalb des traditionell vorgezeichneten Rahmens zu verankern trachten. So beweist gerade auch eine solche Experimentiergruppe, die theoretisch eindeutig auf Geschlechteremanzipation eingestellt ist und in der Praxis fortlaufend eine Aufgabenteilung in Haushalt und Kindererziehung übt, wie langwierig und schwierig man sich die Umerziehungsprozesse vorstellen muß, die Frau und Mann noch bevorstehen.

Thema: Probleme der Kindererziehung
Lutz:
Mir ist aufgefallen, daß, wenn Kinder so Krisen zeigten, daß es inzwischen bei einigen Kindern doch glückt, daß sie der Kinderladen als Gruppe entlasten kann. Früher ging das doch überhaupt nicht. Wenn ein Kind in irgendeiner Weise ausscherte, dann wurde das gleich zum Außenseiter erklärt. Und inzwischen ist es doch so, daß es uns bei bestimmten Kindern gelungen ist, sie dann wieder zu fangen. Ich habe jedenfalls das Gefühl, daß die Gruppe schwierige Kinder heute besser mittragen kann als früher.
Ellen:
Wen meinst du als Gruppe? Uns oder die Kinder?
Lutz:
Bei uns ist es, glaube ich auch so, daß wir mehr Rücksicht nehmen, wenn einer Schwierigkeiten hat.
Rainer:
Ich glaube auch, daß die Situation im Kinderladen mit dem größeren Rahmen etwas zu tun hat, ich meine, wie das so gelaufen ist bei uns. Also da denke ich an unsere Diskussionsabende. Ich persönlich könnte sagen, daß ich mich jetzt sehr oft frage, was ist im Augenblick mit dem Kind los? Das empfinde ich aber als durchaus angenehm. Weil ich sehr oft gemerkt habe, daß ich gerade durch diese Fragestellung viel eher hinter das Verhalten des Kindes komme und daß ich mich viel eher in das Kind hineinversetzen kann, als mir das früher gelungen ist. Das kann ich jedenfalls für mich sagen.
Thomas:
Da gibt es aber noch ein Problem. Es ist immerhin schon zwei Jahre her, und die Kinder haben sich auch ganz schön verändert. Man kann ja auch mit einem vierjährigen Kind besser auskommen als mit einem zweijährigen. Ich meine, im großen und ganzen hat sich bei uns das Verhältnis zu Angela (Tochter von Rita und Thomas) *meiner Meinung nach problemloser gestaltet. Ich meine das mehr in dem Sinn, daß sich irgendwelche Konflikte, die auftreten, schneller einrenken lassen als früher. Man ist doch etwas sensibilisiert gegenüber dem Kind. Man merkt schneller, was läuft.*
Rita:
Ich glaube aber nicht, daß du recht hast, wenn du sagst, daß ein zweijähriges Kind problematischer ist als ein vierjähriges. Also, ich würde

sagen, daß ein vierjähriges oder ein fünfjähriges Kind problematischer ist als ein zweijähriges.

Rainer:
Ich habe ja den Vergleich mit dem Bernhard. Der ist jetzt so alt, wie damals der Klaus war, als wir anfingen (Klaus, 4 J., und Bernhard, 2 J., sind die Söhne von Marga und Rainer). *Und daran kann ich feststellen, daß ich heute mit Bernhard besser umgehen kann, als ich damals mit Klaus in diesem Alter umgehen konnte.*

Thomas:
Ja, da hast du ja 'nen Vergleich.

Kommentar:

Tatsächlich wurden im zweiten Jahr der gemeinsamen Arbeit von den Eltern viel seltener als früher Schwierigkeiten mit den Kindern zum Thema gemacht. Im allgemeinen hatten die Analytiker den Eindruck, daß die Gruppe im Umgang mit den Kindern Fortschritte erzielte. Und dafür dürften zwei Gründe maßgeblich sein, die auch in der kurzen zitierten Episode angeklungen sind:

1. In der Gruppe der Erwachsenen sind die Spannungen erheblich zurückgegangen, die anfangs oft mit Hilfe der Kinder und an den Kindern abreagiert wurden (vgl. *«Die Gruppe»*, S. 102 ff.). So ist es sicher richtig, wenn Lutz und Rainer die Veränderung bei den Kindern gleich mit der Erwachsenen-Gruppe in Verbindung bringen. Solange es die Erwachsenen nicht fertigbrachten, ihre Probleme ohne Bildung von Außenseitern und Sündenböcken zu bewältigen, solange gab es auch in der Kindergruppe immer wieder Spaltungsprozesse und Aussonderungen einzelner. Diese Parallelität ist in der Selbsterfahrungsarbeit immer wieder deutlich zum Vorschein gekommen und hat bald die Naivität vertrieben, mit der anfangs versucht wurde, Störungen bei den Kindern als isolierte Phänomene zu beurteilen und zu bearbeiten. Die unbewußte projektive Verschiebung eigener Probleme auf die Kinder wurde mehr und mehr durchschaut. Und wenn jetzt die Solidarität innerhalb der Kindergruppe angewachsen ist, dann können daraus die Eltern durchaus legitimerweise eine gewisse Bestätigung dafür sehen, daß auch die eigene Solidarität eine bessere geworden ist. Die gewachsene Einsicht, daß die kindlichen Schwierigkeiten nichts anderes als übertragene Probleme von den Eltern her sind, hat jedoch auch eine unbequeme Seite. Wer zum Beispiel wie Ellen noch an einem besonderen Überdruck von

Schuldgefühlen leidet, der bekommt jetzt mehr Selbstzweifel als früher, wenn er bei seinem Kind irgendein Fehlverhalten bemerkt. Dies hat Ellen kürzlich so formuliert, daß sie jedesmal, wenn ihre Tochter schwierig sei, gleich wieder fragen müsse, ob sie als Mutter überhaupt etwas tauge. Allerdings hat Ellen in letzter Zeit kaum noch irgendwelche Symptome der Tochter in der Gruppe vorgebracht.

2. Die allgemeine Sensibilität dafür, was in den Kindern vor sich geht, ist nach aller Meinung gewachsen. So wie es Thomas formuliert: «Man merkt schneller, was läuft.» Man kann sich – so Rainer – besser in das Kind hineinversetzen. In dieser Beziehung hat die Gruppe nach meinem Eindruck viel auf ihren internen Diskussionsabenden geleistet, wo man regelmäßig die Protokolle der aufsichtsführenden Eltern über das Verhalten der Kinder im Kinderladen diskutiert hat. Eine Veränderung schließlich sollte nicht unerwähnt bleiben, die allerdings in der protokollierten Episode nicht direkt zum Ausdruck kommt: Durch eine solche Kinderladen-Arbeit kann offensichtlich, wenn sie sorgfältig betrieben wird, nicht nur die Kooperation und Solidarität innerhalb der Kindergruppe wie innerhalb der Elterngruppe verbessert werden, sondern auch die *Solidarität zwischen Eltern und Kindern*. In Experimentiergruppen dieses Typs lernt man, Kinder sehr früh als Subjekte voll in die Erwachsenengruppe einzubeziehen und ihre Bedürfnisse und Reaktionen genauso ernst zu nehmen wie diejenigen der erwachsenen Partner. Speziell in dieser Hinsicht, so scheint es mir, können gründlich arbeitende Eltern-Kinder-Gruppen ein wichtiges Pionierwerk auf dem Wege zu einer progressiven Veränderung des Eltern-Kind-Verhältnisses leisten.

Das ist ein Aspekt, der nicht als Nebenphänomen untergehen sollte. Denn hier geschieht doch etwas von grundsätzlicher Bedeutung. Die klassische bürgerliche Entwicklungspsychologie und Pädagogik hatten geradezu planmäßig darauf hingewirkt, die Asymmetrie im Eltern-Kind-Verhältnis dadurch zu verstärken, daß sie sich einseitig an der Dimension der intellektuellen Leistungen orientierten. Die Insuffizienz im Bereich der Sprache und des abstrakten Denkens ließ Kinder etwa bis zum fünften Jahr noch als nahezu unentfaltete Wesen, als eine Art von Tabula rasa, erscheinen. Die erwachsenen Erzieher konnten sich in der Rolle fühlen, das psychisch-geistige Leben der Kinder überhaupt erst mit ihren Lehrangeboten zu erwecken. Man fühlte sich darin gerechtfertigt, die Fragen und Phantasien des Kleinkindes weitgehend als unverbindliche Äußerungen einer primitiv-magischen Denkform zu bagatellisieren. Die schon sehr früh vorhandene Fähigkeit des Kindes, hochdifferenziert emotionell zu reagieren, blieb unbeachtet, eben weil man diese Dimension des Psychischen trotz der Entdeckungen der Psychoanalyse nicht wichtig zu nehmen geneigt war. Diese Selbsttäuschung bzw. Fehlbewertung abbauen zu helfen, ist eine Aufgabe, deren sich nach meinem Eindruck zahlreiche Kinderläden mit Erfolg annehmen. In diesen Werkstätten lernt man, daß bereits zwei- bis dreijährige Kinder sehr präzise und feinfühlig soziale Situationen erfassen. Daß sie unmittelbar die Qualität des sie umgebenden Klimas erspüren und recht genau verstehen, wie es die anderen mit ihnen meinen, mit denen sie in Beziehung stehen. Die «Sprache» freilich, in der das Kind auf Reize, vor allem auf störende Einflüsse antwortet, ist eine besondere: das Kind reagiert mit Ängsten, mit Trotz, mit Eßschwierigkeiten oder Verstopfung, mit Schlafstörungen oder Einnässen, selbst mit Hautausschlag oder Fieber. Diese «Sprache» ist überaus aufschlußreich, wenn man sich nur die Mühe macht, sie verstehen zu lernen. Tut man das, dann merken Eltern plötzlich, daß das System ihrer Beziehungen zu dem Kind ein ganz anderes ist, als sie bislang infolge der ihnen übermittelten Vorurteile geglaubt hatten. Der «dumme», «unvernünftige» Zweijährige oder Dreijährige erweist sich plötzlich als ein in hohem Grade aufnahmefähiger Partner mit äußerst feinen Antennen, die bei den Eltern jede Spur von Ungeduld, Angst, Verdruß, ehelichen Spannungen registrieren. Und die «Sprache» der emotionellen und vegetativen Reaktionen beweist, daß das Kind nicht nur enorm viel registriert, sondern dazu auch auf seine Weise schon Stellung bezieht. Also: Das Kind ragt bereits viel weiter in das Kommunikationssystem der Erwachsenen hinein – und nimmt auf seine Weise daran aktiv teil – als das bislang anerkannt wurde. Folglich liegt es zunächst einmal an den Eltern, daß sie ihre Illusion von der Ahnungslosigkeit und Unverständigkeit des Kleinkindes korrigieren, um die differenzierten Kommunikationsfähigkeiten des Kindes besser auszuschöpfen. Indessen: dann hört das Kleinkind auf, ein beliebig verwertbares Objekt zu sein, dessen sich die Eltern je nach Laune und eigenen Schwierigkeiten zur Selbststabilisierung bedienen können. Das Kind erhält als Partner viel mehr Gewicht, die Eltern-Kind-Interaktion wird wesentlich mehr durch Wechselseitigkeit bzw. durch Austausch bestimmt.

Eltern-Kinder-Gruppen vom Typ des hier geschilderten Beispiels erarbeiten sich eine neue Haltung. Sie erkennen es als für sich hochwichtig an, die seismographisch feine Aufnahmefähigkeit der Kinder zu studieren und vor allem die «Sprache» ihrer emotionellen und vegetativen Reaktionen entschlüsseln zu lernen. Sie üben sich darin zu verstehen, gegen welche Zumutung seitens der Erwachsenen das Kind etwa protestiert, wenn es plötzlich wieder einnäßt, wenn es auf einmal nicht mehr schlafen kann, schlecht ißt oder Wutanfälle bekommt. Und man sieht: Man muß nicht Psychoanalytiker sein, um allmählich zu lernen, was das Kind eigentlich «meint», wenn es Symptome bekommt. Eine solche Kinderladen-Elterngruppe kann mit der Zeit sehr beachtliche Fortschritte darin machen, die Symptomsprache der Kinder zu entschlüsseln. Dabei stellt sie übrigens fest, daß es mehr emotionelle als intellektuelle Hindernisse sind, die dieses Sprachverständnis hemmen: Weil die Eltern es schwer haben, ihre eigenen Fehler zu sehen, auf welche Kinder mit Symptomen reagieren, kostet es sie Selbstüberwindung, den Sinn solcher Symptome verstehen zu wollen.

Im Rahmen dieser Untersuchungen, die speziell den Möglichkeiten zur Verbesserung von Solidarität gewidmet sind, verdient diese Leistung derartiger spontaner Gruppen jedenfalls eine besondere Hervorhebung, auch wenn in diesem Buch die zwischenmenschlichen Beziehungen der Erwachsenen das eigentliche Thema bilden. In dem Katalog der Leitbilder für eine allgemeine progressive Umerziehung müßte jedenfalls die Aufgabe einer frühzeitigen Solidarisierung mit den Kindern einen hervorragenden Rang einnehmen. Und hier ist die Umwertung, welche die Kinderladen-Gruppen schrittweise zu vollziehen versuchen, gewiß kein zu unterschätzender praktischer Beitrag.

Resümee:

Der wesentliche Gehalt des zitierten Protokolls besteht gewiß nicht in dem Ertrag an greifbaren «Erfolgen», sondern vielmehr in den Anzeichen für eine Erweiterung des Bewußtseins. Und speziell in dieser Hinsicht erscheint die Selbstdarstellung dieser Gruppe einigermaßen repräsentativ für die Erfahrungen, die tausend andere spontane Gruppen heute machen, die sich zunächst darum bemühen, ihr Eigenverständnis zu klären und neue Orientierungspunkte für ihre Selbstverwirklichung zu suchen. Und der Ertrag der Selbsterfahrung dieser vielen spontanen Gruppen erscheint wiederum repräsentativ für das umrißhafte Auftauchen fundamental neuer gesellschaftlicher Leitbilder schlechthin.

Nichts wäre verkehrter, als die hier erarbeiteten neuen Zielvorstellungen bloß als Merkmale einer speziellen Jugendkultur zu deuten und zu relativieren. Die Prinzipien, auf die man sich in den kritischen Modellgruppen zu orientieren beginnt, liefern zugleich die Markierungszeichen für die notwendige allgemeine Veränderung der menschlichen Beziehungen in einem Zeitalter, in dem ein Fortschritt eben nicht mehr im Sinne eines äußeren Expansionismus, sondern nur noch im Sinne einer inneren Umgestaltung der Gesellschaft und der Verbindungen der Menschen untereinander denkbar ist.

Wenn man sich die zitierten Protokollausschnitte aus diesem Kapitel und aus der Episode von S. 107ff. unter diesem Gesichtspunkt noch einmal vergegenwärtigt, mag man in der Tat finden, daß hier – wie persönlich und unbeholfen auch immer formuliert – ganz Entscheidendes über neue Bedürfnisse, Wege und Leitvorstellungen gesagt ist. Die diesbezüglichen theoretischen Erwägungen aus den früheren Abschnitten dieses Buches werden hier in komprimierter und höchst anschaulicher Form wieder aufgenommen. Und durch den Akzent der unmittelbaren Eigenerfahrung üben die Protokolle obendrein eine besondere Überzeugungskraft aus. Deshalb seien abschließend an Stelle einer theoretischen Zusammenfassung lediglich einige der gehaltvollsten und prägnantesten Selbstzeugnisse aus den protokollierten Diskussionen rekapituliert:

Introspektive Interessen:

«*Ich glaube... das ist das richtige Problemlösungsverhalten: Daß man in der Gruppe lernt, über alles zu reden. Andere laufen nur nach außen, fangen vielleicht an, etwas zu bauen oder sich vollzufressen.*»

«*Ich bin einerseits sehr froh darüber, daß ich bei mir mehr sehe, aber auf der anderen Seite ist es manchmal schwer auszuhalten, wenn die Probleme einem wesentlich bewußter sind und daß man sie nicht mehr so einfach verdrängen kann.*»

«*Aber ist es nicht so, daß der Leidensdruck, der unbewußt ist, auf die Dauer gesehen viel unangenehmer ist? Da weißt du nur nicht, was dich beschäftigt.*»

Harmoniebedürfnis, Selbstwertkonflikte und Aggression:

«*Ich glaube, daß jeder von uns eine Sehnsucht hat, mit jedem zu har-*

monieren und sich mit jedem gleich zu verstehen. Und dann klappt es nicht, und dann fühlt man sich resigniert.»

«Es gibt ja zwei Möglichkeiten von Harmonie. Entweder man lächelt sich immer so an, und es ist eigentlich unpersönlich. Oder man schießt auch mal und sagt, was man denkt. Ich glaube, das ist eben auch echt nötig.»

«Aber das ist doch auch schwierig. Dann ist der andere wieder eingeschnappt und schießt zurück. Und dann ist doch keine Harmonie mehr da.»

«Ich meine ja nicht das Schießen um des Schießens willen. Ich denke an das Schießen, wobei man sich dem anderen verständlich machen will. Damit der andere weiß, wo er dran ist. Das ist doch meiner Meinung nach richtig in 'ner Gruppe.»

«Dadurch, daß wir eben auch unsere Schwierigkeiten haben, da tastet man sich immer irgendwie aneinander ran und ist immer gleich wieder bereit, sich zurückzuziehen. Das ist so 'ne Sache, ich weiß nicht so ganz, mit zartem Gefühl und so. Einmal das Gesicht verziehen, kann schon wieder das kaputtmachen, weil der andere und weil man eben auch selbst immer ganz empfindlich reagiert...»

«Wir haben eben alle unsere Macke. Und ich glaube, diese Macke verbergen wir doch sehr stark, und deshalb ist es auch so schwer, unter uns echte Gefühle...»

«Sollte man aber nicht verbergen, das ist es eben! Außerdem, es geht ja nicht nur darum, die Macken zu akzeptieren.... Ich frage mich, warum wir uns immer da so reinsteigern, in das Negative. Warum sagen wir uns nicht mehr, daß wir uns auch für dufte halten?»

«Das war vielleicht wirklich immer ein Problem von uns, daß wir unsere Ziele immer so hoch gesteckt hatten, daß wir gar nicht zufrieden sein konnten.»

Therapie und Eigentherapie im Austausch mit den anderen:

«Wenn ich da sagte, daß man mit anderen Leuten jetzt vielleicht besser umgehen kann, das ist für mich so, daß ich mich für die Probleme von anderen mehr interessiere und daß ich mich in ihre Probleme leichter hineinversetzen kann als früher. Daß ich denen manchmal auch versuche zu helfen. Aber dann sehe ich auch, daß das gar nicht so einfach klappt.»

«Aber es ist doch auch so eine gewisse Therapie für sich selbst, wenn man anderen hilft.»

Versuche, über soziale Barrieren hinweg zu kommunizieren:
«... und dann kam so raus, daß ihr hier, die ihr also privilegiert seid in eurer Herkunft, da ihr unter besseren Verhältnissen groß geworden seid, daß es euch genauso schlecht geht. Das war für mich auch wichtig, daß ich das gelernt hab. Da bin ich dann nicht mehr total mit mir selbst beschäftigt.»

«Da hab ich zum Beispiel am Spielplatz so einen alten Mann getroffen. Der stand so da mit einem kleinen Kind. Und ich stand auch so da mit meinem Kind. Und, naja, da hab ich mich eben mit ihm unterhalten.»
«Und früher konntest du den nicht ansprechen, oder?»
«Nee, früher konnte ich das nicht.»

«Und der hat irgendwann mit den Kindern gespielt, und die waren alle nackend. Karl hat nicht eingesehen, warum er nicht auch nackend sein soll, und hat sich auch mit seinem Hintern ins Planschbecken gesetzt. Und das wäre dann eine Situation, die nur durch eine, sagen wir mal, gewisse Solidarität zustande kommen konnte.»

Nachbemerkung: Unterschied zwischen spontanen Gruppen und kommerzialisierter Gruppendynamik

Eigenverantwortlichkeit und unmittelbare Verknüpfung mit der Lebenspraxis als Charakteristika der Selbsterfahrungsarbeit spontaner Gruppen. – Gruppenvergnügungsindustrie – Ouvertüre einer neuen Mittelstands-Partykultur?

Der besondere Wert der Arbeit der spontanen Gruppen liegt darin, daß sie an dieser Art von Bewußtseinserweiterung aus eigener Initiative heraus arbeiten. Sie mögen dazu auch gelegentlich den Rat oder die Supervision von Analytikern in Anspruch nehmen. Aber sie bleiben die eigentlichen verantwortlichen Träger ihrer Modelle. Und was entscheidend ist: Sie verbinden ihre Erkenntnisse unmittelbar mit der Realität ihres Zusammenlebens in den Wohngemeinschaften, in der Ehe, in der Kindererziehung – und vielfach obendrein mit irgendeiner besonderen sozialen oder politischen Arbeit. Diese Merkmale: die Spontaneität, die volle Eigenverantwortlichkeit und die unmittelbare Verbindung der Experimente mit der Lebenspraxis sind bedeutungsvolle Unterscheidungskriterien gegenüber dem Konsum der vielen neuen Varianten kommerziell betriebener Gruppentrainings und -spiele, mit denen die Unterhaltungsindustrie den «Markt» der allgemein belebten Gruppeninteressen in großem Stil zu erschließen begonnen hat.

Gewiß stehen die Wünsche der Menschen, um deren kommerzielle Ausbeutung man sich neuerdings die vielfältigste Mühe macht, vielfach den Impulsen sehr nahe, die hier an der Arbeit der spontanen Gruppen verdeutlicht wurden. Und die Ziele, die in der Werbung für die neuen Gruppenübungen und Party-Spiele proklamiert werden, unterscheiden sich in den Etiketten oft auch nur wenig oder gar nicht von den Prinzipien, an denen sich die Selbsterfahrungsarbeit der progressiven spontanen Gruppen orientiert und die hier zusammenzustellen versucht wurde. So lauten etwa die Verheißungen, die den Kassetten der Anleitungen für neue Gruppen- und Selbsterfahrungsspiele aufgedruckt sind, die man im Buchhandel neuerdings erwerben kann: «... gibt Ihnen die Chance, Ihr Ich tiefer zu erfahren – Ihre Sinne zu erschließen – gewagte Begegnungsformen zu erproben – konventionelle Verhaltensmuster zu sprengen», «macht Sie selbstbewußter und urteilsfähiger gegen sich und andere – selbständiger und selbstsicherer – kontaktfähiger und harmonischer», «aufgeschlossener, verständnisvoller, harmonischer».

Man beachte: Das Spiel ... *macht* dieses oder jenes mit Ihnen oder aus Ihnen. Sie brauchen nur die Anleitung zu befolgen!

Ähnlicher oder noch spezifischerer Versprechungen bedient sich in Amerika bereits ein ganzes Heer von Gruppenveranstaltern, die in den Zeitungen Weekend-Gruppenkurse und -spiele aller denkbaren Art anbieten, wobei obendrein Hilfe für die vielfältigsten Probleme vorgegaukelt wird: gegen Isolation, Hemmungen, Eheschwierigkeiten, Sexualprobleme, Erziehungsnöte mit Kindern, Arbeitsprobleme usw.

Ohne Zweifel befinden sich unter den Erfindern und Veranstaltern derartiger Spiele und Trainings auch viele sehr ernsthafte Leute mit echtem therapeutischen oder gar missionarischen Anspruch – neben einer Masse von Scharlatanen und puren Profitjägern. Was die einen leicht übersehen, die anderen mit voller Absicht betreiben, ist

1. die häufige Umlenkung der echten neuartigen Bedürfnisse auf die alten Ideale der expansionistischen Leistungsgesellschaft. Davon war bereits früher die Rede: Auf dem Umweg über Kommunikationstraining wird am Ende doch wieder nur die Steigerung der egozentrischen Potenz, individualistische Selbstbehauptung, Durchsetzungsfähigkeit im Konkurrenzkampf usw. anvisiert.

2. Es wird mit Hilfe der neuen Bedürfnisse eine neue Freizeit- und Partykultur für den Mittelstand organisiert, die einen reinen Ablenkungs- und Kompensationszweck erfüllt. Damit werden die sich transformierenden Wünsche nicht ausgenützt, um verstärkten Druck zur Veränderung der Strukturen in der Produktion, in den Bildungs- und Ausbildungsinstituten und in der Familienerziehung auszuüben. Sondern umgekehrt: Um die anwachsenden Forderungen von Abhängigkeit, Rivalität und Leistungsmaxima in der Arbeitswelt besser erfüllbar, um die Menschen dafür besser verwertbar zu machen, vervollkommnet man ihre Erholungstechniken in der streng abgegrenzten Privatwelt von Freizeit und Urlaub. In dieser Funktion komplettieren die Gruppentechniken nur das Repertoire der Vergnügungsindustrie für die gelangweilte und neuer Stimuli bedürftige bürgerliche Mittelschicht – und helfen dabei, die änderungsbedürftigen Strukturen, die Gegensätze zwischen den Klassen und den sozialen Gruppen zu verfestigen bzw. zu vertiefen.

Wohlmeinende Optimisten pflegen dagegen zu argumentieren: Mag einer auch zunächst nur auf Parties oder auf kommerziell organisierten

Gruppentrainings neue gruppendynamisch vermittelte Erfahrungen machen, so werde er doch automatisch danach streben, das Gelernte überall auch anderswo in der Realität anzuwenden. Er werde danach drängen, überall freiere und offenere Beziehungen herzustellen, wo immer er mit Menschen zusammenarbeite und zusammenlebe. –

Aber es gibt Erfahrungen, die gerade diesen naiven Optimismus widerlegen. Wenn jemand unabhängig von seinem alltäglichen Lebensbereich, von Arbeit und vielfach auch von Familie, in künstlichen Freiräumen die Abreaktions- und Befriedigungsmöglichkeiten der Gruppentechniken kennenlernt, so trägt der erfahrene Gegensatz zu den Zwängen seiner sozialen Situation häufig nur dazu bei, daß sich die Kluft zwischen beiden Bereichen vertieft. Wer die Selbsterfahrung nicht unmittelbar in der realen Lebenspraxis übt – wie die spontanen Gruppen, vor allem die unmittelbar sozial aktiven Initiativkreise – verzagt schnell an dem Widerspruch zwischen seinem neuen Gruppen-Freizeitglück und den blockierenden Gegenkräften in der sozialen Realität. Und eine häufige Folge besteht darin, daß der Betreffende immer häufiger in die neu erschlossene Gruppen-Spielwelt zurückflüchtet und hier nach kompensatorischen Entschädigungen für die frustrierende Arbeitswelt sucht, in der er sich nur noch bemüht, mit einem Minimum an emotionellem Verschleiß mitzufunktionieren.

Dies ist im Prinzip ein Lösungsversuch nach dem Modell der Hippie-Kultur. Nur begnügen sich die Älteren, die den totalen Rückzug nicht mehr wagen, vielfach mit dieser Art von Kompromiß: Sie drehen sich weiterhin im Getriebe der Ordnung mechanisch mit, befolgen zur Vermeidung von Reibungsschwierigkeiten die dringlichsten sozialen Rollenvorschriften, erfüllen roboterhaft irgendeinen Job, emigrieren aber emotionell ganz und gar in ihre Freizeit-Spielwelt. Was sie dort an Energie gewinnen, dient ihnen zu nichts weniger als zu verstärktem kritischen sozialen oder politischen Engagement.

Symptomatisch für diese Entwicklung ist auch die Biographie mancher Angehöriger von sozialen Berufen, von Lehrern, Sozialarbeitern, Erziehungsberatern, Therapeuten, die sich zunächst deshalb mit modernen Gruppentechniken befassen, um besser mit ihren Klienten umgehen zu können, aber sich anschließend von eben diesen Klienten mehr und mehr zurückziehen, um innerhalb der Gruppen-Freizeitkultur eine Betätigung zu suchen, die sie von den sozialen Institutionen befreit, in die sie eigentlich hätten Änderungen hineintragen sollen.

3. Hauptteil:
Versuche der Solidarisierung nach unten – Arbeit mit Randgruppen

Randgruppen – eine Almosengesellschaft

Das «Anderssein» der Randgruppen. Ein Niemandsland für Politik und Gesellschaftswissenschaften. Der Zugang des Psychoanalytikers

Als vor zweieinhalb Jahren das Buch *«Die Gruppe»* verfaßt wurde, in welchem erste eigene Erfahrungen in der Gruppenarbeit mit Obdachlosen beschrieben wurden, war es nur sehr mangelhaft möglich, die Zusammenhänge des Randgruppenproblems im ganzen und die neuen Interessen zu verstehen, die sich diesem Problemkreis widmen.

Es ist bezeichnend, daß und wie sich der Begriff «soziale Randgruppen» in allerletzter Zeit durchgesetzt hat. Er begleitet das enorm rasch angewachsene Interesse gewisser Kreise, sich um Gruppen zu kümmern, die eben als «Randgruppen» tituliert werden.

Die Meinung schwankt, wen man eigentlich zu den Randgruppen zählen solle. Auf jeden Fall sieht man, daß es schwierig ist, die Kriterien für eine Definition in diesen Gruppen selbst zu finden. Denn die für den Terminus in Frage kommenden Gruppen unterscheiden sich in ihren Eigentümlichkeiten sehr wesentlich voneinander, selbst wenn man nur an diejenigen denkt, die bei einer eng gezogenen Definition erfaßt zu werden pflegen. Dazu gehören die Armen und die sogenannten sozial Schwierigen in den Obdachlosenquartieren, erhebliche Teile eines neuen Gastarbeiter-Subproletariats, die in eigenen Gettos leben, die chronisch psychisch Kranken in den Heil- und Pflegeanstalten, die Zirkel der Drogenabhängigen und die Delinquenten.

Gemeinsam ist diesen Gruppen ein allgemeines «Anderssein» im Verhältnis zu der übrigen Gesellschaft in bezug auf jeweils sehr unterschiedliche Qualitäten wie wirtschaftliche Lage, psychische Gesundheit, Leistungsverhalten, Sprache, soziokulturelle Gewohnheiten. Gemeinsam ist ihnen ferner eine besonders schwache ökonomische und soziale Position. Sie verfügen über keine Lobby, keine einflußreichen Organisationen, die für ihre Interessen kämpfen. Und daraus folgt – im Widerspruch zu der sozialen Wohlfahrtsideologie der kapitalistischen Gesellschaft –, daß die ihnen gewidmeten sozialen Dienste völlig unzulänglich sind. Die Drogengefährdeten überläßt man weitgehend ihrem Schicksal, die Obdachlosen und die chronischen Psychotiker verwahrt und verwaltet man notdürftigst in ihren zum Teil menschenunwürdigen Primitivquartieren bzw. «Heil»-Anstalten. Und den hilflosen Gastarbeitern gewährt man jenes Minimum an Daseinssicherung, das sie sich gerade noch eben als Bedingung zur willfährigen Ausbeutung ihrer Arbeitskraft gefallen lassen – wobei das Bildungselend ihrer zunächst wirtschaftlich uninteressanten Kinder zum Beispiel kaum noch Interesse findet.

Die Armen, die Obdachlosen, die sozial Abweichenden, die psychisch Kaputten, die Gastarbeiterkinder bilden gemeinsam eine Kategorie, die darin übereinstimmt, daß man mit ihnen kein Geschäft machen kann. Sie sind mangelhaft oder gar nicht verwertbar. Sie bilden eine Art von Almosengesellschaft, an der die staatliche Sozialpolitik eklatant versagt. Es ist auch nur logisch, daß der Staat hier einen wesentlichen Teil seiner Verantwortung an die kirchlichen und freien Wohlfahrtsverbände delegiert hat. Die Versager bzw. die Nachhinkenden der Leistungsgesellschaft überläßt man weitgehend kirchlicher oder privater «Barmherzigkeit» und macht damit in peinlicher Weise deutlich, daß diese Gruppen weitgehend aus der Kompetenz der offiziellen Politik ausgegliedert werden. Es ist ein geradezu schlagendes Symptom, daß selbst im Zeitalter der universal verwalteten Gesellschaft die Randgruppenpolitik – in der Bundesrepublik jedenfalls – noch weitgehend eine Subsidiaritätspolitik ist: Jahr für Jahr entlasten sich die Behörden in diesem gesellschaftspolitisch so wichtigen Aufgabenbereich, der geradezu nach Innovationen schreit, indem sie zum Teil lediglich Briefträger für die Aushändigung von Steuergeldern an die sozialkaritativen Verbände spielen, die das kompensieren sollen, was sie selbst längst tun müßten.

Wenn neuerdings plötzlich Licht auf die vordem praktisch unsichtbar gemachten Randgruppenprobleme fällt, so geschieht das eben auch nicht etwa infolge überraschender Wandlungen in der offiziellen Gesellschafts- und Sozialpolitik. Sondern private Initiativkreise, die Betroffenen selbst und in diesem Sektor tätige Angehörige sozialer Berufe verbinden sich an vielen Orten zu Aktivitäten, die dieses zusammenhängende Problem der Vergessenheit zu entreißen versuchen. Einzelne Bürger: Studenten, Schüler, Lehrlinge, Ersatzdienstleistende, Hausfrauen, Sozialarbeiter, Krankenschwestern, Mediziner, Betroffene und ehemalige Betroffene, politische und konfessionelle Gruppen bilden Arbeitskreise, um zunächst einmal die Barrieren zu durchlöchern, durch welche die Randgruppen eigentlich nicht nur an den Rand der Gesellschaft, sondern bereits weitgehend aus dieser herausgedrängt worden sind.

Es wäre eine vordringliche Aufgabe der Gesellschaftswissenschaften, der Linie solcher neuen Interessen und Initiativen schnell zu folgen und in interdisziplinärer Forschung das Zusammenspiel der politischen, wirtschaftlichen und sozialpsychologischen Mechanismen deutlich zu machen, die zu der heutigen sozialen Lage der Randgruppen geführt haben und deren Verhaltensmuster bestimmen. Aber es ist bezeichnend, daß es hier bislang noch kaum eine auch nur nennenswerte gesellschaftswissenschaftliche Verbundforschung gibt. Zum Teil ist dieses Feld auch nicht einmal von den Einzelwissenschaften wirklich in Angriff genommen worden. Die Politologie und die Soziologie haben sich bislang derartigen Außenseiterpopulationen nur ganz vereinzelt zugewandt, obwohl nach der Integration der Arbeiterklasse in die Gesellschaft gerade heute viel eher die Randgruppen die absolute Negation der bestehenden Gesellschaft bilden und deshalb zu deren Analyse entscheidendes Material beisteuern könnten. Die Wirtschaftswissenschaft übersieht geflissentlich Gruppen, die weitgehend vom Wirtschaftsprozeß ausgeschlossen sind, und die klassische Psychiatrie hat sich Generationen hindurch bemüht, den Außenseiterstatus der Psychotiker einfach mit Hilfe von biologistischen Theorien zu verleugnen, die den Unterschied gegenüber den Organkranken verwischen sollten. Die traditionelle Isolierung der Psychiatrie von den Gesellschaftswissenschaften beweist allein bereits ihre ursprüngliche Unfähigkeit, das Problem der chronisch psychisch Kranken als ein gesellschaftliches Problem überhaupt nur wahrzunehmen.

So fühlte ich mich eben auch als Psychotherapeut zunächst absolut wissenschaftlich ungerüstet, als ich mich mit Randgruppenproblemen praktisch zu beschäftigen begann. Aber es ging mir im Kontakt mit Betroffenen, mit Studenten und Angehörigen anderer sozialer Berufe im Rahmen einer Initiativgruppenarbeit bald auf: Der Psychoanalytiker kann in dieses weitgehend unbekannte Feld in einer besonderen Version von wissenschaftlichem Selbstverständnis einsteigen, das diesem Fach möglich ist. FREUD hat von seinen Kranken gelernt, ihre Probleme zu verstehen. Und er hat seine eigenen inneren Reaktionen als Korrektiv benutzt, um die Äußerungen der Patienten zu begreifen. Im Randgruppenbereich muß diese Methode erweitert werden. Hier reicht es nicht, aus der Selbstdarstellung von Betroffenen und aus den eigenen Reaktionen Schlüsse zu ziehen. Man muß auch die Interaktion unter den Betroffenen selbst, vor allem aber auch die Beziehungen studieren, die zwischen ihnen und den Agenten des Apparates ablaufen, die gewissermaßen ihre unmittelbaren gesellschaftlichen Gegenspieler sind. Und dann muß man als Psychoanalytiker in der Zusammenarbeit mit Laien und Angehörigen anderer sozialer Berufe lernen, auf die Fülle der ökonomischen und sozialen Faktoren zu achten, die jenseits der psychologischen bzw. der sozialpsychologischen Dimension ins Spiel kommen. Auf diese Weise kann man als Psychoanalytiker zumindest eines lernen: Daß man ziemlich von vorn anfangen muß und zunächst manchem Studenten unterlegen ist, der als «Laie» noch ganz unbefangen multidimensional denken und handeln kann und auf diese Weise mit den Betroffenen schneller vertraut wird als ein an distanziertes Beobachten und sektorenhaft fachliches Beurteilen gewöhnter «Experte».

Dazu eine kleine illustrative Episode: Auf dem 5. Internationalen Kongreß für Gruppenpsychotherapie 1973 diskutierten wir in einer Arbeitsgruppe von 60 Teilnehmern über Arbeit mit Randgruppen. Ein 22jähriger Student aus einer Initiativgruppe schilderte die Arbeit mit Kindern und Familien in einer Obdachlosensiedlung. Als die Psychotherapeuten erfuhren, daß hier fast ausschließlich Laien, nämlich Studenten, mit schwergestörten Kindern und ihren Familien umgehen, sträubten sich ihnen die Haare, und es kam prompt der Einwand: Man sollte doch exzellent fachlich vorgebildet sein, um sich an eine derart schwergeschädigte Klientel heranzumachen. Aber dann zeigte die weitere Diskussion sehr deutlich, daß sich die anwesenden Studenten eigentlich viel besser in den Problemen der Randschichtpopulation auskannten als die psychotherapeutischen Spezialisten. Sie konnten vor allem den staunenden «Experten» die unmittelbare Verflechtung von Verhaltensschwierigkeiten mit Wohnungsproblemen, Schulden, juristischen Verwicklungen, Behördenfehlern, Schulmißständen usw. klarmachen und zeigen, wie sie an diese Komplexität theoretisch und praktisch in einer Weise heranzugehen versuchen, die den Psychotherapeuten offensichtlich neu war und zugleich einleuchtete. Und am Ende war man sich einig, daß der Psychotherapeut eigentlich an diesen Randschichtproblemen vorbei ausgebildet wird und von solchen Laiengruppen zunächst mehr lernen kann, als er diese etwa zu belehren vermöchte.

Diese Hinweise erscheinen hier angebracht, um klarzustellen, daß viele der nachfolgend verwerteten Befunde und Thesen Resultate jahrelanger gemeinsamer Diskussionen mit und in Randgruppeninitiativen sind, vor allem in der Gruppe «Eulenkopf», der ich als Mitglied angehöre.

Was man als Psychoanalytiker in solcher Gruppenarbeit begreift, ist nun vor allem dies, daß der eigene Beitrag nicht in dem Versuch bestehen sollte, sich zu einem möglichst universalistischen Gesellschaftswissenschaftler mausern zu wollen. Sondern darin, daß man ausdrücklich Psychoanalytiker bleibt und die Erweiterung des Gesichtsfeldes in der Weise verarbeitet, daß man den psychoanalytischen Aspekt des gesellschaftlichen Problems der Randgruppen innerhalb seiner Begrenzungen besser zu klären versucht. Dabei kann man lernen, die psychologische Dimension nicht als ein geschlossenes System zu sehen, sondern als eine Perspektive, die an vielen Stellen unmittelbar auf außerpsychologische gesellschaftliche Sachverhalte verweist. Die Psychoanalyse kann dabei mannigfache indirekte Hinweise auf soziologische und politische Faktoren sammeln, wie nachstehend zu zeigen sein wird.

Psychologische Aspekte des Randgruppenproblems

Die Angst der Angepaßten als Motor, Abweichende auszuschließen. Die Stabilisatorfunktion der Randgruppen-Kontrastwelt. Ein psychoanalytisches Fallbeispiel illustriert die Mechanismen. Soziale und individuelle Bedingungen, welche die typischen Randgruppen-Vorurteile fördern

Die derzeitige ziemlich komplett versagende Politik gegenüber den Randgruppen wäre undenkbar, wenn diese Politik nicht von einem öffentlichen Bewußtsein abgestützt würde, das diese Strategie gutheißt. Man spricht in diesem Zusammenhang von öffentlichem «Bewußtsein», obwohl man genauer vom öffentlichen «Unbewußten» reden müßte. Denn man würde bei einer entsprechenden repräsentativen Umfrage zweifellos nur eine verschwindende Minderheit von Personen finden, die offen erklären würden, daß man kinderreiche verarmte Familien in enge Primitivunterkünfte oder chronisch psychisch Kranke in gefängnisartig trostlose Anstalten sperren sollte. Die Vorurteile gegenüber Randgruppen sind zumindest weitgehend unbewußt verankert.

Aber wie kommen sie zustande? Darüber sich Gedanken zu machen, erscheint notwendig, wenn man sich anschließend fragen will, welche Gegenkräfte neuerdings das positive Interesse an einer Solidarisierung mit diesen Gruppen und ihren Bedürfnissen tragen.

Je mehr eine Gesellschaft auf Grund ihrer Struktur und ihrer Ideologie die Menschen unter den Druck bestimmter Verhaltensvorschriften setzt, um so mehr fördert sie natürlich zugleich deren Angst, an diesen Forderungen zu scheitern. In der kapitalistischen Konkurrenzgesellschaft muß man zu aller Zeit fit, stark und vital sein, um nicht in die Verliererzone zu geraten, in der man abgeschrieben zu werden droht. In einer konservativen moralistisch-triebfeindlichen Gesellschaft muß man obendrein permanent ein hohes Maß an Selbstkontrolle praktizieren, um «in» zu bleiben, was dann um so schwerer fällt, je mehr die skandalöse Strategie begriffen wird, ist der «die da oben» die Masse der Abhängigen in Schach halten.

Je höher die jeweiligen Ängste anwachsen, um so eher fördern diese bestimmte Mechanismen der Angstbewältigung. Ein hier besonders relevanter Mechanismus besteht in einer Abspaltung von Schreckbildern, in denen genau das in extremer Form abgebildet wird, was man besonders fürchtet. Man sucht in der Wirklichkeit nach Erscheinungen desjenigen Negativen, dem man selber immerfort zu entrinnen versucht.

Dies beginnt damit, daß man sich für Krankheiten und Mißbildungen interessiert, um sich dagegen als gesund und intakt abheben zu können. Man kann die Angst um die eigene bedrohte Integrität und vor der Unentrinnbarkeit des Sterbens unter Umständen leichter in Schach halten, wenn man sich – in Dosen – immer wieder damit beschäftigen kann, daß es Menschen auf der anderen Seite gibt, die durch Krankheit und Unheilbarkeit gezeichnet sind. Man schaut wie über einen Zaun, in der Illusion: Dieser Zaun trenne diejenigen, die kaputtgehen müßten, von denjenigen, die heil bleiben könnten. So als ob die Angeschlagenen – wie Geopferte in der Phantasie von Primitivkulturen – das Übel stellvertretend für die übrigen mit sich fortnehmen würden. Es liegt darin ein magischer Abspaltungsvorgang, eine Reproduktion uralter Angstbewältigungsversuche mit Hilfe eines dualistischen Modells: Wenn du gebrechlich, krank und alt bist, dann darf ich stark, gesund und jung sein. – In diesem Sinne erfüllen die Alten und unheilbar Kranken eine bestimmte stabilisierende Funktion für eine Gesellschaft, in der überhöhter Leistungsdruck zu einer Verherrlichung der Jugendlichkeit und Fitness führt. Jeder hat Angst, sich als defekt und verbraucht zu entlarven und durch diese Merkmale Isolierungsmechanismen zu unterliegen. Denn auch die Alten und chronisch Kranken geraten leicht in die Zone des insgeheim diskriminierten sozialen Randbereichs.

Das Bedürfnis nach einer Kontrastwelt, die gewissermaßen zur Ausscheidung und Unschädlichmachung eigener gefürchteter Merkmale zur Verfügung steht, ist allerdings im Bereich der Delinquenz und der Geisteskrankheiten noch sehr viel leichter nachweisbar. Man denke an die spezifische ambivalente Faszination, die Kriminelle, Soziopathen und Psychotiker ausüben, an die Spitzenauflagen der Gangsterbiographien und der Mafia-Romane. Unerklärlich wäre es, warum große Verbrechen seit langem den höchsten Öffentlichkeitswert haben, wenn man nicht zu unterstellen hätte, daß die meisten Menschen fortgesetzt – jenseits des Zauns – Verbrechen sehen müssen, um entsprechende eigene Impulse in sich niederhalten zu können. Was sie außerhalb ihrer selbst wahrnehmen, brauchen sie nicht innerhalb ihrer selbst zu registrieren. Es wäre gefährlich, nicht ständig äußere Darstellungen des Bösen verfügbar zu haben, weil es sonst viel schwieriger wäre, mit den eigenen kriminellen Impulsen zurechtzukommen. Deshalb müssen Fernseh- und Romanautoren pausenlos zu den realen Verbrechen noch eine Fülle neuer hinzuerfinden, um ja die kriminelle Kontrastwelt jederzeit mit genügend «Sehenswürdigkeiten» aufzufüllen, deren das allgemeine Publikum diesseits des Zauns zur Selbststabilisierung bedarf.

Nicht ganz so bedeutend, aber immer noch unverkennbar groß ist bekanntlich das Interesse für außergewöhnliche psychische Krankheiten. Schizophrenie, Wahn, bestimmte Perversionen, auffallende Neurosen zählen gleichfalls zu den bekanntesten Unterhaltungsstoffen, wobei die Kombination von psychischer Krankheit und Verbrechen den allergrößten Reiz ausübt. Die Angst, im Dauerstreß psychisch zu dekompensieren, sucht sich im Gegenbild des schizophrenen Persönlichkeitszerfalls immer wieder Trost, daß man selbst doch noch relativ seelisch heil sei.

Was an Gewaltverbrechern und Schizophrenen am klarsten demonstriert werden kann, gilt im abgeschwächten Maße auch für andere Gruppen, deren Lebensweise und Verhaltensstil mehr oder minder von den bürgerlichen Durchschnittsnormen abweicht. Es gilt ziemlich generell für die Subkultur jener Randschicht, in der soziopathische Verhaltensweisen, Passivität, Verwahrlosung, Prostitution und andere Erscheinungsformen einer Triebhaftigkeit offen ans Licht treten, die von den darüberliegenden Sozialschichten partiell verdrängt oder zumindest mit Hilfe bestimmter Anpassungstechniken verschleiert wird. Alle diese Phänomene lösen – in unterschiedlichem Maße – eine eigentümlich widerspruchsvolle Reaktion aus. Man muß wissen, daß es diese Kontrastwelt gibt, um dadurch die Bedrohung der eigenen Sicherheit, des eigenen Selbstwertgefühls abwehren zu können.

Die psychischen Prozesse, um die es hier geht, sind aber in Wirklichkeit noch komplizierter. Das Bedürfnis, eine Gegenwelt von «Abweichenden» zur Verfügung zu haben, notfalls eine solche Welt zu schaffen, gründet sich nicht nur auf den Wunsch, diese Kontrastwelt anstarren zu können, um an sie insgeheim eigene Schwächen und Aggressionen abzutreten. Die Attraktionsbeziehung ist nur die eine Seite des Vorganges. Die andere Seite betrifft die Gegenreaktion. Die gerechtfertigte Analogie mit dem Opfervorgang besagt, daß man die Repräsentanten des Negativen, des Schwachen oder Bösen am Ende verbannt oder vernichtet. Der Sündenbock – in der Tradition des alten jüdischen Versöhnungsfestes – wird periodisch in die Wüste geschickt. Wie solche Projektionen und Dissoziationen konkret ablaufen, dazu verfügt die Psychologie über einschlägige Beobachtungen aus Kleingruppenstudien. Die Gruppendynamik und die Familienforschung zumal haben Partnerverhältnisse aufgedeckt, in denen man genau verfolgen kann, wie einem Teil in einer Gruppe allmählich die Funktion zugewiesen wird, als Versager oder als Repräsentant des «Bösen» das Gleichgewicht der übrigen zu stabilisieren. In der Familienforschung wurde unsererseits eine Variante «familiärer Symptomneurosen» beschrieben (siehe *«Patient Familie»*, 1970), die genau diesen Strukturtyp repräsentiert. Hierbei ist das eigentlich Wesentliche die Aufdeckung solcher Vorgänge, bei denen einzelne oder eine Teilgruppe aktiv dazu genötigt werden, eine bestimmte Negativität darzustellen, die ein anderer bzw. eine Bezugsgruppe benötigen, um das eigene innere Gleichgewicht zu festigen. – Am übersichtlichsten und differenziertesten lassen sich die Verhältnisse an entsprechenden Zwei-Personen-Beziehungen deutlich machen.

Hier sei in Kürze ein Beispiel zitiert, das konkret modellhaft veranschaulichen soll, wie eine derartige Dissoziation von Rollen produziert und weiterhin verlaufen kann. Der Fall wurde durch eine eingehende Psychoanalyse des einen Teils und durch nachfolgende längere Beobachtung beider Teile in ihrer Partnerbeziehung aufgeschlüsselt.

Beispiel:
Ein hoher Beamter, Leiter einer vornehmlich mit Forschung und Unterricht befaßten Anstalt, hat eine steile Karriere hinter sich. Er hat sich aus kleinen ländlichen Verhältnissen mit großer Härte und Energie hochgearbeitet. Sein Ehrgeiz ist enorm, seine Selbsteinschätzung voller Größenideen. Um ihn herum kennt er keinen, der ihm gewachsen wäre. Nur mit Geringschätzung äußert er sich über seine Umgebung. In höherem Alter verfaßt er eine kritische Arbeit über Goethes «Faust», die vor allem beweisen soll, daß ihr Verfasser (der sich als handelnde Person in einen Dialog über den Faust einbaut) ein sehr viel vollkommenerer Mensch sei als Faust. Der Mann ist an sich ziemlich rücksichtslos und impulsiv. Er ist zynisch und oft sadistisch, aber gerade so weit beherrscht, daß er mehr Einschüchterung als offenen Protest erregt. Er trinkt viel, aber nie verliert er völlig die Contenance. Hin und wieder eignet er sich

etwas an, was ihm nicht gehört. Aber erwischt wird er nie.

Er heiratet eine zwölf Jahre jüngere, ihm komplett unterlegene Frau. Es wird ein Sohn geboren, der bis in die zwanziger Jahre hinein den Vater als eine göttliche Ausnahmeerscheinung bewundert, als einen Mann, der alles weiß und kann. Der Vater andererseits duldet vom Sohn nicht den mindesten Widerspruch und verprügelt ihn, wenn dieser auch nur in Ansätzen den Impuls verrät, sich zu widersetzen. Mutter und Sohn zittern oft, wenn der Vater nur ins Blickfeld tritt. Selbst wenn er krank ist, kann man sich ohne Angst seinem Bett nicht nähern.

Nach einer kurzen Phase des Aufbegehrens, der Rauflust und jungenhafter Wildheit bis etwa zum Termin der Einschulung entwickelt sich der Sohn zu einem sanften, passiven Jungen. Obwohl den Vater fortan nur noch bewundernd, erntet er von diesem überwiegend Mißbilligung. Der Vater lähmt ihn in vielen Aktivitäten, fesselt ihn jedoch ständig an sich – und dies um so mehr nach dem frühen Tod der Mutter.

Der Sohn läßt in seinen Schulleistungen nach. Später wird er ein Schauspieler, ohne hier seine Begabung voll entfalten zu können. Der Vater kümmert sich so gut wie nicht um seine Ausbildung. Aber nach wie vor verlangt er, daß der Sohn bei ihm bleibt und als Hauptzuhörer zur Verfügung steht, wenn er von seinen Erfolgen erzählen will. Als der Sohn sich schließlich einen Traum erfüllt und sich einen Filmapparat kauft, filmt er – fast nur den Vater. Er heiratet schließlich. Der Vater warnt: Es wird schiefgehen, aber du kannst ja dann wieder zurückkommen. Und so geschieht es: Der Sohn bleibt impotent, seine Ehe wird unter demütigenden Umständen annulliert, und er zieht wieder zum Vater.

Inzwischen hat er eine Fülle von Störungen entwickelt. Er stiehlt Geld – vom Vater. Er trinkt – wie der Vater. Nur kann er seine Alkoholneigung nicht zügeln, sondern entwickelt sich zu einem schweren Quartalssäufer. Oft liegt er tagsüber apathisch im Bett, versäumt seine Proben, sogar gelegentlich seine Auftritte. Asthmaartige Anfälle von Atemnot plagen ihn (der Vater greift sich oft, wie aus Erstickungsangst, an die Kehle, hat aber keine Atembeschwerden). Eine masochistische Perversion bricht durch. Nur unter den Schlägen von Prostituierten ist dem jungen Mann eine sexuelle Befriedigung möglich. Das Trinken wird immer schlimmer, Schulden häufen sich.

In dieser Phase beginnt er eine Psychoanalyse. Darin entwickelt er bald die Phantasie, er sei nichts anderes als die minderwertige Kehrseite seines großartigen Vaters. Er bilde mit diesem eine Einheit. Infolgedessen sei er so lange nicht allein lebensfähig, als der Vater ihn niederhalte. Er träumt, daß er mit dem Vater Tennis spiele und niemals die linke Platzhälfte verlassen könne, während der Vater auf der rechten Seite spiele. Und dazu sagt er: Ich muß eben auf der linken Seite sein, damit mein Vater immer auf der rechten bleiben kann. Schließlich glaubt er, er werde sich nur befreien können, wenn er den Vater umbringe. Eines Abends zerbricht er in ohnmächtiger Wut vor den Augen des Vaters ein Weinglas in der Hand, so daß ihm das Blut durch die Finger spritzt. Der erbleichende Vater begreift die Gefahr und malt ihm in einem anschließenden Brief alle Qualen aus, die der Sohn als potentieller Mörder späterhin auszukosten haben werde. Auf dem Höhepunkt der Krise liegt eine Katastrophe in der Tat nahe. Der Sohn ist völlig in die Verwahrlosung entglitten. Seine Schulden haben sich enorm gehäuft. An den Monatsenden vertrinkt er regelmäßig sein Gehalt bis auf den letzten Pfennig. Gelegentlich stellt er sich exhibitionierend in Hauseingänge. Als Ersatz für den Vater verprügelt er im Vollrausch einen älteren Gastwirt. Die Polizei ermittelt gegen ihn, aber er entgeht immer noch gerade ernsteren Folgen.

Die ungemein schwierige Analyse soll hier nicht im einzelnen referiert werden. Zum Resultat nur so viel: Nach Phasen nahezu aussichtslos scheinender Verschlimmerungen gelingt es, den Konflikt mit dem Vater wenigstens ein Stück weit zu bearbeiten. Der Sohn stellt den Vater erstmalig in seinem Leben zur Rede und erzwingt mehrere hart geführte Auseinandersetzungen, in denen er viele seit der Kindheit aufgestapelte Vorwürfe herausläßt. Er merkt plötzlich, daß er bei diesen Kämpfen dem Vater gewachsen ist, daß der Vater unsicher wird. Da verlieren sich seine Mordimpulse. Im Verlauf der weiteren Psychoanalyse wird er allmählich sexuell potent. Das Trinken läßt fürs erste sehr stark nach. Auch beruflich stabilisiert er seine Situation einigermaßen. Die asthmaartigen Anfälle verschwinden. Als er schließlich nach einer Phase intensiver Verliebtheit heiratet, entschließt er sich, schnell auszuwandern. Seine Angst ist zu groß, der Vater könnte ihn wieder in seinen Bann ziehen und kaputtmachen wie einst. Er verwirklicht sein Vorhaben. Nach seiner Auswanderung klappt der Vater bald zusammen. Dieser entwickelt ein schleichendes Leiden, das von den Ärzten auf einen chronischen Alkoholschaden zurückgeführt wird.

Aus dem Ertrag der psychoanalytischen Arbeit, die noch viele andere hier unerörterte Aspekte enthält, sei in diesem Zusammenhang nur das Folgende resümiert: Der Vater organisiert seinen Sohn als Projektionsfeld für seine eigene latente Schwäche, Angst und Verwahrlosung. Er braucht in der Einsamkeit seines Größenwahns den Sohn als die Repräsentanz seiner «linken Seite». Indem er diesen dazu anstiftet, das auszuleben, was er bei sich selbst mühsam kontrolliert, kann er die eigenen Schwächen besser in Schach halten und verleugnen: das Stehlen (auf das er den Sohn übrigens nie angesprochen hat), das Trinken, die Erstickungsgefühle. Der Sohn muß dem Vater also dessen Suchtimpulse, dessen kriminelle Wünsche und dessen Schwäche gewissermaßen abnehmen. Beide, Vater und Sohn, bilden ein parasitäres System, in welchem jeder die Kehrseite des anderen darstellt. Nur ist der Sohn als Träger der puren Negativität schließlich derart kaputt, daß er als bloßer Schatten des Vaters nicht mehr lebensfähig ist. So versteht sich sein phantasierter Ausweg: Nur wenn ich den Vater umbringe, kann ich ein vollständiger, aktiver und potenter Mensch sein. Sonst muß ich mich fortgesetzt weiter zerstören, nur um den Vater zu stabilisieren. – Und es ist bezeichnend, daß der Vater nicht weiterkann, als sich der Sohn mit Hilfe der Psychoanalyse schließlich doch von ihm löst. Er muß das Leiden, die Schwäche sozusagen zurücknehmen, die er vorher auf den Sohn verschoben hatte.

Diese Art von Rollenbeziehung, wie sie sich hier zwischen Vater und Sohn ergibt, findet man nun eben nicht nur zwischen den Partnern einer Zweierbeziehung. Man kann sie auch zwischen einer Gruppe und einer Einzelperson oder zwischen verschiedenen Gruppen innerhalb eines gemeinsamen Systems beobachten. Die Analyse solcher Prozesse wird allerdings um so komplizierter und schwieriger, je mehr sich das soziale Feld erweitert. Man kann diese Rollenbeziehung auf eine allgemeine theoretische Formel bringen. Dann stellt sich das Verhältnis zwischen A und B (wobei A und B ebensowohl von Personen als auch von aufeinander bezogenen Gruppen repräsentiert werden können) so dar:

B wird von A genötigt, dessen negative Seite «abzunehmen». B soll also einen Aspekt darstellen, den A nur deshalb bei sich erfolgreich unterdrücken bzw. verleugnen kann, weil er ihn auf B verlagert. B wird somit zu einer Repräsentanz der negativen Identität von A.

Inhaltlich ist es nun noch von Belang, ob es bei der zu projizierenden negativen Identität eher um den Aspekt (1.) klein, schwach, krank oder eher um den Aspekt (2.) böse, soziopathisch, schuldhaft geht.

Im Falle 1 soll B den schwachen Teil von A übernehmen. A kann sich als groß, stark und gesund darstellen, solange er seine unterdrückten Ideen von Kleinheit, Ohnmacht und Krankheit in B verwirklicht findet. B ist die schwache, hilflose Kehrseite, die A durch Überkompensation verdeckt. B läßt per Kontrast A sich in seiner Großartigkeit unangefochten abheben, zugleich kann A aber heimlich ein Stück der eigenen unterdrückten Kleinheit in der symbiotischen Gemeinschaft mit B ausleben.

Im Falle 2 soll B die gefährlichen «bösen» Impulse realisieren, die A bei sich verpönt und abwehrt. Zugleich soll B als Empfänger der Strafen verfügbar sein, welche A insgeheim zu verdienen glaubt. Als Sündenbock verschafft B A also einerseits eine schuldfreie geheime Ersatzbefriedigung für die eigenen verdrängten Impulse (nämlich durch Identifizierung in der Phantasie), zum anderen kann A auf diese Weise seine quälenden Selbstbestrafungsbedürfnisse nach außen abführen.

Vielfach aber kommen beide, also die unter 1 und 2 getrennt beschriebenen Aspekte, zusammen. Dies wäre etwa bei der geschilderten Vater-Sohn-Beziehung erfüllt, insofern als der Sohn sowohl schwach wie böse sein soll, damit der Vater sein Selbstbild von Starksein und Gutsein retten kann.

Dieses allgemeine Modell, in der einen oder anderen Variante, hilft jedenfalls, den psychologischen Anteil von gewissen sozialen Vorurteilen und ihren praktischen Auswirkungen besser zu verstehen. Eine Einzelperson oder eine Gruppe repräsentieren die «negative Identität» – also den unterdrückten negativen Aspekt einer anderen Einzelperson oder Gruppe. In der Rolle einer solchen Repräsentanz wird der bzw. werden die Betreffenden zwar von der Partnerperson oder von der Partnergruppe gebraucht (daher die Attraktion), zugleich aber stets im Negativen festgehalten. A muß sich für B fortgesetzt interessieren. A muß stets wissen, daß B da ist. Aber A muß sich pausenlos gegen B abgrenzen. Diese Abgrenzung variiert je nach dem, ob B mehr die «schwache» oder mehr die «böse» Seite von A repräsentiert.

Die Ambivalenz gegenüber psychischer Krankheit, Gebrechlichkeit, Armut führt zu einem Schwanken zwischen Interesse und einfacher Abwendung bzw. aktiver Unsichtbarmachung, Isolierung. Die Ambivalenz gegenüber Dissozialität, Verwahrlosung, Delinquenz führt zu einem Schwanken zwischen Interesse und Isolierung plus Bestrafung.

Freilich, gegenüber psychischer Krankheit verraten die üblichen

Gettoisierungstechniken auch bereits eine mehr oder minder aggressive, eine bestrafende Komponente. Früher gehörten bekanntlich Züchtigungen und alle möglichen Quälereien zum offiziellen Repertoire psychiatrischer «Behandlung». Noch heute ist die Gefängnisähnlichkeit zahlreicher psychiatrischer Anstalten unverkennbar. Sadistische Schikanen und gelegentlich selbst Mißhandlungen von Patienten werden publiziert. Und der Massenmord an psychisch Kranken im Rahmen des Euthanasieprogramms der Nazis (an dem seinerzeit führende Psychiater verantwortlich mitgewirkt haben), ist ein erschreckender Beleg für diesen untergründigen aggressiven Anteil der Ambivalenz (vgl. die Dokumentation in MITSCHERLICH und MIELKE: *«Medizin ohne Menschlichkeit»*, 1960). Auch Drogenabhängigkeit ist ein Phänomen, das in der Umgebung vielfach massive Strafimpulse zu wecken pflegt. Obwohl gerade die Süchtigkeit durch krankhafte Hilflosigkeit charakterisiert ist, sieht man, wie sich gerade zur Zeit in vielen westlichen Ländern ausgeprägte Feindseligkeit gegen die weltflüchtigen Drogengruppen ausbreitet. Die Vorstellung, daß man nicht nur den Drogenhändlern, sondern auch den Drogenabhängigen vor allem mit der Polizei und Gewalt zuleibe rücken sollte, ist untergründig stark verbreitet. Und es steckt ja auch ein indirektes Bestrafungsmoment bereits in der Tatsache, daß die verantwortlichen Institutionen nur ein Minimum wirklich effizienter Therapie- und Resozialisierungsangebote für die Drogengefährdeten zur Verfügung stellen.

Der Psychoanalytiker hat nun nicht nur Gelegenheit, soziale Ausschließungsvorgänge zu analysieren, die sich modellhaft in Familien und anderen kleinen Gruppen abspielen und einzelne Personen oder Gruppenminderheiten in einen randgruppenartigen Status versetzen. Er kann die Hintergrundmotive gegenüber Randgruppen auch bei solchen Personen und Arbeitskreisen studieren, die von Berufs wegen oder aus privater Initiative heraus mit dem Randgruppenproblem in Berührung kommen. Dabei lassen sich eben immer wieder jene erörterten psychologischen Mechanismen bestätigen. Und diese Mechanismen fehlen natürlich nicht einmal bei jenen, die heute aus spontanem Drang ausziehen, um bestimmten Randgruppen zu helfen und ihr Bild in der Öffentlichkeit grundsätzlich zu revidieren. Aber davon wird noch ausführlich die Rede sein.

Zunächst indessen noch eine Überlegung zu den Bedingungen, die solche psychologischen Mechanismen fördern. Aus dem zitierten Modell ergibt sich, daß das Bedürfnis, einen als negativ bewerteten eigenen Anteil nach außen zu verlagern, um so größer wird, je intensiver die Spannung zwischen der positiven und der negativen Identität ist. Anders ausgedrückt: Je erheblicher der psychische Anteil ist, der unterdrückt werden muß, um so mehr wird die Bereitschaft forciert, sich dieses unterdrückten Anteils durch Projektion nach außen zu entledigen. Unterdrückt wird, was in krassem Widerspruch steht zu dem Leitbild der Selbstverwirklichung. Wenn dieses Leitbild stark überhöht ist und etwa so größenwahnähnliche Züge annimmt wie bei dem geschilderten Vater, dann ergibt sich der Zwang zur Abwehr der Kleinheits- und Insuffizienzgefühle eher aus der Übersteigerung des Ideals. In anderen Fällen ist das Leitbild der Selbstverwirklichung nicht überhöht, aber seine Erfüllung wird nichtsdestoweniger durch Hindernisse blockiert, so daß am Ende der gleiche Gegensatz zwischen Ideal und realem Mißerfolg herauskommt. Hier ist etwa an die Verhältnisse in den unterprivilegierten sozialen Schichten zu denken, in denen die Chancen der sozialen Entfaltung weitgehend durch gesellschaftliche Hindernisse blockiert sind. Dies erklärt zum Beispiel, warum man speziell in den unteren sozialen Schichten besondere Vorurteile gegenüber bestimmten Randgruppen, vor allem gegenüber dem Subproletariat, vorfindet. Der oberflächliche Betrachter neigt dazu, dies als eine Paradoxie anzusehen. Eigentlich sollte doch die enge soziale Nachbarschaft eher ein Bewußtsein der Verbundenheit fördern. Gerade dies wäre aber aus den hier genannten Gründen überhaupt nicht zu erwarten. In der Unterschicht wird die soziale Anpassung unter besonders belastenden Bedingungen erzwungen. Mangelnde Bildungs- und Aufstiegsmöglichkeiten, schlecht bezahlte und oft besonders entfremdete Arbeit fördern eine chronische latente Selbstunzufriedenheit. Die Gefahr des Absinkens in die Randständigkeit und Isolation ist besonders groß und erzeugt diesbezüglich besondere Furcht. Diese innere Spannung begünstigt eine Projektion auf die noch Schwächeren, auf die Randschicht der Obdachlosen, der Dissozialen, auf das Subproletariat der Gastarbeiter u. a. So ist die Intoleranz und Vorurteilsbereitschaft gegenüber den Gruppen am alleruntersten Rand der sozialen Schichtenskala notwendigerweise nirgends größer als bei den unmittelbar darüber gelagerten Schichten.

Die spezielle Projektion nach dem Sündenbock-Typ hängt wiederum in erster Linie von dem Maß an unbewältigten Schuldgefühlen ab. Je mehr die Fähigkeit der Triebkontrolle durch überhöhte Tabus überlastet wird, um so unerträglicher werden die angehäuften Selbstzweifel und desto größer die Versuchung, Teufel und Hexen als Projektionsfiguren zu suchen. Die Krimi-Sucht und die spezifische Ambivalenz gegenüber dem Randgruppenbereich der Delinquenz, der Prostitution, der «Unterwelt» schlechthin sind Symptome der bereits in vorigen Abschnitten ausführlicher behandelten moralistischen Tradition unserer Kultur. Und es wurde bereits darauf hingewiesen, daß auch dieser Faktor die unterprivilegierten sozialen Schichten deshalb besonders trifft, weil sich mit wachsendem Wohlstand die Chancen vermehren, asoziale Impulse unentdeckt, zum Teil sogar im Rahmen der Legalität auszuleben – wie zum Beispiel die praktisch ungestörte Wirtschaftskriminalität, die Bodenspekulation usw. belegen.

Beweggründe der neuen Randgruppen-Initiativen

Soziale Merkmale der Randgruppen-Arbeitskreise. Schuldgefühle als Motiv? Randgruppen-Engagement als Modewelle? These: Randgruppen-Initiativen als Ausdruck neuer antiexpansionistischer Bedürfnisse, sich selbst in der Kehrseite der Gesellschaft wiederzufinden

Um so bemerkenswerter ist es aber nun, daß sich – wie gesagt – weithin Ansätze zu einer Korrektur der Beziehung zu den Randgruppen zeigen. Und es entsteht die Frage: Wie ist es zu erklären, daß immer mehr Menschen wünschen, Brücken zu den teils isolierten, teils obendrein diskriminierten Gruppen zu schlagen und sich mit ihnen zu solidarisieren?

Der Kreis derer, von denen diese neuen Bestrebungen ausgehen, ist vorläufig – soweit sich übersehen läßt – bis auf Ausnahmen auf die Mittelschicht begrenzt. Darunter sind indessen viele Aufsteiger. Also solche, die sich noch vor kurzem selbst in der Randständigkeit befanden oder in größter Gefahr waren, in diese abzusinken. In den Initiativgruppen, die sich um psychisch Kranke und Drogengefährdete kümmern, sammeln sich nicht wenige, die selber psychisch krank oder drogenabhängig waren. Man kennt diese Beziehung bereits von den diversen bewährten Selbsthilfegruppen der Alkoholiker. Um Dissoziale und Delinquente herum bilden sich Initiativkreise, an denen sich häufig Menschen beteiligen, die ihre nahe innere Verwandtschaft zu den Problemen derjenigen anerkennen, um die sie sich kümmern wollen. Überhaupt kann man wohl generell sagen – und dies versteht sich aus den genannten psychologischen Gründen nahezu von selbst –, daß die Anerkennung einer engen inneren Beziehung, eine Art «Verwandtschaft» mit den Randgruppen eine der Voraussetzungen zu sein pflegt, denen die neuen Randgruppen-Engagements ihre Entfaltung verdanken. Aber zugleich ist die Tatsache zu berücksichtigen, daß die Bestrebungen ganz überwiegend in der Mittelschicht entspringen. Es ist also die soziale Sicherheit der Mittelschicht anscheinend ein Rückhalt, der eine partielle Solidarisierung mit Randgruppen erlaubt, ohne daß die Gefahr des eigenen Absturzes auf das Niveau derjenigen, um die man sich kümmert, allzugroß ist. In den unteren Schichten muß man statt dessen noch zu sehr um die eigene Sicherung kämpfen, als daß man sich für Randgruppen engagieren könnte. Daß gerade soziale Aufsteiger, Ex-Kranke oder Ex-Süchtige vielfach die Avantgarde der neuen Initiativen bilden, läßt auch die Mitwirkung moralischer Bedürfnisse annehmen, sich denen hilfreich zuzuwenden, die noch in dem Elend stecken, in dem oder in dessen Nähe man sich selbst befand. Ein Gefühl der Scham kann entstehen, diejenigen im Stich zu lassen, zu denen man gehörte bzw. in deren enger Nachbarschaft man sich innerlich immer noch befindet. Also sind doch Scham- und Schuldgefühle im Spiel? Wäre dies nicht ein Widerspruch zu der Theorie, daß Schuldgefühle gerade einen wesentlichen psychologischen Beitrag zur Aufrechterhaltung der alten Vorurteile und Projektionen leisten?

Hier gilt es zu differenzieren. Es hieß ja nicht, daß Schuldgefühle schlechthin, sondern daß lediglich das Übermaß solcher Schuldgefühle, die nicht bewältigt werden, eine Sündenbock-Taktik begründen. Wer fähig ist, seine Schuldgefühle zu akzeptieren, kann sich von ihnen leiten lassen, sich zu ändern und zum Beispiel reale Schuld abzutragen. Und wer wollte die große echte Schuld der bürgerlichen Gesellschaft leugnen, die in der Tatsache besteht, wie sie bislang die Randgruppen zur Entlastung von eigenen Problemen projektiv mißbraucht hat? Freilich, mit dieser Schuld sinnvoll umgehen zu können, heißt, daß Menschen nicht permanent aus Angst vor einem Übermaß fiktiver Schuld – aus anerzogenen verlogenen und überhöhten Vollkommenheitsideen – zu den geschilderten Abspaltungsmechanismen Zuflucht nehmen müssen. Voraussetzung dazu ist ein Lernprozeß, der diese überhöhten und darum falschen traditionellen Ideale auf das Niveau der menschlichen Wirklichkeit ermäßigt. Unter diesen Umständen kann man ertragen, im Grunde nicht besser zu sein als die Angehörigen jener Randgruppen, anstatt sich fortwährend auf das falsche Podest einer angeblichen Überlegenheit hinaufschwindeln zu müssen.

Und der Abbau jenes falschen überhöhten Über-Ichs wird jedenfalls erleichtert, wenn man selbst im Kreise jener Verfemten, vorurteilshaft entwerteten «Untermenschen» oder zumindest in ihrer Nähe gelebt und festgestellt hat, daß hier sogar Werte der Offenheit, der Echtheit, der Sensibilität für die Grundprobleme des Menschlichen vielfach weit eher erfüllt sind als in den Höhenlagen der angepaßten Mittelschicht oder Oberschicht.

Kürzlich stellte auf dem Kongreß der Gruppenpsychotherapeuten einer die Frage, ob es nicht vor allem Schuldgefühle seien, die heute so viele Initiativgruppen zur Arbeit mit Randgruppen bewegten. Er ließ dabei Skepsis durchblicken. So als wäre die Sache dann nicht mehr so ernst zu nehmen. In dem Sinne: Was Leute aus einer besonderen privaten Skrupulosität tun, das muß die anderen nichts angehen, die nicht von derartigen Bedenken angekränkelt sind. Die Wahrheit dürfte indessen umgekehrt so lauten: Die Unempfindlichkeit für den Randgruppen-Mißstand ist nichts anderes als die – freilich verleugnete – Angst, die objektive Schuld in Verbindung mit diesen Phänomenen zu akzeptieren.

Aber es ist sicher richtig, daß man den Wurzeln der Bewegung des modernen Randgruppen-Engagements beileibe nicht dadurch hinreichend auf die Spur kommt, daß man nur Schlüsse aus der sozialen Lage und aus einzelnen psychischen Merkmalen der daran Beteiligten zu ziehen versucht. Schließlich handelt es sich ja bereits um eine recht breite Strömung, die eine weiter ausgreifende Erklärung verlangt.

Skeptikern erscheinen freilich gerade die Breite dieser Strömung und der stürmische Aufbruch allzu plötzlich und allzu spektakulär, als daß sie überhaupt an tiefer verankerte Ursachen glauben möchten. Sie verweisen auf das rasche Auf und Ab neuer Stile. Man inszeniert sich eine Weile hippiehaft, dann nostalgisch. Die spielerische Schein-Identifikation mit dem Elend und der Kaputtheit lasse sich trefflich kommerziell auswerten: Sofort habe die Mode den Armen-Look bereit, die künstlich ausgefransten, verwaschenen Anzüge, die Jeans-Stoffe, die um so mehr kosten, je abgetragener sie aussehen. Die bislang unentdeckte Welt der Slums und der Schlangengruben-Anstalten biete halt ein noch unausgeschöpftes Reservoir von Schocker-Informationen, die man in den Medien eine Weile mit allen Tricks hysterischer Sensationsmache durchspielen werde, solange sich eben der Bedarf hochkitzeln lasse und keine neue Mode sichtbar sei, die einen Dekorationswechsel verlange.

Sicher hat die Welle der plötzlich erwachten Randgruppen-Interessen auch einen Modeaspekt. Auch noch so echte kollektive Impulse sind ja nie mehr davor sicher, als Gag, als bloß gemachte Geschmacksrichtung «verkauft» zu werden, mit dem Erfolg der oberflächlichen Pseudo-Identifizierung vieler, die den neuen Stil mitspielen wollen, solange er «in» ist. Dennoch steckt trotz manchen hysterischen Beiwerks in den vielen spontan entstandenen Randgruppen-Aktivitäten zweifellos sehr viel mehr als eine Mode-Welle. Diese Überzeugung wird wohl jedem vermittelt, der sich in diesen Arbeitskreisen umsieht und die Beweggründe für ihre Arbeit studiert.

Es bleibt hier unsere These, daß diese Tendenzen der «Solidarisierung nach unten» zu der Reihe von Indizien dafür zu zählen sind, daß sich ansatzweise neue antiexpansionistische Bedürfnisse entwickeln, die sich Gegenbilder gegen die kapitalistische Konkurrenzgesellschaft suchen. Das würde dann heißen, daß man die Kontrastwelt der Armen, der Kaputten, der Devianten nicht mehr deshalb braucht, um zu sehen, wie man nicht sein will. Sondern daß man auf diese Welt darum zugeht, weil man darin sich selbst bzw. einen wichtigen, bislang unterdrückten Aspekt des eigenen Seins wiederfinden will.

Flügelbildungen in sozialen Berufen

Soziale Psychiatrie gegen Establishment-Psychiatrie. Ähnliche Spaltungsprozesse innerhalb anderer sozialer Berufe. Klassenartige Gegensätze zwischen verschiedenen sozialen Berufen. Gefahr der Isolierung und der Entpolitisierung progressiver Modelle

In sozialen Berufen, die vom Randgruppenproblem besonders tangiert sind, deuten sich zur Zeit ähnliche Spaltungen an wie zwischen der übrigen Gesellschaft und den Randgruppen. Dies ist ein ganz typischer Vorgang, der manche Vorläufer hat. In diesen sozialen Berufen kommt es leicht dazu, daß sich ein Flügel nach unten hin mit den Klienten bzw. Patienten aus den Randgruppen solidarisiert, während der andere Flügel seinen Status eher nach oben hin absichern will und seine Distanz zu den Klienten bzw. Patienten fortlaufend erweitert. Diese beiden Flügel pflegen sich dann gegeneinander zu polarisieren und in der Zusammenarbeit mehr oder minder deutliche Schwierigkeiten zu bekommen.

Eine solche Fraktionsbildung vollzieht sich zur Zeit zum Beispiel in der Psychiatrie. Ein Teil vornehmlich jüngerer, progressiver Psychiater sammelt sich neuerdings unter dem Begriff «soziale Psychiatrie». Dies Wort hat auch noch eine zweite Bedeutung und bezeichnet einfach ein bestimmtes Aufgabengebiet der Psychiatrie, nämlich vor allem die Versorgung chronisch Kranker mit Hilfe bestimmter Dienste wie Tages-, Nachtkliniken, Patientenklubs usw. Daneben aber ist jene neue Version entstanden, die mit dem Wort soziale Psychiatrie so etwas wie eine neue Orientierung in der Psychiatrie überhaupt verbindet. In diesem Sinne verstehen sich als Sozialpsychiater jene, die ganz besonders die Zusammenhänge zwischen gesellschaftlichen Faktoren und psychischen Krankheiten betonen und die obendrein ein neues Verhältnis zwischen den in der Psychiatrie tätigen Berufsgruppen und den Patienten herzustellen suchen. Man erstrebt eine symmetrische Beziehung untereinander. Die Ärzte ziehen den weißen Kittel aus und versuchen, in den Kliniken und Anstalten therapeutische Gemeinschaften zu begründen, in denen die Kranken die Gestaltung des Betriebes mitbestimmen. Den Kranken wird also nicht nur viel mehr Freizügigkeit als bislang zugestanden, sondern sie werden dazu angehalten, ihre Therapie aktiv mitzugestalten. Die Behandlung erfolgt vornehmlich in Gruppen, in denen die Patienten eben nicht nur passiv irgendwelche Maßnahmen empfangen, sondern aktiv zusammenarbeiten. Im Personal werden untereinander die herkömmlichen hierarchischen Weisungsverhältnisse abgebaut. Ärzte, Schwestern, Sozialarbeiter, Beschäftigungstherapeuten verstehen sich in den therapeutischen Gemeinschaften als gleichberechtigte Gruppen. Die Personalgruppe im ganzen versucht ihrerseits alles zu tun, um sämtliche Entscheidungsprozesse im Betrieb in Gemeinschaft mit den Kranken zu steuern, um diesen die Möglichkeit zu geben, durch Mitverantwortung die lähmende Hörigkeit und die übliche Abstumpfung der traditionellen Patientenrolle zu überwinden, die gerade bei bestimmten psychischen Krankheiten den Heilungsprozeß schwerwiegend zu beeinträchtigen pflegen. Das Hauptmerkmal dieser Richtung von Sozialpsychiatrie besteht jedenfalls darin, daß alle in der psychiatrischen Institution mit den Kranken beschäftigten Berufsgruppen sich untereinander und mit den Patienten zu solidarisieren versuchen.

Damit vollzieht sich zumal im Konzept des Arzt-Patient-Verhältnisses eine ganz wesentliche Veränderung. Der Arzt stellt sich darauf ein, daß er nicht von sich aus unbedingt besser weiß, was dem Kranken guttut, sondern daß er von jedem Patienten ein Stück lernen kann und lernen muß, was dieser mit sich und der Gruppe der übrigen anzufangen wünscht. – Auf dieser Basis entstehen schließlich auch Klubs und Initiativkreise, die außerhalb der psychiatrischen Kliniken weiterarbeiten. Denn ein wichtiger Teil der Psychiatrie besteht ja in der Fortsetzung der Hilfe für die Kranken nach Abschluß der stationären Behandlung, wo vielen bislang die Kontakte und Stimulierungen fehlen, die sie als Schutz gegen einen Rückfall brauchen. In entsprechenden Initiativkreisen finden sich wiederum Patienten, Rekonvaleszenten, ehemalige Patienten, Sozialarbeiter, Schwestern, Ärzte und Laien zusammen, wobei alle den gleichen Status haben und miteinander entscheiden, wie die Arbeit verlaufen soll.

Dem mit diesen Problemen unvertrauten Laien mögen solche Konzepte möglicherweise phantastisch und utopistisch erscheinen. Die traditionelle Rollenverteilung zwischen Arzt und Patient und zwischen Arzt und sogenannten Heilhilfsberufen hat das Vorurteil befestigt, daß in der Medizin der Arzt allein entscheiden und alle übrigen gehorchen sollten. Der Arzt wisse alles, die Schwester ein bißchen und der Patient gar nichts. Damit erscheint die alte hierarchische Konstruktion die einzig natürliche und vernünftige. Die neuen Modelle der Sozialpsychiatrie beweisen jedoch, daß diese herkömmlichen Annahmen nicht stimmen. Oft verstehen sich geübte Pflegekräfte besser auf den Kontakt mit psychisch Kranken als ungeschickte Ärzte, und vielfach können die Patienten wesentlich besser beurteilen, welche Maßnahmen für sie geeignet sind, als die Mediziner. Aber bei diesem Konzept kommt es ja überhaupt nicht darauf an, von Fall zu Fall dem einen oder dem anderen einen Vorrang einzuräumen, sondern man stellt sich grundsätzlich darauf ein, die besten Lösungen gemeinsam herauszufinden. Jedenfalls ist der pauschale Verdacht sicher ganz ungerechtfertigt, es werde hier nur ein ideologisches Demokratisierungsspiel auf Kosten des Wohls der Patienten betrieben. Viele solcher Modelle funktionieren sehr viel besser und sind den Patienten offensichtlich wesentlich nützlicher als die Psychiatrie alten Stils.

Einige hundert Vertreter dieser neuen sozialen Psychiatrie, Ärzte, Psychologen, Sozialarbeiter, Schwestern, Pfleger treffen sich regelmäßig zu Tagungen, auf denen sie zusammen mit Patienten in Gruppen über aktuelle Themen der Psychiatrie sprechen. Ich habe selbst an einer solchen Gruppe teilgenommen, die sich das Thema gesetzt hatte: «Was ist Behandlung?» An dieser Gruppenarbeit nahmen chronisch psychisch Kranke teil, die sich bereits jahrelang in Anstaltsbehandlung befanden, also ein fast unglaublich klingendes Arrangement für eine fachliche Diskussion über ein schwieriges Thema. Am Ende waren sich alle einig: Ohne die Mitwirkung der Kranken hätte die Diskussionsrunde sicher lange nicht so gut gearbeitet. –

Man muß jedenfalls einsehen: Die Psychiatrie ist bislang viel zu sehr über die Köpfe der Patienten hinweg konzipiert worden, in einer sterilen Distanz zu den betroffenen Menschen. Und kritische Psychiater bekennen heute, daß der chronische Verfall vieler Psychotiker in früherer Zeit ein Kunstprodukt der Psychiatrie war: Die Isolation in künstlicher Passivität und Monotonie, erzeugt durch die falsche Organisation der Anstalten und durch eine falsche Einstellung der Ärzte, hat vielen Patienten mindestens soviel geschadet wie ihre Krankheit selbst. Wenn man heute in der modernen Sozialpsychiatrie darauf hinhört, wie die Kranken ihre Behandlung umgestaltet sehen möchten, so ist dies eine enorme Hilfe für das medizinische Personal, das sich von vielen fälschlich angelernten Vorurteilen über seine Rolle und seine Aufgaben freimachen muß.

Aber gegen diesen Flügel der progressiven Sozialpsychiater hat sich auf der anderen Seite die Fraktion der Verteidiger des alten Systems formiert. Hier finden sich die Nervenärzte zusammen, für die Distanz gegenüber den Patienten geradezu das kardinale Standesgebot schlechthin ist. In dieser Fraktion sammeln sich viele, die es schwer haben, von der zumal in Deutschland lange üblichen organischen Erklärung aller seelischen Krankheiten Abschied zu nehmen. Wären die Psychosen und Neurosen organisch, könnte man sie ähnlich wie die meisten Krankheiten der inneren Medizin etwa als reine körperliche Naturprozesse behandeln. Also als etwas, was nur *an* den Menschen ist und nicht als etwas, was mit der Persönlichkeit des Betroffenen unmittelbar verbunden ist. Je mehr man nur Krankheiten *an* Menschen behandelt, könnte man sie als etwas Objektives abstrahieren, und die persönliche Beziehung zu den Patienten wäre mehr so etwas wie ein vermittelnder Service ohne unmittelbare Relevanz für den therapeutischen Prozeß selbst. Voller Neid blicken noch immer zahlreiche Psychiater auf ihre Kollegen von der inneren Medizin und der Chirurgie, die sich mit isolierbaren Organschäden beschäftigen können. Und es bereitet ihnen ziemlich viel Angst, lernen zu sollen, daß man die Persönlichkeit der psychisch Kranken nicht von ihrer Krankheit sondern kann. So wie die Patienten ganz in ihrer Krankheit drinstecken, muß sich ihnen auch der Arzt ganz in dem therapeutischen Prozeß aussetzen. Aber dies eben ist schwierig, und so sind es vielfach an erster Stelle große Befürchtungen, die viele Psychiater der alten Schule daran hindern, sich mit ihren Patienten so eng persönlich einzulassen und letztlich zu solidarisieren, wie das die Avantgarde der jungen Sozialpsychiater tut. Es gehört in der Tat viel Mut und Kraft dazu, sich den psychisch Kranken innerlich vorbehaltlos zu öffnen. Gerade Schwerkranke, Schizophrene etwa, können außerordentlich beunruhigend wirken, weil sie wie kaum eine andere Gruppe fortgesetzt um die Grundprobleme der menschlichen Existenz ringen, und zwar in einer Tiefendimension, auf die sich einzulassen dem therapeutischen Partner nicht leichtfallen kann. Die eigene Stabilität kann gefährdet werden, wenn man Psychotikern zu nahe kommt und bemerkt, daß man in sich nicht gefestigt genug ist, um die Probleme auszuhalten.

Es spielt aber auch oft eine Sorge um den eigenen sozialen Status eine Rolle. Man spürt einerseits den Sog, sich den Kranken, Schwachen und Geächteten voll als Partner hinzuzugesellen. Dann müßte man sich indessen auf ihrer Seite gegen den Druck und die Widerstände seitens der

Kräfte wehren, die den Randgruppenstatus der psychisch Kranken fixieren. Diese Angst macht um so empfänglicher für den entgegengesetzten Sog, der vom Establishment ausgeht. Man besinnt sich, daß man traditionellen Rollenvorschriften unterliegt, als Stationsarzt oder Chefarzt, als Vorgesetzter gegenüber Personal und Patienten, als Beamter, als Mitglied des Ärztestandes gegenüber Laien, als Wissenschaftler gegenüber wissenschaftlich Ungebildeten, als Exponent der «Normalen» gegenüber den «Abnormen». Erfüllt man diese Rollen, genießt man am ehesten den Schutz der Vorgesetzten, der Behörde, der Standesorganisation – und auch die Billigung des größten Teils des noch unaufgeklärten und autoritätsergebenen Publikums. Durch Anpassung an die Erwartungen des Establishments kann man sich Vorrechte, Karriere, wachsendes Einkommen verschaffen. Sich dagegen nach unten hin zu solidarisieren hieße: Die Diskriminierung der Schwächsten mitzutragen und überhaupt den Druck der gesellschaftlichen Gegenkräfte mit auf sich zu nehmen, die den sozialen Randstatus der psychisch Kranken bedingen. Diese Armen und Ohnmächtigen haben schließlich weder Macht, Ansehen noch Geld zu verschenken.

Bei diesem Entweder–Oder entscheidet sich also stets ein Teil, und bislang der größere Teil der Psychiater, zugunsten der klassischen, freilich neuerdings oft oberflächlich reformistisch umfrisierten Psychiatrie. Dabei ist es der übliche Lauf der Dinge, daß der konservative Flügel gewisse Vokabeln und auch nicht allzu brisante neue Organisationsformen von den Progressiven her entlehnt, um sich jedenfalls fassadär soweit als möglich das Image der Modernität zu sichern. So ist schon, wie gesagt, das Etikett «Sozialpsychiatrie» keineswegs ein Unterscheidungsmerkmal zwischen den beiden Flügeln. Auch die Manager der Establishment-Psychiatrie lieben es, sich als Schirmherren oder gar Exponenten von Sozialpsychiatrie auszugeben und gestatten innerhalb ihrer Departments auch mitunter kleinen Gruppen von therapeutischen Gemeinschaften ein Experimentieren auf engem Raum, ohne indessen an der hierarchischen Grundstruktur ihrer Kliniken, vor allem an der eigenen Machtposition, rütteln zu lassen.

Solche Spaltungsprozesse, hier an der Psychiatrie exemplifiziert, spielen sich seit längerem auch in anderen sozialen Berufen ab, die mit Randgruppen zu tun haben, so etwa auch in der Sozialarbeit, in der Jugendarbeit, in der Heilpädagogik usw. Ein Teil verbündet sich eng mit den jeweiligen Klienten, mit den sozial schwachen Familien, geschädigten Heimkindern, mit Fürsorgeerziehungs-Jugendlichen. Es ist ihnen vordringlich wichtig, sich voll für diese Gruppen zu engagieren und Seite an Seite mit ihnen für eine Verbesserung ihrer Lage zu kämpfen. Sie üben ihre Arbeit am liebsten partnerschaftlich aus und setzen sich persönlich voll den Bedürfnissen ihrer Bezugsgruppen aus. Sie möchten alles, was sie an Arbeit tun, gemeinsam mit den Betreuten abstimmen und die Verantwortung mit diesen teilen. – Auf der Gegenseite aber entwickelt sich wiederum ein Flügel von solchen, die sich allmählich mehr und mehr von den Betreuten zurückziehen bzw. sich diesen gegenüber deutlich als Autoritäten absetzen wollen. Diese wollen ihre Aufgaben am liebsten durch organisatorische Maßnahmen und Überwachung, durch Delegation der eigentlichen persönlichen Betreuungsfunktionen an andere lösen.

Diese horizontale Gruppenspaltung verwandelt sich notwendigerweise auf die Dauer in eine vertikale. Denn der Establishment-Typ ist für relativ raschen Aufstieg disponiert. Ja er muß diesen Aufstieg gerade deshalb suchen, um sich auf Überwachungs- und Leitungsfunktionen zurückziehen zu können, die ihn vor der zu großen Nähe der Klienten oder Patienten schützen, mit denen sich solidarisieren zu müssen er fürchtet. Das heißt: In den höheren Chargen gewinnt der Establishment-Typ bald ein Übergewicht und zugleich die Macht, die fortschrittlichen Experimente der Gegengruppe in Schach zu halten. Wenn Vertreter des progressiven Flügels ebenfalls Karriere machen wollen, um ihre Richtung mit mehr Einfluß politisch vertreten zu können, geraten sie regelmäßig in verschiedenerlei Verstrickungen. Der Psychiater, der Psychotherapeut, der Sozialarbeiter, Erzieher oder dergleichen kann nicht leicht avancieren, wenn er nur vor Ort arbeitet, also unmittelbar mit den Kranken und ihren Familien, mit den sozial Schwachen, den Drogenabhängigen, den Fürsorgeerziehungs-Jugendlichen, den Heimkindern. Er muß Ämter suchen, in denen er vornehmlich zu überwachen, zu organisieren und zu managen hat. Der Kontakt mit den Klienten verdünnt sich, und eines Tages befindet sich der Betreffende, ehe er es recht gemerkt hat, in den Händen des Apparates. Und er entdeckt, daß er unversehens isoliert *über* denen steht, *mit* denen er eigentlich umgehen möchte, und daß er in die Mitverantwortung für eine Anstaltspsychiatrie, Familienfürsorge, Heimerziehung verstrickt wird, die – wie er erkennen mag – in vieler Hinsicht mehr *gegen* als *für* die Bedürfnisse der Betroffenen konzipiert ist.

Wer jetzt noch nicht gleichgeschaltet ist, wird es leicht durch die Zwänge des Apparates, die in mittleren Positionen – entgegen den ursprünglichen Erwartungen des Betreffenden – eher größer werden. Er organisiert und verwaltet an Diensten herum, die eigentlich von Grund auf innoviert werden müßten. Aber durch seine Aktivität trägt er diese Strukturen mit. Das Establishment prämiiert ihn für seine Integration, und den kritischen fortschrittlichen Kräften an der Basis wird er bald suspekt, weil sie dazu neigen, ihn mit seiner gehobenen Stellung gleichzusetzen und automatisch der Gruppe der Mächtigen zuzuordnen, gegen die sie polarisiert sind. Die Versuchung für den Betreffenden ist überaus groß, innerlich in das Establishment einzurücken und die Solidarisierung mit den Randgruppen und ihren Bundesgenossen als unerfüllbaren Traum einer romantischen Jugendphase abzutun. So geschieht eines Tages der «normale» Frontwechsel des Avancierten. Und der ehemalige engagierte Sozialpsychiater, Sozialarbeiter oder Erzieher behält nicht mehr als eine gewisse nostalgische Wehmut als Erinnerungsspur seiner früheren kritischen Basisarbeit zurück.

Diese fatale Entwicklung wird durch das durchgängige Vorurteil unterstützt, es sei der übliche Lauf der Dinge, daß der Begabte in den genannten sozialen Disziplinen seine Arbeit immer nur in jungen Jahren an der Front, in vorrückendem Alter indessen in den bürokratisierten Stäben zu verrichten habe. In Wirklichkeit ist das natürlich überhaupt kein Altersproblem. Zum Teil muß man das kausale Verhältnis sogar andersherum sehen: Das Altern wird gefördert durch den Rückzug aus dem Felde der unmittelbaren Therapie, Sozialarbeit und Erziehung. Das Avancement in den bürokratischen Hierarchien bietet zwar mehr Macht, Prestige und Geld, aber es führt zur Isolation und Erstarrung. Mit der Zunahme der Verantwortung geht – so paradox dies auch erscheint – zumeist eine faktische Einengung des Wirkungsbereiches einher. An der Basis, in den therapeutischen Gemeinschaften neuen Stils etwa oder in Initiativgruppen, gibt es noch eine offene und wirklich kreative Kooperation zwischen den verschiedenen Berufen, Laien und Klienten. Hier sitzen zum Beispiel Psychiater, Pfleger, Schwestern, Sozialarbeiter, Laienhelfer und Patienten zusammen und können in Gruppenprozessen neue Formen von Basisarbeit entwickeln. Der Aufstieg in der Hierarchie bedingt eine zunehmende Einschnürung durch die Aufsplitterung und Rivalitäten der Ressorts. Die strenge Fraktionierung der Kompetenzen führt zur Unbeweglichkeit und zum schmalspurigen

Denken. Eigentlich müßte gerade der Ältere und Erfahrenere in enger multidisziplinärer Gruppenarbeit viel Gelegenheit zu kreativem Experimentieren haben. Und er sollte die Probleme in einer ganzheitlichen Sichtweise im Verbund über die Ressortgrenzen hinweg und in ständiger Rückkoppelung mit den Betroffenen durchdenken. Statt dessen gibt es auf den mittleren und höheren Ebenen allenfalls sterile Ausschüsse, aber selten so funktionsfähige moderne Kooperationsmodelle, wie sie heute von den progressiven Kräften an der Basis entwickelt werden. Die Verkalktheit des Apparates mit den kleinkarierten Ressorttrivialitäten und der Überorganisation als Selbstzweck erschlägt jeden kreativen Gedanken für Innovationen im Randgruppenbereich. So fühlen sich Referenten, Stadträte und schließlich selbst Minister oft ineffizienter und impotenter als vor Ort arbeitende einfache Berater, Therapeuten, Pfleger, Erzieher und Laien in Initiativgruppen. Wenn die Avancierten sich genügend Sensibilität bewahrt haben, leiden sie vielfach extrem unter ihrer Absperrung von der unmittelbaren Wirklichkeit der sozialen Felder, zu denen es sie einst hinzog, als sie ihren Beruf ergriffen. So fördert die Sterilität, Enge und Starre unserer bürokratischen Hierarchien rasch ein psychisches Altwerden, das mit Verinnerlichung der anachronistischen Strukturen des Apparates Hand in Hand geht.

Es ließen sich, nebenbei bemerkt, interessante Studien darüber anstellen, wie manche in sozialen Diensten arrivierte Leute geradezu verzweifelt darum kämpfen, ihren verlorenen Kontakt zu den Klientengruppen und den experimentierfreudigen progressiven Kreisen an der Basis wiederzugewinnen, mit denen sie eigentlich viel lieber zusammenarbeiten würden als mit den Gremien, in denen sie ihr tägliches Managen und Herumorganisieren betreiben müssen. Da sieht man, wie ein höherer Sozialbeamter gewissermaßen als Hobby zusammen mit seiner Frau Kinder aus Heimen oder Obdachlosenfamilien betreut und sich somit wenigstens einen privaten Nebenweg zu dem sozialen Feld offenhält, in dem er sich am wohlsten fühlt. Der Direktor einer großen psychiatrischen Landesanstalt hat wieder als Stationsarzt eine Station, und zwar eine besonders schwierige, übernommen, nachdem er lange Zeit in seinen Direktions- und Konferenzräumen seine jungen Mitarbeiter beneidet hatte, die zusammen mit ihren Patienten und dem übrigen medizinischen Personal die geschilderten neuen Formen von therapeutischen Gemeinschaften ausprobierten. Und der Verfasser kann nicht verhehlen, daß es ein ähnliches Gefühl der Sterilität und Isolation war, das ihn dazu bewog, ausdrücklich außerhalb seines Amtes als Klinikleiter als Mitglied in eine von Studenten geleitete Obdachlosen-Initiativgruppe einzutreten.

Aber solche privaten Kompensationsversuche, für die sich viele Beispiele nennen ließen, zeigen nur die Frustration. Sie bringen noch keine Ansätze für die Änderung der Institutionen. Sie sind allesamt symptomatische Belege für den inneren Widerspruch in der Struktur der sozialen Dienste, die für den Randgruppenbereich kompetent sind. Dieser innere Widerspruch geht wesentlich tiefer als die mehr oberflächlichen Spannungsverhältnisse von jung und alt, von mehr progressiven und mehr konservativen Methoden. Hinter den hier geschilderten Spaltungen und Frontenbildungen sind die in der Gesellschaft selbst verankerten Ambivalenzen gegenüber den Randgruppen aus den früher erörterten Ursachen allenthalben wirksam.

Zunächst aber sei noch ein weiteres Spaltungsmoment nachgetragen. Bislang war von den Spaltungen *innerhalb* einer einzelnen Disziplin, also etwa innerhalb der Psychiatrie, innerhalb der Sozialarbeit die Rede. Bezeichnend sind daneben aber auch die traditionellen klassenartigen Gegensätze *zwischen* den verschiedenen Berufsgruppen. Besonders prägnant ist hier etwa die traditionelle Barriere zwischen Psychiatrie und Psychotherapie einerseits und Sozialarbeit andererseits. Was die kritische Bewegung der neuen sozialen Psychiatrie aufgedeckt hat und zu überwinden versucht, ist eine geradezu absurde Kluft zwischen diesen beiden Berufen, die von ihren Aufgaben her a priori zu solidarischem Zusammenwirken verpflichtet erscheinen. Gerade die schweren psychischen Krankheiten sind ja stets zugleich und oft sogar primär soziale Krankheiten. Sie entspringen vielfach aus einem Bündel von Störfaktoren, in denen rein psychische Konflikte mit Gruppenproblemen der verschiedensten Art, Arbeitsschwierigkeiten, wirtschaftlichen Sorgen, Schulschwierigkeiten der Kinder, Wohnungsmängeln und anderem zusammenhängen können. Gerade am unteren Ende der sozialen Schichtenskala, wo psychische Krankheiten statistisch gehäuft auftreten, überwiegen vielfach die sozioökonomischen Faktoren innerhalb des Ursachenkomplexes seelischer Störungen. Und neben ihrer Bedeutung als Krankheitsursachen spielen diese sozioökonomischen Momente eine wesentliche Rolle als Hindernisse bzw. als Bedingungen für eine Resozialisierung von seelisch Kranken während oder nach einer speziellen Fachbehandlung. Psychiater, die nur in psychologischen und organmedizinischen Denkkategorien ausgebildet sind, müßten also eigentlich überall dort sofort vehement protestieren, wo man sie der Partnerschaft der Sozialarbeiter beraubt. Und diese müßten ihrerseits natürlicherweise darauf bestehen, ihre Arbeit jedenfalls in vielen Bereichen Seite an Seite mit Psychiatern und Therapeuten zu verrichten. Aber was jedem Laien sofort einleuchtet, funktionierte lange in der Praxis überhaupt nicht und ist auch jetzt ein erst an wenigen Stellen voll gelöstes Problem. Ich kenne große psychiatrische Kliniken, die bis vor kurzem entweder überhaupt keinen oder neben dreißig Ärzten einen einzigen Sozialarbeiter beschäftigten. Sofern überhaupt Psychiater mit Sozialarbeitern kooperierten, verlief das vielfach – auch heute noch mitunter – in Form eines rein einseitigen Weisungsverhältnisses. Der Sozialarbeiter wird vom Arzt geschickt, um in den Familien psychisch Kranker nach dem Rechten zu sehen, die Rentenangelegenheiten zu ordnen, Mietprobleme zu bereinigen, Kinder in Heime einzuweisen, Sozialunterstützung zu beschaffen, Arbeitgeber zu beschwichtigen, Pflegschaften zu ordnen und dergleichen. In Wirklichkeit wäre es die Hauptaufgabe der Sozialarbeiter, zusammen mit den Therapeuten direkt mit gefährdeten oder klinikentlassenen Patienten und ihren Familien laufende Kontakte, und zwar im unmittelbaren Lebensbereich der Betroffenen, zu pflegen. Hier hätten sie selbst einen Teil der präventiven, nachsorgerischen und therapeutischen Funktionen wahrzunehmen. Sie müßten mindestens soviel Zeit wie die Psychiater selbst zur Verfügung gestellt bekommen, um mit den Klienten und deren Bezugspersonen vor Ort zu sprechen. Wobei man zu bedenken hat, daß ja nur eine kleine Zahl von seelisch Kranken – die heute so oft beschworene Spitze des Eisberges – in die Institutionen der Psychiatrie und der Psychotherapie gelangt. Bei einem großen Teil – in der Unterschicht beim größeren sogar – psychosozial gestörter Menschen führen die Schädigungen zwar zu mannigfachen sozialen Konflikten, Ausscheiden aus der Arbeit, Isolation, Verarmung, eventuell Alkoholmißbrauch, «Asozialität», nie aber zu einer spezifischen psychiatrischen Versorgung. Hier gibt es Hunderttausende von schweren «Fällen», welche die Gesellschaft – und die Psychiatrie – der Kompetenz der Sozialarbeiter überläßt, wohl wissend, daß diese gar nicht das tun können, was man von ihnen angeblich erwartet. Dazu ist ihre Zahl zu gering, ihre Ausbildung zu schlecht, ihre tarifliche Eingruppierung meist wesentlich zu niedrig; und im übrigen hindert man sie sogar aktiv an der Durchführung ihrer wichtigen Funktion, indem man sie eben von allen Seiten als Erfüllungsgehilfen in Anspruch nimmt, zum Teil als eine Art von Sozialpolizei zur Vollstreckung behördlicher Anordnungen wie Sorgerechtsregelungen, Zwangseinweisungen und zur Überwachung des sozialen Wohlverhaltens.

Also: Der Sozialarbeiter sollte eigentlich der Sozialtherapeut, der Familientherapeut der Unterschicht und der sozialen Randschicht sein. Denn niemand sonst nimmt diese Aufgaben wahr. Die Psychotherapeuten, die psychiatrischen Polikliniken, die niedergelassenen Psychiater und die meisten Erziehungs- und Familienberatungsstellen versorgen ganz überwiegend eine Mittelschicht-Klientel. Aber faktisch hindert man die Sozialarbeiter, das zu leisten, was sie tun sollen und möchten. Diejenigen, die vor Ort arbeiten, sind längst selbst zu einer sozialen Randgruppe geworden. Und es war bislang immer wieder zu beobachten, daß Psychiater und selbst Psychotherapeuten daran mitgewirkt haben, die Sozialarbeiter nach unten zu drücken, statt sich mit ihnen zu solidarisieren. Es gibt eine unsichtbare Klassenabstufung zwischen der naturwissenschaftlichen und der psychologischen Materie einerseits und der sozialökonomischen Materie andererseits. Die Medizin ist gewöhnt, die Probleme der sozialökonomischen Dimension als rein pragmatische Aufgaben niederen Ranges einzustufen und dagegen die organisch medizinischen und psychologischen Kategorien als höherwertige Bereiche von wissenschaftlicher Relevanz abzusetzen. Natürlich bildet sich darin der Klassengegensatz insofern ab, als man mit einer Wohlstands-Klientel sehr viel seltener über finanzielle Misere, Wohnungselend oder dergleichen zu sprechen hat.

Selbst auf den Status einer Randgruppe herabgedrückt, suchen viele Sozialarbeiter verzweifelt nach Auswegen. Entweder bemühen sie sich, sich irgendwie eine Zusatzausbildung psychotherapeutischer Art zu verschaffen. Dies ist eine Entwicklung, die in den USA in großer Breite stattgefunden hat. Das Resultat kann sein: Die Sozialarbeiter versuchen dann, sich in die höhere Klasse der Psychotherapeuten insofern zu integrieren, als sie künftig möglichst auch nur noch mit Mittelschicht-Klientel arbeiten wollen. Sie verlassen also ihr ursprüngliches soziales Feld, das ihrem Beruf eigentlich primär zugeordnet wäre.

Als ich kürzlich einen Politiker höheren Ranges darauf ansprach, daß man die Ausbildung und die Arbeitsbedingungen der Sozialarbeiter entschieden verbessern müßte, war sein erster Einfall: Dann wollen die nur etwas Höheres sein und etwas Feineres tun als echte Sozialarbeit. – Was in dieser Formulierung zynisch klingt, ist natürlich eine objektiv gerechtfertigte Überlegung: Solange die Politik keine wirklich durchgreifenden neuen Konzepte für die vernachlässigten sozialen Gruppen anbietet und die Randgruppen nur «unschädlich» und für die übrige Gesellschaft unsichtbar machen will, muß sie damit rechnen, daß Sozialarbeiter entweder aus diesem frustrierenden Arbeitsfeld herausdrängen – oder ausharren und sich radikalisieren. Wenn sie hinreichend sensibilisiert sind, können sie sich wahrhaftig nicht gegenüber ihren Klienten mit gutem Gewissen als gleichgeschaltete Agenten einer Ordnung präsentieren, welche diese Gruppen praktisch in ihrer Not und ihrer Isolation steckenläßt. Beide Tendenzen der Sozialarbeiter, die zum Ausbruch durch sozialen Aufstieg und die zu radikalisierter Opposition, machen gut verständlich, warum man diesen Berufsstand nicht stärken will, ja letztlich nicht stärken darf, solange man die Gettopolitik gegenüber den sozial Schwächsten so fortführen will wie bisher.

Es ist natürlich auch keine ungeschickte Strategie, unter den Berufen, die am dichtesten mit Randgruppen in Berührung kommen, Zwietracht durch künstliche Statusunterschiede zu verstärken. Dadurch vermindert man die Gefahr, daß diese Berufsgruppen sich miteinander solidarisieren und eine gemeinsame potente Opposition bilden. Der Bazillus dieser Zwietracht ist ohnehin stets in solchen sozialen Feldern vorhanden: Die Abspaltungsmechanismen, die zur Isolation und Diskriminierung der Randgruppen führen, müssen sich – aus gruppendynamischen Regeln heraus – nicht nur innerhalb der Randgruppen fortsetzen, sondern auch zersetzend und zersplitternd auf diejenigen wirken, die innerhalb des Randgruppenbereiches ihre Arbeit verrichten. Der enorm repressive Druck, dem die Randgruppen selbst unterliegen, muß auf die Psychiater, die Sozialarbeiter, die Initiativkreise zurückschlagen, die über ihre Klientel indirekt eben auch selbst davon getroffen werden. Und dies führt stets zur Versuchung, unbewußt die gleichen Mechanismen zu reproduzieren, das heißt sich gegenseitig zu diskriminieren und zu isolieren. Diese Momente verstärken die lange bekannten irrationalen Rivalitäten zwischen den diversen Berufsgruppen, ärztlichen und nichtärztlichen Psychotherapeuten, Psychotherapeuten und Psychagogen, Psychiatern und Sozialarbeitern, Familienfürsorgern vor Ort und den Sozialbeamten auf den Ämtern, den niedergelassenen Praktikern und den Angehörigen akademischer Institutionen usw.

Der zerstörerischen Wirkung solcher Mechanismen versuchen nun eben die zitierten avantgardistischen Gruppen besser zu begegnen, in denen sich die Vertreter der verschiedenen Berufe, Laienhelfer und Klienten bzw. Patienten aus den Randgruppen zusammenfinden. Das Modell der psychiatrischen bzw. soziotherapeutischen Gemeinschaften ermöglicht es, gegenseitige Vorurteile und Diskriminierungen abzubauen und zu begreifen, daß alle einander in einer prinzipiell gleichberechtigten Rolle benötigen, um gemeinsam etwas zu erreichen. Die Erfahrungen dieser Gemeinschaftsarbeit sind für alle Beteiligten meist sehr befriedigend. Frustrierte Anstaltspsychiater, verbitterte Krankenschwestern, resignierte Sozialarbeiter beginnen in diesen Gemeinschaften wieder eine neue Selbstsicherheit und den Mut zu schöpfen, daß bei ihrer Arbeit endlich mehr herauskommen könnte. Das Gefühl, die lähmenden Ressentiments untereinander überwinden und vor allem auch das anerzogene Vorgesetztenverhältnis gegenüber den Kranken und den sozial geschädigten Klienten abbauen zu können, wirkt enorm stärkend, ja oft geradezu erlösend. Man spürt, daß man hier ein Gegenmodell zur Verfügung hat, das wenigstens in sich selbst das Prinzip der Klassenhierarchie widerlegt. Aber dieser Mikro-Sozialismus, den man hier praktiziert, kann natürlich nicht den Blick dafür trüben, daß man an dieser Basis in einem relativen Freiraum operiert. Was auf der Station einer psychiatrischen Anstalt, in der Abgeschiedenheit eines Fürsorgeerziehungsheims oder eines Obdachlosengettos oder einer Drogenselbsthilfegruppe geschieht, ist zunächst deshalb möglich, weil eben diese ausgesonderten Randbereiche so etwas wie Freigehege sind, in deren Umzäunung mancherlei Absonderlichkeiten vorerst toleriert werden. Man läßt es mit einer gewissen Gelassenheit geschehen, was diese kleinen progressiven Zirkel mit ihrer wundersamen Gruppenarbeit anstellen. Im übrigen erscheint es für das Establishment ja auch nur bequem, wenn diese Zirkel durch ihre kleinen Experimente endlich mehr Befriedigung finden. Indessen müssen sich diese progressiven Gruppen immer bald die Frage stellen, wie sie nun aus der Abgeschlossenheit ihres Experimentierraums herausfinden – wobei der exemplarische Wert des Modells an sich, die Bewußtseinsveränderung der Beteiligten und die praktische Hilfe für die Betreuten natürlich nicht gering einzuschätzen sind. Aber es ist nichtsdestoweniger unbefriedigend, wenn diese Modelle nur gewissermaßen auf exklusiven Inseln gedeihen und wenn zum Beispiel durch einen vertikalen Schnitt die progressiven Sozialarbeiter, Psychiater usw. bereits innerhalb ihrer eigenen Berufsgruppen wieder abgespalten werden von denjenigen ihrer Kollegen, die sich gleichschalten lassen, in die Machtpositionen einrücken und dafür sorgen, daß das, was «unten» geschieht, eben auch «unten» bleibt, also nicht weiterwirkt auf die darüberliegenden Strukturen. Verbleiben diese Versuche in der Unbekanntheit und Abgegrenztheit der Randgruppenzonen, können sie keinen echten Modellcharakter gewinnen. Sie können nicht als Vorbilder und zugleich Keime für die Beeinflussung des gesellschaftlichen Umfeldes wirken. So besteht die Gefahr, daß man sie lediglich als geeignete Gruppenspiele zur Besänftigung der unruhigen marginalen Gruppen relativiert, so wie man sich zum Beispiel auch durchaus darüber freut, wenn heute Gefängnisaufseher und Häftlinge Spaß beim gemeinsamen Fußballspielen finden.

Natürlich wäre es eine allzu naive Hoffnung, etwa von den therapeutischen Gemeinschaften aus unmittelbar die Strukturen der gesellschaftlichen Ordnung aufbrechen zu wollen. Aber man kann beharrlich schrittweise in das soziale Umfeld vordringen, eine Solidarisierung mit ähnlichen Gruppen anstreben, partiell in den Apparat hineinwirken und die eigene Effizienz durch eine zweckmäßige Öffentlichkeitsarbeit verstärken. Diese drei Möglichkeiten näher zu untersuchen, wird die Aufgabe späterer Kapitel sein.

In der Zeit, die nach der Verfassung des Berichtes *Die Gruppe* vergangen ist, hatte ich selbst viele Möglichkeiten, in der eigenen Randgruppenarbeit und im Kontakt mit einer ganzen Reihe ähnlicher Gruppen neue Erfahrungen zu diesen Problemen zu gewinnen. Viele Diskussionen und Aktivitäten, an denen ich partizipierte, bezogen sich ausdrücklich auf die Frage: Wie können progressive Randgruppen-Initiativen den Gefahren der Selbstisolation und der Entpolitisierung entgehen? Die nachstehenden Auswertungen dieser Erfahrungen vertreten nicht den Anspruch, irgendwelche verbindlichen Rezepte zu vermitteln. Sie sollen lediglich über Beobachtungen und Diskussionsresultate informieren, aus denen man unterschiedliche Schlüsse ziehen kann und ziehen wird. Solche Differenzen hängen ja auch vor allem von den Unterschieden in den politischen Perspektiven ab, die man in der Randgruppenarbeit verfolgen kann.

Methodische Verknüpfung von Praxis, Psychoanalyse und gesellschaftlichem Lernen: das «introspektive Konzept»

Über Mißbrauch des gesellschaftlichen Argumentes, um selbstverschuldetes Versagen in der Praxis zu verschleiern. Die Versuchung für Randgruppen-Arbeitskreise, eigene Vorurteile zu verleugnen. Analyse der Vorurteile als Indizien für Schichtenbarrieren. Dadurch Revision des eigenen Standortes. Illustrierendes Beispiel

Auf dem kürzlichen Internationalen Kongreß der Gruppenpsychotherapeuten in Zürich war eine Plenumsdiskussion dem Thema Randgruppenarbeit gewidmet. Ein Arzt, der innerhalb einer Wohngemeinschaft zusammen mit Drogenabhängigen lebt und arbeitet, äußerte in der Diskussion in etwa: Er könne es nicht mehr mit anhören, wenn zum Beispiel Psychologie-Studenten ausschließlich forderten, die Gesellschaft im ganzen zu verändern. Diese Forderung komme seiner Meinung nach nur daher, daß die Psychologie-Studenten es bisher nicht probiert bzw. nicht fertiggebracht hätten, in ihrer eigenen Studiensituation etwas zu verbessern. Sie sollten doch erst in ihrem engsten Umfeld etwas durchsetzen, also irgend etwas zur Veränderung ihrer unbefriedigenden Lage an der Universität tun. Er habe jedenfalls die Erfahrung gemacht, daß die Ungeduldigsten, die stets nur theoretisch über die Umwandlung des ganzen gesellschaftlichen Systems reden wollten, in ihrem unmittelbaren persönlichen Bezugsfeld keine wirklich weiterführenden Schritte täten oder sich nach einigen zaghaften Versuchen hätten vorschnell entmutigen lassen.

Ich weiß von diesem Arzt, daß er mit seiner Frau und einigen anderen Paaren eine ebenso schwierige wie wirksame Arbeit im Zusammenleben mit Drogengefährdeten in einer Wohngemeinschaft leistet und daß diese Gruppe keineswegs etwa nur pragmatisch vor sich hin wurstelt, sondern ein sehr prägnantes Leitbild von den menschlichen Beziehungen in einer veränderten Gesellschaft hat. Er meinte beileibe nicht, daß engagierte Praxis und sehr weitgreifende Zielvorstellungen einander ausschlössen. Aber er wollte sagen, daß solche umfassenden Zielvorstellungen nicht mißbraucht werden sollten, nur um die Passivität oder

Unfähigkeit zu verschleiern, irgendwelche positiven Veränderungen im unmittelbaren persönlichen Bereich zu bewirken. Mit seiner Bemerkung hat dieser Arzt ein Problem im Kern berührt, das vielerorts anzutreffen ist. Überall begegnen Randgruppen-Initiativen der voreiligen Kritik von Leuten, die so sehr von dem theoretisch konstruierten Idealbild einer Zukunftsgesellschaft fasziniert sind, daß sie über jede Initiative nur die Nase rümpfen, die nicht direkt einer baldigen Verwirklichung dieser Utopie dient. Deshalb können sie sich auch selbst nirgends praktisch engagieren. Das macht sie immer noch unzufriedener und verstärkt unter Umständen wiederum ihre Anklammerung an die abstrakte Zukunftsidee, die ihnen psychologisch wenigstens so etwas wie einen Glaubenstrost liefert. Obendrein bilden sich manche von diesen ein, durch ihren Fernblick und den Universalismus ihrer Ideen denjenigen turmhoch überlegen zu sein, die in dieser Gesellschaft punktuell irgend etwas Praktisches machen wollen.

Das von dem Arzt angesprochene Problem kann sich auch innerhalb eines Randgruppen-Projektes so stellen, daß eine Gruppe zu sehr in die ferne Zukunft hinein theoretisiert und dabei ihre praktische Feldarbeit vernachlässigt. Man kann es als eine gesicherte Erfahrung ansehen: Therapeutische Gemeinschaften oder Initiativkreise, die mit Randgruppen irgendwelcher Art arbeiten, können in der Regel nur dann glaubwürdig und erfolgreich politisch über sich hinaus wirken, wenn sie zunächst einmal ihre unmittelbare Arbeit mit ihrer Bezugsgruppe gut machen. Sie müssen das Gefühl haben, daß sie ohne schlechtes Gewissen auf ihr Modell verweisen können. Es ist für sie wichtig zu verstehen, was sie tun, und daß sie ihre Methoden für sinnvoll halten. Wenn ihnen vieles schiefgeht, dann sollten sie sich zunächst immer genau überlegen, was sie selber falsch machen, statt vorschnell zu der pauschalen Rechtfertigung Zuflucht zu nehmen: Wir können ja nichts erreichen, weil die Gesellschaft so schlimm ist! – Auf diese Weise wird das gesellschaftliche Argument oft zur Selbsttäuschung mißbraucht. Man flieht schnell nach außen und klammert sich voreilig an den Klassenfeind, noch bevor man geduldig untersucht hat, ob und wie man etwa selbst versagt hat. Dies erweist sich als ein häufiger Fehler derartiger Gruppen, der ihre Position schnell zu schwächen geeignet ist. Denn wenn sie insgeheim fortgesetzt ein schlechtes Gewissen haben müssen, weil sie ihre Arbeit von sich aus nicht gut machen, dann befinden sie sich andauernd in einer Glashaus-Situation. Sie sind von außen her durch diejenigen spielend leicht angreifbar, die sie überzeugen wollen, und sie leiden natürlich auch unter der uneingestandenen eigenen Unglaubwürdigkeit.

Praktisch geschieht leicht folgendes: Ein Initiativkreis arbeitet zum Beispiel in einer Obdachlosen-Siedlung, bekommt aber sehr schlechten Kontakt zu den Obdachlosen. Die Gruppe ist zwar ideologisch darauf eingeschworen, sich mit dieser Randgruppe zu solidarisieren. Sie glaubt, sich dadurch bereits wesentlich von der übrigen Gesellschaft zu unterscheiden, die sich um die Randgruppen nicht kümmert oder sie diskriminiert. Aber der Initiativkreis bemerkt überhaupt nicht, daß es *eine Sache* ist, diese Solidarisierung zu bekennen, und eine *andere Sache*, diese Solidarisierung auch zu praktizieren. Damit, daß man in eine Obdachlosen-Siedlung hineingeht und mit einigen Bewohnern redet, hin und wieder schlecht besuchte Bewohner-Versammlungen abhält und einen Kreis von Obdachlosen-Kindern für Spielgruppen gewinnt, ist die Problematik der Beziehungen zwischen einer Mittelschicht-Initiativgruppe und einer Randschicht-Population in einem Obdachlosen-Getto noch nicht im mindesten gelöst.

Im ersten Enthusiasmus übersieht man zum Beispiel leicht, daß diejenigen Bewohner, mit denen man relativ leicht eine Kooperation herstellen kann, innerhalb der Siedlung unter Umständen einen besonderen Status haben. Es sind vielfach solche, die im Getto eine Art von Oberklasse bilden. Manche solche Bewohner kommen ursprünglich aus bürgerlichen Kreisen und sind erst durch Verarmung sekundär auf den jetzigen Status abgesunken. Sie können sich hier nicht mit ihrer Nachbarschaft solidarisieren und hängen sich um so leichter an einen Mittelschicht-Arbeitskreis, der ihnen die Aussicht zu eröffnen scheint, sich wieder deutlicher von der Population abzusetzen, zu der sie jetzt eigentlich gehören. Die Betreffenden sind ja Mittelschichtkontakte hinreichend gewöhnt und können sich deshalb mit ihren Verhaltensmustern gut auf diejenigen des Arbeitskreises einstellen. Der Arbeitskreis klammert sich unter Umständen dankbar an diese atypischen Mitglieder der Siedlung, schließt mit ihnen ein schnelles Bündnis und verkennt vielleicht vollständig, daß er damit indirekt die Kerngruppe der Bewohnerschaft außerordentlich frustriert. Was der Initiativkreis eigentlich anstrebt, nämlich daß sich die Bewohner von unten her fortschreitend solidarisieren, droht ihm gründlich zu mißlingen. Denn die bevorzugte Kooperation mit der atypischen «Bewohner-Elite» verschärft eher die Gegensätze innerhalb der Obdachlosen-Population auf Kosten derjenigen, die in der Siedlung ohnehin am schlechtesten dran sind.

Dieses Problem kann von einem Initiativkreis leicht übersehen werden, wenn seine Mitglieder sich zu wenig eingestehen, daß sie es meist doch sehr schwer haben, sich mit den fremdartigen und beunruhigenden Reaktionsformen der typischen Randgruppenvertreter zurechtzufinden. Nachdem sie sich alle gegenseitig gelobt haben, daß sie mit den Obdachlosen gemeinsame Sache machen wollen, erscheint es ihnen vielleicht – ganz zu Unrecht – höchst blamabel, daß ihnen manche Äußerungen und Zumutungen der Bewohner Ängste einjagen und in ihnen regelrechte Fluchtimpulse mobilisieren. Noch schlimmer scheint es zu sein, wenn man auf die Bewohner, die manche gut gemeinten Unterstützungsangebote zurückweisen, Zusagen nicht einhalten oder sonstwie die Pläne der Initiativgruppe durchkreuzen, böse wird. Aus Furcht, die Norm der absoluten Solidarität mit den Bewohnern zu verletzen, versucht man vielleicht, diese Flucht- oder Vorwurfsimpulse zu verleugnen, anstatt sich zu sagen, daß solche Konflikte zwischen einer Mittelschicht-Gruppe und einer Randschicht-Bevölkerung notwendigerweise ausbrechen müssen. Um die Gefahr solcher falschen Verleugnungsversuche abzuwenden, empfiehlt es sich, genau umgekehrt zu denken und davon auszugehen, daß solche Kontaktprobleme zwischen dem eigenen Initiativkreis und der Randgruppe notwendig sind und sehr wichtige Lernerfahrungen über die vorhandenen gesellschaftlichen Barrieren zwischen den Schichten vermitteln können.

Man kann also die Wahrnehmung und die Durcharbeitung derartiger Kontaktschwierigkeiten zu einer wichtigen methodischen Aufgabe machen. Darauf läßt sich ein Konzept gründen, das als «introspektives Konzept» bezeichnet wurde und im folgenden näher erörtert werden soll. Ich möchte dieses Prinzip an dem Vorgehen unserer Arbeitsgruppe «Eulenkopf» verdeutlichen, die in einer Obdachlosen-Siedlung arbeitet und über die in *«Die Gruppe»* bereits eine Reihe von Erfahrungen mitgeteilt wurden.

Wir sagen uns: Wenn wir in eine Obdachlosen-Siedlung hineingehen und mit den Menschen zu kooperieren versuchen, dann müssen sich – so unterstellen wir – in uns selbst und bei den Obdachlosen Einstellungen und Reaktionsweisen enthüllen, die in vieler Hinsicht repräsentativ sind für die übergreifenden Konflikte zwischen den Schichten. Denn wir können ja schließlich nicht so naiv sein zu glauben, daß allein unser soziales Engagement uns von den stereotypen Verhaltensmustern und emotionell verankerten Vorurteilen befreien könnte, die uns schichtgemäß anerzogen worden sind. Noch viel mehr müssen wir bei den Obdachlosen darauf gefaßt sein, daß sie uns zumindest längere Zeit in eine Reihe mit den diversen unverläßlichen und scheinheiligen Initiativen rücken, denen sie immer wieder seitens bürgerlicher Kreise oder Institutionen ausgesetzt worden sind. Wir werden also ihre Widerstände genauso zu spüren bekommen, wie wir in uns selbst Widerstände entdecken werden. Wenn wir nun sehr genau aufpassen und diese Schwierigkeiten zu durchschauen lernen, dann können wir hier gewissermaßen in gruppendynamischer und personalisierter Verdichtung soziologisch relevante Kräfte und Tatbestände ins Gesichtsfeld bekommen. Es gehört natürlich eine gezielte Aufmerksamkeit und einiges Training dazu, um in einer derartigen introspektiven Weise herauszufinden, was an Erfahrungen nur spezifischen Problemen in diesem singulären Modell zuzurechnen ist und was als Abbildung übergreifender soziologischer Zusammenhänge erklärt werden kann.

Die introspektive Hinwendung auf die inneren Erfahrungen der Gruppe und ihrer einzelnen Mitglieder dient also nicht dazu, das Interesse von den übergeordneten gesellschaftlichen Faktoren abzuziehen, sondern dazu, den Blick für eben diese Faktoren mittels einer gezielten Analyse der eigenen modellhaften Erfahrungen zu schärfen. Das «introspektive Konzept» soll demnach dabei behilflich sein, im Handeln ein kontinuierliches soziales Lernen zu ermöglichen. Dabei kommt es freilich darauf an, die in unserem Modellexperiment faßbar werdenden Miniaturabbildungen übergreifender sozialer und politischer Sachverhalte in Diskussionen und Literaturstudien weiterzuverfolgen. Eine andere dringende Aufgabe besteht nun darin, in der eigenen praktischen Arbeit aus den mit Hilfe des introspektiven Konzeptes gewonnenen diagnostischen Befunden Handlungsanweisungen abzuleiten.

Wenn es richtig ist, daß sich innerhalb unserer Arbeit in repräsentativer Weise relevante Konflikte zwischen uns als Mittelschichtgruppe und der Randschicht-Population abspiegeln müssen, dann werden wir unser besonderes Augenmerk auf die Chance zu richten haben, wenigstens innerhalb unseres Modells etwas an diesen Konflikten zu verändern. Dabei ist unser erstes Ziel zu erproben, ob wir überhaupt lernen können, uns so zu verhalten, daß wir von dieser Population akzeptiert werden. Das hat freilich zur Voraussetzung, daß wir erst auch bei uns schichtspezifische Erwartungen und Vorbehalte aufklären und zum Teil abbauen, die uns zunächst gewiß nur mangelhaft bewußt sind.

Unsere Initiativgruppe besteht zur Zeit aus etwa 30 Studenten, zwei Lehrerinnen, einer Sozialpädagogin und zwei Psychoanalytikern. Wir haben einen Verein gegründet, der auch alle Bewohner einschließt, die mit uns zusammenarbeiten. Die Obdachlosen-Siedlung liegt am Rande der hessischen Mittelstadt Gießen (75 000 Einwohner). In der Siedlung leben etwa 120 Familien mit 400 Kindern.

Unter freiwilliger Mitarbeit einer Gruppe von Bewohnern hatten wir einen Fernsehfilm in der Siedlung gedreht, der im Ersten Deutschen Fernsehprogramm gesendet wurde. Da die Vorführung des Films in die Ferienzeit fiel, regten die Studenten an, ihn nach den Ferien noch einmal zu demonstrieren und zusammen mit den Bewohnern kritisch zu besprechen. Die Initiativgruppe selbst hatte bereits im engeren Kreis über den Film und vor allem über dessen Schwächen diskutiert. Nun war man neugierig, wie sich die Bewohner der Siedlung äußern würden.

Der Film wurde also vorgeführt. Eine Lehrerin aus der Initiativgruppe regte als Moderatorin an, mit der Diskussion zu beginnen. Zuerst Schweigen. Ein älterer Obdachloser, Herr Schmidt, der offensichtlich leicht angetrunken war, schimpfte schließlich los: *«Ihr habt uns im Film Asoziale genannt. Das finde ich unerhört. Ich zahle meine Miete, ich habe einen Mietvertrag, ich arbeite für meine Familie. Wir sind doch keine Asozialen!»*

Ein anderer Bewohner belehrte ihn: *«Karl, du denkst nur, daß du einen richtigen Mietvertrag hast. Lies dir das Papier mal richtig durch, da steht nur deine Unterschrift darunter. Du erkennst die Bedingungen an, die die dir vorschreiben.»*

Die Lehrerin korrigierte Herrn Schmidt: *«Herr Schmidt, von uns wird in dem Film doch nie das Wort ‹Asoziale› gebraucht. Das verwenden lediglich die Bewohner der Stadt Gießen, die vor dem Kaufhaus Karstadt interviewt worden sind. Damit sollen doch nur die Vorurteile der anderen Bürger Ihnen gegenüber gezeigt werden. Wir wollen doch gerade mit diesen Vorurteilen aufräumen und beweisen, daß das Wort ‹Asoziale› nicht paßt.»*

In der Tat war in dem Film beabsichtigt worden, die Unkenntnis bzw. die negative Voreingenommenheit der bürgerlichen Bewohnerschaft, wie sie sich in den Stichproben-Interviews zeigte, scharf gegen das positive Bild der Obdachlosen-Familien selbst abzusetzen. Von Straßenpassanten fielen im Film Worte wie: «primitive Menschen», «Asoziale» usw.

Herr Schmidt daraufhin: *«Wo ist denn der Professor Richter? Ich möchte wissen, warum er uns in dem Film Asoziale nennen läßt!»*

Ich saß in diesem Moment unmittelbar neben Herrn Schmidt, der so tat, als ob er mich übersähe. Ich antwortete ähnlich wie die Lehrerin in defensiver Weise. Herr Schmidt täusche sich, wenn er uns bzw. mir diese Bezeichnung in den Mund lege. Der Film solle aber zeigen, daß andere Bürger in der Stadt immer noch nicht von dem Vorurteil losgekommen seien, hier lebten minderwertige Menschen. Mit dem Film hätten wir demonstrieren wollen, daß diese Meinung absolut unsachlich sei und daß man vielmehr diejenigen Kräfte asozial nennen müsse, die solche Mißstände hervorriefen.

Herr Schmidt: *«Mir genügt, daß das Wort ‹Asoziale› über uns in dem Film gefallen ist. Und das ist eine Gemeinheit. Ich fühle mich nicht als Asozialer, und meine Familie ist es auch nicht!»*

Ein älterer Bewohner, Mitglied des Mieterrates, pflichtete Herrn Schmidt in etwa bei. Mehrere andere Bewohner, die schon länger intensiv mit uns zusammenarbeiteten, versuchten dagegen, Herrn Schmidt zu überzeugen, daß er den Zusammenhang nicht verstanden habe: *«Das hast du nicht richtig kapiert, Karl! Der Film will den Leuten doch nicht recht geben, die da vor Karstadt den Quatsch gesagt haben!» «Von der Gruppe hier hat uns doch keiner ‹Asoziale› genannt!»*

Auch mehrere Studenten und ich selbst wiederholten den Versuch, Herrn Schmidt in diesem Sinne aufzuklären und zu beschwichtigen. Aber das reizte ihn nur noch mehr. Er polterte immer lauter. Nahezu eine Viertelstunde hindurch wiederholte er in Variationen seinen Vorwurf, er lasse sich nicht ausreden, was er gehört habe. Wir sollten ihm darüber Aufklärung geben, warum der Film diese Beschimpfung enthalte. Er wolle das nicht auf sich sitzen lassen. Dabei hämmerte er mit der Faust auf den Tisch. Als man ihm vorschlug, seine Ausführungen in den nächsten Minuten zu beenden, um auch andere Bewohner zu Wort kommen zu lassen, stoppte er nach einer Weile seinen Redefluß.

In diesem Augenblick ging eine Gruppe von jugendlichen Bewohnern aus dem Saal, leicht zögernd und unschlüssig. Ich ging ihnen nach und sprach sie vor dem Haus an. *«Was sollen wir denn noch da drin? Da reden doch nur die Alten!»* meinte einer. Und ein anderer: *«Im Grunde sind wir auf der Seite von Schmidt. Der kann zwar nur reden, wenn er einen getrunken hat. Das geht uns auch so. Schmidt sieht die Dinge so wie wir. Die paar Alten aus der Siedlung, die gegen Schmidt geredet haben, die sind ohnehin etwas Besonderes!»* Sie nannten nun zwei Bewohner, die wirtschaftlich sehr viel besser gestellt seien und die auf die Interessen der anderen in der Siedlung wenig Rücksicht nähmen. Ich ermutigte die Jugendlichen, sich wieder an der Diskussion zu beteiligen und genau das zu sagen, was sie mir eben erklärt hätten. Sie gingen tatsächlich wieder mit in den Saal. Ich setzte mich zu ihnen, um sie zum Diskutieren zu ermutigen. Kaum waren wir zurückgekehrt, hörte ich Herrn Schmidt laut in die Runde hinein sagen: *«Jetzt hat sich der Professor Richter gleich von mir weggesetzt wegen der Dinge, die ich hier gesagt habe!»*

Gelächter brach aus. Ich erklärte Herrn Schmidt, daß ich gerade von den Jugendlichen gehört hätte, daß sie seine Meinung sehr wichtig fänden. Die Jugendlichen stimmten dem bei und beteiligten sich noch eine Weile an der Diskussion. Das Thema erweiterte sich. Es ging darum, daß verschiedene Bewohner der Siedlung sehr beunruhigt darüber waren, wie kraß der Film ihren Außenseiterstatus und ihr Gettodasein herausgestellt hatte. Für diese Reaktion wurde allgemein Verständnis bekundet. Herr Schmidt fühlte sich deutlich gestärkt und erleichtert.

Auf unserer nächsten internen Sitzung der Initiativgruppe haben wir den Ertrag dieser Diskussion zu verarbeiten versucht.

Erster Gedanke: Die Diskussion war ein glatter Fehlschlag. Herr Schmidt hat die Debatte mit seinem Mißverständnis in eine Sackgasse hineinmanövriert.

Zweiter Gedanke: Wir haben die Bewohner mit unseren theoretischen Ansprüchen überfordert, wir hatten eine Diskussion wie unter gut gebildeten Bürgern erwartet und sind nun enttäuscht, daß die Bewohner dieses Niveau nicht erreicht haben.

Dritter Gedanke: Die Diskussion war gar kein Fehlschlag. Herr Schmidt und seine Sympathisanten haben uns vielmehr zwei wichtige Lehren erteilt:

Erstens haben die Obdachlosen ja recht, wenn sie sich durch unseren Film in peinlicher Weise bloßgestellt fühlen. Sie haben sich seit langem bemüht, ihren diskriminierten Sonderstatus vor sich selbst und der

Öffentlichkeit zu verleugnen. Die Mißdeutung ihrer einseitigen Unterwerfungsverträge als ordentliche Mietverträge, für die Herr Schmidt hier ein Beispiel gab, verdeutlicht diese Verleugnungstendenzen. Wenn wir den Bewohnern ihren Gettostatus klar vor Augen führen wollen, müssen wir gewärtig sein, daß ihre Wut zunächst uns trifft, weil wir ihnen die schonende Illusion nehmen. Erst schrittweise können wir erwarten, daß sie mit unserer Unterstützung stark genug werden, um sich mit ihrer Außenseiterrolle rücksichtslos zu konfrontieren und daraus Energien zu schöpfen, um sich aktiv für eine Änderung ihrer Situation einzusetzen.

Die zweite Lehre, die uns Herr Schmidt vermittelt hat, ist peinlicher und noch wichtiger. Nach dem Text des Films hatte Herr Schmidt zwar unrecht, wenn er unsere Gruppe mit den interviewten Kaufhausbürgern gewissermaßen in einen Topf warf. Dabei verwickelte er uns jedoch in ein Spiel, in welchem wir drauf und dran waren, uns genau wie jene uneinsichtigen Kaufhausbürger aufzuführen. Herr Schmidt spielte vor uns den «Asozialen». Angetrunken, scheinbar unsachlich argumentierend, brüllend, mit der Faust auf den Tisch schlagend, hinderte er uns daran, unsere so schön ausgedachte bürgerliche Diskussions-Inszenierung ordentlich ablaufen zu lassen. Er zerstörte unsere Erwartung, mit reinlichen kritischen Argumenten im Rahmen einer wohlorganisierten Debatte attackiert zu werden, wobei wir insgeheim gehofft hatten, uns ganz gut aus der Affäre ziehen zu können. Indem er uns statt dessen mit seiner endlosen Suada aus dem Konzept brachte, ärgerte er uns. Wir hätten ihn am liebsten schnell zum Schweigen gebracht. In uns kam der Wunsch hoch, ihm zu bescheinigen: du bist zu dumm, zu undiszipliniert, zu wenig nüchtern, du störst uns! Wir möchten dich deshalb von unserem Diskussionsspiel ausschließen. Konsequent war die Deutung, die Herr Schmidt für mich bereit hatte: *«Jetzt hat er sich von mir weggesetzt. Seht her, Richter macht mich zum Asozialen, er rückt von mir ab!»* –

Durch Herrn Schmidt wollten uns die Obdachlosen also zeigen: Wenn wir euch ungehemmt in unserem Stil begegnen, mit unserer radikalen Impulsivität und unserem emotionalisierten Denken, wenn wir euch unser volles Mißtrauen gegen Menschen eurer Sozialschicht brutal entgegenhalten, dann seid ihr erschreckt, dann setzt ihr euch weg, dann wollt ihr uns entweder schnell disziplinieren oder mit euren überlegenen Mitteln in die Enge treiben. Also verkriechen wir uns lieber – so, wie es die Jugendlichen in der kritischen Diskussionsphase versucht hatten.

Immerhin glaubten wir in unserer Gruppe, das Endresultat der Diskussion doch billigen zu können. Wir hatten uns ja gerade noch rechtzeitig zurücknehmen und die hintergründige positive Bedeutung der Haltung von Herrn Schmidt und seinen Anhängern verstehen können. In der nachträglichen Aussprache sagten wir uns: Es sind gerade Herr Schmidt und seinesgleichen, auf deren Angebote wir in Zukunft gleich sensibler und kooperativer eingehen müssen. –

Nach dieser Diskussion hat sich Herr Schmidt übrigens zunächst mehr engagiert, nachdem er sich vordem an den gemeinsamen Aktivitäten der Initiativgruppe nur wenig beteiligt hatte. Er kandidierte bei der nächsten Mieterratswahl und wurde auch von den Bewohnern gewählt.

Die introspektive Aufarbeitung derartiger Episoden zeigt den Mitgliedern unserer Gruppe immer wieder, wie schwer wir es haben, mit den Obdachlosen umzugehen, wenn sie uns mit den krassen, in ihrer Schicht üblichen Reaktionsmustern begegnen. Ihr stark emotionalisiertes Denken, ihr instabiles, oft kaum berechenbares Kontaktverhalten mit abrupten Wechseln von ungeduldigem Kontakthunger, von impulsiver Aggressivität und mißtrauisch resignativer Abkapselung machen uns unsicher und gelegentlich auch ambivalent. Wir fühlen uns gefährdet und ertappen uns bei der Phantasie, daß wir es bequemer fänden, wenn die Obdachlosen sich rasch unserem Mittelschicht-Kommunikationsstil angleichen würden. Statt dessen müssen wir uns aber ihr Vertrauen erst einmal dadurch erwerben, daß wir sie genauso akzeptieren, wie sie sich auf Grund ihrer mangelhaften Sozialisation benehmen. Statt formalistisch an ihrer oft unscharfen Begriffsbildung herumzudiskutieren, müssen wir viel unmittelbarer auf den eigentlichen Hintergrund ihrer Fragen und Forderungen eingehen, der sich oft leichter aus ihrer Emotionalität und ihrem Gesamtverhalten als aus ihren verbalen Formulierungen ablesen läßt.

Das, was ich hier «introspektives Konzept» genannt habe, läßt sich in allen Einzelbereichen der Gruppenarbeit mit Obdachlosen anwenden. Auf diese Weise lassen sich nicht nur Erfahrungen auf allgemeinen Bewohnerversammlungen analysieren, sondern auch die Einzel- und Gruppenarbeit mit Kindern und Jugendlichen sowie die Arbeit mit ganzen Familien. In unserer Gruppe versuchen wir, die Sensibilisierung für diese introspektive Erfahrungsverarbeitung dadurch zu fördern, daß wir eine wöchentliche Supervision für kleine Gruppen eingerichtet haben, die jeweils in einem gleichartigen Arbeitsfeld wirken. Die Supervisionierung erfolgt durch drei Mitglieder der Psychosomatischen Klinik.

Das introspektive Konzept vermittelt jedenfalls eine Reihe wichtiger allgemeiner gesellschaftsbezogener Einsichten. So können wir an Hand unserer eigenen Ängste und Aggressionen einiges über die Dynamik der Spannungen erfahren, die zwischen den sozialen Gruppen herrschen, die sich in dieser Arbeit begegnen. Wir können uns klarmachen, daß wir – ungewollt – auf Grund unserer bürgerlichen Erziehung und unserer verinnerlichten Normen der anderen Gruppe mit unangemessenen Erwartungen begegnen, welche die Randgruppe nicht erfüllen kann. Und daß die andere Seite wiederum an uns Erwartungen richtet, die wir mißverstehen. Dann zieht sich die Randgruppe von uns zurück oder rebelliert in einer uns wenig verständlichen und sehr irritierenden Weise gegen uns. Wir wiederum ertappen uns bei unkritischen Defensivtendenzen, die letztlich auf das Verlangen hinauslaufen, die Randgruppe möge sich unseren schichtspezifischen Erwartungen besser anpassen. Da wir uns fürchten oder gekränkt sind, regt sich in uns der Wunsch, uns gegen diejenigen zu schützen, für die wir eigentlich eintreten wollen. So werden Prozesse aktualisiert, die auf unserer Seite durch Tendenzen nach sozialer Ausschließung der Randgruppe, auf der anderen Seite durch ohnmächtige Rebellion oder resignative Selbstisolation gekennzeichnet sind. Und dies bedeutet, wenn auch nur im Ansatz und im Miniaturformat, eine Entlarvung von Kräften, die für die Gettoisierung von Randgruppen und für die Fixierung trennender gesellschaftlicher Vorurteile wichtig sind. Die Psychoanalyse führt hier also zu Wahrnehmungen von gesellschaftlichen Tatbeständen, für welche die persönlichen und die gruppendynamischen Reaktionen lediglich die Bedeutung von Indizien haben.

Folgerungen für den Weg der Solidarisierung mit Randgruppen

Risiken von Symbiose-Versuchen. Die Aufgabe, sich durch die sozialen Differenzen hindurch aneinander heranzuarbeiten. Das «introspektive Konzept» als Hilfe zum Abbau von Ängsten, zur besseren Einstellung auf die Bedürfnisse der Betroffenen und zur Vermeidung von Bevormundung

Für die praktische Arbeit hilft das «introspektive Konzept» in vielerlei Weise. Es entlastet den Initiativkreis von arbeitshemmenden Schuldgefühlen. Man kann mit solchen Schwierigkeiten leichter umgehen, wenn man die eigenen Unzulänglichkeiten als Ausdruck gesellschaftlicher Tatbestände verstehen kann und sich nicht als Ausdruck ganz persönlichen Versagens ankreiden muß. Und zugleich kann man infolge solcher Einsichten das eigene Projekt von illusionären Momenten reinigen und realistischer gestalten. Man sieht: die Solidarisierung mit einer Randgruppe kann nicht in einem kühnen Sprung, sondern nur in einem schrittweisen Entwicklungsprozeß vonstatten gehen. Und diese Solidarisierung kann nicht heißen, daß wir so werden wie die Randgruppe oder diese so wie wir. Sondern daß wir lernen, die Unterschiede der Sprache, des Kommunikationsstils, der emotionellen Reaktionen und vor allem auch der ökonomischen Lage als Bedingungen ernst zu nehmen, von denen aus wir uns eine Verständigung langsam erarbeiten müssen. Wir können diese Bedingungen nicht mit gutem Willen oder mit irgendwelchen gewaltsamen Fraternisierungsaktionen aus der Welt schaffen.

Dies ist freilich eine unbequeme Einsicht für solche, die von dem Enthusiasmus besessen sind, alle solidaritätshemmenden Hindernisse mit einem gehörigen Maß an Mut und Entschlossenheit wegfegen zu können. So gibt es immer wieder in solchen Arbeitskreisen Versuche, Hals über Kopf symbiotische Partnerschaften mit Randgruppenangehörigen einzugehen. Die Betreffenden lassen sich von der Phantasie leiten, durch unmittelbares Zusammenleben und sexuelle Beziehungen die gegenseitigen Vorbehalte und Ängste am schnellsten ausräumen zu können. Sie glauben auch vielfach, durch diesen totalen Einsatz ihrer Person Randgruppenmitglieder am ehesten von irgendwelchen selbstzerstörerischen Verhaltensweisen wie Sucht, Apathie, Delinquenz oder dergleichen abbringen und Depressionen oder andere psychische Störungen vertreiben zu können. Nur selten gelingen solche Unternehmungen. Und es ist immer wieder bedrückend zu sehen, wie hierbei enormer persönlicher Einsatz und bewunderungswürdiges Engagement am Ende in komplette Entmutigung umschlagen, wenn sich zeigt, daß man eben die trennenden Bedingungen vollständig verkannt hat und deshalb um so zwangsläufiger an ihnen scheitert, weil man für ihre Bearbeitung nicht gerüstet ist. Da solche symbiotischen Partnerschaften auch immer nur vereinzelt entstehen, geraten derartige Paare gegenüber den Gruppen obendrein meist in eine schwierige Sonderstellung. Sie müssen eine Art Zwitterrolle auf sich nehmen: keiner von beiden gehört mehr ganz seiner Ausgangsgruppe an, ohne sich voll auf der anderen Seite integrieren zu können. Namentlich der Teil, der aus der Randgruppe kommt, erfährt diese Belastung vielfach in besonderem Maße. Er wird ein Stück weit aus seinem bisherigen Kreis herausgelöst, aber auch seine Verbindung mit der Initiativgruppe bleibt randständig. So geraten solche Paare leicht in eine gemeinsame Isolierung von ihren ursprünglichen Gruppen, also wiederum in einen Randstatus besonderer Art. – Freilich, wenn diese Probleme rechtzeitig gesehen werden, lassen sich mitunter unheilvolle Entwicklungen in der gemeinsamen Gruppenarbeit abfangen. Und man muß vor allem eines respektieren: solche Paarbildungen entstehen ja in der Regel nicht überwiegend als theoretisch vorgeplante Experimente, sondern aus spontanen emotionellen Bedürfnissen heraus. Eine Gruppe hat jedenfalls durchaus die Chance, Isolierungsvorgängen der genannten Art gezielt entgegenzuarbeiten.

Die Bedeutung der gesellschaftlich bedingten psychischen Unterschiede, die mit Hilfe des «introspektiven Konzeptes» besser sichtbar gemacht werden können, liegt überhaupt in erster Linie darin, Ansätze zu unterstützen, an diesen Unterschieden zu *arbeiten*. Es ist nur wichtig, diese Differenzen erst einmal klar wahrzunehmen und auch als eine persönliche Hypothek in der inneren Disposition des einzelnen anzuerkennen. Die Registrierung der Tatsache mindert Ängste. Und sie hilft, realistische Zielvorstellungen zu begründen: Die durch die verschiedenartige soziale Lage, Erziehung und psychische Stabilität bzw. Labilität bedingten Differenzen des Denkens, Fühlens und Verhaltens kann man nicht einfach abschaffen. Ein aus bürgerlichen Schichten erwachsener Arbeitskreis kann sich in dieser Hinsicht seiner Besonderheiten ebensowenig entledigen wie die betreffende Randgruppe. Aber man kann und sollte versuchen, sich sozusagen durch die gegebenen Differenzen hindurch besser verständlich zu machen. Das besagt etwa für eine Initiativgruppe, die mit einer Randschichtgruppe arbeitet, daß sie ihre Aufnahmefähigkeit für die Signale des konkretistischen Denkens, der emotionellen Reaktionen und selbst des dranghaft impulsiven Agierens dieser Gruppe zu erweitern versucht. Daß der Arbeitskreis eben, wie in dem geschilderten Beispiel, lernt, den differenzierten hintergründigen Aussagegehalt von zunächst absolut irrational und chaotisch erscheinenden Ausdrucksweisen zu entschlüsseln. Das führt dann plötzlich dazu, daß man mit Herrn Schmidt und seinesgleichen reden kann. Herr Schmidt ist entlastet, weil man ihn begreift, und der Arbeitskreis ist erleichtert, wenn er sinnvolle und positive Antworten auf ein Verhalten finden kann, auf das er, solange er es nicht verstanden oder davor zuviel Angst hatte, immer nur ratlos und defensiv reagiert hatte.

Entsprechende Lernprozesse kann man mit Hilfe dieses «introspektiven Konzeptes» natürlich auch bei anderen spezifischen Randgruppen wie Drogenabhängigen, Delinquenten, psychisch Kranken vollziehen und auf diese Weise die Kontaktbasis mit den jeweiligen Bezugsgruppen erweitern.

Aber die auf diesem Wege gewonnenen Erkenntnisse helfen nicht nur bei der Annäherung an die jeweilige Randgruppe. Sie sind auch wichtig für die Bestimmung des Standortes des Arbeitskreises im Verhältnis zum weiteren sozialen Umfeld. Sobald der Arbeitskreis seine eigenen verdeckten Ängste und Abwehreinstellungen aufgedeckt hat, wird er es leichter haben, mit dem Mißtrauen und den Widerständen umzugehen, auf die er bei den politischen Institutionen und in der Öffentlichkeit allenthalben trifft. Er wird der Gefahr entgehen, allzu selbstgefällig aufzutreten und mit unkritischer Polemik viele zu verschrecken, die sich vielleicht durchaus für diese Probleme sensibilisieren lassen könnten. Die Erkenntnis der eigenen Schwierigkeiten und der emotionell verwurzelten Vorurteile kann vielmehr dazu verhelfen, die entsprechenden Befürchtungen und Defensivhaltungen der anderen besser zu verstehen und anzusprechen. Dieser Punkt wird sich noch bei der Erörterung der Zusammenarbeit mit dem Apparat und der Öffentlichkeitsarbeit als wichtig erweisen.

Wenn es einem Arbeitskreis gelingt, trotz der gegebenen sozialen Barrieren und der trennenden psychischen Mechanismen seinen Kontakt mit der Randgruppe zu festigen, so ist dies jedenfalls beileibe nicht nur ein unbedeutender Anfangsschritt, der sich nahezu von selbst versteht. Sondern dies ist bereits ein sehr wichtiger Erfolg. Der Arbeitskreis hat schon Grund, mit seiner Arbeit zufrieden zu sein, wenn er nur bereits diesem einen Ziel nahe gekommen ist. Denn ist erst einmal eine feste, tragfähige Verbindung hergestellt, dann kann man alle weiteren Ziele leichter gemeinsam mit denen verfolgen, denen man helfen will.

Es ist eigentlich eher ein Zeichen für die Unsicherheit einer Gruppe, wenn sie die Herstellung eines funktionsfähigen Kooperationsverhältnisses mit der Randgruppe gering bewertet und von vornherein immer gleich darüber hinaus denken möchte: Kooperation, natürlich, aber Kooperation wozu? Wohin wollen wir denn mit der Randgruppe? Zu welchem Ziel wollen wir sie denn fördern, heilen, erziehen? Wo wollen wir zum Beispiel mit den Obdachlosen-Familien hin? Wollen wir sie aus ihrem Getto herausführen und in die Stadt integrieren? Oder wollen wir sie erst einmal in dem Getto lassen und dort für bessere Verhältnisse und eine Stabilisierung der Menschen sorgen?

Fraglos sind diese weiterführenden Fragen wichtig und je nach der Art der Randgruppe und ihrer Lage differenziert zu klären. Aber es gibt Arbeitskreise, die sich verpflichtet fühlen, von vornherein diese Fernziele definitiv festzulegen. Die sich überhaupt erst mit «ihrer» Randgruppe praktisch in Verbindung setzen, nachdem sie in langer theoretischer Vorarbeit die Fernziele abgesteckt haben. Solche Arbeitskreise mögen sich als besonders verantwortungsbewußt und weitsichtig empfinden. Vielfach beruht die scheinbare Weitsichtigkeit indessen nur auf einer illusionären Selbstüberschätzung bzw. auf einer Geringschätzung der Randgruppe. Es ist oft ein undurchschautes Obrigkeitsdenken, wenn man, ohne die Betroffenen zu fragen, gleich über deren Köpfe hinweg entscheiden will, was für diese gut sein soll. Man macht – unbemerkt – die Randgruppe zum unmündigen Objekt einer vorgefaßten Strategie. Man hält die Betroffenen für zu dumm und sich selbst für zu schlau – und durchschaut dabei gar nicht, daß man mit diesem Ansatz bereits die Solidarität nach unten verfehlt, die man eigentlich erstrebt. Denn wenn man gleich als Vormund auftritt und den Betroffenen den Weg vorschreibt, auf dem sie sich emanzipieren sollen, dann entzieht man diesem Emanzipationsprozeß ja bereits die Bedingungen, die ihn erst ermöglichen könnten. Und der Arbeitskreis selbst gerät in die Gefahr, nach Art einer Behörde an den Betroffenen herumzumanagen und herumzuorganisieren, das heißt genau diejenige Beziehungsform zu reproduzieren, welche die Betreffenden vom Apparat her gewöhnt sind.

Statt dessen tut jeder Arbeitskreis im Randgruppenbereich gut daran, erst einmal von den Betroffenen deren Bedürfnisse und Zielvorstellungen kennenzulernen. Dabei ergibt sich zumeist jene Erfahrung, die ich von dem Psychiater-Kreis berichtete, der zusammen mit Anstaltspatienten darüber diskutierte, wie eine psychiatrische Behandlung aussehen solle. Man staunt, was gescheite Experten und Konzepttheoretiker alles von dem übersehen, was die Betroffenen selbst für wichtig halten. Da gibt es stets sehr elementare Bedürfnisse, die denjenigen, die von außen kommen, in ihrer Wichtigkeit für die Betroffenen selbst vollkommen unklar sind. Die Bewohnerschaft eines Obdachlosen-Gettos leidet zum Beispiel an zahlreichen hautnahen materiellen Schwierigkeiten, die Wohnung, Geld, Heizung, Müllabfuhr usw. betreffen. Wenn man den Leuten sagt: diese Kleinigkeiten müßt ihr allein bewältigen, wir wollen euch nur die höheren Ziele einer Lösung des Getto-Problems im ganzen nahebringen, dann werden die Betroffenen schnell denken: den Arbeitskreis interessiert nicht, was uns auf den Nägeln brennt, sondern was er mit uns machen will. Und schon ist die Basis der Kooperation gefährdet. Nur wenn der Arbeitskreis auch auf die elementarsten Bedürfnisse der Bewohner einsteigt, hat er Aussicht, als Bundesgenossen-Gruppe voll akzeptiert zu werden und damit einen Weg zu eröffnen, allmählich auch fernere Ziele zum Gegenstand gemeinsamer Erörterung zu machen.

Je mehr eine Randgruppe im Elend steckt, um so mehr denkt sie augenblicksbezogen. Wer sozial gesichert ist, ist gewöhnt, auf längere Sicht zu planen. Ein Arbeitskreis muß lernen, sich zunächst auf den engen Bedürfnishorizont der Betroffenen, auf das Jetzt und Hier einzustellen und in diesem Rahmen mitzudenken, um dann allmählich diesen Horizont gemeinsam zu erweitern. Allerdings liegen da die Verhältnisse je nach der Art der Randgruppe unterschiedlich. Im Obdachlosen-Bereich muß man in der Regel davon ausgehen, daß ein aus bürgerlichen Schichten hervorgehender Initiativkreis zunächst kaum einen blassen Schimmer hat, wie es in der Subkultur des Subproletariats wirklich zugeht. Er hat also um so mehr Grund, erst von den Betroffenen zu lernen, wie diese ihre Situation sehen und ändern wollen. Im Drogenbereich hingegen mag ein Arbeitskreis, der zum Teil aus Ex-Abhängigen besteht, von vornherein sehr viel genauer über die Probleme der Betroffenen informiert sein. Und hier wie auch bei Alkoholiker-Selbsthilfegruppen ergeben sich natürlich aus der Eigenart der Entziehungs-Schwierigkeiten ganz andere methodische Überlegungen.

Ein Arbeitskreis jedenfalls, der seine Leistungen voreilig ausschließlich auf Fernziele bezieht und seine Erfolge gleich immer nur an diesen Fernzielen mißt, wird sich damit meist chronische Enttäuschungen bereiten, die seine innere Stabilität gefährden. Aber es besteht, wie gesagt, regelmäßig auch der umgekehrte Zusammenhang: Innere Unsicherheit des Arbeitskreises kann schon der primäre Grund dafür sein, sehr schnell über die brennenden aktuellen Probleme einer Randgruppe hinaus zu denken und sich in Planspielen über Endlösungen zu verlieren. Weil man Angst vor dem ersten Schritt hat, der in der Tat so überaus schwierig ist, macht man sich lieber – zunächst unverbindliche – Gedanken über den dritten und vierten. Und konkret ist meist die unmittelbare Angst gegenüber den Betroffenen das entscheidende Hemmnis. Man merkt, daß man es unheimlich schwer hat, *mit den Betroffenen etwas gemeinsam zu machen*. Also möchte man lieber *für sie etwas machen* oder – noch ungefährlicher – nur etwas *für sie ausdenken*, was andere verwirklichen sollen. Wenn man indessen geduldig und zäh daran arbeitet, sich mit den Betroffenen über die diversen beunruhigenden Schwierigkeiten hinweg echt zu verbünden, dann pflegt das den Arbeitskreis stets allmählich zu stabilisieren und ihm zu helfen, das langsame Tempo der Fortschritte zu ertragen und auch die Klärung der ferneren Ziele und der dafür geeigneten Methoden in Ruhe zusammen mit den Betroffenen schrittweise voranzutreiben.

Solidarisierung mit anderen Arbeitskreisen – Chancen und Probleme

Um der Selbstisolierung zu entgehen, um für die eigene Arbeit zuzulernen, um anderen Arbeitskreisen zu helfen und um im politischen Felde eine größere Stoßkraft zu gewinnen, ist es für eine Gruppe wichtig, Kontakte mit anderen Initiativen aufzunehmen – und auch die betreffenden Randgruppen anzuregen, untereinander überregionale Beziehungen anzuknüpfen. Nach dem in den früheren Kapiteln Gesagten ist es freilich begreiflich, daß solche Verbindungen trotz der Gemeinsamkeit der Interessen und der Wichtigkeit des Informationsaustausches nicht so leicht herzustellen und aufrechtzuerhalten sind, wie es von der Sache her ohne weiteres plausibel erscheint. Gesellschaftliche Gegenkräfte, Rivalitätsprobleme, interne Selbstwertkonflikte der Gruppen schaffen mannigfache Hindernisse, die sich natürlich auch hier wieder auswirken und mit Geduld überwunden werden müssen.

Beispiel 1
Modell theoretischer Kooperation unter verschiedenen Randgruppen-Arbeitskreisen

Ein Randgruppen-Arbeitskreis, der noch ziemlich am Anfang seiner Tätigkeit steht, hat eine Reihe von ähnlichen Arbeitskreisen zu einer Tagung eingeladen, auf der Methoden und Ziele von Randgruppen-Initiativen besprochen werden sollen. Die anderen Kreise haben jeweils mehrere Vertreter entsandt. Man hat drei Tage zur Verfügung, um die allerseits interessierenden Fragen in Ruhe durchzudiskutieren.

Keiner will so recht den Anfang machen. Niemand möchte den Anschein erwecken, eine dominierende Rolle zu beanspruchen. Man möchte auch keinem diese Rolle geben. Die ersten Vorschläge und Diskussionsbeiträge bleiben bald wieder scheinbar unbeachtet liegen. Endlich faßt sich einer ein Herz und berichtet von Erfahrungen aus der Gruppe, die er vertritt. Er empfindet offensichtlich einige Genugtuung über die Arbeit seines Kreises, wenn er auch Schwierigkeiten nennt, mit denen man in der Gruppe zu kämpfen habe.

Es kommen ein paar Rückfragen, und dann setzt sich eine sehr kritische Stimmung durch. Verschiedene Diskussionsteilnehmer äußern sich sehr skeptisch über das Berichtete. Sie finden, daß bei dem geschilderten Kreis doch dies und das sehr problematisch sei. Der angegriffene Redner, der mit seiner Beschreibung noch gar nicht weit gediehen war, erlebt sich plötzlich mit dem Rücken an der Wand stehend. Nach ein paar Rechtfertigungsversuchen verstummt er. Er versteht zwar nicht recht, warum die anderen auf seine Angebote nicht positiv eingehen. Aber er begreift, daß er sich zu isolieren droht, wenn er sich nicht vorläufig wieder zurückzieht.

Nach einer Weile der Ratlosigkeit beginnen Mitglieder eines anderen Kreises, von sich und ihrer Arbeit zu erzählen. Es wiederholt sich der gleiche Vorgang: Man bremst sie bald durch kritische Bemerkungen ab, die sie verunsichern. Es vergehen Stunden, in denen die Diskussionsrunde unfähig ist, bestimmte Probleme an Hand der persönlichen Erfahrungen der Teilnehmer differenziert und im Zusammenhang zu untersuchen. Alle sind eigentlich brennend interessiert, einander genauer kennenzulernen, sich gegenseitig über ihre Arbeit zu informieren und voneinander zu lernen, wie man die Probleme am besten angehen könne. Aber die Spannung innerhalb des Diskussionskreises, deren Gründe man zunächst lange nicht durchschaut, verhindern jeden echten Fortschritt. Dieses Gruppenverhalten hat freilich nicht nur einen negativen Aspekt. Die Leute, die in den Randgruppen-Initiativkreisen arbeiten, sind meist von besonderer Sensibilität. Sie wollen sich erst vorsichtig aneinander herantasten, und sie verstehen eine solche Veranstaltung stets auch zugleich als eine Art von Selbsterfahrungstest. Die Qualität des Umganges miteinander, das Anwachsenlassen von Vertrauen, das Erfühlen und Beantworten der emotionellen Bedürfnisse der Teilnehmer – dies werden wichtige Aufgaben, die man neben der bloßen Sachdiskussion sehr ernst nimmt. Die Rollenverhältnisse innerhalb des Gruppenprozesses sind ein Feld, auf dem man genauso achtsam arbeitet wie in der Ebene der Sachfragen. Indessen – es ist auch ein deutlich störendes Moment im Spiel. Und schließlich empfinden es doch alle als mehr oder weniger quälend, daß man vorerst kein Diskussionsthema wirklich gründlich und differenziert zu verfolgen versteht. Im Lauf der Zeit werden drei Erklärungen für dieses Verhalten deutlich.

1. Der einladende Kreis gehört seinem Typ nach zu den früher geschilderten Modellen, die sich nur sehr zaghaft an die praktische Arbeit

mit den Betroffenen wagen, dafür aber um so gründlichere Überlegungen über die ferneren Ziele und über die allgemeinen politischen Zusammenhänge vorausschicken. Im Grunde hat dieser Kreis erhebliche Schuldgefühle, weil er noch gar nicht richtig in die Praxis eingestiegen ist. Und obwohl er vorgibt, von den anderen lernen zu wollen, wie man die Praxis bewältigen kann, hat er auf der anderen Seite – quasi zur Selbstrechtfertigung – das unbewußte Bedürfnis, den anderen ihre Praxis schlechtzumachen und die eigene theoretische Überlegenheit zu demonstrieren. Dies ist ursprünglich eine innere Ambivalenz innerhalb der einladenden Gruppe, die sie nun auf die Diskussionsgruppe überträgt. – Dann sind ein paar Teilnehmer angereist, deren eigene Initiative gescheitert ist. Sie sind mit ihrer Arbeit nicht weiter gekommen und haben sich als Gruppe aufgelöst. Diese Teilnehmer haben anscheinend gleichfalls erhebliche Schuldgefühle. Sie empfinden es gewissermaßen als Vorwurf gegen sich selbst, wenn andere etwas zuwege bringen, was ihnen mißlungen ist. Und so neigen sie aus ihren Schuldkomplexen heraus ebenfalls dazu, alle geschilderten positiven Erfahrungen erst einmal gründlich in Zweifel zu ziehen. Auch verschiedene andere in der Runde sind bislang mit den Erträgen ihrer Arbeit so wenig zufrieden, daß sie es schwer aushalten können, wenn andere den Anschein erwecken, daß bei ihnen alles ganz gut funktioniere.

2. Eines der beiden anfangs zur Diskussion versuchsweise präsentierten Modelle war das «Eulenkopf-Projekt» aus Gießen, also die Obdachlosen-Initiative, an der ich selbst beteiligt bin. Dieses Projekt hat durch das Buch *Die Gruppe* und durch den Fernsehfilm *Siedlung Eulenkopf* eine besondere und nicht nur nützliche Publizität gewonnen. – Das Projekt ist sowohl in dem Buch wie in dem Film eher als ein ermutigendes Beispiel in dem Tenor beschrieben worden: Es ist gut, eine solche Arbeit zu tun, und man kann damit auch etwas erreichen! – Die überwiegende Resonanz des allgemeinen Publikums lief nun allerdings darauf hinaus, die positiven Akzente dieses Experimentes unkritisch überzubewerten. In dem Sinne, als handele es sich bei der Eulenkopf-Arbeit nicht mehr um einen Versuch im Anfangsstadium – mit vielen Schwierigkeiten und auch Rückschlägen –, sondern bereits um ein ausgezeichnet gelungenes Unternehmen. – Über die Entstehungsweise und die Bedeutung solcher Publikumsreaktionen wird noch in dem Kapitel über Öffentlichkeitsarbeit zu sprechen sein. Hier ist jetzt nur wichtig, daß das Image des Eulenkopf-Modells eine Reihe von anderen

Gruppen belastet hat. Dazu spielt teils Neid auf die Publizität und auf gewisse Resultate eine Rolle, hinter denen manche andere Gruppen noch hinterherhinken. Teils ist aber auch eine sehr berechtigte Ungehaltenheit darüber wirksam, daß die Eulenkopf-Publikationen – wie unbeabsichtigt auch immer – die oberflächliche Meinung gefördert haben: Mittels solcher privater Initiativen sei das Obdachlosen-Problem halbwegs lösbar. Man müsse diese idealistischen Arbeitskreise nur machen lassen, dann würde es bald mit den Obdachlosen-Gettos nicht mehr so schlimm sein. Also sei keine große Beunruhigung über die Randgruppenprobleme und ihre gesellschaftlichen Hintergründe vonnöten.

Natürlich wollten die Publikationen nichts weniger als dieses Mißverständnis hervorrufen. Daß sie es dennoch wenigstens teilweise getan haben, ist zwar sicherlich weitgehend auf die Abwehrmechanismen des Publikums, andererseits indessen auch auf manche zu optimistischen Töne in den Berichten selbst zurückzuführen. Verständlich ist es also, wenn die hier zitierte Diskussionsrunde speziell den Eulenkopf-Vertretern erst einmal einen Dämpfer aufsetzen und besonders streng mit ihren Voten umgehen will. Sie erwartet, daß gerade dieser Kreis bekundet, daß er sich selbstkritisch von der Überschätzung seiner Erfolge und von der Unterschätzung der gesellschaftlich-politischen Wurzeln des Randgruppen-Problems absetzt.

3. Das Eulenkopf-Projekt ist insofern noch ein weiterer Stein des Anstoßes, als meine Person dabei über Gebühr in den Vordergrund gerückt ist. Wenn an einem solchen Projekt ein Professor beteiligt ist und wenn dieser darüber obendrein ein bekanntes Buch schreibt, dann glaubt man schwerlich, daß dieser Mann nur ein gewöhnliches Mitglied der Gruppe bzw. nur ein vermittelnder Berichterstatter ist. Sondern er erscheint der Umwelt sogleich als Kopf und Organisator des Unternehmens, zumal da der Hauptteil des Kreises von Studenten gebildet wird. Das Verhältnis von Studenten zum Professor könne ja schließlich nicht anders als ein solches von Lernenden gegenüber dem Lehrer sein. Die Bemühung in den Publikationen, dieses Vorurteil zu korrigieren, blieb weithin unbeachtet, obwohl unser Modell wirklich primär von den Studenten getragen wird, von denen ich vermutlich mehr gelernt habe als diese von mir. Immerhin ist es ganz atypisch, daß ein solcher Randgruppen-Arbeitskreis einen Psychoanalyse-Professor integriert, und unsere Gruppe hat bei zahlreichen ähnlichen Initiativkreisen immer wieder das

Mißtrauen zerstreuen müssen, als bildeten wir so etwas wie eine hierarchisch strukturierte Forschungs- und Experimentiergruppe unter meiner Führung. Das war für unseren Kreis stets eine Belastung – für mich persönlich nicht minder. Dieses Problem schwingt auch in dieser Diskussionsrunde wieder mit und trägt dazu bei, daß man weder die Eulenkopf-Vertreter noch unter diesen etwa mich in einer herausgehobenen Position zu sehen wünscht. Man muß erst das Zutrauen gewinnen, daß wir wirklich alle miteinander auf gleicher Ebene umgehen wollen.

Also: Schuldgefühle, Rivalitätskonflikte, Autoritätsprobleme machen neben verschiedenen sachlichen Gründen das Zusammenfinden beschwerlich. Andererseits ist es wichtig, die verschiedenen Konfliktmomente ernst zu nehmen, anstatt sie durch voreilige Harmonisierungsversuche zu überspielen. Wenn es schließlich gelingt, alle diese Schwierigkeiten zu verarbeiten, dann ist die Basis für eine echte und offene Kooperation späterhin viel besser, als wenn man diesen Problemen nur eilig ausweichen würde. Vor allem erweist es sich auch in der hier geschilderten Diskussionsrunde wieder einmal als äußerst wichtig, daß wir uns erst einmal quasi auf der Null-Linie treffen:

Wir stehen insgesamt vor immensen Schwierigkeiten. Wir wissen noch sehr wenig darüber, wie wir weiterkommen können. Wir sind alle unsicher, wie lange wir unsere Projekte durchhalten können. Wir haben alle Ängste und Schuldgefühle, weil wir im Verhältnis zu der großen Notlage «unserer» Randgruppen bislang nur sehr bescheidene Resultate vorzuweisen haben. Wir leiden alle unter dem Dilemma, daß die entscheidenden Hintergründe der Randgruppen-Probleme in die gesellschaftliche Dimension verweisen, auf die wir keinen großartigen Einfluß ausüben können. Und wir sind sämtlich besorgt darüber, lediglich als eine Variante von karitativen Wohlfahrtsvereinen mißdeutet und ausgenutzt zu werden und damit eher zu einer Aufschiebung statt zu einer Beschleunigung gesellschaftlicher Veränderungen beizutragen. Und wir haben uns obendrein alle permanent mit der inneren Gefahr auseinanderzusetzen, die Gleichschaltung zu akzeptieren, die man uns von außen fortgesetzt anbietet. Denn unablässig drohen zwei Möglichkeiten des Scheiterns: daß man entweder kaputtgemacht wird, wenn man zu großen Außendruck provoziert oder daß man sich zu einer voll angepaßten bürgerlichen Sozial-Institution mausert, korrumpiert durch Verhätschelungen seitens des Apparats.

Nachdem wir uns also auf dieser Null-Linie vereinigt haben, sind wir plötzlich in der Diskussion imstande, miteinander die Probleme sehr konstruktiv zu diskutieren. Auf einmal ist die Bereitschaft da, die in dem Kreis vertretenen Modelle genau und vor allem auch in ihren Vorzügen zu untersuchen. Wir empfinden uns als eine Gemeinschaft, die zusammenhalten möchte, um die großen Belastungen besser meistern zu können, denen wir alle in diesem heiklen Feld der Randgruppen-Tätigkeit ausgesetzt sind. Der weitere Ablauf auf dieser Tagung verläuft sehr zufriedenstellend.

Beispiel 2
Modell einer Zusammenarbeit von Arbeitskreisen mit Studenten, die sich engagieren wollen

Die Fachschaft der Psychologie-Studenten in Zürich will eine Wochenend-Tagung für die Studenten organisieren. In Zürich unterrichten drei Psychologie-Professoren 900 Studenten. Die Studentenvertreter in der Fachschaft haben den Eindruck, daß das Studium sehr unbefriedigend verläuft. Es werde vornehmlich ein hoch abstrakter Unterricht geboten: philosophische Phänomenologie und Metapsychologie nehmen einen breiten Raum ein. Der Bezug zur Praxis kommt nach dem Eindruck der Studenten zu kurz. Obendrein bewirkt der Massenunterricht, bedingt durch die zu geringe Dozentenzahl, eine Abstumpfung und Erschlaffung unter den Studierenden – so sehen es jedenfalls die Vertreter der Fachschaft. Und so wollen sie in der selbstorganisierten Tagung das Problem behandeln: Wie können sich Psychologie-Studenten aktivieren? Wo gibt es für sie Möglichkeiten, sich sozial einzusetzen und dabei ihre psychologischen Kenntnisse zu verwerten? Wie können sie zu diesem Zweck Gruppen bilden? Wo gibt es Initiativgruppen, denen sie sich anschließen können? Natürlich soll die Tagung auch als Anlaß dienen, sich kritisch mit der Studiensituation am Ort auseinanderzusetzen.

Vertreter der studentischen Fachschaft kommen zu einem Vorgespräch nach Gießen. Sie knüpfen Kontakt an mit der Initiativgruppe Eulenkopf und Vertretern einer Kinderladen-Gruppe. Von mir erwarten sie auf der Tagung einen Beitrag über Psychoanalyse und Initiativgruppenarbeit, weil sie – wie sie sagen – in ihrem Studium viel zu wenig von Psychoanalyse zu hören bekommen. Die Züricher entwickeln nun zusammen mit Vertretern von schweizerischen Initiativgruppen und mit den Studenten aus der Gießener Eulenkopf-Gruppe einen Organisationsplan für das Wochenende. Es wird beschlossen, die etwa 200 Teilnehmer in 10 Gruppen à 20 Mitglieder 1½ Tage für sich arbeiten zu lassen. Vorher wollen die Fachschaft und die Vertreter verschiedener Randgruppen-Projekte nur eine kurze Einführung in die Problemstellung und einige Informationen über ihre Arbeit geben. Die Tagung soll durch eine Plenumsdiskussion abgeschlossen werden.

Es gelingt den Studenten, Vertreter sehr unterschiedlicher interessanter Randgruppen-Projekte und anderer Initiativen für die Teilnahme zu gewinnen, die sich zu Beginn der Tagung mit ihrer Arbeit vorstellen. Eine Selbsthilfe-Gruppe von Jugendlichen für Jugendliche schildert ihre Erfahrungen und Schwierigkeiten. Ein Wohnkollektiv mit Drogenabhängigen vermittelt einen sehr eindrucksvollen Überblick über sein Konzept und die Intensität seiner Arbeit. Der Leiter der Abteilung für Sozialpsychiatrie an der Universität vertieft vor allem den Einblick in die Initiativen auf dem Drogensektor. Eine Initiativ-Gruppe von Züricher Homosexuellen erläutert die Vorteile für Homosexuelle, sich offiziell zusammenzuschließen, um dadurch ihre Isolation zu überwinden und sich gemeinsam gegen ihre Diskriminierung zu wehren. Aus Gießen erzählt ein Mediziner von Kinderladen-Arbeit, und ein Psychologie-Student erläutert die Ansätze und bisherigen Resultate des Obdachlosen-Projektes Eulenkopf. Eine Studentin der Züricher Fachschaft versucht dem Plenum deutlich zu machen, wie das Bedürfnis zu dieser Tagung entstanden sei. Man studiere an dieser Universität jahrelang eine theoretische Psychologie, jeder isoliert für sich und isoliert von den brennenden sozialen Problemen, in die doch viele einzudringen wünschten. Die Frage sei, welche Auswege man aus diesem Dilemma finden könne und welche Möglichkeiten dabei etwa die Psychoanalyse und die Randgruppen-Arbeit bieten könnten.

Ich versuche, auf diesen Widerspruch zwischen den Bedürfnissen der Psychologie-Studenten und ihren Studienerfahrungen noch etwas näher einzugehen und auch die Psychoanalyse in diesen Problemkreis einzubeziehen. So etwa lauten meine Thesen: In der Regel ist es ein Hauptmotiv der Psychologie-Studenten, sich durch vertieftes Verständnis einen besseren Zugang zu anderen Menschen und deren psychosozialen Problemen bahnen zu wollen. Sehr häufig ist obendrein ein Bedürfnis vorhanden, vor allem seelisch gestörten und sozial geschädigten Menschen zu helfen. Daneben oder – besser – im Zusammenhang mit diesen Motiven spielt der Wunsch eine Rolle, Klärendes und Hilfreiches zu den eigenen inneren Schwierigkeiten zu erfahren. Die Psychologie wird als eine Möglichkeit gesucht, eine gewisse Therapie für sich selbst mit einem Engagement für andere, die psychologischer Unterstützung bedürfen, zu verbinden. Unter den anderen, denen man sich zuwenden möchte, finden die isolierten und diskriminierten Randgruppen wohl deswegen ein steigendes Interesse, weil heutzutage eine fortschreitende Sensibilisierung dazu beiträgt, den Horizont des sozialen Verantwortungsgefühls auf Außenseiter-Gruppen auszudehnen, bzw. auf solche Gruppen, die durch gesellschaftliche und politische Vorgänge künstlich in einen Außenseiterstatus versetzt worden sind.

Aber dann begegnet der Student einer akademischen Psychologie, die seine introspektiven und therapeutischen Bedürfnisse eher bremst. Er hört eine Menge von Leistungspsychologie naturwissenschaftlicher Prägung, von Statistik, Testtheorie und experimenteller Forschung, so als ob er zu einem rein theoretischen Wissenschaftler ausgebildet werden solle. Woher seine inneren Schwierigkeiten rühren und wie er besser mit den seelischen Problemen anderer umgehen könnte, schließlich auch, wie sich psychische Probleme im Zusammenhang mit gesellschaftlichen Faktoren entwickeln und in Verbindung mit diesen Faktoren angegangen werden könnten, dazu erfährt er – jedenfalls an zahlreichen Universitätsinstituten der Psychologie – kaum etwas.

So erlebt er, daß in der Psychologie selbst Gegenkräfte wirken, die ihn von seinen brennenden inneren Konflikten ebenso wie von den übergreifenden psychosozialen Konflikten, die ihn beunruhigen, eher ablenken und seine Verdrängungen zu verstärken suchen. Und das Studium ist meist so perfekt von diesen Gegenkräften her geprägt – mittels einschlägiger Lehrpläne und Prüfungsstoffe –, daß engagierte Studenten vielfach eben aus der Universität herausdrängen, um ihre ursprünglichen Bedürfnisse anderswo befriedigen zu können. So gelangen sie vor allem auch in jene Randgruppenbereiche, in die der Apparat mit seinen Gegenkräften jedenfalls nicht mehr unmittelbar organisatorisch und kontrollierend hineinreicht, indem er diese Bereiche einfach ausgegliedert und abgeschrieben hat. Das sind also die brachliegenden Areale der Obdachlosigkeit, der Drogengruppen, bestimmter Subkulturen von «ausgestiegenen» Jugendlichen, gewisser Gastarbeitersiedlungen usw. Hier können Studenten Probleme studieren, die ihnen wichtig erscheinen und von denen sie sich bislang abgesperrt fühlen. Sie können sich zugleich im Umgang mit diesen Problemen selbst besser kennenlernen. Und sie erhalten speziell am Beispiel dieser diskriminierten Randgruppen profunde Einblicke in die Wechselbeziehungen zwischen psychischen Schäden und gesellschaftlichen Mechanismen.

Diese Mechanismen tragen dazu bei, daß eben nicht nur die Psychologie bislang diese Randgruppen-Probleme verdrängt, sondern auch – in wechselndem Grade – die übrigen Sozialwissenschaften. Schließlich ist selbst die Psychoanalyse hier nicht auszunehmen. Denn die lange Zeit ausschließlich angebotene Methode der klassischen Einzelanalyse hatte die Psychoanalyse vorübergehend von den sozialen Gruppen abgegrenzt, die diesem anspruchsvollen Verfahren weder von der Bildung noch von den sozialen und ökonomischen Voraussetzungen her entsprachen. Ich muß verständlich machen, daß ich mich auf der Tagung zwar einerseits als Psychoanalytiker-Person präsentiere, zugleich aber auch als mitverantwortlicher und zugleich frustrierter Agent einer keineswegs optimal funktionierenden klinischen Einrichtung. Denn unsere Klinik hat als solche kein befriedigendes Modell zur Versorgung der Unterschicht und der sozialen Randschicht entwickelt. Die im Apparat wirkenden Gegenkräfte haben mich in meiner Rolle gespalten. Als Repräsentant der Universitätsklinik, festverlötet mit den Organisationsformen und der konservativen Ideologie der Medizin, fühle ich mich ähnlich insuffizient und isoliert gegenüber den Randgruppen – deren psychosoziale Schäden zumeist nicht einmal als psychotherapiewürdige Krankheiten von den Versicherungen anerkannt werden – wie meine Kollegen in ähnlichen Kliniken und Instituten. So mußte ich mir eben als Privatperson – ebenso wie eine psychoanalytische Mitarbeiterin – einen Zugang zu der Obdachlosenarbeit über unsere studentische Initiativgruppe bahnen. Hier können wir eine Reihe von Bedingungen erfüllen, die sich von der Klinik aus nicht verwirklichen lassen. Von der Klinik aus darf ich zum Beispiel nicht offiziell in die Stadt gehen, um Menschen draußen zu behandeln. Dieses Recht haben nur niedergelassene praktizierende Mediziner. Die Population eines Obdachlosen-Gettos muß aber in ihrer Siedlung versorgt werden, denn die Menschen suchen aus Mißtrauen und Scham meist keine Kliniken auf, auch wenn es ihnen schlecht geht. Von der Klinik aus könnten wir aus Mangel einschlägiger Stellen kein multidisziplinäres Team zusammenstellen. Wir haben zum Beispiel keine Sozialpädagogen und keine Pädagogen, die unbedingt in der Gettoarbeit mitwirken müssen. Von oben her sind alle sozialen Dienste lediglich für spezifische Kompetenzbereiche organisiert, entweder nur für Therapie oder nur für Erziehungsberatung oder nur für Kindergartenarbeit oder nur für Jugendarbeit oder nur für Familienfürsorge. Die Bürokratie kennt keine Möglichkeiten, alle diese Kompetenzen zusammenzulegen, wie es aber in der Gettoarbeit erforderlich wäre. Schließlich stellt der Apparat neben einer völlig unzureichenden Sozialarbeit überhaupt keine Dienste zur Verfügung, die der Population mit medizinischen, psychologischen, heilpädagogischen Hilfsangeboten hinterherlaufen. Abgesehen von Impfzwang und Schulzwang verlangt er von den Bürgern, daß sie sich selbst als Patienten, als Beratungsklienten, als Betreuungsbedürftige organisieren und sich auf die Wartelisten der einschlägigen Institutionen setzen. Eine Randgruppe, die zu diesem Verhalten nicht fähig ist, wird eben nicht entsprechend bedient. Nur diejenigen also, die wenigstens einen mittleren Grad von Anpassung erreicht haben, werden versorgt. Die gänzlich Unangepaßten und Kaputten bleiben draußen. Und so ist eben auch unsere Klinik paradoxerweise außerstande, in den Sektor präventiv und therapeutisch wirksam einzudringen, der es am meisten nötig hätte.

Damit kann ich an meiner Person das Versagen der institutionalisierten Psychologie den Studenten besonders deutlich machen, indem ich nämlich als Klinikleiter und Professor aus der eigenen Institution ausscheren muß, um innerhalb eines freien Initiativkreises Möglichkeiten für eine Arbeit zu finden, die im Augenblick eben nur außerhalb des Apparats und gegen die in diesem verwurzelten Widerstände modellhaft entwickelt werden kann.

Nach diesen Einführungen verteilen sich die Studenten und die Vertreter der anwesenden Arbeitskreise auf zehn Arbeitsgruppen, die in ihrer Themenwahl frei sind und 1 1/2 Tage Zeit zum Diskutieren haben. In der Gruppe, in die ich selbst hineingehe, kommen in typischer Weise drei Themenkomplexe spontan zum Vorschein, deren Zusammenhang ersichtlich wird:

1. Da ist das Bedürfnis von einzelnen, sich über ihre eigenen Gefühle und Motive klar zu werden und dabei Hilfe von anderen zu erhalten.
2. Dann ist der Wunsch deutlich, sich miteinander als Gruppe zu verwirklichen. Schon nach der Hälfte der Arbeitszeit bildet sich eine unsichtbare Verbindung, die bewirkt, daß man nicht mehr gern aus der

Gruppe herausgeht und daß man sich tangiert fühlt, wenn der eine oder andere noch nicht richtig einbezogen ist. Da wird es wichtig, daß nacheinander alle aktiv an dem Diskussionsprozeß partizipieren. Man bleibt am liebsten zu den Mahlzeiten zusammen. Und man reagiert sensibilisiert, wenn plötzlich einer wegbleibt, ohne daß man zu diesem eine besondere individuelle Beziehung verspürt hätte. In diesem Zusammenhang wird ausführlich darüber gesprochen, wie sich etwa in Wohngemeinschaften das Bedürfnis verwirklichen läßt, gruppenweise zusammenzuleben.

3. Schließlich ist man neugierig darauf, wie Randgruppen-Arbeit genau aussieht und was sich damit erreichen läßt. In unserer Gruppe werden vor allem zwei Teilnehmer genau ausgefragt, von denen der eine, ein Lehrer, zusammen mit anderen Lehrern in Gastarbeiter-Familien arbeitet, während der andere als Arzt mit seiner Frau und einigen anderen Ehepaaren in einer Kommune zusammen mit Drogengefährdeten lebt. Beide Projekte werden von der Gruppe genauer untersucht. Und es kommt ein Punkt, an welchem wir in der Gruppe unzufrieden sind, daß wir hier nur endlos unter uns reden. Plötzlich schlägt einer vor, wir sollten hinausgehen und Leute auf der Straße ansprechen, ihnen bestimmte Fragen stellen und den Ertrag nachher gemeinsam verarbeiten. Darin zeigt sich etwas von dem Impuls, daß man in der Gruppe nicht nur gemeinsame Selbstbefriedigung betreiben, sondern irgendeine soziale Aufgabe draußen erfüllen möchte. Aber wir lernen noch etwas anderes. Der Vorschlag, nach draußen zu gehen, kommt in einem Augenblick, als wir in der Gruppe gerade eine ungelöste Spannung haben. Also: es gibt einerseits ein «echtes» Bedürfnis, sich nach außen zu wenden, andere anzusprechen und irgendeine sinnvolle Aufgabe im sozialen Umfeld anzupacken. Man muß aber darauf achten, daß dieses Bedürfnis auseinander gehalten wird von Tendenzen, vor unbewältigten Konflikten in der eigenen Gruppe davonzulaufen. So könnten eben auch Randgruppen-Aktivitäten dazu mißbraucht werden, den Teilnehmern nur eine Entlastung von eigenen Problemen zu verschaffen, was die Qualität der sozialen Arbeit schwerwiegend beeinträchtigen müßte.

Durch unseren modellhaften Gruppenprozeß wird freilich deutlich, daß alle drei Motivationsebenen zusammengehören. Das Bedürfnis, etwas für sich selbst zu tun, das Bedürfnis, sich als Gruppe zunächst im eigenen Bereich zusammenzufinden und zu entfalten, und schließlich das Bedürfnis, aus der Enge des gemeinsamen Kreises Brücken nach draußen zu schlagen. Und es wird zugleich sichtbar, daß dieser Drang nach draußen auch damit zu tun hat, daß man die Isolation innerhalb einer relativ homogenen Akademikergruppe fürchtet. Man interessiert sich für Randgruppen, die ganz anders sind und Hilfe gebrauchen können. Man will diese aus einer Isolation befreien, von der man sich in anderer Art selbst bedroht fühlt. Und an diesem Punkt stößt man in den Diskussionen auf die Barrieren, welche die gesellschaftliche Ordnung der Kooperation zwischen den heterogenen Gruppen entgegenstellt.

Es ist charakteristisch, daß in der abschließenden Plenumsdiskussion aller Arbeitsgruppen die Motivationsebenen 1 und 2 zunächst wieder untergehen, denn hier sind die Strukturen der Kleingruppen aufgelöst, die das intime vertrauensfördernde Klima für eine Analyse der Innenwelt der einzelnen und der Arbeitskreise geliefert hatten. Jetzt, unter 200 Leuten, treten die gesellschaftlichen und politischen Fragen hart und kontrovers in den Vordergrund. Und es zeigt sich, daß die Sensibilisierung in den letzten beiden Tagen die Erkenntnis besonders schmerzlich macht, daß die gesellschaftlichen Zwänge, wie sie sich etwa in der lebensfernen Organisation des Psychologie-Studiums und in der Aussperrung der Randgruppen niederschlagen, eine Erfüllung der auf der Tagung aktualisierten Bedürfnisse sehr erschweren. Es kommt zum Beispiel der Vorschlag, man sollte vielleicht doch nur das politische System direkt angreifen. Aber die große Mehrheit hält am Ertrag der Tagung fest, daß politisch bewußte praktische Arbeit an der Basis im Rahmen von spontanen Gruppen sinnvoll und wichtig sei.

Es ergibt sich noch ein Anlaß, der dem Plenum dazu verhilft, sich in seiner politischen Verantwortung zu bestätigen: In der Stadt Winterthur droht ein progressiver Schulversuch an behördlichen Widerständen zu scheitern. Das Plenum faßt eine Resolution, welche die Weiterführung dieses wichtigen neuartigen Schulexperimentes fordert.

Bei der Erarbeitung dieser Resolution vollbringt das Plenum noch nebenbei eine fällige Leistung. Man hatte meinen Namen – entgegen meinen Vorstellungen – auf dem Tagungsprogramm in Großdruck herausgestellt. Außerdem war auf der Einladung notiert worden: «Von den Teilnehmern wird verlangt, daß sie ‹Die Gruppe› von Richter gelesen haben.» So hatte man mich, wie dann die Züricher *Weltwoche* schrieb, als «Galionsfigur und Lockvogel» aufgebaut und mit Stimulierung passiver Erwartungen in eine schwierige Autoritätsrolle versetzt. Aus dieser Rolle hatte mich die 1½tägige Kleingruppen-Arbeit vorläufig befreit. Aber bezeichnenderweise gerät das Plenum nach Art vieler Großgruppen zunächst doch wieder in die Versuchung, entgegen dem in den Kleingruppen abgelaufenen Emanzipationsprozeß eine Spaltung in ein eher passives Publikum und einzelne dominierende Wortführer vorzunehmen. Man zitiert mein Buch, attackiert mich von einer, verteidigt mich von einer anderen Seite und drängt mich durch Stellungnahmen, die man mir abfordert, erneut in die Nähe der ursprünglichen Autoritätsrolle. Diese paßt aber nun zu dem erreichten Fortschritt der Tagung überhaupt nicht mehr. Es gibt eine Möglichkeit, sich mit diesem Problem auseinanderzusetzen:

Die Plenumsdiskussion wird zweimal durch Vorlesungen der Entwürfe für die Resolution wegen des Schulexperimentes in Winterthur unterbrochen. Der erste Entwurf wird etwa mit der Formel eingeleitet: «Die Tagung über Studenten-Initiativgruppen und Psychoanalyse in Zürich von ... bis ... mit Professor Richter protestiert dagegen...» Während der Plenumsdiskussion überarbeitet ein Ausschuß den Text und schlägt schließlich am Ende des Plenums eine neue Version vor. Der Sprecher des Ausschusses empfiehlt nunmehr – unter allgemeiner Zustimmung –, auf die Nennung meines Namens zu verzichten. Und dies ist sicher symptomatisch für die erreichte Stufe des Prozesses: Man muß sich nicht mehr mit Hilfe einer Autorität absichern. Die Gruppe fühlt sich genügend mündig und stark, allein zu handeln, sich zu exponieren und die Autoritätsfigur von ihrem Podest herunterzuholen.

Die Studentenveranstaltung hat einem mehrfachen Zweck gedient. Sie hat zunächst – so kann man hoffen – vielen Studenten geholfen, sich genauer über ihre Lage und über die inneren Widersprüche ihres Psychologie-Studiums klar zu werden. Sie dürfte ihnen in Verbindung mit den Gruppenerlebnissen vermittelt haben, wie man sich engagieren kann, um aus der Rolle eines bloß passiven Empfängers zum Teil recht steriler Lehrangebote herauszufinden und selbst etwas Praktisches mit anderen Menschen zu tun, was unmittelbar mit der Identität eines Psychologen zusammenhängt. Und sie vermochten sich in den Kleingruppen, auf die sich die Vertreter der einzelnen Randgruppen-Projekte verteilt hatten, eingehend über sehr unterschiedliche Formen von Randgruppen-Arbeit und deren jeweilige Bedingungen zu informieren. Einzelne Kleingruppen haben gleich noch auf der Tagung beschlossen, ihre Verbindung aufrechtzuerhalten und einen weiteren Informationsaustausch zu pflegen.

Die mitwirkenden Initiativgruppen haben ihrerseits viel von der Chance profitiert, sich gegenseitig kennenzulernen und ihre Erfahrungen zu vergleichen. Es zeigt sich, daß die Art der Randgruppe jeweils unterschiedliche Methoden erfordert. Es ist zum Beispiel für unseren im Obdachlosen-Bereich arbeitenden Kreis sehr interessant zu erfahren, wie anders man zum Beispiel mit Drogengefährdeten oder mit Gastarbeiter-Familien umgehen muß und welche spezifischen Probleme eine Selbstorganisation von Homosexuellen zu bearbeiten hat. Andererseits ist es eine jedesmal wieder zu bestätigende Erfahrung, daß neben mancherlei Differenzen wesentliche Gemeinsamkeiten bestehen in der Strukturierung der Gruppen, in den Außenkonflikten usw., so daß man viel voneinander lernen kann. Die Studenten unserer Eulenkopf-Gruppe, die zum Teil als Moderatoren für Kleingruppen in Zürich tätig waren, haben sich darin üben können, die Diskussion einer unbekannten Gruppe zu strukturieren und zugleich die Erfahrungen mit dem eigenen Projekt kritisch überprüfen zu lassen. Solche Zusammenkünfte helfen jedem Arbeitskreis ein Stück weiter zu begreifen, wo er eigentlich steht und was er anders machen sollte. Natürlich ist daneben auch die Genugtuung wichtig, wenn man einiges Wertvolles vorweisen kann, was anderen zur besseren Bewältigung ihrer Probleme zu dienen vermag.

Beispiel 3
Modell einer Kooperation zweier Initiativgruppen in politischer Öffentlichkeitsarbeit

Die Jungsozialisten in Karlsruhe verfügen seit 2½ Jahren über einen «Arbeitskreis soziale Randgruppen». Sie bitten um Mitwirkung bei einer öffentlichen Veranstaltung, auf der sie die Probleme der Obdachlosigkeit in Karlsruhe zusammen mit Bewohnern und den verantwortlichen Kommunalpolitikern diskutieren wollen. Der Einladungsbrief enthält folgende Informationen:

«Es gibt hier 480 Wohneinheiten in Einfachausführung, teilweise Holz- und Steinbaracken. In ihnen leben 2600 Mitbürger. In den letzten sechs Monaten beginnen sich Erfolge abzuzeichnen: Übernahme unserer Forderungen durch die SPD, Gemeinderatsbeschluß auf Erstellung

eines Rehabilitationsprogramms für soziale Randgruppen in Karlsruhe und Bildung eines Fachausschusses, dazu häufigere Berichterstattung in der einzigen hiesigen Tageszeitung und Diskussion zum Thema der sozialen Randgruppen im Südwestfunk.

Wir konnten erreichen, daß die Stadt mit uns eine Sozial-, Lern- und Versammlungsstube in einer der Siedlungen einrichtet, in der wir zu arbeiten beginnen, und wir kämpfen zäh um die Zusammenarbeit mit anderen Gruppen, vorwiegend denen der Verbände. Weiter versuchen wir im engeren Arbeitskreis den bescheidenen Ansatz einer Selbsterfahrungsgruppe...»

«*Fazit: Wir sind auch dem Ziel einer Öffentlichkeitsarbeit mit Resonanz ein Stück nähergekommen, erleben aber gleichzeitig leider, daß man unsere Arbeit von seiten des Verbandes, der in der größten Karlsruher Getto-Siedlung arbeitet, mit der Begründung, wir seien politisch (nicht zu politisch, sondern einfach politisch – und außerdem Laien) ablehnt. – Wir wollen nun eine Mitgliederversammlung zu dieser Thematik einberufen, um die Diskussion in der Bevölkerung, in den Ämtern, in den Verbänden und in der Presse aufrechtzuerhalten...»*

Wir diskutieren die Einladung in unserem Gießener Eulenkopf-Kreis und beschließen, bei der geplanten Veranstaltung mitzuwirken, da wir die Ziele der Karlsruher Gruppe und die Absicht der Versammlung voll bejahen.

Man hat für die Versammlung einen Gasthaus-Saal gemietet, der ein paar hundert Leute faßt. Aber der Besuch übertrifft bei weitem die Erwartungen. Alle müssen dicht gedrängt stehen. Viele finden keinen Zutritt mehr. Es ist qualvoll unbequem. Aber die Atmosphäre paßt zu dem Problem Obdachlosigkeit. Die Assoziation der überfüllten Wohnungen der kinderreichen Obdachlosen-Familien liegt nahe, und es zeigt sich später, daß es manchen Getto-Bewohnern in diesen Umständen nicht so schwerfällt, heftig mitzudiskutieren (als makabres Gegenstück habe ich einmal die Vorführung und Diskussion unseres Fernsehfilms über Obdachlosen-Arbeit inmitten des Prunks eines Luxushotels empfunden).

Verabredungsgemäß mache ich ein paar kurze einleitende Ausführungen zum Thema «Asoziale der Gesellschaft oder asoziale Gesellschaft?» In Stichworten versuche ich, einige politische und sozialpsychologische Hauptbedingungen der Entstehung und Aufrechterhaltung von Obdachlosen-Gettos zu skizzieren. Ich versuche unter anderem deutlich zu machen, warum die verarmte, resignierende Randschicht unter wirtschaftlichen Gesichtspunkten als unnützer Ballast abgeschrieben wird, warum sich die bürgerliche Konkurrenzgesellschaft in ihren Normen durch die Verhaltensweisen der sozial Schwachen bedroht sieht – so daß selbst große Teile der Sozialdemokratischen Partei der bürgerlichen Antipathie gegen Randgruppen aus wahltaktischen Gründen Rechnung tragen zu müssen glauben. – Meine knappen Bemerkungen dienen aber nur der Einstimmung. Ich versuche, die Erwartung jenes Publikumsteils zu durchkreuzen, der von mir eine verwissenschaftlichte, objektivierende Darstellung des Problems erwartet, die sich in der Art üblicher Bildungsinformationen konsumieren ließe. Ich will ausdrücklich provozieren.

Im übrigen ist uns Gießenern – mehrere der Gruppe Eulenkopf greifen anschließend in die Diskussion mit ein – klar, daß wir und ich zumal hier nur eine Nebenrolle spielen sollten. Wichtig war ein einigermaßen bekannter Name, um den Saal füllen zu helfen. Die Unterstützung von auswärts nützt der Gruppe, in der eigenen Stadt mehr Beachtung zu finden und ernster genommen zu werden. Gewöhnung und die am Ort immer wirkenden Rivalitäten führen allzuleicht zu einer Entwertung eines Projektes im Bewußtsein der eigenen Stadt. Das ist eine Erfahrung, die wir auch in Gießen machen. Das macht solche überregionalen wechselseitigen Kooperationen besonders wichtig.

Es entspinnt sich trotz des – oder zum Teil eben auch gerade wegen des – entsetzlichen Gedränges im Saal eine enorm dichte und den konkreten Problemen zugewendete Diskussion. Die Jusos, regellos im Saal verteilt, stellen den politischen Vertretern der Stadt eine brisante Frage nach der anderen. Andere Bürger und vor allem auch Vertreter der Obdachlosen mischen sich mutig in die Diskussion mit ein. Die angesprochenen Stadtvertreter, ebenfalls irgendwo in der Masse verstreut, müssen Farbe bekennen. Sie geraten in ein ziemlich heftiges Kreuzfeuer. Dennoch sinkt die Diskussion nicht zu einer diffusen, primitiven Polemik ab. Man untersucht doch einzelne konkrete Mißstände und Änderungsmöglichkeiten genauer. Den Politikern werden einige verbindliche Stellungnahmen und Zusagen abgenötigt. Sie können auch nicht umhin, direkt auf kritische Vorhaltungen der Obdachlosen selbst einzugehen.

Dabei besinne ich mich freilich auf die Erfahrung an manchen Orten, daß Behörden sehr wohl die Möglichkeit haben, solche bei einer öffentlichen Veranstaltung unbehelligt aufmuckenden Randgruppenvertreter später gezielt mit allen möglichen bürokratisch verschleierten Schikanen wieder niederzudrücken. Ich bringe den Punkt auf. Man beteuert von amtlicher Seite, daß derartige Gepflogenheiten in dieser Stadt undenkbar seien – nun gut.

Zwei Stunden lang währt die spannungsvolle, engagierte Debatte, von den Jusos geschickt gesteuert. Die Stimmung ist so erregt, daß die Hunderte schließlich die enorme physische Belastung des Gedränges, der verbrauchten Luft, der Hitze und der störenden Nebengeräusche gar nicht zu merken scheinen. Natürlich verdeutlicht diese Erregung zugleich einiges von der großen Spannung und Ambivalenz, die an dem Problem der Obdachlosen-Gettos hängen und die sonst nur durch Verleugnungsmechanismen unsichtbar gemacht werden. Wenn das Problem einmal öffentlich ans Licht gebracht wird, dann spüren plötzlich alle, daß sie die Angelegenheit innerlich etwas angeht.

Ein eher unscheinbares, aber wichtiges Resultat dieser Tagung besteht darin, daß Karlsruher Obdachlose beschließen, mit Gießener Getto-Bewohnern Kontakt aufzunehmen und die dortigen Verhältnisse zu studieren. Ähnliche Kontakte sind zwischen Gießener und Frankfurter Obdachlosen zustande gekommen. Es ist ja vor allem für die Betroffenen selbst von besonderer Bedeutung, wenn sie lernen, sich gegenseitig zu unterstützen und sich vor allem über Methoden zu informieren, die da oder dort einen Fortschritt zustande gebracht haben.

Wie die genannten Beispiele zeigen mögen, verlaufen Versuche einer überregionalen Zusammenarbeit von Randgruppen-Initiativen dann am erfolgreichsten, wenn sie durch spontanes Bedürfnis zustande gekommen sind und «von unten» organisiert wurden. Ein Arbeitskreis lädt einen anderen oder mehrere andere ein, weil er Hilfe braucht, entweder zur Klärung bestimmter Probleme oder zur Unterstützung in der Öffentlichkeitsarbeit. Oder es tut sich eben eine Studentengruppe auf, die informiert werden will und zugleich in einer Art Modellversuch ein Stück Eigenaktivierung probieren will. Oder man macht – wie die progressiven Sozialpsychiater – regelrechte Anti-Tagungen mit einem durchaus echt wissenschaftlichen Anspruch. Dabei sammelt man einfach Themen von Leuten, die über bestimmte Gegenstände in Gruppenarbeit diskutieren möchten. Man schreibt die Themen untereinander, läßt Interessenten sich für die Gruppen in Listen eintragen, besorgt

Räume und wartet ab, ob die Gruppen zustande kommen und überläßt ihnen die Gestaltung ihrer Arbeit. –

Alle diese mehr oder minder spontanen Veranstaltungen haben den einen oder anderen organisatorischen Mangel. Aber diese Unzulänglichkeiten zählen wenig im Vergleich zu den Nachteilen des üblichen Typs offizieller und «von oben» her organisierter Versammlungen und Tagungen. Hier, auf diesen spontanen Treffen, sind die Kommunikationen meist viel dichter, das Engagement größer, und der Wegfall hierarchischer Gruppenstrukturen außerordentlich befriedigend. Man redet unter diesen Umständen offener und weniger förmlich. Alle haben das Gefühl, daß sie das Geschehen mitgestalten und daß sie von ihren Bedürfnissen her auf das Programm Einfluß nehmen können. Gerade im Randgruppenbereich taugen schon deshalb «von oben», das heißt vom Establishment des Apparats und der Fachgesellschaften her organisierte Meatings wenig, weil in diesem sozialen Feld wirklich fast alle wertvollen neuen Ideen und Ansätze «von unten» kommen, vielfach sogar von vermeintlich inkompetenten Laien. Und wo gäbe es einen Fachkongreß, der an Stelle des Establishments der Fachgesellschaft Laien oder gar Betroffene aus Randgruppen gleichberechtigt zu Wort kommen lassen würde?

Beispiel 4
Modell eines gescheiterten Solidarisierungsversuches. Die Wechselbeziehungen zwischen Abkapselung und Rivalitätskonflikten

Den Beispielen ermutigend verlaufener Solidarisierungsversuche müssen indessen auch negative Erfahrungen gegenübergestellt werden.

In einer Stadt sind zwei spontane Initiativgruppen entstanden, die in verschiedenen Obdachlosen-Distrikten mit sehr ähnlichen Methoden und Zielvorstellungen arbeiten. Beide Gruppen orientieren sich an einem sozialistischen Konzept. Beide Arbeitskreise wollen die Bewohner aktivieren und in ihrem Widerstand gegen ihre Benachteiligung und Gettoisierung stärken. Sie kümmern sich um die soziale Not der Bewohner, richten Gruppenarbeit für Kinder ein und vertreten gegenüber den Behörden prinzipiell gleichartige Forderungen. Eine Zeitlang arbeiten die beiden Initiativen gut zusammen. Man versucht, voneinander zu lernen und sich auch in der Öffentlichkeitsarbeit zusammenzutun. Die Bewohner beider Distrikte treffen sich. Man hält gemeinsame Veranstaltungen ab. Aber dann verdünnen sich die Kontakte. Es tauchen Gerüchte auf. Man hört, daß die einen sich über Fehler der anderen mokieren. Eine Stimmung der Rivalität schleicht sich ein. Innerhalb jeder Gruppe überlegt man sich, ob man besser oder schlechter sei als die andere. Man redet sich ein, besser zu sein, fürchtet aber zugleich, daß das Gegenteil zutreffe. Die Konkurrenz wird von außen geschürt. Die Behörde merkt etwas von dem Konkurrenzkonflikt und sät ihrerseits verstärkte Zwietracht. Plötzlich sieht es so aus, daß die Behörde dem einen Getto mehr Zugeständnisse macht als dem anderen. Die Arbeit des einen Kreises wird anscheinend mehr gelobt und prämiiert als die des anderen. Trotz aller beschworenen Solidarität gegenüber der Kommunalbürokratie lockert sich das Bündnis der Initiativgruppen mehr und mehr. Und es kommt sogar vor, daß man einander bei denen anschwärzt, die letztlich nur darauf warten, beide Projekte gegeneinander auszuspielen, um das eine wie das andere unter verstärkten Druck setzen zu können. So verlieren beide Gruppen an politischer Stoßkraft. Nur in enger Verbundenheit und bei perfekter Abstimmung ihrer Aktivitäten aufeinander hätten sie aber die Chance gehabt, größere Forderungen bei Kommune und Land durchzusetzen. Jetzt wurstelt jeder Kreis voller Neid und Ressentiment allein vor sich hin, und man registriert sogar mit leichter Schadenfreude, wenn der andere Kreis irgendwelche Rückschläge erleidet. Es ist also ein klassischer Ressentimentkonflikt des Typs entstanden, wie er zuvor geschildert wurde. Ungeachtet aller guten Vorsätze und entgegen allen Regeln der theoretisch begriffenen und beschworenen Strategie setzt sich ein ressentimenthafter Gruppenegoismus durch, der im Endeffekt nur selbstschädigend wirken kann.

Dies ist kein Ausnahmefall. Es bestätigt sich die allgemeine Erfahrung: Zwei Gruppen, die eng benachbart mit hohem Anspruch arbeiten und viele Mißerfolgserlebnisse verdauen müssen, geraten stets in große interne Spannung, die leicht in Form einer Außenrivalität abreagiert wird. Die Nachbarschaftssituation fordert zu einem ständigen Vergleichen und mißtrauischen Belauern heraus. Die Angst, nicht genug zu schaffen und nichts zu taugen, wird unerträglich, wenn die Konkurrenzgruppe schneller vorankommt. Und schon entstehen Aggressionen, die von den Mächtigen leicht ausgenützt werden können, um beim Kampf um Gelder, Stellen, Baumaßnahmen restriktiv zu operieren.

So sieht man, daß Gruppen, die weit voneinander entfernt arbeiten, es meist leichter haben, sich miteinander konfliktfrei zu verbünden, als solche, die einander täglich gewissermaßen über den Zaun hinweg beobachten können. Eng benachbart arbeitende Initiativen müssen also mit der Gefahr irrationaler «Geschwisterrivalität» stets rechnen. Wenn sie dieses Risiko von vornherein realistisch einkalkulieren, dann sollten sie eine wichtige Vorbeugungschance nicht ungenutzt lassen: Sie sollten sich planmäßig zwingen, sich in möglichst kurzen Intervallen routinemäßig zusammenzusetzen und alles, was hier wie dort geschieht, wechselseitig bekanntmachen. Je mehr man voneinander weiß, um so weniger muß man mißtrauisch sein. Und um so eher sieht man ein, daß man immer nur voneinander profitieren kann, wenn man die Experimente vergleicht. Je häufiger man sich trifft, um so mehr schämt sich auch die eine oder andere Seite, irgendwelche Vorteile nur für sich oder sogar auf Kosten der anderen zu nutzen. Man sollte sich immer wieder bewußt zu machen versuchen, daß man im Randgruppenbereich alle Zeit in einer relativ ohnmächtigen Position arbeitet und deshalb auf Gedeih und Verderb aufeinander angewiesen ist, um ein halbwegs respektabler politischer Faktor zu werden. Die Übereinstimmung der Interessen sollte organisatorisch so ausgenutzt werden, daß verschiedene parallele Arbeitskreise an einem Ort sich als eine Großgruppe zu empfinden lernen, die in entscheidenden übergreifenden Fragen stets gemeinsam handeln muß.

Daß dies nichtsdestoweniger schwer zu praktizieren ist, hängt unter anderem auch wesentlich damit zusammen, daß die Randgruppenarbeit in allen Fällen ein ungewöhnliches Maß an Kraft und Zeit verschlingt. Die Aufgaben vor Ort sind so vielfältig und schwierig, daß jeder Arbeitskreis davon aufgesogen zu werden droht. Es sind die Betroffenen zu allererst, die in ihrer Isolation und in ihren unmittelbaren materiellen Schwierigkeiten ein enormes Maß an Zuwendung, an Gesprächskontakten und an praktischer Unterstützung zu beanspruchen haben. Und bereits auf diesem Sektor empfindet ein Arbeitskreis meist ein beunruhigendes Defizit. Man sieht ein, man müßte mit den Betroffenen eigentlich noch viel häufiger reden, um sie zu stärken und zu aktivieren. Und man empfindet ihnen gegenüber leicht ein schlechtes Gewissen, wenn man ihnen Zeit entzieht, um noch mehr im eigenen Kreis zu diskutieren, mit Nachbargruppen zu reden, auf den Behörden zu verhandeln, zu allen möglichen Tagungen zu reisen usw. Wenn einer sagt: Wir müssen mehr nach außen gehen und uns zum Beispiel verstärkt um benachbarte Initiativen kümmern, dann meldet sich bestimmt ein anderer Einwand: wir rennen ohnehin schon viel zuviel nach außen und kümmern uns zuwenig um unsere Obdachlosen, Drogenklienten, Gastarbeiter-Familien, Delinquenten oder dergleichen. Es handelt sich also darum, daß verschiedene wichtige Sachaufgaben miteinander in Konkurrenz liegen und daß man einsehen muß, daß man nicht alle perfekt erfüllen kann. Alles ist gleich notwendig, die Arbeit nach innen wie nach außen. Im konkreten Fall gilt es, besonnen zu entscheiden, wenn man Prioritäten setzen muß. Es ist dabei wichtig, darauf zu achten, daß man sich von der Konkurrenz der Sachprobleme aus nicht in persönliche Rivalitäten innerhalb der Gruppe hineinmanövrieren läßt. Die Gefahr, daß man in diese hineingleitet, ist nicht ganz gering. Denn meistens gibt es einen Teil der Gruppe, der aus innerem Bedürfnis sich immer mehr zu den Betroffenen hingezogen fühlt. Und es gibt einen anderen Teil, dem es besonders liegt, nach außen zu arbeiten, also zum Beispiel mit anderen Gruppen Verbindungen zu pflegen, Öffentlichkeitsarbeit zu machen, sich mit dem Apparat auseinanderzusetzen. Und es liegt durchaus wiederum infolge der verinnerlichten Rivalitätsdisposition die Möglichkeit in der Luft, daß man Wertunterschiede setzen will und daß man das, was man selbst am liebsten tut, höher bewerten möchte. Das mag dann im konkreten Fall immer wieder die gleichen Fronten entstehen lassen: Jeweils dieselben plädieren dann für den Vorrang der einen oder der anderen Aufgabe. Es ist sicher im Zweifelsfall wichtig, an erster Stelle immer an die Betroffenen zu denken. Aber es wäre eben auch gefährlich, sich zu sehr nach außen abzukapseln und den Kontakt mit den natürlichen Bundesgenossen zu vernachlässigen, den man gerade eben auch im Interesse der Betroffenen so dringend benötigt.

Selbst wenn schließlich an einem Ort unangenehme Rivalitäten zwischen parallelen Gruppen mit verwandten Zielsetzungen entstanden sind, kann man natürlich den Schaden immer noch gutmachen, indem man sich bald ausspricht und die Schwierigkeit auszuräumen versucht. Man sollte auch, wenn solch ein Mißgeschick passiert ist, in den Gruppen nicht allzusehr mit sich hadern. Es ist eben in unserer Rivalitätsgesellschaft keine Schande, wenn auch derartige Arbeitskreise gelegentlich von solchen irrationalen Konflikten betroffen werden. Zum Trost mag man vergleichsweise daran denken, in welchem grotesken Ausmaß der Ressortegoismus in der Bürokratie selbst Gruppen zu spalten pflegt, die auf der Behörde Tür an Tür nebeneinander her arbeiten und weiß Gott genügend Zeit hätten, miteinander hinreichend zu reden. Demgegenüber ist es für solche Initiativgruppen, die ihr enormes Pensum meist nur als Freizeitbeschäftigung leisten, wahrhaftig sehr viel schwieriger, auch die notwendigen Außenverbindungen allzeit genügend intensiv und kooperativ zu pflegen. Was da immerhin an spontanen Ansätzen zur Solidarisierung miteinander verwirklicht wird, ist eher erstaunlich.

Die Auseinandersetzung mit dem Apparat

Theoretische und taktische Vorüberlegungen

Die Administration – Vollstrecker, aber nicht Erfinder der Ausgliederung der Unangepaßten. Die widersprüchliche Doppelfunktion von Randgruppen-Arbeitskreisen: Lückenbüßer für und Opponent gegen den Apparat. Gründe, diesen Widerspruch auszuhalten. Möglichkeiten, die eigene Stoßkraft zu erhöhen

Wohl der heikelste Teil der Randgruppenarbeit liegt in der Aufgabe, mit der Administration umzugehen. Denn hier gilt es, pausenlos eine spannungsreiche und theoretisch komplizierte Konfliktstrategie zu verfolgen und jeden Schritt genau abzuwägen. Im Vergleich dazu erscheint der Umgang mit der jeweiligen Randgruppe und die Beziehung zu parallelen Arbeitskreisen noch vergleichsweise problemarm. Hier weiß man, daß man jeweils ein eindeutiges Bundesgenossenverhältnis herstellen will, so schwierig das aus den erörterten Gründen auch vielfach sein mag. Gegenüber den Ämtern muß die Beziehung aus prinzipiellen Gründen widerspruchsvoll sein. Denn hier hat man es eben mit den Agenten zu tun, die – wie ahnungslos auch immer – unmittelbar die Vollstreckungsinstrumente bedienen, die sozial Schwache zu Obdachlosen machen, die Heimkinder verkümmern und soziopathisch werden lassen, die jugendliche Delinquente eher an Resozialisierung hindern, anstatt diese zu fördern, die chronisch psychisch Kranke zum Teil menschenunwürdigen Anstalten überlassen und dem Drogenproblem nur mit der Polizei beikommen zu können glauben. Hier also ist der eigentliche Ort, wo – den Akteuren meist unbewußt – die Gettoisierung der Randgruppen mit grausiger, stumpfsinniger Routine betrieben und aufrechterhalten wird.

Das Verhältnis zu den Behörden ist für einen Arbeitskreis, der in diesem sozialen Feld arbeitet, also grundsätzlich politisch problematisch. Wenn man feststellt, welche versteckten Feindseligkeiten in dem System der Verordnungen und in der Verwaltungspraxis stecken, die sich auf die Randgruppen beziehen, ist man leicht geneigt, einer stereotypen Kampfhaltung anheimzufallen und gegen den Apparat einfach anrennen zu wollen. Also etwa, wenn man eine Verordnung liest, daß Wohnungen für Obdachlosen-Familien nicht einmal Duschen erhalten sollen, um durch Entbehrungsdruck einen Anreiz zur Besserung auszuüben. Randgruppen-Arbeitskreise, die derartige Inhumanitäten entlarven, sehen sich automatisch vor die grundsätzliche Frage gestellt: Kann man, darf man überhaupt mit Behörden reden, die so etwas tun? Sollte man sich hier nicht grundsätzlich distanzieren und nichts als pure Konfrontation betreiben?

Aber man muß klar sehen, daß der Apparat fast nur exekutiert. Er vollzieht eine Strategie, die von übergreifenden sozioökonomischen und sozialpsychologischen Bedingungen abhängt. Der Apparat organisiert gewissermaßen nur die Durchführung des Grundkonzeptes, wonach die Unangepaßten bestraft und ausgeschieden werden. Was eben besagt, daß in der kapitalistischen Konkurrenzgesellschaft der Ballast des Subproletariats, der Nachhinkenden und der «Unverwertbaren» abgehängt wird, so wie vergleichsweise die totalitären staatssozialistischen Gesellschaften die Andersdenkenden und Oppositionellen ächten und verbannen. Der Apparat führt diese Abspaltung immer nur aus und tut dies in einer Form, welche sich der untergründigen sozialpsychologischen Mechanismen bedient und diese zugleich verstärkt: Die soziale Ausschließung der systemspezifisch selektierten Minderheiten erfolgt in diskriminierender Weise, um die Noch-Angepaßten zu warnen und ihnen eine schwarze Kontrastwelt zur Stabilisierung der geforderten eigenen systemkonformen Identität zu bieten.

Will man diesen Funktionszusammenhang wenn schon nicht an der Wurzel, so doch wenigstens an einer der übergeordneten Umschaltstellen treffen, dann muß man bereits recht hoch ansetzen und punktuell in Allianz mit nahestehenden politischen Kräften die eine oder andere kritische Initiative in Parlamente hineinzutragen versuchen. Daß auf diesem Weg selbst ein kleiner Randgruppen-Arbeitskreis einmal einen politischen Impuls geben kann, der eine Spur hinterläßt, sei an dem folgenden Beispiel verdeutlicht.

Nachstehender Protokollausschnitt stammt aus dem SFB Fernseh-Film *«Siedlung Eulenkopf – Gruppenarbeit mit Obdachlosen»* aus dem Jahre 1972:

Stadträtin Frau Bandelow:
Ich erinnere mich an eine Bewohnerversammlung im vorigen Jahr. Ich war damals von der Initiativgruppe Eulenkopf dazu eingeladen worden, und wir diskutierten viel über die bestehenden Probleme hier in

der Obdachlosensiedlung. Vor allen Dingen kamen die mangelnden sanitären Einrichtungen zur Sprache.

Sprecherkommentar:

Die Bewohner machten die Initiativgruppe darauf aufmerksam, daß in einem Neubau wieder keine Duschen eingebaut werden sollten. Man stieß auf eine hessische Verordnung von 1963. Hierin heißt es sinngemäß: das Land gibt nur Mittel zur Finanzierung von Obdachlosenwohnungen, wenn diese lediglich sehr dürftig ausgestattet werden. Dazu gehört, daß keine Duschen eingebaut werden. Der Verzicht auf dieses Minimum an sanitärer Installation gilt geradezu als Bedingung für die Finanzierung solcher Wohnungen. Bewohner und Initiativgruppe beschlossen, gegen die diskriminierende und hygienisch unverantwortliche Verordnung mit allen agitatorischen Mitteln anzukämpfen.

Stadträtin Frau Bandelow:

Ich sprang auch ganz spontan auf und sagte: wenn solche Richtlinien bestehen, dann muß man sie ändern, man muß versuchen, daß sie geändert werden. Und ich trat als 1. Vorsitzende der SPD-Frauengruppe an meine Frauen heran, trug ihnen das vor, und wir faßten also den Beschluß, daß wir uns an unsere Landtagsabgeordnete, Frau Dr. Rüdiger, wenden, und wir schrieben auch einen Brief an sie und forderten sie auf, daß sie im Landtag darauf einwirken soll, daß diese Richtlinien von 1963 überprüft und abgeschafft werden sollen.

Frau Dr. Rüdiger, MdL:

Die Antwort des zuständigen Ministers, des Innenministers, war zunächst sehr unbefriedigend. Er wies darauf hin, ich zitiere ihn: «daß ein Anreiz erhalten bleiben soll, die Notunterkünfte zu verlassen und bessere Unterbringung in Normalwohnungen anzustreben.» Ich habe mit einer Zusatzfrage darauf hingewiesen, daß ja insbesondere kinderreiche Familien in diesen Obdachlosensiedlungen sind und daß man diesen Kindern die Möglichkeit bieten muß, Prinzipien der Hygiene anzuwenden und sich auch vor solchen gesundheitlichen Gefahren zu schützen. Der Innenminister hat dann auf diese Zusatzfrage hin gesagt, er sei bereit, seine Auffassung noch einmal zu überprüfen. Das Ergebnis dieser nochmaligen und zugesagten Überprüfung war, daß am 1.1.1972 die besonderen Richtlinien für den Bau von Obdachlosenwohnungen abgeschafft wurden, und es ist weiterhin deutlich geworden, so zum Beispiel in einer großen Anfrage der SPD-Landtagsfraktion, die am 28. April 1972 im Landtag behandelt wurde, daß in Zukunft in Hessen keine Ein-

fachstwohnungen mehr gebaut werden, sondern daß diese Wohnungen über den sozialen Wohnungsbau errichtet werden.

Hier hat also ein gemeinsamer Vorstoß von Betroffenen und Initiativgruppe mit Hilfe von Bundesgenossen einen immerhin beachtlichen politischen Vorgang auslösen können.

Es ist für Arbeitskreise sehr wichtig, Einstiegspunkte für solche ziemlich hoch hinaufreichenden Initiativen zu suchen. Im Alltag aber überwiegen die zermürbenden Reibungen an den winzigen Schikanen der kommunalen Vorposten des Apparates. Da gibt es die Hunderte von Detailkonflikten, die man auf der unteren Ebene der Bürokratie ausfechten muß – bezogen auf die Mißstände an einzelnen Häusern und Wohnungen, Müllabfuhr, Spielplätze, Gesundheitsvorsorge usw. Und in diesem Kleinkrieg wird es ganz deutlich, daß man hier nun wahrhaftig nicht mehr einer grundsätzlichen Strategie zuleibe rückt, sondern daß man nur – politisch gesehen – an Miniatursymptomen herumoperiert. Und schließlich muß man sich eingestehen, daß man sogar der im Apparat wirkenden Strategie nützt, indem man zum Beispiel die Sozialhaushalte durch unbezahlte soziale Arbeit entlastet. So könnten die Hunderte von Randgruppen-Initiativen mit der Zeit Seite an Seite mit den Wohlfahrtsverbänden dazu beitragen, daß der Staat erleichterten Herzens seine Verantwortung für das Randgruppen-Problem immer weiter von sich fortschiebt.

Dieser Widerspruch, daß man in den Arbeitskreisen vieles tut, was zwar einer Randgruppe nützt, aber unter einem bestimmten Aspekt auch zunächst den politischen Gegenkräften ins Konzept paßt, ist grundsätzlich vorhanden. Und wenn man ihn nicht aushalten kann, sollte man besser überhaupt keine Randgruppen-Arbeit machen. Entscheidend ist die Frage, ob man sich wirklich mit Randgruppen solidarisieren und mit ihnen partnerschaftlich kooperieren will. Bejaht man diese Voraussetzung, dann bedeutet dies automatisch, daß man die Randgruppen in der politischen Überlegung grundsätzlich nicht mehr einfach als Schachfiguren verstehen kann, mit denen man so oder so oder gar nicht arbeitet, um damit dem Gegner etwas zuzufügen. Dann erscheinen die Randgruppen nicht als ein Mittel, dessen Bedeutung primär von außer ihnen gelegenen Zwecken abhängt. Genau dies ist es übrigens, was Randgruppen ja auch vielfach befürchten, daß sie nämlich von irgendwelchen Kreisen nur in neuer Form und mit anderen Vorzeichen als Instrumente gebraucht werden könnten. Also etwa als momentan geeignete Demonstrationsobjekte oder als Kanonenfutter. In dieser Rolle wären sie ja in der Tat wieder nur Manipulationsfiguren und Opfer eines scheinheiligen Emanzipationsversprechens.

Bekennt man sich andererseits zu dem Grundsatz der Solidarisierung mit einer Randgruppe, dann kann man gar nicht anders, als sich mit deren Bedürfnis zu verbünden, sich in die Gesellschaft zu integrieren, das heißt sich zunächst lebenswürdige Verhältnisse zu erkämpfen. Und dazu gehört dann eben auch die mühsame Auseinandersetzung mit den vielen kleinen Vorposten des Apparates, auf die man bei jedem Schritt stößt, mit dem man elementare Verbesserungen erzwingen will.

Da taucht nun aber ein weiteres Bedenken auf. Wenn man zusammen mit den Betroffenen zunächst vor allem deren unmittelbare soziale Situation verbessern will, dann hat man mit Städteplanung, Wohnungsbau, Gesundheitsfürsorge, Sozialarbeit, Schul- und Kindergartenfragen, Erziehungsberatung usw. zu tun, das heißt mit lauter Aufgaben, für welche die Behörden ohnehin kompetent sind. Und warum soll man nun anderen etwas abnehmen, was zu deren Amtspflichten gehört? Warum beschränkt man sich nicht darauf, lediglich den Behörden zu sagen, wie sie ihre Arbeit gefälligst besser machen sollen? Man könnte die Kooperation mit der Randgruppe dann darauf reduzieren, gemeinsam auf den kompetenten Ämtern zu trommeln, um von dort her die notwendigen und richtigen Aktivitäten zu erzwingen.

Sicher muß man in dieser Richtung permanenten Druck ausüben. Aber dies allein genügt ja eben nicht. Wenn man überhaupt will, daß mit einer Randgruppe, mit der man sich beschäftigt, irgend etwas Sinnvolles geschieht, dann kann man diese Gruppe nicht einfach nur mit wohlgemeinten Ermahnungen in die Hände des Apparates zurückspielen, nur weil man sich nicht zum Lückenbüßer der Behörden degradiert sehen will. Die Behörden sind vorläufig weder von sich aus noch auf Außendruck hin wirklich fähig, durchgreifende neue Konzepte für den Umgang mit Randgruppen zu entwickeln und in eigener Regie zu verwirklichen. Man trifft zwar immer wieder einzelne fortschrittlich denkende Beamte oder Angestellte, aber diese zerreiben sich im System der anachronistischen Vorschriften, der kleinkarierten Kompetenzkämpfe innerhalb der Ressorts und erst recht zwischen diesen, in den Spannungen der hierarchischen Personalstruktur usw. Selbst progressiv engagierte Minister sieht man sich mit irgendwelchen konstruktiven Vorschlägen im Gestrüpp der bürokratie-internen Widerstände totlaufen. Sofern irgendwo neue Initiativen im Randgruppen-Bereich von oben her organisiert werden, werden diese meist deshalb ineffizient, weil sie bestimmte fortschrittliche Bedingungen nicht erfüllen können:

1. Es ist nach der Denktradition der Ämter völlig unmöglich, die Betroffenen selbst in wesentliche Entscheidungsprozesse und Planungen einzubeziehen. Aber gerade das ist ja eben ein unerläßlicher Schritt für eine emanzipatorische Hilfe im Randgruppen-Bereich.

2. Bei von oben her initiierten Vorhaben versucht man in der Regel auch stets, hierarchische Organisationsformen durchzusetzen.

3. Gleichberechtigte Beteiligung von Laien wird meistens verworfen.

4. Vor allem wird kritische Öffentlichkeitsarbeit untersagt, um das eigene bisherige Versagen zu kaschieren. Und ohne derartige Öffentlichkeitsarbeit versickern derartige Projekte ohnehin meist schnell im Sande.

Unter Abwägung aller dieser Umstände sehen sich nun die meisten Initiativkreise genötigt, die Arbeit zusammen mit den Betroffenen in eigene Regie zu nehmen. Natürlich soll man von den Behörden verlangen, daß sie sich finanziell engagieren, daß sie kompetenten und interessierten Mitarbeitern eine Beteiligung an der Initiativgruppen-Arbeit ermöglichen und daß sie sich intensiv und selbstkritisch mit den von der Basis her entwickelten progressiven Vorstellungen auseinandersetzen. Die Administration muß mitwirken, aber sie darf nicht führen. Mitwirken muß sie etwa durch Gewährung von Geldern, Räumen, Stellen, damit zum Beispiel ein Arbeitskreis zusammen mit den Betroffenen die anstehenden sozialtherapeutischen – im weitesten Sinne gemeint – Aufgaben bestmöglich erfüllen kann. Wenn wir zum Beispiel in einer Obdachlosen-Siedlung durch vielfältige früh einsetzende sozialpädagogische und therapeutische Hilfen an den Kindern beweisen wollen, daß diese nicht notwendigerweise der selbstschädigenden Apathie und Dissozialität ihrer Eltern verfallen müssen, mit der die heutigen Ausstoßungsstrategien rationalisiert werden, dann ist es wichtig, daß wir zusammen mit den Betroffenen für unser Arbeitsmodell die günstigsten äußeren Voraussetzungen schaffen. Das kommt dem hier verfolgten speziellen politischen Zweck unmittelbar zugute.

Angesichts der Gegenkräfte des Apparats hat sich natürlich jeder Arbeitskreis zu fragen, ob er genügend Kraft und Durchstehvermögen hat, um sich in den fortlaufenden Auseinandersetzungen mit den Behörden zu behaupten. Die Frage ist, wie es mit der eigenen Standfestigkeit und Stoßkraft beschaffen ist und inwieweit man fähig ist, sich geeignete und potente Bundesgenossen zu verschaffen. Für äußere Unterstützung kommen, wie gesagt, parallele Arbeitskreise in Frage, aber auch Politiker und politische Organisationen, sofern diese wirklich bereit sind, sich verläßlich für die Belange der Randgruppe selbst einzusetzen und nicht umgekehrt etwa die Interessen der Randgruppe im Zweifelsfall den eigenen Parteiinteressen zu opfern. Diese Gefahr ist stets zu beachten und schränkt oft die Möglichkeit ein, mit Organisationen kontinuierlich zusammenzuarbeiten, die primär den Interessen anderer Gruppen verpflichtet sind, die ihrerseits zu den Randgruppen ein ausgesprochen ambivalentes Verhältnis haben. So kommen hier oft nur punktuelle Koalitionen in Frage.

Was ein Arbeitskreis bei Behörden durchsetzen kann, wird schließlich nicht zuletzt durch seine Zusammensetzung und seine innere Verfassung bestimmt. In dieser Hinsicht ist es von Vorteil, wenn der Kreis zahlenmäßig eine respektable Mindestgröße erreicht. Und wenn er auch die eine oder andere Person integrieren oder zumindest als unterstützenden Partner gewinnen kann, die bei der Behörde ein gewisses Ansehen genießt. Sicher ist es nicht gut, sich nur um äußerer taktischer Zwecke willen zu eng mit solchen Personen einzulassen, wenn diese sich nicht vorbehaltlos mit der Gruppe solidarisieren. Aber selbst wenn diese Übereinstimmung vorliegt, ist es für die Binnenverfassung eines Arbeitskreises natürlich nie unproblematisch, jemand integrieren zu wollen, der etwa durch Stellung und Ansehen aus der Gruppe herausragt. Dies sehe ich an meinen eigenen Erfahrungen in der Obdachlosen-Initiativgruppe Eulenkopf. Ein Älterer, der – ungeachtet seines Selbstverständnisses – von seiner Stellung her automatisch mit dem Establishment verflochten ist, mag zwar deshalb als besonders durchschlagskräftiger Anwalt für Behördenverhandlungen nützlich sein, er ist aber zugleich eine dauernde Gefahrenquelle als potentieller Auslöser von gruppeninternen Autoritätskonflikten. Diese Konflikte werden natürlich leicht von außen dadurch verstärkt, daß man im Umfeld und vor allem auch seitens der Behörde dazu neigt, den Betreffenden als den eigentlichen Leiter anzusehen und als den scheinbar allein kompetenten Verhandlungspartner zu akzeptieren. Mir scheint, und auch dies aus Eigenerfahrung, daß eine Gruppe nichtsdestoweniger lernen kann, mit einem solchen Problem auf die Dauer fertigzuwerden. Sie muß die Stellung des

Betreffenden innerhalb des Kreises kritisch kontrollieren und neuen Mitgliedern wie der Umgebung beharrlich immer wieder deutlich machen, daß sie sich eben nicht als ein hierarchisches Unternehmen versteht.

Analytische Aspekte der Interaktion zwischen Arbeitskreis und Ämtern

Analyse irrationaler Autoritätskonflikte als politische Entscheidungshilfe. Gefahr: Sündenbockstrategie «nach oben». «Therapie» auf den Ämtern. Entlarvung bürokratischer Entscheidungskriterien: Randgruppenarbeit – ein Geschäft?

Nach außen hin ergeben sich für einen Arbeitskreis natürlich mannigfache affektiv besetzte Autoritätsprobleme gegenüber den verantwortlichen Behördenvertretern. Man gerät immer wieder in Wut auf diese Leute, deren restriktive Verwaltungsroutine das Elend der Randgruppen perpetuiert. Hier gibt es Affekte, die eine legitime Resonanz auf die Inhumanität der Praktiken sind. Hinzu kommen aber auch leicht persönliche Autoritätskomplexe der Gruppenmitglieder, die unter Umständen das Handeln auf den Ämtern in irrationaler Weise stören können.

Ein Beispiel:

Unsere Gießener Initiativgruppe Eulenkopf war in Verhandlungen eingetreten, um den Bau eines Gemeinschaftszentrums in der Obdachlosen-Siedlung zu erwirken. Wir hatten eingesehen, daß wir für die Gruppenarbeit mit den Kindern und Jugendlichen, für Elternabende, Bewohnerversammlungen, für den Jugendklub, für Mütterberatung und Familientherapie dringend neue Räume benötigten. Die Verhandlungen wurden zeitraubend und schwierig, und eines Tages tauchte der Einwand auf: Warum laufen wir überhaupt soviel zur Stadtverwaltung hin? Wir sollten doch unsere Behördenkontakte prinzipiell einschränken und uns statt dessen mehr um die Bewohner kümmern!

Das Argument schlug ein. Damit zeigte sich, daß Schuldgefühle aktualisiert wurden, über die man sich bislang offensichtlich nicht hinlänglich Rechenschaft abgelegt hatte. In der Tat: Eigentlich wäre ja unser

Platz klipp und klar an der Seite der Bewohner. Müssen wir uns also ein bißchen schämen, wenn wir neuerdings soviel Zeit in den Amtsstuben der Verwaltung zubringen? Müssen wir vielleicht denjenigen von uns, die sich immer wieder als Verhandlungsdelegationen «nach oben» schikken lassen, ein bißchen mehr kritisch auf die Finger sehen? Sind wir vielleicht überhaupt dabei, uns nach oben anzupassen und unsere bisherige klare Position aufzugeben?

So ist also die Phantasie entstanden, die kritische Substanz der Gruppe könnte verlorengehen. Man könnte sich kompromittieren lassen und die Obdachlosen politisch verraten. Dabei handelt es sich diesmal zu einem guten Teil um eine Projektion eigener innerer Unsicherheit und Unterwerfungsbereitschaft in der Gruppe, die lediglich politisch rationalisiert wird. Und wir machen uns klar, daß man nicht gleich um einen Verlust der eigenen kritischen Identität bangen sollte, wenn man sich auf sachlich notwendige Verhandlungen einläßt. Schließlich brauchen wir jetzt die Räume im Interesse der Bewohner. Es kommt auf unsere eigene innere Festigkeit an, ob wir unser Konzept beibehalten oder nicht. Ob wir uns etwa durch Prämiierungen oder punktuelle großzügige Unterstützungen seitens der Stadtverwaltung einfangen und abhängig machen lassen oder ob wir unsere Konfliktstrategie unbeirrbar fortsetzen.

Die Verhandlungen sind dann mit aller Energie fortgesetzt worden. Sie haben bewirkt, daß das Gemeinschaftszentrum tatsächlich gebaut worden ist.

An diesem Problem mag man nebenbei wieder einmal ersehen, inwiefern es für einen solchen Kreis durchaus zur Förderung seiner politischen Aktivitäten nützlich, ja sogar wichtig sein kann, psychoanalytische Kenntnisse zu verarbeiten. Das Vorurteil, der Gebrauch psychoanalytischer Interpretation lenke allemal von politischen Zielsetzungen ab und verfolge nur die Befriedigung therapeutischer Bedürfnisse, läßt sich hier erneut entkräften. Es geschieht in solchen Gruppen häufig genug, daß persönliche Probleme politisch rationalisiert werden, so daß die eigentliche politische Absicht durch unbewußte gruppeninterne affektive Konflikte durchkreuzt wird. Gelingt es nicht, diesen affektiven Hintergrund zu klären, wäre ein unter Umständen folgenschweres politisches Fehlverhalten die Folge. Die psychoanalytische Bearbeitung der affektiven Motivation stabilisiert also in solchen Fällen die politische Handlungsfähigkeit. Dies wäre mit vielen weiteren ähnlichen Beispielen zu belegen.

Unbewältigte persönliche Autoritätskonflikte führen auch nicht selten zu einer irrigen Personalisierung politischer Probleme insofern, als ein Arbeitskreis zum Beispiel den einen oder anderen Amtsleiter der Behörde über Gebühr verteufelt und meint: Wenn wir den tüchtig ärgern und ihm eine Niederlage bereiten, dann haben wir einen politischen Sieg erfochten! – Dabei hat die Gruppe in theoretischen Diskussionen längst klar herausgearbeitet, wie unsinnig es wäre, sich zu persönlichen Feindverhältnissen gegenüber Amtsvertretern hinreißen zu lassen, die meist doch nur unreflektiert oder sogar widerwillig eine vorgegebene Vollstreckerfunktion ausüben. Hier machen sich oft ödipuskomplex-bedingte Projektionen bemerkbar. Unverarbeitete Vaterkomplexe kommen hoch und bewirken, daß man geradezu nach Vaterersatzfiguren auf den Ämtern sucht, die es ermöglichen, angestaute und unverarbeitete Protestimpulse aus der eigenen pubertären Vorgeschichte abzureagieren. Man beißt sich an den Menschen fest und verstrickt sich mit diesen in einem Kleinkrieg, der politisch nicht nur nutzlos, sondern oft der Sache eindeutig abträglich ist.

Aus diesen Komplexen kann ein regelrechtes Berührungstabu werden: Wer im Apparat sitzt und etwas zu sagen hat, gilt von vornherein als ein Befleckter. Man muß ihn ächten oder bekämpfen, wo immer man ihn trifft. Wehe, wer aus dem eigenen Kreis mit solchen Leuten noch ein freundliches Wort redet. Das Odium des Verräters ist dem Betreffenden gewiß.

So kann ein Arbeitskreis irrationalen Sündenbockmechanismen unterliegen, die diesmal nicht nach unten, sondern nach oben gerichtet sind. Psychologisch kann die Dynamik jedenfalls jenen Prozessen sehr nahekommen, wie sie als dynamischer Hintergrund der Randgruppenvorurteile beschrieben worden sind. Nur die Vorzeichen haben sich geändert. Jetzt projiziert eine Gruppe ihre eigene verdrängte Negativität, ihren unbewältigten Selbsthaß pauschal auf die Amtsträger des Apparates. Sobald man einen Behördenbau betritt, wähnt man sich nur noch von einem Komplott zynischer Unterdrücker und Schreibtischtäter umgeben. Jeder erscheint hier als die personifizierte Obrigkeit, die das bürokratische Räderwerk des Klassenstaates voll bewußt in Gang hält. Von jedem glaubt man, daß er Verwaltung als planmäßige Niederhaltung der Schwachen in der Gesellschaft betreibe. Allenfalls meint man, in den untersten Chargen der Hierarchie des Apparates noch Gleichgesinnte und «Anständige» finden zu können. Aber was darüber ist, kann nur noch verdorben und verrucht sein.

Diese affektive antiautoritäre Haltung nicht nur in manchen Initiativgruppen, sondern auch in zahlreichen anderen linken Gruppen übt verschiedene negative Wirkungen aus. Unter anderem besteht ein nachteiliger Effekt darin, daß neuerdings gar nicht selten hochqualifizierte Nachwuchskräfte in manchen Institutionen sich schon deshalb gegen Beförderungen wehren, weil sie sich nicht den antiautoritär gesonnenen politischen Gruppierungen entfremden wollen, denen sie sich verbunden fühlen. Sie fürchten die Projektionen und Verdächtigungen von unten, falls sie in höhere Ränge einrücken und Rollenmerkmale der Obrigkeit erhalten würden. Auch nicht dem Anschein nach wollen sie mit denen verwechselt werden, die nach persönlichen Privilegien streben oder es gar nicht abwarten können, als glatt angepaßte Superagenten den Apparat auf höherer Ebene repräsentieren zu können. – Die Folge ist, daß in manchen Ressorts sich gerade bestimmte progressive Leute mitunter lieber um eine Karriere drücken und statt dessen den Weg für jene anderen Angepaßten frei machen, die sich ohnehin nichts sehnlicher wünschen, als unverzüglich im Vorgesetztenstatus herumkommandieren zu können. Damit würde sich auf die Dauer eine Entwicklung verstärken, die durch die Struktur des Apparates ohnehin gefördert wird und an anderer Stelle als vertikale Gruppenspaltung in den sozialen Diensten beschrieben wurde. Wir bekämen immer mehr eine negative Auslese mit dem Ergebnis, daß nach oben nur noch die rücken, die am allerungeeignetsten für eine Politik der Stärkung der unterprivilegierten Gruppen oder gar der Randgruppen sind. Und die Minderheit wirklich fortschrittlicher Leute unter Sozial-, Bildungs-, Jugend- und Gesundheitspolitikern in leitenden Ämtern wäre bald völlig verschwunden zugunsten jener starren Technokraten oder jener noch schlimmeren windigen Taktiker und Machtpolitiker, denen man schon heute in diesen Ressorts allzu häufig begegnet und die man sich in jedem anderen Management – wenn überhaupt – lieber wünschen würde als ausgerechnet in diesen sozialen Feldern.

Irrationales antiautoritäres Ressentiment kann dazu führen, daß ein Arbeitskreis den einen oder anderen Verhandlungspartner auf den Ämtern in eine Feindrolle hineinmanövriert, den man eigentlich hätte als Verbündeten gewinnen können. Auf den Behörden gibt es in allen Chargen Angestellte und Beamte, die innerlich mit ihrer Rolle uneins sind und im Grunde nur darauf warten, von außen einen Rückhalt zu bekommen, um gelegentlich außerhalb der bzw. gegen die Zwänge der Vorschriften, der Dienstwegroutine, der Kompetenzbegrenzung usw. irgendwelche Reformansätze verwirklichen zu können.

Es enthüllt dabei die komplette Paradoxie der reaktionären Automatismen der Bürokratie, daß selbst leitende Amtsvertreter, die sich einen kritischen Sinn bewahrt haben, nicht selten sehnsüchtig auf den Druck der Öffentlichkeit bzw. irgendwelcher Initiativkreise warten, um progressive Entscheidungen endlich riskieren zu können, die sie längst für vernünftig hielten, aber wegen bürokratieinterner Schwierigkeiten – manchmal auch wegen des Widerstandes in ihren Fraktionen – nicht hatten verwirklichen können. So kann ein Arbeitskreis, der nicht blindlings gegen die Personen auf den Behörden anrennt, sondern in seinem Verhältnis zu den Amtsvertretern differenziert und kritisch verfährt, dort auch manchen wertvollen Partner gewinnen. Dazu ist es aber eben eine Voraussetzung, daß eine Gruppe nicht aus Identitätsunsicherheit überall nur Feindverhältnisse aufbauen muß. Es ist leicht, auf den Ämtern auch jene schnell zu verprellen und zu einer puren Defensivhaltung zu zwingen, die man sich hätte zu Partnern machen können, wenn man es geschickt angestellt hätte.

Eingezwängt in die Routine und die Disziplin des Apparates, kostet es selbst arrivierte Agenten der Behördenhierarchie stets allerhand Mut und Selbstüberwindung, sich öffentlich auf die Seite einer Gruppe zu schlagen, deren Konzept von Grund auf der Strategie zuwider läuft, die man von Amts wegen vollstrecken soll. Merkt man von seiten eines Arbeitskreises, daß ein Behördenvertreter von seiner Einstellung her ein geeigneter Partner für bestimmte Vorhaben wäre, dann tut man gut daran, mit ihm so zu kooperieren, daß er sich genügend gestützt fühlen kann, um aus seiner Rolle herauszutreten und sich mit den Ansätzen der Gruppe identifizieren zu können. Hier ist es manchmal gut, regelrecht ein Stück «Therapie» zu versuchen – was keineswegs zynisch gemeint ist.

So mancher in den Ämtern leidet echt an dem Widerspruch zwischen seinem Bedürfnis, sich für die Unterprivilegierten und die Randgruppen voll zu engagieren einerseits und der amtlichen restriktiven Politik, für deren administrative Erfüllung er bezahlt und periodisch befördert wird, andererseits. Nicht bei allen weicht also dieser innere Zwiespalt schließlich einer vollen Identifizierung mit dem Establishment. Und diejenigen, die an ihrem Rollenkonflikt permanent weiterleiden, dürsten unvermindert nach einer Chance, endlich mehr für die Interessen derjenigen zu tun, um deren Unterstützung willen sie dereinst einen sozialen Beruf ergriffen hatten. Sie fühlen sich – vom Apparat gezwungen – als Verräter an denen, denen sie helfen sollten, und die ihrerseits natürlich kaum eine Ahnung von der Abhängigkeit und Ohnmacht haben, in die der Apparat seine Erfüllungsgehilfen hineinzwingt.

Wer öfter Gelegenheit hat, als Delegationsmitglied eines Arbeitskreises Behördenverhandlungen zu führen, erlebt hin und wieder folgenden überraschenden Verlauf. Zuerst ist es sehr schwer, einen Termin auf dem Amt zu bekommen. Der betreffende Beamte sei überaus beschäftigt, so heißt es. Klappt dann die Zusammenkunft endlich, so merkt man auch sofort, daß alles ganz eilig und geschäftsmäßig ablaufen solle. Schnell das «Anliegen» vorbringen und die Begründungen herunterhaspeln – das ist der Stil, der erwünscht ist. Manche erwarten sogar, daß man ihnen vorher schon die «Sache» schriftlich kurz auseinandersetzt, um nur ja unnötiges Gerede zu ersparen. Der gefürchtete mürrische Beamte hört sich an, was ihm die Delegation erzählt, etwa von ihrer Arbeit mit Obdachlosenkindern, für die sie irgendwelche behördliche Unterstützung braucht. Plötzlich merkt man: Der betriebsame Technokrat verwandelt sich. Er wird zu einem interessierten Zuhörer, der sich bewegen läßt von dem Stück Leben, das da plötzlich in sein von Zahlen, Vorschriften, Organisationsplänen verstelltes Gesichtsfeld einbricht. Und gerade dadurch, daß man seinen rein geschäftsmäßigen Stil der eiligen Fließband-Verhandlung unterläuft und ihn nötigt, sich auf eine ganz andere Dimension der Kommunikation einzulassen, hilft man dem Mann. Er entspannt sich. Plötzlich hat er Zeit. Er zeigt emotionelle Reaktionen. Und nach einer Weile fängt er an, von sich zu reden. Da hat er sich zum Beispiel vor langen Jahren aus privater Initiative um einen gefängnisentlassenen Jugendlichen gekümmert. Dieser ist in seiner Familie ein und aus gegangen. Er, der Beamte, hat den Jugendlichen auf seiner Arbeitsstelle besucht, hat ihm immer wieder aus Schwierigkeiten herausgeholfen usw. Und es kommt eine durchaus eindrucksvolle Geschichte heraus, bei deren Erzählung der Mann sich immer mehr erwärmt. Schließlich geht er mit seinen Besuchern auch in einer ganz neuen Weise um. Indem er sich so emotionell decouvriert, gibt er die Rollendistanz des Bürokraten völlig auf. Und man findet sich in einer offenen Kommunikation zusammen, die gar nicht mehr durch taktische Winkelzüge und technokratische Glätte gekennzeichnet ist. Man merkt: Der Mann beneidet eigentlich die Mitglieder des Arbeitskreises um die Möglichkeit des unmittelbaren Zusammenlebens mit den Betroffenen. Er verrät, daß er viele ähnliche unausgelebte Bedürfnisse hat, über die er eigentlich noch stundenlang reden möchte, und daß er zugleich an erheblichen Schuldgefühlen leidet. Denn manches von seinen Schilderungen wirkt zugleich wie eine Selbstrechtfertigung. Auf jeden Fall würde er ganz offensichtlich ebenfalls viel lieber als unmittelbarer Partner mit Betroffenen zusammenarbeiten, ohne die Filterung durch die Zeremonielle und Dienstwege des Apparates. Der Mann verrät seinen Besuchern, daß er sich mit ihnen solidarisieren möchte. Man möge doch erkennen, daß er ähnlich fühle und ähnliches machen wolle wie sie. – Bezeichnend ist es natürlich, daß dieser Kontaktversuch gewissermaßen in einem Bogen um den Apparat herum verläuft. Nicht von dem Amtsträger, sondern von der Person mit bestimmten Bedürfnissen und privatem Engagement her entwickelt sich hier eine echte Beziehung zwischen dem Bürokraten und den Vertretern des Arbeitskreises.

Für den Beamten ist es von therapeutischer Relevanz, wenn man sein Angebot akzeptiert und in ihm den Aspekt seines Selbstverständnisses stärkt, den er offenbar mit Anstrengung gegen vielfältige Frustrationen verteidigt, die seine Amtsrolle ihm einbringt. Natürlich muß man damit rechnen, daß er nunmehr mit besonderer Sensibilität die Resonanz bei seinen Partnern registrieren wird, vor denen er sich dieserart entblößt hat. Und es ist die Frage, ob der Arbeitskreis bereit ist, die Chance zu nutzen, einen solchen Mann näher an sich heranzuziehen und ein Bundesgenossenverhältnis zu probieren. Oder ob das antiautoritäre Mißtrauen bzw. das genannte Berührungstabu überwiegen. Den politischen Zielen der Gruppe kann es natürlich nur dienen, so viele Agenten des Establishments wie irgendmöglich für sich zu gewinnen. Allerdings ist sorgfältig zu testen, ob die Betreffenden insoweit verläßlich sind, daß sie sich auch wirklich mutig exponieren, wenn es darauf ankommt. Zu hüten hat man sich vor den eilfertig eine scheinheilige Sympathie bekundenden Taktikern, die es virtuos verstehen, unbequeme Antragsteller mit unverbindlichen Komplimenten und kleinen Geschichtchen einzuwickeln und sich den Anschein freundschaftlicher Hilfsbereitschaft zu geben («Sie können immer zu mir kommen...»), ohne im mindesten zu echter Kooperation bereit zu sein. – Für den Psychoanalytiker ergibt sich hier jedenfalls ein interessantes und zugleich praktisch wichtiges

Erfahrungsfeld, wenn er die Interaktion zwischen den Betroffenen und den Vertretern eines Arbeitskreises einerseits und den Behördenagenten andererseits studiert. Unter den Gesichtspunkten der modernen Interaktionstherapie ergeben sich neben bemerkenswerten Einblicken in die Struktur dieser Beziehungen auch Möglichkeiten für ein analytisch fundiertes Handeln. Man kann hier vor allem einem Arbeitskreis behilflich sein, der oft zu leicht versucht ist, aus undurchschauten affektiven Gründen voreilig einer Feindstrategie anheimzufallen, einen differenzierteren Umgang mit den Agenten des Apparates zu erlernen. Und man kann als Analytiker auch umgekehrt dazu beitragen, daß Behördenvertreter im Sinne eigener unterdrückter Bedürfnisse Mut finden, sich auf eine echte konstruktive Kooperation mit Leuten einzulassen, von denen sich zu distanzieren sie durch vieljährige bürokratieinterne Zwänge trainiert worden waren.

Die Dehumanisierung beginnt stets unweigerlich da, wo die Beziehungen nicht mehr über menschliche Kontakte, sondern über das Papier laufen, über Anträge, Akten, Verordnungen usw. Da gibt es keinen Dialog mehr mit Bedürfnissen und Gefühlen. Da erhalten – zum Erschrecken der Unerfahrenen – Argumentationskriterien einen Vorrang, die auf einer ganz anderen Ebene liegen. Da will eine Arbeitsgruppe für ein Randgruppenprojekt Gelder erkämpfen. Sie darf sich zwar eines gewissen Einschüchterungseffektes sicher sein, wenn sie moralisch argumentieren will und etwa darauf hinweist, daß man im Rahmen der Versprechungen von der «Lebensqualität» doch am ehesten bei den Randgruppen mit einer «Humanisierungspolitik» Beweise für die eigene Glaubwürdigkeit geben sollte. Solche moralischen Appelle bleiben unwidersprochen – was wollte man auch guten bzw. schlechten Gewissens dagegen vorbringen. Aber von wohlmeinenden Freunden wird man belehrt: Schriftliche Anträge mit dererlei Argumenten würden den Abgeordneten allenfalls auf die Nerven fallen. *«Machen Sie doch mal eine einfache Gewinn- und Verlustrechnung auf. Rechnen Sie mal die eingesparten Summen aus den unbezahlten Arbeitsstunden der Initiativgruppe aus. Schätzen Sie die finanzielle Entlastung für den Staat, wenn Sie es durch Ihre Sozialisationshilfen erreichen, daß etwa bei den Obdachlosenkindern später die Raten der Kriminellen und der Sozialunterstützungsempfänger um zehn oder zwanzig Prozent zurückgehen. Was kann an Pflegekosten erspart werden, wenn man chronisch psychisch Kranke besser betreut? Was bringen andere präventive, therapeutische, resozialisierende Initiativen bei Heimkindern, Drogenabhängigen, Delinquenten usw. indirekt an Geld ein?*»

Natürlich kann man solche mittelfristigen Ertragsprognosen liefern. Man kann die Arbeit mit Randgruppen letztlich auch als ein Geschäft umfrisieren: Man investiert Kapital, das sich auf die Dauer gut verzinst. Die spätere Einsparung an Haftkosten, Sozialunterstützung, Invalidenrenten, Pflegekosten usw. läßt die Förderung von Randgruppeninitiativen auf längere Sicht in der Tat geradezu als rentables Geschäft erscheinen.

Es ist schon eine Zumutung für eine Initiativgruppe, wenn man ihr rät, ihre Finanzierungsanträge in diesen Kategorien von Profit und Rentabilität zu begründen. In einer Phase, in der die offizielle Politik in einem fort von «Verbesserungen für die Menschen», «Humanisierung der Lebensbedingungen», «Hebung der Lebensqualität» spricht, ist es geradezu heilsam desillusionierend, die tief eingewurzelte Macht kapitalistischer Denkweisen speziell in solchen sozialpolitischen Bereichen nachzuweisen, wo sie am deplaciertesten scheinen. Und es ist bezeichnend, daß man solche taktischen Beratungen gelegentlich von progressiven und engagierten Politikern erfährt, denen die innere Paradoxie einer solchen Denkweise durchaus einleuchtet. Das kapitalistische System kennt keine Lücke: Man muß letztlich für das Geld und nicht für die Menschen argumentieren, wenn man das Geld vom Apparat haben will. Man muß zeigen, wie man Menschen besser verwertbar machen und wie man an ihnen Geld sparen kann – dann darf man im Randgruppenbereich viele neue Dinge tun, die zunächst auch einige Investitionen verlangen. Aber wie ist es jenseits der Grenzen der Rentabilität? Wenn es um Menschen und Gruppen geht, an denen wirklich nichts, aber auch nichts mehr zu verdienen ist? Da mag sich dann eben private und konfessionelle Mildtätigkeit tummeln, da erlaubt man Sammelbüchsen und die modernen Wohltätigkeitslotterien, die ja auch einen bezeichnenden Zwitter aus Glücksspiel und Caritas darstellen.

Wer die ursächliche Verflochtenheit des Kapitalismus in die Randgruppenprobleme noch nicht verstanden hat, der erhält darüber den instruktivsten Anschauungsunterricht in den Amtsstuben des Apparates, im Kleinkrieg der Anträge und Ablehnungsbescheide um Stellen, Baumaßnahmen und Gelder für die Abgeschriebenen unserer Gesellschaft.

Diese Mechanismen zu durchschauen, hilft gegen die Gefahr, sich korrumpieren zu lassen, auch wenn man sich dieser Mechanismen taktisch bedient, um etwa ein effizientes Randgruppenprojekt aufzubauen. Gerade wenn man diese inhumanen Prinzipien, auf die der Apparat programmiert ist, bloßlegen will, muß man sich Bedingungen für eine qualifizierte Arbeit schaffen, mit der man die Rechtfertigung der bisherigen Straf- und Gettoisierungspolitik gegenüber den sozial Schwachen und Kranken schließlich beweiskräftig widerlegen kann.

Umgang mit der Öffentlichkeit

Modellbeispiel: Diskussion mit Theaterpublikum über Obdachlosigkeit – im Anschluß an Hochhuths «Hebamme». Öffentlichkeitsarbeit auf der Straße und mit Hilfe der Medien. Ziele und Methoden der Öffentlichkeitsarbeit

Im Theater wird das Stück *«Die Hebamme»* von Rolf Hochhuth aufgeführt. Das Theater erlaubt den in der Stadt tätigen Initiativgruppen, die in verschiedenen Obdachlosensiedlungen arbeiten, im Anschluß an die Aufführungen mit dem Publikum Diskussionen zu veranstalten, an denen sich auch einzelne Theaterleute beteiligen wollen. Da Hochhuths Stück die Lage der Obdachlosen recht drastisch darstellt, erwarten wir in den Gruppen, daß größere Teile des Publikums genügend motiviert sein dürften, die in dem Schauspiel aufgeworfenen Fragen mit uns zu besprechen und dabei die eigenen Gefühle und Vorstellungen zum Obdachlosenproblem ins Spiel zu bringen.

Das Publikum reagiert wie erwartet. Nach den Aufführungen bleiben jeweils viele im Saal und nehmen an den Diskussionen teil. Der Verlauf am Premierenabend hat sich verschiedentlich in ähnlicher Form wiederholt:

Die Vertreter der Initiativgruppen bemühen sich, das Publikum herauszulocken und zu aktivieren. Obwohl viele deutlich beunruhigt sind und sich offenbar gern beteiligen möchten, dauert es lange, bis einzelne sich ein Herz fassen und reden. Wie immer bei einer solchen Gelegenheit zeigt sich, daß viele Bürger kaum eine Ahnung davon haben, daß sie in der eigenen Stadt neben drei ziemlich umfangreichen Obdachlosensiedlungen einherleben, von denen sie bislang so gut wie keine Notiz genommen haben. Man ist verwirrt, in so hautnaher Berührung mit einem Problem verbunden zu sein, das man eben noch auf der Bühne wie ein unwirkliches Märchen angestarrt hat. Nachdem sich eine Reihe von Fragen mit den Gießener Obdachlosenquartieren beschäftigt hat, nimmt man sich die Initiativgruppen vor. Man will lang und breit wissen, was diese denn in den Obdachlosensiedlungen täten, warum sie es so und nicht anders machten. Was sie schließlich mit den Leuten erreichen wollten usw. Dies ist ein ganz charakteristisches Verhalten: Obwohl man selbst unmittelbar betroffen und von den Problemen gefühlsmäßig irritiert ist, zieht man sich erst einmal in die Rolle der inkompetenten Laien zurück und delegiert das Thema an die anderen. Teils wünscht man, daß die Arbeitskreise in den Siedlungen die schlimmen Probleme meistern, die Hochhuth beschrieben hat. Teils ist man auch skeptisch und ambivalent. Einzelne im Publikum benehmen sich wie kritische Zensoren und stellen für die ausgefragten Mitglieder der Arbeitskreise so etwas wie eine Prüfungssituation her. Wie auch immer die Erwartungen an die Gruppen gefärbt sind – das Auditorium probiert zuerst die übliche Abspaltung des Problems von sich selbst:

Da ist offensichtlich ein Mißstand. Dafür, diesen abzustellen, müssen doch irgendwelche andere zuständig sein. Jetzt bieten sich hier die spontanen Initiativgruppen an, also sind diese offenbar die zuständigen anderen. Und man selbst ist den Druck erst einmal los. Jetzt sollen sich die Zuständigen doch mal deklarieren, und man ist bereit, ihnen zuzuhören, sie zu loben, zu kritisieren oder ihnen auch irgendwelche Empfehlungen zu geben. – Genauso typisch ist zunächst das Benehmen der Gruppenvertreter. Dem Prinzip folgend, sich allen Auseinandersetzungen schonungslos zu stellen und keinen Fragen auszuweichen, steht man brav Rede und Antwort und gerät flugs in Ansätze zu einer ausführlichen Eigendarstellung und Selbstrechtfertigung. Damit gerät man in die Gefahr, die Rollenteilung mitzuspielen, die aus dem Saal heraus angeboten wird: Hier die Macher, die scheinbaren Verantwortlichen – dort die Passiven, die Zaungucker und Kritiker. Anstatt sich miteinander zu solidarisieren, grenzt man sich erst einmal gegeneinander ab. Und die Probleme bleiben zunächst bei denen, die hier eigentlich Bundesgenossen zu finden hoffen, mit denen sie die Schwierigkeiten gemeinsam tragen möchten.

Daß die Diskussion sich eine Weile lang so entwickelt, hängt in diesem Fall auch noch mit besonderen Umständen zusammen. Zunächst einfach mit dem Arrangement. Wer zwei Stunden lang als passives, anonymes Publikum alle Aktivitäten denen auf der Bühne überlassen hat, ist zunächst geneigt, sein Rollenverhalten den Leuten gegenüber fortzusetzen, die nun dem Anschein nach als die neuen Akteure die Schauspieler ersetzt haben. Die äußere Situation erschwert also den Rollenwechsel.

Ein anderer Faktor ist aber noch wesentlich wichtiger: Hochhuth bietet in seinem Stück ausdrücklich eine Lösung des Obdachlosenproblems an, die das Publikum eigentlich in seiner passiven Rolle bestätigt.

Eine Hebamme wird zur erlösenden Heldengestalt aufgebaut, die praktisch allein alle Schwierigkeiten bewältigt. Diese Frau manövriert den Apparat mit List und Gewalt aus und löst ein Obdachlosengetto auf eigene Faust auf, indem sie es einfach abbrennt. Man wird also verführt zu glauben: Wir bräuchten im Lande nur fünfzig, sechzig solcher Hebammen, die würden es dann schon fertigbringen, das Problem Obdachlosigkeit aus der Welt zu schaffen. – Verständlich demnach, daß das Publikum erst einmal probiert, sich die Arbeitskreise als möglichen Ersatz für die bewunderte Hebamme vorzustellen und zu erkunden, ob diese etwa ähnlich verblüffende Rezepte bereit haben.

Die Gruppenvertreter erkennen die Fehlerwartung und versuchen, den Theaterbesuchern klarzumachen, daß sie selbst keineswegs gewillt und noch weniger fähig seien, dieses gemeinsame Problem der Gesellschaft auf sich zu nehmen und isoliert mittels irgendwelcher Tricks oder Gewaltaktionen anzugehen. Man fühle sich seitens der Initiativgruppen in der gleichen Lage wie das hier versammelte Publikum. Es nütze im übrigen nichts, die Obdachlosengettos abzubrennen oder einzureißen, wenn man mit den Menschen nicht zusammen leben wolle, die man dort eingesperrt habe. Und es sei auch nicht etwa ein Ausweg, wenn sich nur bestimmte Arbeitskreise künftig mit den sozial Schwächsten zusammentun würden. Sondern die Frage sei, ob alle, ob die Gesellschaft im ganzen mit der Population zusammenzugehen bereit sei, die man vorerst ausgesperrt habe. Indessen beweist der weitere Fortgang der Diskussion erneut, wie schwer es ist, mit jenen tiefen Ängsten und Projektionen umzugehen, die an dem Thema Randgruppen haften, selbst wenn man schließlich nun die Zutaten Hochhuths, die Theatersaal-Atmosphäre und andere akzidentelle Bedingungen einigermaßen bewältigen kann. Natürlich haben alle gegenüber den Randgruppen Schuldgefühle. Das breite Publikum, weil es insgeheim die Gettostrategie duldet und sanktioniert; die Arbeitskreise, weil sie nirgends mit dem, was sie bislang angefangen haben, hundertprozentig zufrieden sind; schließlich erst recht die Agenten des Apparates, welche diese ausgesonderten Menschensilos verwalten, anstatt sie abzuschaffen. Wiederum sind es also die jeweils gruppenspezifischen Selbstwertkonflikte, die ein solidarisches Problembewußtsein blockieren. Das brisante Potential aktualisierter Schuldgefühle verlockt allzu sehr, in eine Konkurrenz wechselseitiger moralischer Verfolgung einzutreten. Das Publikum rüstet sich gegen die Rüge dafür, daß es bislang nur den Kopf in den

Sand gesteckt hat. Die Vertreter der Arbeitskreise fühlen sich von der Anklage bedroht, daß sie eigentlich mit leeren Händen dastünden und keine «Erfolge» und Rezepte vorzeigen könnten. Jede Seite fürchtet projektiv die Beschuldigung der anderen und ist in Gefahr, im Teufelskreis des Anklage- und Rechtfertigungsspiels mitzuagieren.

Im Fortgang der Diskussion werden die Zuschauer jedoch bemerkenswert mutig. Sie präsentieren offen ihre Vorbehalte gegenüber den Obdachlosen: Warum bekommen diese Leute heute noch so viele Kinder, wenn es ihnen wirtschaftlich mies geht? Warum pflegen diese Menschen ihre Wohnungen und Straßen nicht besser? Warum hört man so viel von schlimmen Sachen, die gerade dort passieren? –

Es ist leicht für die Gruppenvertreter, die Verhaltensschwierigkeiten der Slumbewohner mit ihren menschenunwürdigen Lebensverhältnissen in Zusammenhang zu bringen und im übrigen scharf gegen das Untermenschen-Stereotyp zu argumentieren, das allgemein herumgeistert. Immerhin ist es wichtig, daß man diejenigen nicht polemisierend einschüchtert und zu isolieren versucht, die nur die Vorurteile offen aussprechen, die insgeheim alle haben. Und es ist auch gefährlich, aus falscher Scham die Verhaltensprobleme der Slumbevölkerung zu vertuschen. Denn wenn die Arbeitsgruppen überhaupt andere für ihre Ideen gewinnen wollen, dürfen sie nicht durch Schönfärberei den Eindruck erwecken, daß sie selbst aus Angst die Wirklichkeit verharmlosen. Die prinzipielle Frage ist ja doch, ob schwierige Verhaltensweisen ein Anlaß sein sollen, bestimmte soziale Gruppen einschließlich ihrer Kinder so zu bestrafen, daß ihre Schwierigkeiten sich mit Sicherheit noch verschlimmern und auf die nächste Generation weitergegeben werden oder ob man statt dessen diesen Gruppen zu helfen bereit ist.

Über die allgemeine Angst, denen insgeheim sehr verwandt zu sein, gegen die man sich so schroff abzugrenzen wünscht, kann man in einer Massendiskussion freilich kaum eine Verständigung erwarten. Es ist schon viel gewonnen, wenn man sich über die Kluft der Selbstwertgefühle und der wechselseitigen defensiven Anklagebereitschaft hinweg in der Einsicht treffen kann, daß Publikum und Arbeitskreise nur gemeinsam etwas erreichen können und daß der erste Schritt darin bestehen sollte, denen viel mehr Kontakt anzubieten und zuzuhören, über deren Kopf hinweg alle schönen Planungen scheitern müssen.

Ein kleines ermutigendes Zeichen gibt es dafür, daß die Diskussion einen Schritt nach vorn getan hat: Ein einfacher Feuerschutzwachmann des Theaters, der sich die zweistündige Debatte des bürgerlichen Premierenpublikums mit den Studenten schweigend angehört hat, hält es am Ende nicht mehr aus. Erst geht er aus dem Saal und gibt seiner Empörung in der Vorhalle Ausdruck. Dann läßt er sich ermutigen, in die öffentliche Diskussion einzugreifen: Es sei doch eine Schande zu sehen, daß alle Parteien, so uneins sie sonst seien, in der Vernachlässigung der armen Leute und vor allem der Obdachlosen gemeinsame Sache machten.

Man versteht: Durch diesen Mann ist jetzt die Gruppe derer unmittelbar vertreten, über die man hier die ganze Zeit theoretisch verhandelt hat. Und man spürt auch, daß der indirekte Vorwurf an die hier Versammelten lautet: «Ihr alle, ihr Bürgerlichen, steckt doch unter einer Decke und tut nichts für die Elenden, die unter euch leben!» Das verwandelt die Situation. Jetzt kann man nicht mehr in der üblichen intellektuellen Unbefangenheit die Betroffenen als Objekte analysieren. Nun sind die Betroffenen als Subjekt an dem Prozeß beteiligt. Und man muß erkennen, daß es ein großer Nachteil ist, daß man für die Premierenvorstellung kein Kartenkontingent für Vertreter der Obdachlosen ergattern konnte. Denn natürlich erbringen solche Diskussionen noch wesentlich mehr, wenn die Angehörigen der Randgruppe unmittelbar aktiv teilnehmen. Deshalb hat zum Beispiel die zitierte Veranstaltung in Karlsruhe sicher ihren Zweck noch besser erfüllt.

Andere Formen der Öffentlichkeitsarbeit von Randgruppen-Initiativkreisen bestehen darin, daß man auf die Straße geht, Informationsstände einrichtet, Flugblätter verteilt und mit Passanten diskutiert. Darüber hinaus sind gezielte publizistische Aktivitäten wichtig. Keine Behörde wagt mehr, mit einer Initiativgruppe nach Belieben umzuspringen, wenn sie deren Kontakte zur Presse und zu anderen Medien einkalkulieren muß. Es ist in diesem Zusammenhang bezeichnend, daß manche Arbeitskreise erfahren, daß sie bei der überregionalen Presse leichter Unterstützung finden als bei den örtlichen Zeitungen. Das gilt zumal in der Provinz, wo die mehr oder minder apolitischen Lokalblätter nicht gern etwas Böses über die Ortsgewaltigen sagen, mit denen sie die vielfältigsten Verbindungen pflegen. Für die Mitglieder solcher Arbeitskreise ist es wichtig, eine partnerschaftliche Kooperation mit Zeitungs-, Rundfunk- und Fernsehjournalisten zu erlernen. Solche Kontakte muß man sich planvoll erarbeiten. Es gibt viele interessierte und engagierte Journalisten, die sich gern um solche Themen kümmern, wenn man mit ihnen einen kontinuierlichen Diskussionskontakt pflegt und sie nicht etwa nur als Erfüllungsgehilfen für Notfälle beanspruchen möchte.

Randgruppen-Arbeitskreise müssen aus verschiedenen Gründen in die Öffentlichkeit gehen. Zunächst deshalb, weil sie sich ja selbst unmittelbar als ein Teil der Öffentlichkeit verstehen. Sie wollen ja eben, auch wenn sie Vereine gründen, keine Institutionen neben den übrigen Institutionen sein. Das «Publikum» soll sehen, daß hier jeder mitmachen kann, wenn ihm die Ziele der Initiativen einleuchten. Spontaneität, Freiwilligkeit, der Wegfall organisatorisch-bürokratischer Umständlichkeiten und die uneingeschränkte Öffentlichkeit der Gruppenarbeit sind Prinzipien, durch welche die Arbeitskreise sich als attraktiv für jedermann in der Umgebung darstellen wollen, der sich ebenfalls aktivieren möchte und dafür Gruppenanschluß sucht. So versuchen die Gruppen, sich immer wieder unmittelbar aus der Öffentlichkeit heraus aufzufüllen.

Ferner ist es für solche Randgruppen-Arbeitskreise wichtig, sich laufend einer allgemeinen Diskussion zu stellen, um ihre eigenen Einsichten, Methoden und Ergebnisse überprüfen zu lassen. Innerhalb der Gruppe kommt es doch immer wieder leicht dazu, daß man um der wechselseitigen Ermutigung willen manche negativen Aspekte zuwenig beredet und gemeinsam bestimmte Bedenken und Vorbehalte verdrängt. Vor unseren Theaterdiskussionen fragte eine junge Studentin aus dem Arbeitskreis ganz besorgt: «Um Gottes willen, ich habe Angst, daß ich gar nicht weiß, was ich sagen soll, wenn die Leute fragen, warum die Bewohner dieser Quartiere so viele Kinder bekommen und was wir eigentlich in der Siedlung erreichen wollen?»

Also: Die Öffentlichkeit ist als Partner wichtig, um die Gruppen zur Klärung von Fragen zu zwingen, die man intern unter Umständen zu wenig behandelt, weil sie unbequem sind. Man muß sich keineswegs schämen, dabei vor der Öffentlichkeit wesentliche Kenntnislücken und Orientierungsschwierigkeiten zu verraten. Denn man versteht sich ja eben nicht oder sollte sich zumindest nicht verstehen als Expertengremium, das seine besondere Sachkompetenz beweisen müßte. Man ist ernsthaft auf der Suche, man hat bestimmte wohl erwogene Zielvorstellungen und experimentiert mit bestimmten Methoden, die man fortlaufend überprüft. Aber wenn man mit der Öffentlichkeit redet, sollte man bereit sein, hinzuzulernen. Vielleicht können andere manche Fragen besser beantworten und praktische Vorschläge machen, die der

Gruppe weiterhelfen? Gerade wenn sich dieses Verhältnis in der öffentlichen Diskussion zeigt, kann der Arbeitskreis seinen Standort am leichtesten deutlich machen. Nämlich daß er die Öffentlichkeit als Partner braucht, um mit ihr gemeinsam nach besseren Lösungen zu suchen. Nichts wäre für die Gruppen schlimmer, als sich – zur Kompensation der eigenen Unwissenheit und Minderwertigkeitsgefühle – in ein unechtes Überlegenheitsgefühl zurückzuziehen und sich einzubilden, der Öffentlichkeit nur von oben herab Direktiven geben zu müssen.

Natürlich wollen die Initiativgruppen schließlich die Öffentlichkeit *auch* belehren, so wie sie eigene Belehrung suchen. Aber es ist eine große Schwierigkeit, daß das Belehren sich weder in einem sterilen Autoritätsverhältnis noch in irrationalen Rivalitätskonflikten festfahren darf. Die Aufgabe ist, daß die Arbeitskreise für die Vermittlung ihrer Vorstellungen ein Klima herzustellen versuchen, in welchem die angesprochene Öffentlichkeit kritisch, aber kooperativ mitdenkt. Es gilt, das allgemeine Bedürfnis zu fördern, miteinander und vor allem zusammen mit den Randgruppen zu denken und zu planen. Dann ist es nicht mehr wichtig, wer mehr weiß und bessere Vorschläge hat. In dieser Atmosphäre wird man auch am ehesten die Einsicht befestigen können, daß alle miteinander passiv und aktiv in die bisherigen Dissoziationsprozesse innerhalb der Gesellschaft eingeschlossen sind und bewußt oder unbewußt die politische Mitverantwortung für bessere Lösungen tragen. Sich in diesem Bewußtsein zu solidarisieren, wäre der vordringlichste Schritt.

Schlußbemerkung:
Versuch einer psychoanalytischen Beziehung zwischen Autor und Leser

Ich sollte mich nicht scheuen zuzugeben, daß die zuletzt erörterten Erwägungen für die Öffentlichkeitsarbeit von Randgruppen-Arbeitskreisen auch meine eigenen Vorstellungen gegenüber dem Leser betreffen. Und es mag die Orientierung des Lesers erleichtern, wenn ihm ein Autor deutlich macht, in welcher Rolle er sich seinem Publikum gegenüber empfindet.

Üblicherweise erwartet ein Leser von einem Wissenschaftler Berichte über wissenschaftliche Erkenntnisse, eventuell verbunden mit Ratschlägen, die sich aus Forschungsergebnissen folgern lassen. Der Leser kann sich mit Hilfe solcher Berichte weiterbilden und sich möglicherweise auch mitgelieferter praktischer Rezepte bedienen. Man kalkuliert auch ein, daß Wissenschaftler gelegentlich gewagte und strittige Thesen vortragen und damit kritische Diskussionen über die Richtigkeit oder Falschheit ihrer Annahmen in einer rein intellektuellen Ebene auslösen wollen. Schließlich hat man als Leser gelernt, daß manche Forscher zugleich als Apostel ideologische Heilslehren verkünden bzw. suggestiv einpflanzen wollen.

Ein Leser ist wenig darauf vorbereitet, daß ein psychoanalytischer Autor mit ihm eventuell noch etwas anderes vorhat. Nämlich die Gestaltung einer Beziehung, die in gewisser Hinsicht als eine psychoanalytische zu bezeichnen wäre.

Was heißt das? Ein praktizierender Psychoanalytiker bezieht Erkenntnisse und stiftet Wirkungen nicht in einer völlig neutralen, beobachtend distanzierten Position wie etwa ein naturwissenschaftlicher Forscher, sondern in einem engagierten Gespräch mit Partnern. Die emotionell vermittelten Erfahrungen aus diesem Dialog liefern neue Einsichten für beide Teile. Und diese Einsichten werden zugleich dazu benutzt, therapeutische Veränderungen zu bewirken. Obwohl die therapeutische Veränderung der «Patienten» das Hauptziel einer psychoanalytischen Therapie ist, bezieht auch der Analytiker aus jeder Therapie klärende Hilfen für sich selbst. Jedenfalls sind Erkenntnisfortschritt und therapeutischer Prozeß miteinander untrennbar verbunden, und beide Partner haben daran ihren passiven und aktiven Anteil.

Die Ausgangshypothese dieses Buches lautete, daß es heute ein gesellschaftlich vermitteltes «Leiden» gäbe, das durch ein Mißverhältnis zwischen sich verwandelnden allgemeinen Bedürfnissen und änderungsbedürftigen gesellschaftlichen Zuständen zustande komme. Dieses allgemeine Leiden betreffe Menschen je nach ihren sozialen Voraussetzungen und ihrer Sensibilisierung in unterschiedlichem Ausmaß und in unterschiedlicher Form. Demnach ist auch der Psychoanalytiker in dieses Leiden unmittelbar eingeschlossen. Er befindet sich in diesem Fall nicht in einer relativ «gesünderen» Position wie bei einem konventionellen Therapiearrangement, sondern er teilt mit allen anderen den gleichen Patientenstatus.

Ein weiteres Prinzip eines analytischen Ansatzes besteht nun darin, daß die Psychoanalyse zurückgedrängten Bedürfnissen, die sich befreien wollen, zu einer klareren Artikulation und einer bewußten Anerkennung verhelfen möchte. In der Anfangsphase der Psychoanalyse galten diese Anstrengungen vor allem der unterdrückten Sexualität sowohl in der individuellen Therapie wie in der «Öffentlichkeitsarbeit» der Psychoanalyse. Diejenigen Bedürfnisse, die heute vor allem die Richtung einer erstrebten Selbstverwirklichung und Selbstveränderung markieren, lassen sich nicht einfach mehr als Inbegriff bestimmter triebhafter Bestrebungen beschreiben. Sondern hier handelt es sich offensichtlich um sehr komplexe und sozial begründete Wünsche nach einer umfassenden Umgestaltung des menschlichen Zusammenlebens. Und diese Wünsche erweisen sich im Gegensatz zu dem ursprünglichen stark biologisch gefärbten Triebkonzept der Psychoanalyse als unmittelbar verbunden mit gesellschaftlichen Verhältnissen, einerseits als deren Resultat, andererseits als Impuls zu deren Veränderung. Und ein weiterer Unterschied: Diese Bedürfnisse manifestieren sich zwar ähnlich wie in der Anfangszeit der Psychoanalyse auch im Leidensdruck «neurotischer» Individuen. Sie gestalten sich indessen sehr viel deutlicher in bestimmten gesellschaftlichen Strömungen, die man unter diesem Aspekt als kollektive «Selbstheilungsversuche» verstehen kann.

Wenn man als Psychoanalytiker unterstellt, daß gesellschaftliche und politische Verhältnisse als ein Kontinuum bis in die Dimension des Psychischen hineinragen, dann kann man, wie an Hand des «introspektiven Konzeptes» ausgeführt, bei Initiativgruppen, die in gesellschaftlich repräsentativen Konfliktfeldern, also etwa im Kreis Mittelschicht–Arbeitsgruppe–soziale Randgruppe–Establishment, arbeiten, besonders prägnante Abbildungen gesellschaftlich relevanter neuer Bedürfnisse und ihrer Gegenkräfte vorfinden. Man kann solche Abbildungen freilich auch zum Teil bis in homogene Selbsterfahrungsgruppen, bis in Familien- und Ehepaaranalysen und Einzeltherapien hinein verfolgen.

Der Psychoanalytiker ist nun besonders geschult, mit diesen Abbildungen selbst, das heißt mit den psychischen und gruppendynamischen Korrelaten gesellschaftlicher Tatbestände umzugehen. Dies wird zwar heute von weiten allein soziologistisch denkenden Kreisen als ein irrelevanter privater Nebenschauplatz des gesellschaftlichen Geschehens angesehen. Ich gehöre indessen zu denen, die diese Unterschätzung der psychischen Dimension nicht nur für objektiv unberechtigt, sondern vor allem auch für einen verhängnisvollen politischen Fehler halten. Und ich stimme hier, wie gesagt, MARCUSE vollkommen zu, daß progressive gesellschaftliche Änderungen nur gestaltet und durchgehalten werden können von Menschen, die sich auch psychisch ändern und mit dieser inneren Umerziehung bereits lange zuvor begonnen haben.

Wenn es nun darum geht, die wegweisenden neuen Bedürfnisse besser zu erkennen, zum Ausdruck zu bringen und in Auseinandersetzung mit den verinnerlichten und den äußeren Gegenkräften weiter zu erproben und durchzusetzen, dann gerät der Psychoanalytiker in ein System von Kreisen, in denen er sich in jeweils neuen Konstellationen zusammen mit anderen Partnern weiterzuentwickeln sucht. Auch er beginnt in einer Ausgangssituation der Isolation, eingeengt auf einen schmalen Sektor einer spezifischen schichtengleichen Klientel, festgelegt auf eine anachronistisch überhöhte Rollenautorität, abgekapselt innerhalb eines elitären Spezialistenstandes mit entsprechenden standespolitischen Rivalitätsproblemen, gehindert an hierarchiefreier Gruppengemeinschaft mit zahlreichen sozialen Nachbarberufen, trainiert auf rein medizinische und apolitische Kategorien des sozialen Handelns usw. Der Weg, auf dem der Psychoanalytiker aus dieser Isolation herauszufinden sucht, ist zu beschreiben als ein fortwährender Austauschprozeß von Selbsterziehen und Erziehen, Eigentherapie und Fremdtherapie, Lernen und Lehren in wechselnden Bezugssystemen. Dabei ist man permanent auf der Suche nach den Gruppen und Initiativen, in denen diese Umerziehungsarbeit besonders aktiv und vielversprechend betrieben wird und denen man sich als Psychoanalytiker in einer passenden Weise hinzugesellen kann. Als ein Mitlernender, welcher die Energien der anderen braucht und sich zugleich selber brauchbar macht. Aber die geeignete Rollenposition in diesen Kooperationen ist eben nicht die des einseitig informierenden Wissenschaftlers, des ratgebenden Therapeuten, am allerwenigsten die des treibenden Motors (denn gerade dies sind in der Regel nun die anderen, die jungen Experimentierer).

Das weiteste der sich hier eröffnenden Beziehungssysteme ist schließlich das der Öffentlichkeitsarbeit. So kommt es, daß man als Autor auch für die Öffentlichkeit gelegentlich in anderer Weise zu schreiben versucht – anders als bislang als wissenschaftlicher Lehrer, anders als ein einseitig beratender Psychotherapeut. Man möchte zeigen, daß man selbst als Person genauso im Lernen und in der Bemühung um Eigentherapie steckt. Und daß man trotzdem, ja gerade deshalb in diesem Stadium mit der Leser-Öffentlichkeit Kontakt aufnimmt, weil man in der damit verbundenen Rolle vielleicht eher die These glaubhaft machen kann, daß weder Autor noch Leser für sich allein den Problemen gewachsen sind, daß man sich vielmehr miteinander und vor allem auch mit jenen Randständigen verbünden muß, die den Teil unseres gesellschaftlichen Ichs repräsentieren, den wir am weitesten aus uns herausverlagert und mit dem wir uns zuallererst wieder zu vereinigen haben.

Literatur

1 BAUER, M. u. a.: Psychiatrie – Eine Einführung. Thieme Verlag, Stuttgart 1973
2 BECKER, H. S.: Außenseiter – Zur Soziologie abweichenden Verhaltens. Fischer Verlag, Frankfurt a.M. 1973
3 BECKMANN, D. u. H. E. RICHTER: Der Gießen-Test. Huber Verlag, Bern, Stuttgart, Wien 1972
4 BEHRENDT, H.: Die Beschwerden der «Gesunden». *Wiss. Zschr. d. Fr. Schiller-Univ.*, Jena. 1968, 17, S. 437
5 BERNDT, H. u. a.: Frau Familie Gesellschaft. Nachdruck aus Kursbuch 17, Paco Press Verlag, Amsterdam 1972
6 BOCKEL, J.: Herzneurotiker und Herzinfarkt-Patienten in testpsychologischem Vergleich. Inaug. Diss. Med. Fak. Univ. Gießen 1968
7 BRÄUTIGAM, W. u. P. CHRISTIAN: Psychosomatische Medizin. Thieme Verlag, Stuttgart 1973
8 CADY, L. D., M. M. GERTLER, L. G. GOTTSCH u. a.: The factor structure of variables concerned with coronary artery disease. *Behav. Sci.* 1961, 6, S. 37
9 CHRISTIAN, P.: Risikofaktoren und Risikopersönlichkeit beim Herzinfarkt. In: Soziomatik der Kreislaufkrankheiten, 32. Tagung d. Dtsch. Ges. f. Kreisl. Forsch. 1966, Steinkopff Verlag, Darmstadt 1966
10 DRECHSEL, H. U.: Krankheiten und funktionelle Beschwerden. Inaug. Diss. Med. Fak. Univ. Gießen 1964
11 EHEBALD, U.: Überlegungen eines Psychoanalytikers zum Drogenproblem. *Wege zum Menschen.* 1973, 25, S. 1
12 FLIESS, W.: Vom Leben und vom Tod. Diederichs Verlag, Jena 1914
13 FRANKE, H., J. SCHRÖDER u. J. GEUDER: Über Häufigkeit, Ursachen und Bedeutung der Geschlechtsunterschiede bei inneren Erkrankungen. *Dtsch. Med. Wschr.* 1959, 84, S. 653
14 FREUD, S.: Hysterische Phantasien und ihre Beziehung zur Bisexualität [1908]. Imago Publishing Co. Ltd., Ges. Werke Bd. 7, London 1941
15 FREUD, S.: Angst und Triebleben [1932]. Imago Publishing Co. Ltd., Ges. Werke Bd. 15, London 1944
16 FRIEDAN, B.: Der Weiblichkeitswahn. Rowohlt Verlag, Reinbek 1966
17 FRIEDMAN, M. u. R. H. ROSENMAN: Overt behavior pattern in coronary disease. *J. Amer. med. Ass.* 1960, 173, S. 1320
18 FRIEDMAN, M. u. R. H. ROSENMAN: Association of specific overt behavior pattern with blood and cardiovascular findings. *J. Amer. med. Ass.* 1959, 169, S. 1286
19 GANELINA: Mündl. Mitteilg. über eigene epidemiol. Untersuchungen an Infarktkranken. Pawlow-Inst. Leningrad 1971
20 GRÄTZ, F.: Berufe und Gehälter – heute und morgen. Heyne Verlag, München 1972
21 HAHN, P.: Der Herzinfarkt in psychosomatischer Sicht. Verl. f. Medizi-

nische Psychologie im Verlag Vandenhoeck u. Ruprecht, Göttingen 1971
22 HORN, K. (Hg.): Gruppendynamik und der «subjektive Faktor». Repressive Entsublimierung oder politisierende Praxis. edit. suhrkamp 538, Suhrkamp Verlag, Frankfurt a.M. 1972
23 HABERMAS, J.: Herbert Marcuses defensive Botschaft vom Schönen. In: *Frankfurter Allgemeine Zeitung* 138, 16.6.1973
24 JONES, E.: Das Leben und Werk von Sigmund Freud. I. Die Entwicklung zur Persönlichkeit und die großen Entdeckungen 1856–1900. Huber Verlag, Bern, Stuttgart, Wien 1960
25 KAYSER, H. u.a.: Gruppenarbeit in der Psychiatrie. Thieme Verlag, Stuttgart 1973
26 KOSCHORKE, M.: Unterschichten und Beratung. Untersuchg. a. d. Evang. Zentralinstitut f. Familienberatg., Berlin 1973
27 KUNSTMANN, A.: Frauenemanzipation und Erziehung. Raith Verlag, Starnberg 1971
28 MANTELL, D. M.: Familie und Aggression. Fischer Verlag, Frankfurt a.M. 1972
29 MARCUSE, H.: Eros und Kultur. Klett Verlag, Stuttgart 1957 (Triebstruktur und Gesellschaft. Suhrkamp Verlag, Frankfurt a.M. 1969)
30 MARCUSE, H.: Ideen zu einer kritischen Theorie der Gesellschaft. edit. suhrkamp 300, Suhrkamp Verlag, Frankfurt a.M. 1969
31 MARCUSE, H.: Konterrevolution und Revolte. edit. suhrkamp 591, Suhrkamp Verlag, Frankfurt a.M. 1973
32 MEAD, M.: Mann und Weib, das Verhältnis der Geschlechter in einer sich wandelnden Welt. Diana Verlag, Stuttgart, Konstanz 1955
33 MEADOWS, D.: Die Grenzen des Wachstums. Deutsche Verlags-Anstalt, Stuttgart 1972
34 MENSCHIK, J.: Gleichberechtigung oder Emanzipation? Fischer Taschenbuch Verlag, Frankfurt a.M. 1971
35 MITSCHERLICH, A. und F. MIELKE: Medizin ohne Menschlichkeit. Fischer Verlag, Hamburg 1962
36 MOSER, T.: Jugendkriminalität und Gesellschaftsstruktur. Suhrkamp Verlag, Frankfurt a.M. 1970
37 MYRDAL, A. u. V. KLEIN: Women's two roles, home and work. Routledge u. Kegan Paul, London 1956
38 OEVERMANN, U.: Sprache und soziale Herkunft. edit. suhrkamp 519, Suhrkamp Verlag, Frankfurt a.M. 1972
39 PFLANZ, M.: Sozialer Wandel und Krankheit. Enke Verlag, Stuttgart 1962
40 PROSS, H.: Über die Bildungschancen von Mädchen in der Bundesrepublik. edit. suhrkamp 319, Suhrkamp Verlag, Frankfurt a.M. 1969
41 RICHTER, H. E.: Mörder aus Ordnungssinn. *Die Zeit*, 19.7.1963
42 RICHTER, H. E.: Eltern, Kind und Neurose. Klett Verlag, Stuttgart 1963. Rowohlt Taschenbuch Verlag, Reinbek 1969 (rororo sachbuch 6082/6083)
43 RICHTER, H. E.: Patient Familie. Rowohlt Verlag, Reinbek 1970
44 RICHTER, H. E.: Die Gruppe. Rowohlt Verlag, Reinbek 1972

45 RICHTER, H. E.: Konflikte und Krankheiten der Frau. *Arch. Gynäk.* 1973, 214, S. 1
46 RICHTER, H. E.: Zur psychoanalytischen Theorie von Familienkonflikten. In: D. Claessens u. P. Milhoffer (Hg.), Familiensoziologie, S. 281. Athenäum Fischer Taschenbuch Verlag, Frankfurt a.M. 1973
47 RICHTER, H. E. u. D. BECKMANN: Herzneurose. Thieme Verlag, Stuttgart 1969
48 RICHTER, H. E. und M. LISSON: Siedlung Eulenkopf – Arbeit mit Obdachlosen. Fernsehfilm, Sender Freies Berlin 1972
49 RÖHR, D.: Die quantitative Entwicklung der Frauenerwerbsarbeit in den letzten zehn Jahren. *Frauen*, Juli 1972
50 ROSENMAN, R. H.: Prospective epidemiological recognition of the candidate for ischemic heart disease. *Psychoth. Psychosom.* 1968, 16, S. 193
51 ROSENMAN, R. H. u. M. FRIEDMAN: Behavior patterns, blood lipids and coronary heart disease. *J. Amer. med. Ass.* 1963, 184, S. 934
52 ROSENMAN, R. H. u. a.: Coronary heart disease in the western collaborative group study. *J. Amer. med. Ass.* 1966, 195, S. 130
53 ROSENMAYR, L.: Soziologie des Alters. In: R. König (Hg.), Handbuch der empirischen Sozialforschung, II. Band, S. 306. Enke Verlag, Stuttgart 1969
54 RUNGE, E.: Frauen – Versuche zur Emanzipation. edit. suhrkamp 359, Suhrkamp Verlag, Frankfurt a.M. 1970
55 SCHELER, M.: Das Ressentiment im Aufbau der Moralen. In: Abhandlungen und Aufsätze, I. Band. Verlag der weißen Bücher, Leipzig 1915
56 SCHELSKY, H.: Die Wandlungen der Familie. Rundfunkvortrag im Sender RIAS, Berlin, 12.8.1954
57 SCHELSKY, H.: Wandlungen der Deutschen Familie in der Gegenwart. Enke Verlag, Stuttgart 3. Aufl. 1955
58 SCHELSKY, H.: Die skeptische Generation; eine Soziologie der deutschen Jugend. Diederichs Verlag, Düsseldorf, Köln 1957
59 SCHMIDBAUER, W.: Sensitivitätstraining und analytische Gruppendynamik. Piper Verlag, München 1973
60 SCHULTZ-HENCKE, H.: Der gehemmte Mensch. Thieme Verlag, Stuttgart 1947
61 SÈVE, L.: Marxismus und Theorie der Persönlichkeit. Verlag Marxistische Blätter, Frankfurt a.M. 1972
62 *U.S. News & World Report*: New Turn in «Student Activism». 3.9.1973, S. 31
63 VON WEIZSÄCKER, V.: Soziale Krankheit und soziale Gesundung. Vandenhoeck & Ruprecht Verlag, Göttingen 1955
64 WHEELER, E. O. u. a.: Neurocirculatory asthenia. *J. Amer. med. Ass.* 1950, 142, S. 878
65 Zwischenbericht der Sachverständigen-Kommission zur Erarbeitung der Enquête über die Lage der Psychiatrie in der BRD, 1973